중국의 초한전

새로운 전쟁의 도래

이지용

새로운 전쟁의 도래

중국의 초한전超限戰

초판 5쇄 인쇄 2025년 3월 19일
초판 5쇄 발행 2025년 3월 24일

저　　자 | 이 지 용
발 행 인 | 정 기 태
편 집 인 | 추 봉 기
책임편집 | 김 선 식
기획편집 | 최 창 근
교　　열 | 이 윤 정
디 자 인 | 한 기 호
홍　　보 | 정 향 매, 이 가 섭, 류 시 화
발 행 처 | ㈜에포크미디어코리아
　　　　　서울특별시 마포구 마포대로 109, 101동 3403호
　　　　　(02-732-8606)
인　　쇄 | 한일원색인쇄(62-222-3293)
제　　책 | 제일제책사(062-225-3575)

※ 저자와 협의하여 인지는 생략합니다.
※ 잘못 만들어진 책은 바꿔 드립니다.

ⓒ 이지용, 2023
ISBN 979-11-91675-16-0　03340
가격 25,000원

새로운 전쟁의 도래
중국의 초한전超限戰

〈추천사〉

널리 읽히기를 바라며

대한민국大韓民國과 중화인민공화국中華人民共和國은 1992년 8월 24일, 국교國交 정상화 후 비약적인 관계 발전을 이뤘습니다. 오늘날 한국의 대외관계, 정치경제, 사회문화 등 전반에 걸쳐 중국은 하나의 키워드가 되었습니다. 그만큼 중국은 한국에 중요한 나라입니다.

저를 포함한 대다수 한국인은 중국에 친숙함을 느낍니다. 우리의 정신사상과 문화에 중국이 깊숙이 각인刻印되어 있기 때문입니다. 우선 한국은 한자漢字와 유교儒敎 문화권에 속합니다. 우리는 어려서부터 공자孔子와 맹자孟子로 대표되는 중국 사상을 윤리로 체득하고 『삼국지연의三國志演義』나 『홍루몽紅樓夢』 같은 중국 고전소설도 즐겨 읽습니다.

1950년 6.25전쟁에 중국이 북한을 도와 참전한 이후 1992년 한중수교 때까지 중국은 우리에게 '잊힌 나라'였습니다. 우리에게 '중국中國'은 자유중국自由中國, 즉 대만臺灣의 중화민국中華民國이었습니다. 본토는 중국공산당中國共産黨의 약어인 '중공中共'으로 불렸습니다.

하지만 1992년 국교 정상화 후 기업인을 비롯한 수많은 한국인이 물밀듯이 중국 본토로 진출했습니다. 중국에 대한 우리의 친숙함도 한 요인으로 작용했습니다. 양국의 사회문화 교류도 폭발적으로 늘어났습니다. 오늘날 한국에는 100만 명 이상의 중국인과 유학생이 거주하고 있고, 중국에는 80만 명 이상의 한국인이 활동하고 있습니다. 코로나19 범유행이 발생하기 직전인 2019년에는 양국 간 교류 인원이 1000만 명에 이르렀습니다. 양국이 '친밀한 이웃'으로 발전한 것입니다.

그러나 『중국의 초한 전: 새로운 전쟁의 도래』 원고를 읽으면, 중국의 전혀 다른 어두운 면모를 볼 수 있습니다. 1949년 중화인민공화국 성립 이후, 현대중국은 우리가 알고 있는 유구한 역사와 찬란한 문화를 자랑하는 중국과는 거리가 있습니다. 전체주의 체제의 현대중국은 대한민국이 지향하는 자유 문명국가와는 양립兩立하기 어려운 근원적인 차이를 가지고 있습니다.

특히 이 책에서 소개하는 중국의 초한전超限戰은 충격으로 다가옵니다. 저자는 중국공산당이 너무나 낯선 새로운 형태의 전쟁, 모든 경계境界와 제약制約을 초월超越하는 무제한無制限전쟁을 벌여 자유세계自由世界 침탈을 획책하고 있다고 지적합니다.

이 책이 널리 읽혀서 한반도의 엄중한 현실에 관한 자각이 확산했으면 합니다. 특히 군軍을 비롯하여 외교 안보 관계자, 중국 연구자와 중국 진출 기업인에게는 필독서로 추천합니다.

저자 이지용 교수의 애국심愛國心과 노고에 경의敬意를 표합니다.

감사합니다.

2023년 2월

한반도선진화재단 이사장
정책학 박사 박재완朴宰完

차례

추천사: 널리 읽히기를 바라며 ─────────── 4
일러두기 ─────────────────────── 9

서론 ─────────────────────────── 11

제1장 중국과 중국공산당 ──────────────── 17
1. 새로운 전쟁의 도래 ──────────────── 18
2. 중화인민공화국과 중국공산당 ─────────── 21
3. 중국 정치체제: 중국공산당 일당독재와 인민해방군 ─ 37

제2장 초한전超限戰: 개념, 이론, 전략 ─────────── 53
1. 초한전超限戰: 개념, 이론, 전략 ─────────── 54
2. 초한전: 이론인가? 중국공산당 전략인가? ─────── 73
3. 초한전의 실행: 중국공산당 조직 ──────────── 78

제3장 인민해방군 군사전략과 초한전 ──────────── 97
1. 중국공산당과 인민해방군 전략에서 초한전의 계보와 의의 ── 99
2. 현대 신전쟁론에서 초한전의 지위 ───────── 109
3. 초한전 군사 전법의 예: 회색지대전과 생물학전 ─── 113

제4장 정치공작전 ─────────────────── 119
1. 정치공작전의 대표적 공작 방식 ─────────── 121
2. 중국인 정치세력화 공작 ───────────── 142

3. 중국공산당의 정치공작전 —————————— 148
4. 한국 대상 정치공작전 —————————————— 162

제5장 해외 통일전선공작전 —————————————— 173
1. 중국공산당의 해외 통일전선공작 실태 ——————— 174
2. 이민촉정以民促政: 민간인을 이용한 정치 목적 달성 ——— 177
3. 초한전 본격화와 해외 통일전선공작 ——————— 187
4. 외국 진보·좌파 조직과 통일전선 구축 ——————— 207
5. 해외 통일전선공작과 범죄집단 그리고 마약 카르텔 ——— 213
6. 중국 연구기관, 외국 싱크탱크 그리고 해외 통일전선공작 ——— 222
7. 통일전선공작과 종교단체 ——————————— 224
8. 중국의 우호 교류와 해외 통일전선공작 —————— 227
9. 초한전 전개 양상과 특징 ——————————— 228

제6장 3전戰: 교육·문화전, 미디어전, 인지전 ——————— 235
1. 3전: 미디어·여론전, 심리전, 법률전 ——————— 236
2. 한국에서 벌이는 문화가치전: 사회적 이슈가 된 사례 ——— 257

제7장 정보통신기술ICT 초한전 —————————————— 267
1. 2020년 인도 뭄바이 블랙아웃 —————————— 269
2. 중국 투자개발, 기업진출과 정보통신기술 초한전 ——— 273
3. 화웨이와 인민해방군, 국가안전부 ————————— 274
4. ICT 초한전 전법의 창조적 융합 ————————— 279
5. 중국산 SNS 플랫폼서비스와 IT 기술을 이용한 중국공산당의 침투 - 292

제8장 경제전·기술탈취전·해외투자전 —————————— 305
1. 캐나다 노텔의 비극과 화웨이 —————————— 307
2. 기술·정보·경제전과 해외 통일전선공작 —————— 309

3. 차이나타운과 다문화정책 ──────────── 319
4. 일대일로 프로젝트와 초한전 ─────────── 332

제9장 초한전과 한국 ───────────────── 345
1. 한국과 중국: 한중수교 30년 ─────────── 348
2. 미국과 중국: 우리가 무엇을 선택한단 말인가? ──── 365
3. 한반도 신인류, 대한민국과 자유인으로서 한국인 ─── 384

결론: 중국공산당과 초한전 중인 한국, 무엇을 할 것인가? ─── 395
1. 초한전 대응체제 구축 ──────────────── 396
2. 법, 제도, 조직: 초한전 대응을 위한 국가 차원 기반 구축 ── 402
3. 미디어와 교육문화 ───────────────── 405
4. 국가 기간정보통신망 보호와 '탄력성' 시스템 도입 ──── 408
5. 외국인에게 '상호주의' 원칙 엄격 적용 ───────── 410
6. 초한전 연구, 교육 시스템과 국제적 연대 네트워크 구축 ── 411

에필로그 ─────────────────────── 414

주석 ──────────────────────── 418
참고문헌 ────────────────────── 444

저자 약력 ───────────────────── 456

일러두기

- 외국어 표기법은 국립국어원 표기법에 따르고 원음을 병기했다.
예) 마오쩌둥毛澤東 (○), 모택동毛澤東 (×)
- 간체簡體 중국어는 번체繁體 중국어로 변환해서 표기했다.
예) 중국공산당中國共産黨 (○), 중국공산당中国共产党 (×)
- 각종 도서, 보고서 등 독립 저작물은 겹낫표 『』로 표기하였다.
예) 『초한전』, 『미중안보보고서』
- 각종 신문, 잡지 등 매체명은 겹화살괄호 《》로 표기하였다.
예) 《에포크타임스》, 《뉴스위크》

서 론

서론

오늘날 중국中國은 꿈을 꾸는 중이다. 이른바 '중국몽中國夢'이다. 과연 어떤 꿈인가? 1949년 수립된 중화인민공화국中華人民共和國·People's Republic of China 건국 100주년인 2049년까지 다수 중국인이 부유한 삶을 누리는 이른바 대동사회大同社會를 만들고 대외적으로는 명실공히 세계 중심 국가이자 패권국霸權國이 된다는 꿈이다. 더욱 정확하게는 중국공산당中國共産黨·CCP이 영도領導하는 중화민족中華民族의 위대한 부흥復興을 완성한다는 것이다.

중국은 중국몽을 이룰 수 있을까? 꿈과 현실의 괴리가 너무 커서 극복하기 힘들다면 꿈이 아니라 망상妄想에 불과하다. 그런데도 꿈을 현실에서 실현코자 한다면? 문제가 심각해진다. 더욱이 개인이 아닌 국가가 집단 망상에 사로잡혀 이를 실현하고자 한다면? 중국만 아니라 이웃 국가들에도 대재앙을 초래할 수 있다. 우리는 역사에서 유사한 사례를 본다. 지난날 나치Nazi 독일, 군국주의軍國主義 일본이 대표 사례다. 문제는 중국공산당 일당독재체제의 중국이 지난날 나치 독일이나 군국주의 일본과 같은 길을 가고 있다는 점이다.

오늘날 중국공산당은 꿈과 현실 사이의 큰 괴리를 극복하고 망상을 현실로 만들기 위해 새로운 전쟁을 하고 있다. 바로 초한전超限戰이다.

필자는 초한전을 처음 접했을 때만 해도 중국식 전략戰略 문화와 중국적 상상력을 반영하고 있는 하나의 이론 정도로 단순하게 생각했다. 그런데 중국공산당과 인민해방군中國人民解放軍·People's Liberation Army이 전 세계에서 전개하는 정치공작전, 해외 통일전선統一戰線·United

Front공작, 일대일로一帶一路 전략을 포함한 해외 개발·투자, 미국, 유럽, 호주, 캐나다 등에서 전개하는 다양한 정보통신기술ICT전, 미디어전, 사회문화전 등의 구체적인 실행 행태를 분석하면서 초한전은 중국공산당과 인민해방군의 실질적인 대大전략이라고 판단判斷하였다. 이후 중국공산당과 인민해방군 내부 군사전략 논의 내용 등을 분석하면서 그 판단은 확신確信으로 바뀌었다.

최근 들어 세계 각국은 뒤늦게나마 중국이 전개하는 초한전의 실체를 자각하고 있다. 초한전에 대한 조사·분석과 함께 다면적인 대응을 본격화하는 중이다.

문제는 한국이다. 필자가 초한전의 개념, 전략·전술행태를 연구하면서 관찰한 한국은 이미 심각한 수준으로 중국에 침탈당하고 있었다.

상황이 이러한데도 한국 사회의 대對 중국 논의는, 마치 중국이 미리 짜놓은 듯한 '프레임frame' 내에서만 진행되는 것이 전부였다. 중국공산당과 초한전의 실체 파악과 문제의식은 전혀 없다시피 했다. 초한전의 실체에 대한 자각, 각성, 조사 분석은 고사하고 기본적 문제의식도 없이 무방비 상태로 침탈당하고 있는 것이 한국의 실상이었다. 더욱 심각하기로는 아예 기본 개념조차도 파악하지 못하고 있다는 것이다. 일반 대중 이야기가 아니다. 대다수 중국 전문가, 군사·안보 전문가도 예외가 아니었다.

중국 정치 전문가인 필자는 이러한 상황을 그냥 넋 놓고 바라만 보고 있어야 하는 안타까움에 밤잠 설치기 일쑤였다. 본서를 집필한 직접적인 배경이다.

본서의 목적은 중국공산당과 인민해방군이 전개하는 초한전을 실사례 분석을 통해 한국 사회에 소개하는 데 있다. 책 구성은 다음과 같다.

제1장에서는 중화인민공화국과 중국공산당을 소개한다. 초한전을 이해하려면 현대 중국(중화인민공화국)과 중국공산당 체제에 대한 기

본적인 지식이 필요해서다.

그동안 한국에서는 중국을 소개하는 책이 대량 출판되었다. 문제는 당국체제黨國體制·party-state system라는, 당黨이 국가國家보다 우위에 서는 중국 정치체제의 본질을 객관적으로 설명하는 책은 의외로 적다는 점이다. 대다수 일반 독자는 중국 정치체제와 성격을 모르기 쉽다. 중국정치의 구조와 속성에 대한 기본적 지식이 없이는 본서에서 설명하는 초한전 내용을 제대로 이해하기가 쉽지 않다. 그래서 간략하게나마 중국과 현대 중국, 중국공산당의 구조와 성격을 먼저 설명한다.

제2장에서는 초한전의 기본 개념과 내용을 소개한다. 중국에서 출판된 『초한전超限戰』 원전原典을 기본으로 했다. 이 장은 『초한전』 원전의 핵심을 요약한 내용이다. 1999년 첫 출간된 『超限戰: 對全球化時代戰爭與戰法的想定』과 2016년 출간 15주년 기념판으로 발간된 『超限戰與反超限戰: 中國人提出的新戰爭觀美國人如何應對』를 기본서로 삼았다. 초한전은 중국공산당의 새로운 전쟁개념이자 전쟁론戰爭論이다. 새로운 전쟁론이지만 기본적으로 중국공산당 군사전략의 특징과 전통을 계승하여 현대적으로 발전시킨 전쟁론이다. 중국공산당 군사전략이란 공산당 혁명 전략·전술과 마오쩌둥毛澤東의 군사전략을 의미한다.

제3장에서는 인민해방군 군사전략의 기본 내용을 소개했다. 이는 초한전 개념과 전략을 이해하는 데 필수적인 내용이다. 또한 초한전은 현대전에서 새롭게 등장한 전쟁방식과 궤를 같이한다. 이 점을 고려해 오늘날의 신전쟁론新戰爭論 양상과 초한전을 연계하여 공통점과 차이점을 구분해 설명했다.

제4장부터는 중국공산당의 초한전 전개 양상을 분석했다. 초한전은 전개하는 전법에서도 한계를 두지 않는 무제한 전법을 구사한다. 그런데도 초한전을 실행하는 주요 전법은 존재한다. 주요 전법들을 현실에서 어떻게 전개하는지 설명하는 내용이 제8장까지 이어진다.

제4장, 제5장에서 소개하는 전법戰法은 정치공작전과 해외 통일전선 공작전이다. 제6장부터 소개하는 여론전, 미디어전, 선전전, 법률전, 인지認知전, 교육·문화전, 이념전, 정보통신기술전, 기술·경제전, 무역 (보복)전, 해외투자전, 마약범죄전, 생물학전, 회색지대전 등 다양한 초한전 전법을 전개하는 기본 전법이기도 하다.

기본 전법으로서 정치공작전과 해외 통일전선공작전은 여타 초한전 전법과 여러 가지 형태로 조합하여 전개한다. 이와 같은 이유로 제4장에서 다루는 정치공작전, 제5장 주제인 해외 통일전선공작전은 독립적으로 전개하는 전법이 아니라는 점을 미리 밝혀둔다.

다른 초한전 전법도 마찬가지다. 본서에서 소개한 다양한 초한전 전법은 다양한 형태로 조합調合하고 융합融合하여 전개한다. 각각의 장章으로 나누어 설명한 것은 각 전법의 성격과 특징을 구분하기 위한 것이라는 점도 미리 밝혀둔다.

제9장에서는 초한전과 한국 문제를 다루었다. 현재까지 이웃 국가인 중국이 경제적으로 성장하고 세계 정치·경제에서 차지하는 위상이 대폭 높아짐에 따라 중국의 중요성은 더할 나위 없이 커졌다. 이를 반영하듯이 지난 20여 년간 한국에서는 '중국 공부 열풍'이 일어났다. 아울러 언제부터인가 '중국 부상과 미국 쇠퇴', '한국의 선택은 중국이어야 한다' 등 수사修辭가 한국 사회 주류 담론이 되었다. 중국정치경제와 국제관계를 연구·분석하는 전문가로서 필자의 고민이 실존적實存的 수준까지 깊어진 배경이다.

실존적이라는 의미는 나의 조국 '자유自由 대한민국大韓民國'의 실존적 위기만을 의미하지는 않는다. 한 사람의 자유인自由人으로서 우리가 지향해야 할 사회적 삶 속의 실존 문제이고 국제 정치와 세계사 전개 과정에서 인간사회가 지향해야 할 문명의 가치에 대한 고민이기도 하다. 제9장에는 이러한 필자의 고민을 담았다. 필자의 고민 중 중국 문제에 초점을 맞추어 한국이 현실에서 고민해야 할 전략적 선택의 문제를 다루었다.

    제10장은 결론에 해당한다. 중국공산당은 한국을 자신의 영향력 아래에 두기 위해 초한전을 감행해 왔다. 중국공산당의 전방위적 침탈 공세에 직면한 한국이 자유, 독립, 주권을 지키면서도 한중 우호 교류를 이어나가려면 초한전에 어떻게 대응해야 하는지 외국의 사례를 주로 참고하면서 제시했다.

제 1 장

중국과 중국공산당

제1장 중국과 중국공산당

1. 새로운 전쟁의 도래

오늘날 중국中國은 자유세계自由世界를 상대로 전쟁 중이다.

문제는 전쟁 당사국들이 중국과 전쟁 중이라는 사실을 자각自覺하지 못한다는 데 있다. 대한민국大韓民國도 전쟁 대상국이다. 다만 한국인들은 우리가 중국과 전쟁 중이라는 사실을 인지하지 못하고 있다. 중국이 우리가 알고 있는 전쟁과는 차원이 전혀 다른 개념의 새로운 전쟁新戰爭을 하고 있기 때문이다. 바로 초한전超限戰·Unrestricted Warfare이다.

초한전의 개념은 생소하기만 하다. 완전히 새로운 전쟁이기 때문이다. 전 세계가 중국공산당中國共産黨·CCP이 전개하는 새로운 전쟁을 인지하지 못하는 근본 이유다.

미국의 일부 군사정보 전문가들은 일찍이 초한전을 간파하고 경고해 왔다. 예를 들어 미국 국무부 출신으로 비非영리 미디어 감시 단체 '정확한 미디어Accuracy in Media' 부소장을 역임한 윌슨 루컴Wilson C. Lucom은 "중국은 미국에 대해 비밀리에 전쟁을 수행하고 있다."고 경고한 바 있다.[1] 또 다른 예는 수십 년간 중국 분석을 담당해 온 마이클 콜린스Michael Collins 미국 중앙정보국CIA 동아시아·태평양임무센터 부국장보輔의 경고이다. 마이클 콜린스는 "미국은 중국과 전쟁 중이다. 다만 전쟁 중이라는 사실을 인지하지 못했을 뿐이다."고 기술했다.[2] 그는 새로운 전쟁의 기본성격을 냉전冷戰·cold war이라고 정의한다. 군사력을 동원한 무력 충돌을 수반하지 않기에 냉전이라고 부를 수 있다.

주지할 점은 오늘날 전 세계가 중국과 치르고 있는 냉전은 지난날 자유진영과 공산진영의 냉전 시기 냉전을 의미하지 않는다는 점이다. 전혀 다른 성격의 냉전이다.

마이클 콜린스의 분석에 의하면 중국공산당은 평화로운 국제사회 편입과 공존을 단 한 번도 추구하지 않았다. 미국을 상대로 그동안 비밀스럽고 은밀한 저강도 전쟁低强度戰爭·low intensity war을 전개해 왔다고 했다. 중국공산당의 저강도 전쟁은 미국을 파괴하고 세계 패권을 장악한다는 대大전략 목표를 달성하기 위해서다.

중요한 사실은 중국공산당이 전개하는 새로운 형태의 냉전 혹은 저강도 전쟁은 동원할 수 있는 모든 수단과 방법을 가리지 않고 총동원하는 새로운 형태의 전쟁이라는 점이다. 여기에는 군사와 비非군사 분야를 망라한 모든 수단을 포함한다. 중국공산당은 전全 방위적으로 모든 수단과 방법을 동원하여 미국의 모든 영역을 파상적으로 공격해오고 있다.3) 마이클 콜린스가 지적한 중국의 공격이 초한전의 기본 내용이기도 하다.

문제는 중국공산당의 실체를 간파한 이들의 경고가 경고에 그치고 만다는 점이다. 이들이 경고한 위협의 실체는 압도적인 반면 위협은 겉으로 드러나지 않기 때문이다. 그 연장선상에서 초한전은 주목받지 못했다는 점이다.

초한전은 문자 그대로 한계를 초월한 무제한 전쟁이다. 어떠한 한계를 초월한다는 것인가? 초한전은 어떠한 성격의 새로운 전쟁을 의미하는가?

초한전을 논하기에 앞서 전쟁戰爭·war의 의미를 되짚어 보자. 일반적으로 전쟁은 한 국가와 다른 국가 또는 최소한 두 개 이상 국가 간 벌어지는 물리적 충돌을 의미한다. 달리 표현하여 군대를 동원해 싸운다는 의미다. 전쟁은 보통 한 국가가 다른 국가나 국가들을 대상으로 선전포고宣戰布告를 함으로써 시작된다. 지난날 군국주의軍國主義 일본이 미국에 선전포고도 없이 하와이 진주만 기습공격을 가하면서 시작한 전쟁도 있었다. 이 경우에도 미국이 추후 일본에 공식 선전포고를 하면서 미국과 일본 간에 공식적인 전쟁, 태평양전쟁太平洋戰爭을 시작했다.

무력을 동원한 충돌이 모두 전쟁을 의미하지는 않는다. 인간사회에는 무수히 많은 무력 충돌 양태樣態가 존재한다. 그 점에서 전쟁戰爭·war과 내전內戰·civil war을 구분할 필요가 있다. 국가 간 군대를 동원한 싸움이라는 의미에서 전쟁은 내전과 구분된다. 내전은 한 국가 안에서 갈등하는 집단 간에 일어나는 물리적 충돌을 의미하기 때문이다.

"전쟁은 정치의 연장이다."는 클라우제비츠Carl von Clausewitz의 유명한 정의처럼 전쟁은 국가 간 정치적 갈등이 무력 충돌로 폭발하는 속성이 있다. 기본적으로 전쟁은 무수히 많은 인명 희생을 수반한다. 인명 희생뿐만 아니라 인간 삶 전체에 가공할 만한 고통을 초래한다. 그래서 사람들은 모두 전쟁을 원하지 않고 전쟁이 발발하기 전에 최대한 방지하려 하며 때로는 회피하려 한다.

초한전은 앞서 언급한 전쟁개념과는 차원이 다른 전쟁이다. 초한전은 공식적으로 정규군 같은 무력武力을 동원한 전쟁만을 의미하지 않는다. 오히려 무력을 동원한 군사적 충돌을 회피하고 우회한다. 전쟁의 목적만을 달성하면 되기 때문이다.

전쟁을 왜 하는가? 전쟁의 목적은 적국敵國을 패배시킴으로써 적국과 갈등을 자국自國 이익에 부합하게 하고 나아가 적국을 자국의 의도대로 복종시킴으로써 상대국과 국민을 지배하기 위함이다. 적국을 패배시키는 방법은 다양하다. 군사적 승리는 적국을 패배시키는 다양한 방법 중 하나일 뿐이다. 적국과 무력 충돌을 회피하고 다른 방식으로 우회해 패배시킬 수 있다면 굳이 큰 희생과 위험이 따르는 군사력 동원을 선택할 필요가 없다. 이는 전쟁에 대한 초한전의 기본사고다. 손무孫武가 『손자병법孫子兵法』에서 언급한 대로 '싸우지 않고 이기는 것이 최선不戰而屈人之兵 善之善者也'이라는 전쟁론이다.

어떻게 싸우지 않고 이길 수 있을까? 공식적으로 군대나 무력을 동원하지 않고 어떻게 이길 수 있을까? 적국이 스스로 무너지도록 하면 된다. 적국이 스스로 무너지도록 만들기 위한 수단과 방법을 도덕적 한계도 뛰어넘어 무자비하게 동원하는 것이다. 동원되는 수단과 방법은 상대 국가와 그 구성원들이 상상하지도 못하는 방식이어야 한다. 이 같은 방식으로 전쟁을 수행하면 군대를 동원해 무력으로 싸우지 않아도 된다. 그리고 상대국과 국민은 자신들이 전쟁 중에 있다는 사실도 모른 채 스스로 무너져 내린다.

초한전이라는 신전쟁 개념을 동원하면 상대국에 전쟁을 감행할 때 국력의 차이를 고려하지 않아도 된다. 대표적인 예가 미국을 상대로 한 중국의 전쟁이다. 오늘날 중국은 정치, 경제, 군사, 기술력, 문화, 가치 등 모든 면에서 미국을 뛰어넘을 수 없다. 이러한 제약조건 아래서도 중국은 미국을 무너뜨리고 승리할 수 있다. 이것이 바로 초한전에서 제시하는 전쟁의 신사고新思考이자 새로운 발상의 시작이다.

도대체 중국은 왜 전 세계를 상대로 초한전을 감행해 오고 있는가? 이 질문에 답을 찾기 위해 우리는 먼저 중국의 성격과 중국공산당의 대전략에 대해 명확히 이해할 필요가 있다.

2. 중화인민공화국과 중국공산당

초한전에 대해 살펴보기 전에 우선 중화인민공화국中華人民共和國·PRC과 중국공산당中國共産黨·CCP의 성격을 알아보기로 한다.

우리는 언제부턴가 중국을 이야기하면서 오늘날 중국이 '중국공산당 일당독재체제'라는 사실을 망각할 때가 있다. 현대 중국을 수천 년간 존속해 온, 역사를 관통하는 실체가 있는 '중국中國'이며 그 연장에 있다고 오해할 때도 있다. 예를 들어 중국을 공자孔子라는 대大사상가를 배출한 나라, 만리장성萬里長城으로 대표되는 세계적인 문화유산을 가진 나라, 역사적으로 지난날 세계 최고 수준의 정치력과 경제력을 가졌던 나라 등으로 인식하는 것이다.

이러한 '중국'은 과연 존재하는가? 우리는 중국을 어떻게 이해해야 하는가? 이에 대한 해답을 찾기 위해 '어떤 중국인가?' 하는 질문을 먼저 던져 본다.

중국?

오늘날 우리가 일반적으로 인식하고 있는 '중국中國'은 어떤 중국인가? 혹시 '중국'이라고 인식할 때, 약 5000년이라는 유구한 역사와 문화유산을 가진 중국이라는 실체적 존재가 있으며, 이러한 중국이 19세기에서 20세기 초중반까지 제국주의帝國主義 열강列強의 침탈을 거치면서 이른바 백년국치百年國恥를 겪었으나 이제는 오명汚名을 씻고 다시금 지난날 찬란했던 영광을 재현하고 있는 중국으로 착각하고 있지는 않은가? 그 중국 역사를 '한족漢族의 역사'라고 오해하고 있지는 않은가? '중국=중국 역사=한족 역사=현대 중화인민공화국 역사'라고 단순 등식화하는 오류에 빠져 있지는 않은가? 만약 이렇게 중국을 이해하고 있다면 답은 명확하다. 그런 중국은 없다!

중국이라는 개념을 엄격하게 규정하자면 실체實體가 모호하다. 우리가 부르는 중국이라는 개념은 1911년 신해혁명辛亥革命 이후에나 성립했다. 여진족女眞族이 세운 통일왕조 청淸나라가 망하고 이를 대신해 1912년 1월 1일, 중화민국中華民國·ROC이 성립하면서부터이다.

중화민국에서 '중화中華'의 의미는 무엇인가? 중화의 개념은 청淸나라 말 대표적 근대사상가 량치차오梁啓超가 지난 송宋나라 시기 주희朱熹가 제기한 개념을 새로이 되살린 것이다. 오늘날 본토의 중화인민공화국中華人民共和國과 대만臺灣의 중화민국中華民國에서 모두 국부國父로 추앙 받는 중산中山 쑨원孫文도 중화의 개념을 정치적 타협 과정에서 마지못해 받아들였다.

쑨원이 주창한 민족民族·민권民權·민생民生의 삼민주의三民主義에서 민족民族은 본디 한족漢族만을 의미했다. 여진족(만주족)의 청淸나라를 타도하고 다시금 한족의 독립 국가를 건설하자는 것이 쑨원이 일으킨 혁명운동의 주목적 중 하나였다. 이러한 중화라는 용어를 되살리면서 중화민족, 중화민국, 중화인민공화국이라는 개념이 출현했고 이를 줄여 오늘날 대륙에 수립된 정권을 통칭하여 '중국'이라고 부른다.

사대모화事大慕華 사상이 뿌리 깊은 조선왕조 문헌에서도 중국이라는 개념이 등장한다. 주지할 사실은 여기서 중국이라는 개념은 중국을 특정하는 고유명사가 아니라는 점이다. '세상의 중심'이라는 일반·보통명사 개념으로 봐야 한다.

일반적으로 중국 대륙의 역사를 지칭하는 '중국사中國史'를 살펴보자. 중국에서 이른바 '정사正史'로 간주하는 역사서들이 기록한 '사실史實'을 우리가 '사실事實'로 받아들이느냐 하는 문제는 차치하자. 문제는 정사를 살펴보더라도 역사적으로 중국이라는 실체는 존재하지 않았다는 점이다. 참고로 외국에서 China, History of China, Chinese History라고 할 때는 기본적으로 '대륙大陸'을 지칭한다. 중화주의中華主義 관점에서 서쪽 오랑캐라는 뜻을 지닌 서융西戎이라고 한 이민족이 세운 진秦·Qin 또는 지나支那에서 기원한 용어인 '차이나China'가 역사적으로 통일적인 민족사로서 중국을 의미하지는 않는다.

중국 대륙에는 역사적으로 수많은 왕조가 명멸明滅을 거듭했다. 역대 왕조들은 종족과 언어가 모두 달랐다. 물론 각 왕조가 이른바 중원中原이라 부르는 오늘날 화베이華北 지역을 차지하면서 공통 문자로 한자漢字를 사용하기는 했다. 그러나 종족의 언어는 각기 달랐다. 종합하자면 이른바 '중국사中國史'는 대륙에서 명멸을 거듭한 여러 왕조사를 의미한다.

보통 한 민족이 중원의 패권을 장악해 왕조를 수립하면 해당 왕조는 이전 왕조의 역사를 정리하는 작업을 진행했다. 이를 기반으로 자신들의 왕조가 이전의 패권왕조를 계승한 정통 왕조임을 주장했다. 사서史書 편찬은 새로운 왕조의 정통성 확립작업이었다. 이렇게 모아 엮은 왕조사王朝史가 정사正史로 간주하는 『25사二十五史』다. 오늘날 중국사라고 통칭하는 것은 정확히 표현하면 대륙을 지배했던 다양한 민족의 왕조사다. 어떤 특정 민족, 특히 한족만의 역사가 아니다. 정리하자면 한족을 중심으로 한 하나의 중국이라는 실체가 역사적으로 존재했던 것이 아니다. 주지할 점은 역대 각 왕조가 자신들의 왕조를 중국이라고 칭하지도 않았다.

예를 들어, 대륙 역사에서 가장 찬란했던 시기로 평가받는 당唐나라는 북방민족 중 하나인 선비족鮮卑族 왕조였다. 당나라 직전 패권왕조인 수隋나라 또한 선비족이 세운 나라이다. 춘추전국春秋戰國시대를 종식하고 중원 패권을 장악했던 진秦나라도 한족漢族 왕조가 아니다. 그리고 가장 최근의 패권왕조였던 청淸나라는 여진족(만주족滿洲族) 왕조였다.

대륙에서 짧게는 수십 년 길게는 수백 년 존속한 각 왕조는 서역西域의 융戎 혹은 영寧의 통일 왕조 진秦나라 이후 선비족(수隋·당唐), 거란족(요遼), 몽골족(원元), 여진족(금金·청淸) 등 이른바 이민족異民族이 번갈아 수립한 왕조였다. 오늘날 중화인민공화국의 주축인 한족漢族이 세운 왕조는 한漢, 송宋, 명明 정도에 불과하다. 그 중 송宋은 북송北宋 시기(960~1127년)에도 화베이華北 지역을 통치하지 못했고, 남송南宋 시기

(1127~1279년)에는 창강長江 이남만을 영유했다. 역사에 기록된 약 5,000년 대륙사에서 한족이 통치한 시기는 아무리 길게 잡아도 약 1,000년(한 400년, 송 300년, 명 280년)에 불과하다.

다음으로 중국의 영역을 살펴보자. 현대 중화인민공화국이 자국 영토라고 공식 문건과 역사서에 표기하고 있는 중국의 영역도 변화를 거듭했다. 다시 말하여 오늘날 중화인민공화국이 강점强占하고 있는 영토를 의미하지 않는다. 중화인민공화국의 영토 경계는 한족이 아닌 여진족의 통일왕조 청淸나라 최전성기였던 강희제康熙帝~건륭제乾隆帝 재위기, 이른바 '강건성세康乾盛世' 시기 확립된 강역疆域을 포함한 영역에 기반을 둔다. 중국사를 보면 지도상 각 왕조의 영토 경계를 설명하고 있으나 그 영토 경계선도 한 발자국만 더 들어가 보면 각 왕조가 가장 번성했던 십여 년에서 수십 년간의 최대 팽창 경계선을 그려놓은 것에 불과하다. 일시적인 최대 영토 경계라는 것을 알 수 있다. 실질적으로 대부분 시기 영토 경계는 더 작고 지속하여 수축을 반복했다.

민족문제도 마찬가지다. 오늘날 중화인민공화국은 공식 발표만으로도 56개 민족으로 구성된 다민족多民族 국가이다. 우리가 '중국인'이라고 할 때도 중화인민공화국 국적을 가진 사람들을 의미한다. 인종적으로는 수많은 민족(혹은 종족)으로 구성되어 있고 그들은 그들 민(종)족 고유의 역사적 기억, 영역, 언어, 혈통을 가지고 있다. 1953년 인구 조사 초기 등록된 민족 수만 해도 400여 개가 넘었다. 이를 편의상 56개 민족으로 줄인 것이다.

그런데 오늘날 중국은 사실상 '한족의 나라'이다. 전체 인구의 약 92%가 한족이다. 물론 한족도 편의상 한족으로 구분되었을 뿐 그 내부 구성을 보면 더욱 잘게 나뉜다.

정리하자면 우리가 배우고 있는 중국사는 오늘날 중화인민공화국의 중심인 한족의 역사가 아니다. 즉, '중국=한족=한족의 중국사'는 엄격하게 말해 존재하지 않는다.

현대 중국: 중국공산당 일당독재체제하 중화인민공화국

중국 대륙 역사에 대해 간략하게나마 몇 가지 사실을 서술한 이유는 '현대 중국의 성격'에 대해 존재할 수 있는 오해를 바로잡기 위해서다.

오늘날 우리가 알고 있는 현대 중국은 어떠한 나라인가? 정확히 말해 1949년 중국공산당中國共產黨이 중국국민당中國國民黨의 중화민국中華民國을 대만臺灣으로 축출하고 세운 중화인민공화국中華人民共和國이다. 이러한 중국의 정치체제는 중국공산당 일당독재체제다. 우리와 같은 자유민주주의 국가가 아니다.

중국 대륙에 이어져 내려오는 전통, 정신문명과 관련해서 볼 때도 현대 중국은 과거와 단절되어 있다. 중국공산당이 사회주의화, 문화혁명 등을 자행하면서 각 민족이 역사적으로 계승해오던 전통, 사상, 문화유산들이 소멸하다시피 파괴되었기 때문이다.

1949년 10월 1일, 중화인민공화국 건국 이후 중국공산당이 대륙을 일당독재 사회주의 체제로 전환하고 사회주의 체제를 공고히 하는 과정에서 최소 6,000만에서 8,000만에 이르는 중국인들이 죽어 나갔다.

계급투쟁 명분으로 인민재판을 비롯한 다양한 폭력 수단으로 살해한 수천만 명과 함께 총 한 방 쏘지 않고 사회주의 실험으로 죽은 인원이 최소 4,000만 명 이상이다. 말 그대로 '죽임당한 인구'만 계산한 수치이다. 물리적 죽음 외 대륙에 생존한 중국인들은 유무형의 탄압과 박해를 감내해야 했다. 중국공산당 당원을 제외한 수 억 명의 중국인이 마오쩌둥식 사회주의화 과정에서 정치, 경제, 사회, 종교, 양심, 가치관과 관련하여 이루 말할 수 없는 고통을 겪어야 했다.

사실 이러한 참화慘禍는 중국공산당 치하의 중국 대륙만의 이야기가 아니다. 이른바 평등과 정의를 내세운 공산당이 체제 전복과 공산화에 성공하면 단 하나의 예외도 없이 치달아간 결과이기도 하다.

그 결과는 지독한 개인숭배(구소련 스탈린, 북한 김일성, 중국 마오쩌둥), 공산당원 특권 계급사회 출현, 소수 특권계급의 부정부패, 부조리 만연, 양심과 정신문명 황폐화, 지독한 상호불신, 극단적 이기주의 문화 형성, 경제적 하향 평준화, 자유 박탈 등으로 귀결된다.

중국공산당 치하의 중국 대륙은 이를 선명하게 보여주는 사례 중 하나이다. 현대 중국에서는 전면 사회주의화, 대약진大躍進 대학살, 문화혁명文化革命 대동란 등을 겪으면서 대륙에서 수천 년간 축적되어 온 정신문명이 파괴되었다. 특히 1966~76년 문화혁명을 거치면서 전통 사상, 종교, 가치, 문명 등은 소멸하다시피 파괴됐다. 문화혁명은 그야말로 문화와 가치의 '황폐화 혁명'이라고도 부를 수 있다. 그 기간에 청소년기를 지낸 세대가 바로 오늘날 중국을 이끄는 기성세대이다.

이 세대는 어려서부터 마오쩌둥에게 선동된 홍위병紅衛兵으로서 계급투쟁, 유혈 혁명, 기성세대의 가치관을 철저히 부정하고 파괴에 앞장섰다. 집단광기에 사로잡혀 중국 전역을 구석구석 몰려다니면서 닥치는 대로 파괴했으나 마지막에는 마오쩌둥에 의해 그들 자신도 부정당했다. 결과적으로 그들에게 남은 것은 황폐화한 정신과 심리적 공황뿐이었다.

마오쩌둥과 중국공산당이 조장하고 선동한 결과, 대립, 갈등, 증오, 상호고발, 폭력, 파괴의 광풍狂風이 휩쓸고 간 빈자리에 남은 것이라고는 허전, 허무, 극도의 상호불신, 철저한 이기주의, 이익으로 뭉친 소규모 집단의 집단주의(관시關係문화) 등이었다. 중국공산당이 사회 모든 영역을 장악하고 독재 권력에 대한 견제장치가 없어지자 악질적인 부정과 부패, 부조리, 특권, 특혜 등이 상식으로 자리 잡은 중국공산당 사회가 되어버렸다.

중국공산당의 처절한 내부 권력 투쟁, 혁명을 앞세운 살육전 과정에서 마오쩌둥파派로 살아남아 권력을 잡은, 오늘날 우리에게도 그 이름이 익숙한 인사들이 바로 현대 중국 정치사에 이름을 남긴 지도자들이다. 마오쩌둥毛澤東, 저우언라이周恩來, 류사오치劉少奇, 린뱌오林彪, 덩샤오핑鄧小平, 후야오방胡耀邦 등이다. 이들은 중국공산당이 대륙의 정치권력을 장악하고 사회주의화 과정을 실행하는 데 앞장서면서 중국인들을 학살하는 데 주도적인 기능을 한 자들이기도 하다. 또한, 마오쩌둥 집권기 중국 대륙이 정치, 경제, 사회적으로 대재앙을 겪는 것을 경험하고 마오쩌둥의 권력 투쟁 대상이 되었으며 문화혁명 대동란기에는 자신이 일차 피해자가 되어 혹독한 시련을 겪었다. 이들은 사회주의 실험의 실패를 스스로 인정하고 변화의 필요성을 절감해야만 했다. 그 결과가 바로 마오쩌둥 사후 전개된 개혁·개방 정책이다.

개혁·개방에 대한 해석은 다양하다. 다양한 해석이 존재하지만, 그 요체要諦는 중국공산당의 사회주의 실험 실패 인정이라 하겠다. 사회주의 실패를 인정하고 그들이 그토록 경멸하고 공격했던 자본주의를 도입한 것이 개혁·개방인 것이다.

자본주의제도 도입은 제한적이지만 정치·경제적 자유를 허용해야만 하는 것을 의미하기도 했다. 다시 말해 중국공산당이 중국인들을 옥죄었던 사회주의, 평등주의라는 사슬을 조금씩 풀어주기 시작한 것이다. 그러자 평등주의와 사회주의에 속박되어 있던 중국인들이 비로소 그들의 경제적·사회적 잠재력을 발휘하기 시작했다. 개혁·개방과정은 사회주의가 폐기되면서 사회경제적으로 생명력을 되찾아가는 과정이었다고 평가할 수 있다. 다시 말해 개혁·개방 이후 경제성장은 중국공산당과 덩샤오핑의 치적이라기보다는 중국공산당이 사회주의 계획경제를 포기하고 중국 사회에 부분적이나마 시장과 자율을 허용한 결과였다.

개혁·개방 이후 시대 변화에도 불구하고 현대 중국은 여전히 정치·

경제적으로는 중국공산당이 정치 권력, 경제 권력, 사회적 통제와 감시 권력을 독점적으로 행사하는 일당독재체제다. 평등과 노동자·농민 계급해방을 강령으로 내걸고 권력을 장악한 중국공산당은 아이러니하게도 중국공산당 특권 계급사회를 만들었다. 그런데 사회주의 실패를 인정하고 개혁·개방으로 나온 뒤에 그들의 특권적 권력은 더욱 커졌다.

일반적으로 중국이 개혁·개방 정책을 전개하기 시작한 이후 중국이 자유민주주의 국가들과 다를 바가 없이 변화했다고 착각하기도 한다. 마오쩌둥 시기에 비하면 많은 변화가 있기는 했다. 시장화(자본주의화)를 진척시키려면 사회구성원의 자유를 일정 부분 확대해주는 것이 필수적이어서다. 1990년대부터 2000년대 후반까지 중국공산당이 변화하는 중국 사회에 맞추어 정치개혁을 시도한 것도 사실이다.

하지만 중국공산당 일당독재는 이른바 덩샤오핑이 제시한 하나의 중심 두 개의 기본점一個中心兩個基本點4) 방침을 고수했다. 즉, 시장화(자본주의화)는 중국 경제력을 성장시켜 공산당 목표를 달성하려는 수단일 뿐임을 분명히 했다. 이는 중국공산당이 어떤 상황에서도 권력 독점과 독재를 포기하지 않는다는 것을 의미한다. 이것이 '중국특색사회주의 시장경제中國特色社會主義市場經濟' 모델이다.

중국이 시장화 과정에서 경제적으로 폭발적인 성공을 거두면서 중국공산당을 중심으로 한 당黨·군軍·정政 특권집단은 막대한 경제적 부를 축적할 수 있었다. 반면, 이 과정에서 빈부격차는 세계 최고 수준으로 악화하였다.

중국의 극심한 빈부격차는 의도된 정책의 결과물이기도 했다. 덩샤오핑의 선부론先富論 전략을 기반으로 외국 자본, 기술 도입을 위하여 동부 연안 도시에 집중적으로 우대 혜택을 제공했다. 농촌과 농업 부문을 희생하면서 공업 분야에 차별적 우대정책을 시행했다. 그 과정에서 수억 명에 이르는 대규모 산업예비군이 도시에 있는 공업 부문에 투입되었다. 산업예비군은 주로 저발전 내륙 농촌 지역 출신으로 초저가 노동력을 제공해주었다. 이들이 이른바 농민공農民工이다. 중국이 세계의 공장으로 외국기업 생산기지가 될 수 있었던 가장 중요한 요인 중 하나가 바로 초저가 노동력의 대량 공급이었다.

중국공산당 일당독재체제 아래에서 자본주의 노선을 걷는 중국 특색 사회주의 시장경제화를 진행하면서 중국공산당의 정치 권력, 경제 권력 독점은 더욱더 심화해갔다. 권력 독점을 바탕으로 시장화 과정에서 급속도로 규모가 커진 기업과 자본마저도 독점하게 되었다.

사회주의 실험을 포기하고 자본주의를 이식하는 과정에서 약 10억 명(현재는 약 14억 명)에 이르는 중국인들이 일군 경제적 성과마저도 독식하는 체제를 형성한 것이다.

현대 중국을 상징적으로 '1 대 13'의 사회라고 표현할 수도 있다. 약 9400만 명에 이르는 공산당원과 나머지 중국인 약 13억 명이 정치적, 경제적, 사회적으로 너무나도 현격한 격차를 보이는 사회를 말한다. 이는 상징적인 표현이다. 모든 공산당원이 그 '1(억)'에 해당하는 것은 아니다. 그리고 1억 명에 이르는 중산층도 정치, 경제, 사회적 권력과 지위가 다시 크게 나누어진다. 세부적으로는 수백만 명에 이르는 중국공산당 엘리트 그룹이 정치 권력, 경제 권력, 사회문화 권력을 거의 독점하고 있다. 이들은 정치·경제적 이권으로 강하게 맞물려 있다. 물론 그들 내에서도 계파가 나누어지고 지방별 권력이 나누어져 있기는 하다. 하지만 중국공산당 일당독재체제 전체를 관통하는 사실은 이들이 정치경제 권력을 극단적으로 독점하고 있는 체제라는 것이다.

당·국가(혹은 당·군) 중심의 중국 특색 사회주의 시장경제 체제에서 중국 기업은 실질적으로 중국공산당이 소유하거나 당의 실질적인 통제 아래 있다. 중국을 대표하는 기업 대부분이 당이 소유하고 있는 국유기업이다.

사정은 민간기업도 마찬가지다. 중국공산당 지배계급은 1990년대 말 이른바 국유기업 민영화 과정에서 민간기업으로 탈바꿈한 과거의 국·공유 기업 경영권을 독식했다. 시장화(자본주의화)가 진척되면서 생겨난 외형상 순수 민간기업 또한 사실상 중국공산당 엘리트들이 실질 지분을 가지고 있다. 민간기업으로 급속히 성장한 기업들은 중국공산당 지배계급들이 자신들의 자금 은닉처로 키우기 위해 국가기관을 동원해 집중적으로 지원한 결과이다. 배후에서 중국공산당 내부 파벌들이 실질적인 지분을 나누어 행사하는 구조이다.

2000년대 이후 중국 경제성장을 견인한 대규모 인프라스트럭처 투자(부동산, 철도, 도로, 댐, 항만, 공항, 신도시 개발 등)는 축재蓄財의 장場이었다. 그 결과 중국공산당 엘리트 지배계급의 부는 전 세계 최대 규모로 커졌지만, 중국은 전 세계 최악의 빈부격차 국가가 되었다.

이른바 '중국 특색 사회주의 시장경제'라고 명명하는 기형적 정치경제 구조는 구조적 모순이 축적되는 과정이기도 했다. 초기 발전단계에서는 저임금 저생산 비용 구조로 빠르게 경제성장을 일구어낼 수 있었으나 구조적 모순 또한 양적 성장만큼 누적됐다. 중국 정치경제 학자들은 대략 2000년대 중반에 이르러 중국 특색 사회주의 시장경제의 고성장 단계가 종식하고 구조적 모순이 기하급수적으로 심화했다고 평가한다.5) 투입에 의존한 경제의 외적 성장이 한계에 도달했고 현재는 한계의 임계치마저도 넘은 것으로 평가한다.6)

중국공산당 일당독재체제 아래 중국은 새로운 계급사회를 형성했다. 20세기부터 오늘날까지 모든 사회주의 정치체제는 단 하나의 예외도 없이 결과적으로 극단적 계급사회의 출현으로 귀결되었다. '공산당원의 공산당원을 위한 공산당원에 의한' 특권계급 국가이다.

평등 가치를 구호로 내걸고 대중을 선동해 정치 권력을 잡은 공산당의 아이러니이기도 하다. 중국공산당과 지배계급은 권력과 부를 대규모로 축적하면서 중국을 기형 사회로 변질시켰다. 자신들의 권력과 부를 유지하려고 14억 중국인을 볼모로 잡고 전체주의 전제정치 체제를 강화하고 있다.

현재 시진핑習近平이 집권한 중국공산당은 중국 사회 전체를 전체주의 사회로 재강화하고 있다. 그 방식은 지난날 수많은 공산당이 시도한 사회주의 사회 구축에서 한 발짝 더 나아가고 있다. 다름 아닌 '디지털 전체주의 사회'이다. 현대 정보통신기술ICT혁명 성과를 이용해 조지 오웰George Orwell이 '소설' 『1984』에서 묘사한 사회를 '현실' 세계에서 구현하고 있다.

이를 위해 중국공산당은 먼저 외국의 정보 유입을 차단하는 인터넷 방화장성防火長城 프로젝트를 가동했다. 외부 세계와 인터넷 소통을 통제하면서 중국공산당 선전·선동과 왜곡된 사실들을 끊임없이 주입하는 체제를 구축하고 있다.

국내에서는 자국민을 완벽히 감시하는 금순공정金盾工程·황금방패공정을 완성 중이다. 이 공정은 중국 내 인터넷, 전화, 문자 메시지를 감시 통제한다. 이후 CCTV 감시를 추가하고, IT 기술 발전성과를 반영한 안면인식, 음성 인식, 빅데이터 분석, 인공지능 AI 활용 등을 혼합해 완벽한 감시통제 체제를 구축했다. 황금방패공정은 이후 더욱 진화해 도시를 대상으로 한 톈왕공정天網工程과 농촌 지역을 대상으로 한 쉐량공정雪亮工程으로 세분되었다. 이 공정은 도시에서는 이른바 안전도시安全城市 또는 스마트시티智慧城市 사업으로, 농촌 지역에서는 안전 농촌 프로젝트 등으로 진화하고 있다.7)

이른바 안전, 편리, 스마트라는 미명으로 진행되는 스마트시티 구축 사업은 아프리카 독재국가에서 시범 테스트를 마치고 한국에서도 이른바 한중도시협력사업 명목으로 깊숙이 침투하는 중이다.

오늘날 중국은 인구 약 2.4명당 1대꼴로 CCTV를 설치해 자국민을 감시한다. 설치 비율은 증가 추세다. 명목은 범죄 없는 안전 추구라지만 실제로는 주민 감시통제체제 구축이다.

주민 감시통제는 더욱 촘촘해지고 있다. 대표 사례가 '사회신용평가 점수제도' 도입이다. 중국인 전체에 대한 자료 분석을 통해 개인별로 점수를 부여하고 이 점수에 맞추어 교통수단 이용, 금융 대출 등에서 자녀들 취학에 이르기까지 보상·처벌하는 체제이다. 최근에는 디지털 인민폐(위안元화)를 도입해 개인 자산과 화폐사용까지 통제하는 시스템을 구축했다. 개인 주거공간 내에도 감시카메라를 '안전'이란 명목으로 설치하는 사례가 있다. 전화부터 인터넷에 이르기까지 개인 소통을 모두 감시통제하고, 개인의 이동 동선과 사회적 활동도 감시하며 개인별로 점수를 부여해 사회경제적 삶을 통제하고 소비행위까지도 통제할 수 있는 완벽한 '1984식 감시통제 사회'를 구축한다. 이를 '디지털 전체주의 사회'라고 부른다. 사회 안전과 효율이라는 미명으로 중국공산당이 개인의 삶을 샅샅이 감시통제하는 사회를 만들었다.

중국공산당의 전체주의 통치는 중국 사회에 대한 디지털 전체주의화에 그치지 않는다. 소수민족을 대상으로 하여 사악한 인종청소ethnic cleansing를 자행한다.

중국공산당은 중국을 한족漢族을 비롯하여 56개 민족으로 구성된 중화민족의 나라이고 중국공산당이 이들 모두의 이익을 대표한다고 선전한다. 하지만 실상은 어떠한가? 신장 위구르족과 티베트족에 대한 인종청소와 종교 말살을 거리낌 없이 자행하면서 한족화를 강행한다. 수백만 명의 위구르족 남성을 '직업학교'라고 이름 붙인 강제수용소에 감금하고 강제노동에 이용한다. 여성은 강제로 한족과 결혼시키거나 위구르인 사이에 생긴 태아를 강제로 낙태시키고 한족이 위구르인 여성을 윤간輪姦, 강간强姦하여 이른바 '한족 씨뿌리기'를 자행하면서 소수민족을 말살하고 있다. 소수민족 태생 유아나 어린이는 유년기부터 부모에게서 강제로 떼어내 기숙학교에 가두어놓고 중국공산당과 중화민족으로 세뇌작업을 한다.

전통종교를 파괴하려고 종교시설을 파훼하고 종교 서적을 몰수해 불태우며 성직자를 강제로 환속시키고 중국공산당 앞잡이들을 종교인으로 내세운다. 이른바 애국 종교(중국공산당 종교화) 정책이다. 이러한 성과를 바탕으로 최근에는 몽골족, 조선족, 후이족回族 등에 대해 그들의 전통 언어와 종교·문화를 말살하고 강제 세뇌 교육을 감행하고 있다.

일반 중국인들에 대한 종교, 가치 말살 정책은 어떠한가? 중국공산당은 그 자체가 신앙의 대상, 즉 종교가 되어야 한다. 이는 전 세계 모든 공산당(사회주의 정당)의 공통점이기도 하다. 이들은 '종교는 인민의 아편이다.'라고 선전하며 종교를 탄압한다. 중국공산당 이외 어떠한 믿음도 인정하지 않는다. 기독교(개신교, 천주교), 불교, 도교, 이슬람교에 대한 이른바 애국 종교愛國宗敎 정책을 전개하면서 표면상으로는 종교 활동을 인정하는 척하면서 실질적으로는 종교를 중국공산당에 대한 신앙적 믿음으로 변질시키는 작업을 해왔다.

일반적인 종교만 해당하는 것이 아니다. 중국에서 기원한 대표적인 심신 수행 단체 파룬궁 法輪功·법륜공도 포함된다. 파룬궁은 개혁·개방 시기 일반인뿐만 아니라 중국공산당 핵심 간부까지 순수한 심신 수행 기법으로 받아들이면서 그 세勢가 급속히 퍼졌다.

중국공산당은 종교 파괴행위를 자행하면서 사회주의적 신심信心을 강조했다. 하지만 일반 인민들은 공산당이 강조하는 사회주의적 인간, 사회주의 가치를 가지고는 인간 본연의 존재론적, 실존적 고민을 해소할 수 없었다. 영성靈性, 실존 문제, 삶의 가치와 지향 등 문제에 직면한 중국인의 공허함을 대신 채워준 것이 지하교회(비인가 교회)와 파룬궁이었다. 진실, 인내, 타인에 대한 사랑을 강조하면서 심신 수행을 병행하는 운동인 파룬궁이 급속히 퍼진 배경이다.

특히 중국 전체에 퍼지는 파룬궁 수행 열기에 중국공산당은 위기를 느꼈다. 일반 중국인뿐만 아니라 중국공산당 고위간부까지 공산당 교리 대신 심신 수행에 참여하는 것을 방관할 수 없어서였다. 결국, 장쩌민 집권 후반기인 1998년 파룬궁 탄압을 결정하고 심신 수행 운동에 '사교邪敎'라는 낙인을 찍어 가혹한 탄압을 자행했다. 중국공산당이 아닌 종교나 단체 집회에 사람들이 모이는 것을 허용할 수 없어서였다.

개혁·개방 시기 중국에서는 중국공산당의 탄압 아래서도 주요 종교가 암묵적으로 많은 중국인에게 확산하였다. 하지만 시진핑 집권기에 들어서는 종교 탄압을 본격화하였다. 시진핑 이전 시기에 중국 당국의 일부 묵인 아래 활동하던 지하교회地下敎會(비인가 교회)뿐만 아니라 불교 사찰, 이슬람 사원, 도교 사원에 대한 무차별적인 파괴와 탄압을 자행하고 있다. 신앙의 대상으로서 중국공산당, 마오쩌둥, 시진핑에 대한 숭배를 강화하려 함이다.

2021년 11월, 중국공산당은 이른바 제3차 역사 결의決議를 발표하면서 중국공산당과 그 핵심인 시진핑이 종교적 신앙과 숭배의 대상이 되어야 한다고 공식화하기도 했다.8)

국내적으로 종교인, 심신 수행 단체, 소수민족, 자유민주주의자, 양심적 변호사, 지식인들에 대해 가혹한 탄압을 자행하면서 인권유린도 서슴지 않는다. 대표 사례가 장기 적출이다. 중국 전체에 산재한 교도소, 노동교화소 등에서 민주화 인사, 특정 종교 신자, 파룬궁 수련자들을 가혹하게 고문하고 처벌하는 것을 넘어 이들을 장기매매 희생자로 만들고 있다. 소수민족 인종청소의 장場인 신장 위구르자치구 구도區都 우루무치 국제공항에는 '인체 장기 특별수송라인'을 운영하고 있을 정도이다. 현재 중국 전체에서 매년 최소 약 10만 명분의 장기를 강제로 적출해 매매하고 있다. 일부 장기이식 전문병원에서는 장기이식 할인 행사까지 홍보할 정도이다. 참고로 중국인의 사후死後 장기 기증률은 매우 낮다.

국제 추적조사 단체와 강제 장기적출 살해에 직간접적으로 관여한 양심적 중국인들의 폭로로 이미 전 세계에서는 중국공산당이 자행하는 강제장기적출 살해 실태에 대해 인식하고 있다.9) 이에 대응해 국제인권단체, 각국 정부들이 대응에 나서는 중이다.

중국≠중화민족≠중국공산당≠마오쩌둥

이상의 논의를 바탕으로 지금부터는 '중국中國·China'이라는 일반적 개념보다는 '중국공산당中國共産黨·CCP'이라는 더욱 명확한 개념을 쓰려 한다. 먼저 한족을 중심으로 한 5000년 역사를 일관한 중국이라는 실체가 있다는 말은 어불성설語不成說이라는 점을 밝혀둔다.

오늘날 중국은 '중국공산당이 중국 대륙에 중화인민공화국이라는 정권을 세우고 약 70여 년간 이어져 온 중국공산당 일당독재체제' 하의 중국일 뿐이다. 중화민족 또한 허구이다. 중국공산당은 현재 중국 영토 내에 있는 모든 민족은 중화민족이고 그들의 역사 또한 중국 역사라는 허무맹랑한 주장과 역사 왜곡을 일삼고 있다. 이들이 이야기하는 중화민족은 한족의 지배를 정당화하는 '이념화된 역사개념'에 불과하다.

'중국공산당이 없으면 신중국도 없다沒有共產黨就沒有新中國.'는 식의 선전·선동도 있다. '중국공산당이 무너지면 중국도 망한다.'는 논리다. '중국공산당은 마오쩌둥의 당'이라는 논리도 편다. '마오쩌둥=중국공산당=중국' 등식이다. 중국공산당은 이와 같은 논리에 더하여 중화민족주의를 이용한 대중 결집 수단으로 악용한다.

중국공산당이 붕괴한다고 해서 중국이 망하는 것이 아니다. 중국공산당이 전체 중국과 중국인을 의미하는 것도 아니다. 따라서 본서에서는 '중국=중화민족=중국공산당=마오쩌둥'의 중국공산당식의 논리와 프레임을 거부한다. 반대로 '중국≠중화민족≠중국공산당≠마오쩌둥'으로 공식公式화한다. 그리고 중국공산당과 그 외 중국과 중국인을 분리해서 사고해야 한다.

오늘날 중국공산당은 내부적으로 철저한 감시통제, 디지털 전체주의 사회를 구축하면서 대외적으로는 세계 패권을 장악해 중국공산당 식으로 세계 정치경제 질서를 재편하고자 하고 있다. 이를 위해 내걸고 있는 구호가 중국몽이다.

중국공산당이 세계 패권을 장악하려면 현재 자유주의 국제질서를 만들고 유지해온 미국과 서방국가들을 무력화해야 한다.10) 그리고 세계 패권을 장악하려는 대전략을 수행하기 위해 중국공산당이 전개하고 있는 실행 전쟁전략이 바로 초한전이다.

중국공산당은 초한전을 전개하기 위한 내부 기반을 어떻게 구축하고 있을까? 이 질문을 이해하기 위해서는 중국공산당 체제와 대전략의 특징을 알아볼 필요가 있다.

3. 중국 정치체제: 중국공산당 일당독재와 인민해방군

중국공산당의 실체와 전략문화

중국 정치체제의 핵심은 '중국공산당 일당독재체제'로 요약할 수 있다. 따라서 중국공산당의 실체에 대해 기본적인 사실을 이해할 필요가 있다.

이른바 '중국공산당 혁명원로' 가문 출신이자 본인 역시 철저한 공산주의자로서 중국공산당중앙당교中國共産黨中央黨校 교수로 재직했던 차이샤蔡霞가 실토한 내용을 들어보자.

차이샤는 "중국공산당은 나치즘, 파시즘, 구소련 스탈린식 공포정치보다 더 사악한 방식으로 중국을 통치해 왔다."고 고백한다. 중국공산당은 일종의 깡패조직이고 깡패조직이 폭력으로 중국인들을 볼모로 잡고 착취하고 있으며 약 9,000만에 이르는 중국공산당원이라는 깡패조직도 알고 보면 내부적으로는 마피아 두목과 같은 시진핑과 공산당 특권 귀족들이 나머지 당원들을 노예처럼 부리는 구조라고 폭로한다.11)

또 다른 예는 중국공산당 권력의 실체를 핵심에서 경험한 인물, 억만장자 궈원구이郭文貴의 폭로다. 궈원구이는 중국과 중국공산당에 대해 솔직한 심정을 털어놓는다. 궈원구이는 시진핑 집권 후 권력 투쟁 과정에서 위험을 감지하고 현재는 미국으로 망명했다. 따라서 중국공산당에 이권과 이해가 더는 맞물려 있지 않다. 즉, 중국공산당 내부 문제와 공산당 체제의 실상에 대해 거리낌 없이 폭로할 수 있게 되었다.

참고로 중국공산당 체제하의 중국에서 궈원구이와 같이 사업에 성공하고 부를 축적하기 위해서는 중국공산당 핵심 권력과 이익공동체이자 운명공동체 관계를 맺어야 한다.

중국 하면 떠오르는 대표적 단어 중 하나가 '관시關係'이다. 중국에서는 특권, 특혜, 이해, 이권, 부정부패로 얽히지 않으면 정치적 성공, 기업 운영, 사회적 명망 성취 모두 불가능하다. 중국에서 성공하려면 중국공산당 핵심 권력자들과 관시와 함께 권력 지형도와 권력 투쟁 구도를 훤히 꿰뚫고 있어야 한다. 그 과정에서 수많은 고급정보를 취득하기도 한다. 이것이 궈원구이가 중국공산당 내부 문제를 잘 알고 있는 배경이다.

궈원구이는 "자유민주주의 국가와 국민들이 중국공산당의 속성을 전혀 이해하지 못한다."고 일갈한다. 그는 "중국은 중국공산당의 나라이다. 공산주의자들은 기본적으로 전문적·직업적 거짓말쟁이다. 그들이 말하는 것은 모두 거짓말이다. 그들은 옳고 그름의 가치판단 기준이 없다. 믿는 것이라고는 오로지 이용 가치가 있는지다."라고 실토했다.12)

그는 자유민주주의 체제의 시각으로 순진하게 중국을 대하지 말라고 일침을 가한다. 중국을 자유민주주의 국가와 동일시하지 말라고 한다. 중국은 전 세계를 장악하겠다는 야심으로 가득 차 있는 중국공산당의 나라이다. 중국과 중국공산당의 실체를 깨닫지 못하면 결과적으로 그들에게 장악당하고 만다는 경고이기도 하다.

중국인의 기준으로 보면 서구사회는 사람들이 기본적으로 순박하다. 일단의 군인, 교수, 연구자를 위시한 전문가 집단도 예외가 아니다. 지독한 경쟁 속에 수단과 방법을 가리지 않는 생존법을 터득한 중국인들 눈에는 이용하기 쉬운 상대로 비친다.

서구인의 천성이 선해서가 아니다. 수백 년간 축적하고 보완한 자유민주주의의 성숙한 시민문화에 익숙해져 있기 때문이다. 정직, 신뢰, 법, 규칙에 대한 존중, 사회구성원 간 상호존중 등 시민문화가 다른 나라들보다 발전해 있어서다. 성숙한 시민문화는 이들 국가가 선진국이 될 수 있는 토양을 제공해주었다. 그런데 서구인들은 그들이 익숙해진 가치와 문화의 눈으로 중국과 중국인도 그들과 같을 것이라고 착각한다. 한국인도 이 '순진한 서구인'에 포함된다.

우리나라를 포함해 자유민주주의를 발전시켜온 나라와 국민은 규칙, 규범, 법, 제도에 따라 행동하거나 상호 교류하는 것을 기본으로 하는 행위규범을 지켜왔다. 물론 나라별로 수준 차이는 존재하고, 한국 사회가 가야 할 길이 많이 남아있기는 하다. 그런데도 기본적으로 선진 자유민주주의 사회는 계약, 언행일치言行一致, 상호신뢰 등을 중시하고 문제가 발생하면 규칙이나 협상을 통해 합의점에 도달한다. 합의에 이르러 계약서를 작성하면 상대방이 당연히 그 내용을 따르리라고 간주한다. 문제는 서구인들이 중국공산당과 사회주의 문화에서 살아온 중국인들도 그러리라고 착각한다는 데 있다.

이를 두고서 중국공산당식 생리에 익숙해져 있는 궈원구이는 중국공산당은 정반대라고 주장한다.

중국공산당은 공산혁명 초기부터 '목적이 수단을 정당화한다.'는 철칙鐵則이 있다. 이는 중국공산당에만 국한한 것은 아니다. 전 세계 모든 공산당과 좌파의 공통 공식이다. 지난날 러시아 볼셰비키 혁명부터 현대에 이르기까지 똑같다. 그들의 목적인 혁명은 현 체제를 전복해 권력을 장악하려 함인데, 세력 기반이 약한 공산주의 조직으로서는 기존 정치경제 체제 전복을 통해 혁명이라는 목적을 달성하려면 정상적인 방법으로는 불가능해서다. 공산당의 외형을 탈바꿈한 현대 진보 운동조직들도 근본부터 거짓, 선전·선동, 교란, 기만 따위의 술수에 능숙하다.

공산당식式 기만전술은 중국에 이르러 만개滿開했다. 역사적으로 전개해 온 치열한 생존경쟁 과정에서 형성된 한족의 '생존을 위한 사고구조'가 결합해서다. 특유의 기만, 속임수, 권모술수, 모략, 책동 전통이다. 이는 『손자병법孫子兵法』을 포함한 무경칠서武經七書13)를 관통하는 중국식 전략의 특징이기도 하다.

한국인에게 '겉과 속이 다르다.'는 의미의 표리부동表裏不同은 경멸의 감정을 담은 표현이다. 한족의 반응은 한국인과 정반대다. 그들은 '사람이 겉과 속이 똑같으면 그게 짐승이지 어떻게 사람이라 할 수 있는가?'라고 반응한다. 사람은 겉과 속이 당연히 달라야 한다고 한다. 겪어 봐야 깨닫게 되는 중국인의 행태를 조금은 이해할 수 있는 대목이다.

공산당이 발전시켜 온 전략·전술은 마오쩌둥에 이르러 중국 전통의 전략·전술과 맞물리면서 기만과 사기를 핵심으로 하는 술수와 책략의 최고봉에 다다른다. 중국공산당은 혁명이라는 명분으로 반대 사회세력을 제거하는 과정에서 중국인들을 끊임없이 갈라놓고 분열, 대립시키면서 상호불신과 극단적 이기주의가 무너진 전통 가치와 규범의 빈자리를 채웠다. 여기에 중국공산당의 기만, 사기, 책략 등의 술수가 더해지면서 부정부패와 뇌물매수 기법이 고도로 정교하게 사회적 삶에 각인되어 있다고 궈원구이는 폭로한다.

중국공산당 일당독재체제

현대 중화인민공화국은 중국공산당의 나라이다. 중국공산당은 정부 조직과 사회 조직을 전 방위적으로 장악해 독점적 통제력을 행사한다. 정부 조직은 행정부行政府에 해당하는 국무원國務院과 지방 인민정부人民政府 조직이다. 여기에는 경찰에 해당하는 국무원 공안부, 국가정보원 격인 국무원 국가안전부, 사법부에 해당하는 인민법원, 검찰 조직인 인민검찰원, 입법부에 해당하는 전국인민대표대회(전인대)와 중국인민정치협상회의(정협)를 비롯하여 중국공산당 선전부가 실질 통제하는 각종 언론기관 등을 모두 포함한다.

자유민주주의 체제와 같이 3권(입법, 사법, 행정)이 분리되어 있지 않다. 신문, 방송, 통신 등 매체도 중국공산당 선전부 소속으로 언론자유가 없으며 엄격한 의미의 '언론'은 존재하지 않는다. 중국공산당 '선전·선동 매체'만 있을 뿐이다.

중국에는 자유민주주의 사회의 순수 민간조직은 존재하지 않는다. 중국공산당이 사회 저변에까지 공산당 조직을 운영하고 소규모 조직에는 반드시 당黨 세포조직이 있어 감시, 통제하고 있기 때문이다.

기업도 예외가 없다. 정부 산하 각종 국유國有기업은 공식적으로 중국공산당의 기업이다. 민간기업으로 알려진 기업들도 내용을 살펴보면 실질적으로는 중국공산당 권력 집단의 소유물이다. 다양한 권력 집단 파벌들이 각 민간기업에 대해 실질적인 지분을 나누어 보유하고 있다. 이처럼 다양한 파벌, 계파, 인민해방군 등이 서로 엮여서 나누어 소유하고 있지만, 전체적으로는 중국공산당 권력자들이 중국 정부, 각종 사회단체, 기업 등을 독점적으로 장악해 독식하는 중국공산당 특권 귀족의 나라이다.

인민해방군

인민해방군人民解放軍·PLA은 중국공산당의 무력武力이다. 형식적으로는 중화인민공화국의 군대임을 표방하고 있으나 실질적으로는 중국공산당의 무력집단이다. 국군國軍이 아닌 당군黨軍이다.

인민해방군은 중국공산당의 무력일 뿐만 아니라 정치, 경제, 사회, 대외관계에 이르기까지 중국공산당과 불가분의 관계에 있다. 정치적, 경제적, 사회적 영향력이 막강하다.

중국공산당과 같이 인민해방군도 단일 지배집단에 의해 장악된 것은 아니다. 중국공산당 내의 여러 정치파벌과 계파 그리고 지역별로 나뉘어 이해집단을 형성하고 있다. 달리 말하여 중국 정치체제는 중국공산당과 인민해방군의 당黨-군軍 체제로 규정할 수도 있다.14) 당과 군이 하나의 이해공동체로 엮여있는 구조이다.

당-군 체제는 중국공산당 창당 이후 역사적 과정을 통해 형성된 결과물이기도 하다. 1980년대 개혁·개방 시기 군軍 개혁이 일정 부분 진행되면서 당-군 분리, 당에 의한 군 통제 등의 논의도 있었다. 조직상 중국공산당과 인민해방군은 서로 이해가 다르다. 그런데도 인민해방군은 그 자체가 하나의 종합 권력체제를 이루고 있으면서 중국공산당의 기반을 형성하고 있다.

인민해방군은 자체가 거대한 이익집단이다. 다수 국유기업과 형식상 민간기업이 실제로는 인민해방군 소유이다. 기업뿐만이 아니다. 예술공연 관련 대학, 각종 기술전문대학, 기업, 문화예술 단체, 병원, 등을 운영하고 있다.

중국공산당 중앙 수준에서 당과 군은 정치, 경제, 사회 통제관리, 통일전선 전략, 대외정책 통일적 지도, 지휘체계를 형성하고 있다. 중국공산당의 대전략이라는 정치적 목적 추구는 인민해방군의 군사전략으로 실행되면서 고도의 상호 통합성을 갖추고 있는 특징이 있다. 중국의 군사전략은 인민해방군 자체만의 전문화된 군사전략이 아닌 중국공산당의 대전략과 하나로 연동하여 전개된다. 중국 군사전략을 언급할 때 이는 '인민해방군 군사전략'이라는 의미가 내포되어 있음을 미리 밝혀 둔다.15)

현대 중국의 당-군 체제의 성격은 명확하다. '21세기 초극우極極右 정치집단'이다.16) 그 이유는 첫째, 중국공산당 일당독재체제와 중국공산당 특권계급의 이익을 유지하기 위해 중국사회를 강압, 감시, 통제, 처벌하는 파시스트 전체주의 사회를 구축하고 있다. 둘째, 중화민족주의에 강하게 경도傾倒되어 세계를 중국 중심으로 재편해 전체주의적 패권을 전 세계적으로 행사하기 위한 팽창정책을 추진하고 있다.17)

요약하자면 현대 국제사회가 지향하는 자유, 민주, 인권 등 가치에 정면 도전하고 있는 21세기 파시스트 민족주의 국가이자 공산당 일당독재 전체주의 국가가 바로 현대 중국이다.18)

중국공산당 대전략과 외교정책

중국공산당은 마오쩌둥 시기부터 개혁·개방으로 정책 기조를 전환한 덩샤오핑 시기를 거쳐 현재에 이르기까지 세계 패권을 장악한다는 대전략을 한 번도 포기한 적이 없다.19)

주지할 점은 중국공산당은 그들의 전략적 의도와 목표를 대외적으로 드러내지 않는다는 것이다. 표리부동表裏不同은 중국공산당의 근본 속성이다. 대외적으로 표방하는 것은 선전전宣傳戰의 일환일 뿐이다. 각종 정부 문건, 백서白書 등을 통해 외교정책 기조, 원칙으로 내세우는 자주, 독립, 평화, 내정 불간섭, 반反패권주의 등은 사실상 구호성 주장에 불과하다. 중국공산당은 스스로 표방한 원칙조차 자의적으로 해석해 적용한다. 중국 대외전략의 실체를 이해하기 위해서는 그 이면에 감추어진 실질적 목적과 의도를 해석할 필요가 있다.

개혁·개방으로 전환한 이후 중국의 대외정책을 중요한 개념 중심으로 살펴보자. 일반적으로 중국 전략과 정책은 덩샤오핑 집권 후 개혁·개방으로 전환되었다고 설명한다. 마오쩌둥 시기 중국 대외전략을 규정지었던 시대 주제가 혁명과 전쟁이라면 덩샤오핑 시기는 개혁·개방 정책으로 전환하면서 평화와 발전으로 재정립했다고 한다. 덩샤오핑은 이 시기를 경제발전을 통해 강대국으로 도약할 수 있는 '전략적 기회의 시기戰略期遇期'로 규정하고 대외정책 기조로 '도광양회韜光養晦', '겸허저조謙虛低調', '유소작위有所作爲'를 강조했다. 이는 일반인들에게도 익숙한 개념으로 개혁·개방 이후 중국의 대외정책을 간략하게 도광양회韜光養晦로 설명하고 있다.

문제는 도광양회 개념을 오해하고 있다는 점이다. 마치 평화적이고 국제사회와 협력하는 외교정책이라는 식으로 오해한다. 도광양회의 사전적 의미는 '빛을 숨기고 때를 기다린다.'는 의미다. 즉 자신의 속뜻을 숨기고 상대를 기만하며 상대가 방심하는 사이 힘을 축적하고 상대를 꺾을 수 있는 때를 기다린다는 의미이다.

최근 들어 도광양회의 실제적 의도가 밝혀졌다. 외국으로 망명한 중국공산당 지도부급 인사들이 덩샤오핑을 중심으로 한 중국공산당 지도부가 1980~90년대 내부적으로 논의한 내용 일부를 폭로했기 때문이다.

덩샤오핑은 1980년대 미국과 외교 관계를 정상화하고 미국을 방문해 "중국공산당이 바뀌었다."고 선언했다. 그런데 이는 최근에 모두 거짓 선언이자 위장 전술임이 드러났다.20)

대외적으로 평화발전和平崛起을 선언한 덩샤오핑은 베이징北京으로 돌아와 중국공산당 내부 회의를 소집한다. 그는 도광양회 기조를 언급하면서 다음 내용을 강조했다. 첫째, 중국공산당의 궁극적 목적인 중국의 사회주의와 전 세계 공산화 전략을 고수해야 한다. 둘째, 전략적 목적을 달성하기 위해 미국을 비롯한 자유주의 서방 선진국의 기술과 자본을 최대한 이용해 국력을 키워야 한다. 셋째, 이를 위해 미국과 서방 선진국과 우호 관계를 유지해야 한다. 넷째, 미국을 포함한 서방 자유주의선진국과 우호 관계를 유지하는 동안에도 중국공산당은 이들을 최대한 이용하고 약화하기 위한 전략과 공작을 지속해서 전개해야 한다.21)

요약하자면 현 단계의 중국 국력으로는 전 세계 공산화와 중국공산당의 세계 제패가 현실적으로 불가능하니 미국과 서방 자유주의선진국을 평화와 발전이라는 이름으로 속이고 이들의 기술과 자본을 최대한 끌어들여야 한다는 것이다. 동시에 서방 자유주의선진국들을 약화·전복하여 중국공산당이 장악하기 위한 공작 또한 본격화해야 한다는 것이다. 이를 통해 중국 국력이 신장하면 이들 국가에 대한 전략적 총공세를 통해 궁극적 목적인 중국공산당의 세계 제패를 달성해야 한다는 것이다.

이러한 대전략에는 마오쩌둥이 발전시킨 적극방어론이 그대로 투영되어 있다. 적극방어론은 중국공산당이 약세이던 중화민국中華民國 시기 국민혁명군國民革命軍에 대항한 전략이다. 아군이 수세에 처했을 때 방어 전략을 취해 세력 보존에 중점을 두지만 단순한 후퇴와 방어가 아니라 공격해 들어오는 적을 유인해 섬멸함과 동시에 적 종심縱深에 대한 공략을 적극적으로 전개한다는 전략이다. 적극방어는 오늘날 인민해방군 전략의 핵심이기도 하다. 덩샤오핑은 적극방어 전략을 미국을 상대로 한 국제전략으로 확대한 것이었다.

덩샤오핑의 전략지침에 따라 중국공산당은 미국과 국제사회에 화해와 협력의 제스처를 취하면서 공격 기반을 닦아 나갔다. 그 기반은 바로 홍콩香港·Hong Kong이었다. 개혁·개방 정책이 한창 진행되고 미국의 중국 지원이 본격화한 1980년대 중·후반부터 중국공산당은 외국에 대한 통일전선공작을 전개하는 기반을 홍콩을 중심으로 닦아 나갔다. 홍콩이 지닌 특수성 때문이었다.

1980년대 홍콩은 통일전선공작을 전개하는 데 최적의 기반을 갖추고 있었다. 무엇보다도 당시 홍콩은 1984년 중·영 양국 정부가 체결·발표한 '중영공동성명(홍콩반환협정)'에 따라 1997년 7월 1일부로 영국에게서 주권을 반환받을 예정이었다.

대영제국大英帝國이 '동방의 진주'라 부른 홍콩은 영국식 정치·경제 제도가 이식되어 아시아에서 가장 자유로운 정치제도와 자유시장 경제를 꽃피웠다. 즉 홍콩은 중국공산당에게 국제사회로 통하는 창구로서 해외공작을 전개하는 데 대외적 경계와 의심을 피할 수 있고 중국이 영향력을 미치는 데 최적지였다.

중국공산당은 1980년대 초중반 이후 인민해방군, 중국공산당 통일전선공작부, 국무원 국가안전부 등을 중심으로 홍콩에 공작 요원을 침투시킨다. 이들은 순수 민간 기업가, 시민 사회 활동가로 위장해 홍콩에 자리를 잡았다. 이들이 설립한 회사에 전방위 지원, 자금 공급, 중국과 관련 사업에 특혜 제공을 아끼지 않았다. 그 결과 이들이 설립한 기업과 다양한 사업체는 홍콩의 신흥재벌로 급성장하게 된다. 중국공산당은 이를 기반으로 홍콩 사업가, 홍콩 출신 저명인사들을 포섭해 나간다. 포섭된 홍콩 엘리트들은 각종 '기금회基金會' 이름으로 '재단법인'을 설립해 중국공산당이 해외 통일전선공작을 전개하는 자금줄이 된다.

중국공산당 전위前衛 공작 조직인 이 기업들은 외국에 대한 각종 정치정보 공작과 해외 통일전선공작 근거지로 이용된다. 홍콩에 근거지를 둔 기업으로 위장하면 외국의 경계와 의심을 낮추고 순수한 기업활동과 민간교류 활동으로 위장할 수 있어서다. 이 기업들은 1990년대부터 자금력과 조직력을 갖추고 미국, 영국, 일본, 캐나다, 호주, 대만, 한국 등 해외 통일전선공작 대상국에 대한 정치공작, 경제공작, 정보공작, 포섭과 매수 공작을 전개하는 플랫폼 기능을 해오고 있다. 이들 공작기관 출신 중 한국에 기업 활동과 친선교류 명목으로 진출한 인사도 상당수 있으며 지금도 활발하게 한중교류에 앞장서고 있다.

홍콩 사례를 소개한 이유는 중국공산당이 평화, 상생, 협력을 공식화한 시기에도 내부적으로는 서방 자유주의선진국을 침탈해 장악한다는 목적을 계획적으로 전개하고 있었다는 사실을 환기하려 함이다.

중국공산당은 1990년대 후반 들어 그동안 착실히 다져온 대외공작 기반과 경제성장을 바탕으로 외국에 대한 정치공작전, 정보전, 통일전선공작을 본격화했다.

『초한전』이 출간된 시점인 1998년경에는 당시 중국공산당 총서기였던 장쩌민을 중심으로 해외 통일전선공작을 강화하는 체제를 정비했다. 예를 들어 2003년 이른바 평화적 부상和平崛起을 개념화하여 대내외적으로 공표할 때 내부적으로는 초한전 전략을 반영한 삼전三戰·심리전, 여론전, 법률전을 대외공세 전략으로 공식화했다. 외부적으로는 대외개방과 평화발전 정책을 강조하면서 내부적으로는 외국에 삼투해 침탈하고 공격하기 위한 사이버 전단을 창설하기도 했다.22)

표리부동表裏不同 전술은 중국이 대내외적으로 공표하는 『국방백서國防白書』나 군사·안보 전문 발간물에 언급하는 내용과 중국공산당과 인민해방군이 내부적으로 고급간부들을 교육하는 전략·전술론 교재 내용 간에 큰 차이가 있다는 것에서도 알 수 있다.

대외 공표용 자료에서 평화, 발전, 협력 등을 언급하면서, 내부용 교육 자료에는 인민전쟁, 통일전선, 적극방어의 중요성을 집중적으로 논의했다.23) 중국공산당으로서는 당연하다. 인민해방군의 전략·전술은 비밀주의, 은밀성, 기만, 책략을 생명으로 하기 때문이다. 문제는 서방 자유주의선진국 군사·안보 전문가들이 중국공산당과 인민해방군의 표리부동 전략·전술을 이해하지 못한다는 데에 있다.

2008년 중국공산당은 대외전략과 정책에서 일대 전환점을 맞이한다. 2008년 미국 발發 세계 금융위기는 초강대국 미국의 경제 시스템에 대한 회의론과 미국 쇠퇴론 논의가 확산하는 계기를 제공해주었다.

2008년은 또 다른 의미가 있는 해이기도 하다. 베이징 올림픽이다. 올림픽 개최는 한 국가의 성장이 본궤도에 올라섰다는 상징적 의미가 있다. 베이징 올림픽을 성공적으로 개최하면서 중국의 자부심과 자신감도 본궤도에 올라설 수 있었다.

또한, 중국은 2008년 말 국내총생산 총액GDP 기준 세계 2위 경제 대국으로 등극했다. 바로 한 해 전인 2007년 경제·기술 대국 독일을 GDP 총액기준으로 제친 지 한 해 만이었다. 그것도 1967년 이후 서방 자유 세계 국가 중 미국 다음가는 세계 2위 경제 대국 지위를 놓치지 않은 일본을 앞지른 것이었다.

여러모로 상징적인 의미를 갖는 2008년을 기점으로 중국공산당뿐만 아니라 중국 지성계도 바뀌기 시작했다. 이전까지 일부 중국 지식인 사회에서는 중국공산당 일당독재체제에 대한 회의, 비판, 정치개혁 필요성을 제기했다. 국제관계와 관련해서는 미국의 초강대국 지위 자체에 변화가 오리라고 가정하는 논의는 소수에 불과했다.

하지만 '중국 부상, 미국 쇠퇴론'이 주류 담론으로 자리 잡으면서 미국이 물러난 공간을 대신할 국가는 중국이라는 확신이 주류를 이루기 시작했다. 이때부터 현존 국제질서의 수용자가 아니라 국제질서를 만드는 국가로서 중국에 대한 논의가 활발하게 전개되기 시작했다. 이어서 중국 대외정책은 공세적으로 전환하기 시작한다. 이때부터 자신감에 넘쳐 '기세등등하게 몰아친다.'는 의미의 '돌돌핍인咄咄逼人'이 대외정책을 설명하는 용어로 등장했다.

세계질서를 중국 중심으로 재편한다는 '신천하질서新天下體系'론을 활발하게 논의한 시점도 2010년대 들어서다. 중국의 전통적 국제질서관은 이른바 천하체계天下體系다. 지난날 중국 천자天子를 중심으로 주변 제후국諸侯國들이 지배支配-종속從屬의 위계질서를 수립하던 것을 기본으로 한다. 반면 베스트팔렌Westfalen체제를 기반으로 하는 현대 국제관계는 주권 평등主權平等을 원칙으로 한다. 신분과 계급을 철폐하고 주권재민主權在民 원칙을 바탕으로 등장한 근대 자유민주주의 공화제 정신을 국제관계에서 구현한 것이다.

중국이 현대 국제관계를 대놓고 부정하면서 중국 중심의 위계적 국제관계로 회귀를 주장하기는 쉽지 않다. 그래서 다양한 형식논리와 개념으로 포장한 신천하질서론을 내세운다. '새로운新'으로 포장한 천하체계론의 현란한 용어, 개념, 논리를 벗겨보면 알맹이는 중국 중심의 수직적 위계질서만 남는다.24)

'중국의 시대中國世紀'를 실현하자는 이러한 논의는 시진핑 정권에 들어 표출되기 시작했다. 그 대표 구호가 중국몽中國夢이다. 중국몽은 중화인민공화국 수립 100주년이 되는 2049년 중국이 초강대국으로 등극한다는 대전략의 상징적 표현이다.25)

초강대국으로 가기 위한 로드맵 첫 단계가 국내에서 중국공산당 일당독재체제를 공고히 다지는 것이다. 다음 단계는 정치·경제적 기반을 바탕으로 중화권 나아가 아시아에서 패권적 지위를 확립하는 것이다.

중화권은 중국, 홍콩, 마카오, 대만을 의미한다. 아시아지역은 동북아시아 지역의 한반도, 동남아시아, 중앙아시아 지역을 포함한다. 중화권과 아시아지역에서 패권적 지위를 확립하는 단계에서도 미국과 서방 자유주의선진국에 대한 영향력 확대 전략은 적극방어 전략에 따라 진행한다.

대전략을 달성하기 위한 단계적 조치로 시진핑은 2013년 미국에 대해 '신형新型대국 관계' 정립 필요성을 강조하기 시작한다. 신형대국관계는 투키디데스 함정Thucydides Trap을 탈피하자는 주장이다. 투키디데스 함정이란 패권국과 부상하는 도전국 간 경쟁이 패권전쟁으로 귀결되는 것을 의미한다.

중국이 내세우는 '신형'의 조건이 있다. 태평양을 기준으로 하와이 제도 서쪽에 해당하는 서태평양 지역, 즉 아시아에서 중국의 영향권을 인정하라는 것이다. 달리 말하여 미국은 아시아에서 물러나라는 요구이다. 미국이 물러나고 아시아지역에 대한 중국 패권을 인정하면 서로 충돌할 이유 없이 공존할 수 있다는 것이 신형대국관계 핵심이다. 미국은 중국의 요구를 무시했다.

신형대국관계에 이어 시진핑은 2014년 아시아교류·신뢰구축회의 CICA에서 '아시아 안보는 아시아 국가들이 지켜야 한다.'는 취지의 아시아 신안보관을 제시했다.26) 더불어 유라시아 지역에서 정치·경제적 영향력을 구축하기 위한 일대일로 프로젝트를 시작했다.

일대일로 프로젝트는 다양한 목적이 있다. 경제적으로는 동남아시아, 중앙아시아 지역 저개발 국가들을 대상으로 중국 중심 공급망(서플라이 체인)을 구축하는 것이다. 이에 맞추어 중국을 허브hub로 하는 도로, 철도, 공항, 항만, 원유·천연가스 공급망, 정보통신망 등 인프라스트럭처를 건설한다. 다음으로 일대일로 프로젝트 경제회랑經濟回廊에 경제특구經濟特區를 설치해 중국 기업, 인력이 진출하여 중화경제권을 확장한다. 또한, 경제교류를 활성화하여 점차 위안元화를 결제 통화로 확대해 이른바 '위안화 국제화'를 진행함으로써 기축 통화로서 위안화의 기반을 다져 나간다. 일대일로 프로젝트가 성공하면 중국은 유라시아 지역을 경제와 금융 양 측면에서 지배하게 된다. 이는 이 지역에서 미국의 영향력이 무력해지는 것을 의미하기도 한다.

중국의 개발·투자 진출은 단순 사회간접자본SOC 건설을 의미하지 않는다. 경제전, 정치공작전, 정보통신전을 포함한 초한전 전개를 의미한다. 예를 들어 화웨이의 통신장비와 같이 중국공산당이 통제할 수 있는 장비, 부품, 인프라스트럭처 운용시스템을 이식하는 과정이다. 각종 인프라스트럭처와 정보통신을 통합적으로 운용하는 5G 사물인터넷IoT 구축을 화웨이를 중심으로 연계하면서 해당 국가들의 중추 신경계를 장악하는 작업을 진행한다.

더욱 중요하게는 경제가 정치와 불가분의 관계에 있다는 사실이다. 한 국가가 외국에 경제적으로 진출할 때는 정치·외교·안보 분야의 영향력 확대가 동전의 양면처럼 결부될 수밖에 없다. 일대일로 개발·투자 역시 현지 정치·경제 분야 엘리트 매수가 필수조건으로 따라 들어갔다. 일대일로 사업의 성격을 분석해보면 현지 경제발전에 필요한 인프라스트럭처 건설과 경제성 등은 고려하지 않고 철저하게 중국의 전략적 이익만을 추구한다. 필연적으로 해당 국가 국민의 반발을 불러일으킬 수밖에 없다.

중국이 이 문제를 해결한 수법이 고도로 발전시킨 부정부패, 매수기법이다. 현지 엘리트들을 매수해 이권과 특혜를 부여하고 그 대가로 사업을 진행한다. 그 결과 일대일로 사업을 진행하는 국가 엘리트와 중국공산당은 '이익공동체'를 형성한다. 이는 일대일로를 진행하는 해당 국가 정부가 친중親中 성향으로 바뀌는 배경이기도 하다. 중국식 부정부패 구조를 일대일로 연선沿線 국가에 수출해 이식하는 것이다. 나아가 중국 특색 발전모델을 이른바 베이징컨센서스 또는 중국 모델이라는 미명으로 이식하는 작업을 진행해 왔다.

중국공산당 대전략의 최종목표는 아시아에서 지역 패권을 기반으로 초강대국으로 도약하여 국제 정치·경제 질서를 중국 중심으로 재편하면서 세계 패권을 장악하는 것이다. 대전략 목표 달성은 미국과 패권 경쟁에서 승리하는 것을 필수조건으로 한다. 현재까지 유일 초강대국은 미국이기 때문이다.

문제는 중국이 미국과 주·객관적 국력 면에서 열세에 놓여있다는 사실이다. 이러한 열세를 극복하고 미국과 전쟁에서 승리하기 위한 전쟁이 바로 초한전이다. 중국공산당은 과거 대륙의 중화민국 체제를 전복하는 과정에서 절대적 열세에 놓여있었다. 열세를 극복하기 위해 동원한 전략이 적극방어, 인민전쟁, 통일전선공작이다.

이제 중국공산당은 세계 패권을 장악하기 위한 그들의 전쟁론, 군사전략을 전 세계로 확장 적용하고 있다. 지난날 싸움이 중국공산당 대對 중국국민당中國國民黨 구도였다면 오늘날은 중국공산당 대 미국이다. 과거 중국 내 제諸 사회세력이 통일전선공작 대상이었다면 이제는 미국과 서방 자유주의선진국 시민 사회 조직과 사회주의 이념조직이 통일전선공작 대상이다.

중국공산당은 새로운 전쟁인 초한전을 어떻게 전개하고 있을까? 이에 대한 답을 찾기 위해 다음 장에서는 초한전의 개념, 이론, 전략을 살펴본다.

제 2 장

초한전超限戰:
개념, 이론, 전략

제2장 초한전超限戰: 개념, 이론, 전략

제2장의 주제는 초한전의 내용이다. 초한전의 개념과 특징을 주로 중국에서 출간된 『초한전超限戰』 원전 내용을 바탕으로 살펴본다.27) 초한전의 내용을 살펴본 다음, 초한전이 중국공산당의 전략문화와 주요한 군사전략에서 갖는 위치와 의미를 알아보려 한다.

현대에 들어서 전통적 전쟁과는 다른 새로운 성격의 전쟁에 대한 논의가 활발하다. 새로운 형태의 전쟁은 주로 비대칭 전략과 비동전non-kinetic warfare이 혼용되는 양상을 말한다. 초한전 또한 기본적으로는 비대칭 전략에 포함된다. 따라서 최근에 논의되는 전쟁의 새로운 양상과 전략을 살펴보고, 초한전이 이러한 전략과 어떠한 공통점과 차별성이 있는지를 살펴본다. 본 장에서는 초한전에서 제시하는 24개 전법을 중심으로 미국과 서방국가에서의 전개 사례를 소개한다.

1. 초한전超限戰: 개념, 이론, 전략 28)

초한전: 새로운 전쟁과 전략론의 등장

초한전超限戰은 중국공산당의 새로운 전쟁이자 전략 개념이다. 초한전이 중국에 처음 소개된 시기는 1999년경이다. 당시 인민해방군 공군 대교大校·상급대령이었던 차오량喬良과 왕샹수이王湘穗 공동 집필로 『초한전: 세계화시대 전쟁과 전법 상정超限戰: 對全球化時代戰爭與戰法的想定』을 출간했다. 저자들은 현대 군사과학과 기술의 혁신을 반영한 새로운 현대전 양상에 주목했다. 그리고 중국 특색의 새로운 전쟁개념과 신사고에 기초한 전략·전술 도입 필요성을 역설한다.[29]

『초한전』은 출간 이후 전문가, 일반 대중의 폭발적인 관심을 받았다. 당시 중국공산당 총서기이자 국가주석 장쩌민은 "『초한전』은 중국공산당과 인민해방군 군사사상의 중대한 발전이자 성숙하게 무르익은 결과다."고 극찬했다.[30] 이를 반영하듯 『초한전』은 현재까지 10판에 이르는 재개정판이 나오고 2014년에는 출간 15주년 기념판이 나왔다.

『초한전』에 대한 관심은 중국에만 국한되지 않는다. 대외적으로도 관심과 연구의 대상이 되었다. 미국은 주중국 미국대사관, 중앙정보국 CIA 해외방송첩보과Foreign Broadcast Intelligence Service·FBIS, 법무부 연방수사국FBI 주도로 『초한전』이 출판된 직후 바로 전문全文을 번역·공개하기도 했다.[31] 주지할 점은 초한전 연구를 군사전략, 국제관계 연구 분야에서 광범위하고 심도 있게 진행했다는 것이다. 미국 육군사관학교와 해군사관학교에서는 생도용 전략학 교재로 채택하고 있을 정도다. 국제관계 연구 분야에서는 존스홉킨스대학교 고등국제학대학 School of Advanced International Studies·SAIS에서 초한전 주제 심포지엄을 2006년부터 2009년까지 연속 개최하기도 했다.[32] 2016년 재개정 출간한 '15주년 기념판'은 미국 내 연구 결과도 소개하면서 제목을 『초한전과 반反초한전』으로 바꿨다.[33]

2016년 재개정 기념판 출간기념회에서 『초한전』 저자들은 "초한전이 인민해방군 전략사상에 깊은 영향을 끼쳤다는 사실에 긍지와 보람을 느낀다."고 술회했다.[34] 저자들의 술회에서도 알 수 있는 사실은 『초한전』이 출간 이후 현재까지 인민해방군 전략·전술에 지대한 영향을 끼쳤다는 점이다.

『초한전』이 주목받는 이유는 초한전의 개념과 전략·전술이 현재까지 국제사회가 인식하는 전쟁 성격과는 근본적으로 다른 방식의 전쟁개념을 제시하고 있어서다. 이는 초한전 개념을 정리한 배경에도 나온다. 저자들은 중국 특색의 새로운 전쟁론을 제기하는 배경으로 첫째, 현대 들어 진화하고 있는 전쟁 양상이 기술혁신과 접목하면서 새로운 단계로 접어들었다는 인식. 둘째, 변화된 전쟁 양상에서 종합 국력에서 우월한 미국에 맞서 중국이 승리하기 위해서는 다른 차원의 전쟁을 전개해야 할 필요성을 거론하였다.

현대전의 새로운 양상과 관련해서 저자들은 1991년 발발한 걸프 전쟁을 주목한다. 최첨단 무기를 총동원해 최소한의 인명피해로 전쟁 목적을 달성하는 미국의 새로운 전쟁방식을 보면서 현대 군사기술 혁신이 바꾸고 있는 전쟁의 새로운 양상을 재인식해야 한다는 점이다.

전쟁의 궁극적 목적은 무엇일까? 다름 아닌 적국을 굴복시켜 아국의 의지에 따르도록 강제하는 것이다. 반드시 대규모 무력 동원과 그로 인한 인명피해를 수반할 필요는 없다. 걸프 전쟁에서 보여주듯 압도적인 최첨단 무기를 동원해 인명피해를 최소화하면서도 전쟁의 목적을 달성할 수 있다. 전쟁의 정치적 목적을 달성하기 위한 전쟁수단이 반드시 무력일 필요도 없다. 현대 기술혁신 사회에서는 정치·경제적 목적을 달성하는 수단으로 무력이 아닌 다른 수단을 더 많이 동원한다.

예를 들어 1990년대 말 동아시아를 강타한 글로벌 금융위기에서 동원한 것은 무기가 아닌 금융이었다. 최근에는 정보통신기술 혁신을 반영해 사이버 공격을 더 많이 동원한다. 정규군과 무력 충돌 없이 전쟁의 정치적 목적을 달성한다는 측면에서 볼 때 경제·금융전, 사이버전, 비정규군에 의한 테러리즘도 전쟁수단이다. 저자들은 현대에 전개되는 이와 같은 새로운 전쟁방식에 주목해야 한다고 주장한다.[35]

현대전의 새로운 양상을 언급하면서 저자들은 중국이 미국에 맞서 승리할 수 있는 전략을 도출한다. 중국은 군사과학과 기술혁신을 동반한 무력으로는 미국과 경쟁할 수 없는 현실을 직시해야 한다고 한다. 오히려 최첨단 기술과 다양한 수단을 동원한 비전통적인 새로운 전쟁 방식을 채택해야 한다고 한다. 이것이 비대칭 전략이다. 적국의 강점을 피하고 자국의 강점을 극대화해 약점을 공략하는 전략을 의미한다.

비대칭 전략에 기초한 비전통적 현대전 양상으로는 하이브리드hybrid 전, 유사類似전, 비동전non-kinetic warfare 등을 예로 들 수 있다.

비대칭전은 공통점이 있다. 타국을 굴복시켜 전쟁의 정치적 목적을 달성하기 위해서는 수단과 방법을 가리지 않는다는 것이다. 전쟁의 정치적 목적이란 타국을 굴복시키는 것이다. 그 방식이 무력 충돌이건 아니면 다른 방식이건 상대국을 굴복시켜 지배력을 행사하면 된다.

초한전이 추구하는 것도 바로 전쟁의 정치적 목적 달성이다. 목적 달성 방법으로 현대의 비대칭 전략과 중국 전통의 전쟁론을 결합한다.

중국은 역사적으로 대륙이라는 공간에서 수많은 왕조가 패권 경쟁을 하고 명멸을 거듭하면서 전쟁론, 전략·전술을 발전시켜왔다. 초한전은 『손자병법』을 비롯한 중국 고대 전법, 중국공산당의 인민전쟁론, 적극방어론을 비대칭 전략과 접목한다.

이를 통해 미국과 서방세계가 상상도 못 하는 수단과 방법을 모두 동원해 공격하고 최종 승리를 쟁취하고자 한다. 지금까지 인류가 발전시켜온 전쟁과 전쟁수단에 대한 사고와 한계를 모두 무너뜨리고, 오히려 수단과 방법을 가리지 않고 모든 한계를 초월하는 전략을 구사해야 한다. 이러한 의미에서 저자들은 중국 특색의 새로운 전쟁전략을, 한계를 초월하는 무제한 전쟁이라는 의미인 '초한전超限戰'으로 명명한다.36)

새로운 전쟁개념으로서 초한전

초한전의 의미는 문자 그대로 '한계를 초월하는 무제한 전쟁'이다.

여기서 말하는 한계는 오늘날 보편적인 전쟁개념, 규범, 법, 윤리와 이에 기초한 전쟁 수행 수단, 방법을 의미한다.

일반적으로 전쟁은 주권 국가와 국가 간 이루어지는 무력 충돌로서 정규군과 군사적 수단을 동원해 상대국에 선전포고 형식을 갖추어 전개된다. 무력 충돌 시점, 장소, 대상 등이 정해져 있고 전쟁 행위에 대한 국제법, 국제규범이 존재한다.

초한전은 이 모든 한계를 뛰어넘는다. 더 나아가 적국이 스스로 설정한 전쟁개념, 규범, 한계를 최대한 역逆이용한다. 상대 국가(적국)는 전쟁에 대한 고정관념에 사로잡혀있고 전쟁방식에서도 한계와 제약을 둔다. 달리 표현하여 전쟁 규범, 윤리, 국제법, 국제규범 등으로 '할 수 있는 것'과 '할 수 없는 것'의 한계를 명확하게 설정하고 있다. 중국으로서는 이것이 상대국의 최대 약점이다. 중국은 바로 상대국의 이 약점을 집중하여 공략해 들어간다.

초한전은 우선 전쟁개념을 바꾸어 놓는다. 전쟁에 대한 전통적 인식과 구분을 모두 초월한다. 전통적 전쟁수단, 방법, 대상, 범위, 시기, 규범 등 모든 한계를 철폐하는 전쟁이다.

『초한전』 저자들은 "전통적 군사적 수단에 제한되는 전쟁과 전략의 시대는 끝났으며 앞으로는 안보 영역이 별도로 구분되지 않고 전 영역이 안보 영역이다."라고 주장한다.37) 전쟁과 비非전쟁, 전시와 평시, 전장과 비전장, 군과 민간 구분도 뛰어넘어야 한다는 것이다.

다만 전통에 기초한 전쟁개념에서 바뀌지 않은 유일한 것이 있다. '전쟁의 본질'이다. 전쟁의 본질은 상대국을 정치적으로 굴복시키는 것이다. 초한전은 전쟁의 본질과 목적만을 유지한다. 그 외의 상대국을 이기기 위한 것이라면 수단과 방법을 가리지 않는 전쟁이다. 즉, 초한전은 전쟁의 개념과 함께 규칙 자체를 재정립한다.38)

초한전은 전통적 전쟁 행위에 해당하지 않는 비非전쟁행위를 적극적이고 능동적으로 동원한다. 비전쟁행위에는 상대 국가를 약화·파멸시키는 모든 수단과 공격행위를 포함한다. 나아가 초한전에 동원하는 수단과 방법은 적국이 상상조차 못 해야 한다. 인간의 삶과 관련된 모든 대상, 장소, 영역을 무대로 일반적인 상상력을 뛰어넘는 수단과 방법을 무차별적으로 동원해 적국을 무력화해야 한다. 초한전을 전개하기 위해서 중국은 새로운 전쟁 수행방식에 맞추어 전쟁개념과 규칙, 전투 교범에 이르기까지 모두 대폭 수정해야 한다.

초한전을 수행하려면 전 국가적 동원 체제를 갖춰야 한다. 민간·군사 영역을 구분하지 않으므로 전쟁 수행을 위해서는 중국 체제 역시 전통적 구분을 허물어야 한다. 이러한 맥락에서 중국공산당이 군부, 민간, 정부 각 부처 간 장벽 등을 제거하고 상호유기적인 협조체제를 구축해야 한다고 주장한다. 정치, 군사·안보, 금융, 통상, 민간조직, 타국 민간 영역에 대한 공공외교, 정보통신기술, 사이버 공간, 기업을 비롯하여 나아가 해외 중국교포, 유학생, 현지 체류 중국인, 현지 미디어, 정치, 교육, 기업, 시민단체, 금융 등 전 영역을 전쟁 동원 대상에 포함한다[39]

초한전에서 말하는 비전쟁행위의 예를 들면 IT 혁명 시대의 변화 상황을 반영해 해킹, 악성 코드 살포 등을 포함한 사이버전 전개 이외에도 금융전, 테러전, 심리전, 여론전, 법률전, 마약범죄전 등 다양한 수단을 망라한다. 특히 군사 무기체계에서는 전통 군사무기 체계와 함께 디지털 정보전에 주목해 군부와 민간이 합동으로 상대국 무기체계와 기술을 해킹, 정보기술 탈취, 군사와 사회기간산업에 대한 사이버 공격을 통한 무력화와 통제권 확보 등의 전략을 전개해야 한다고 주문한다.[40]

새로운 전쟁양상과 24전법

『초한전』에서는 새로운 전쟁 양상과 전법을 24개 제시한다.[41]

염두에 두어야 할 점은 초한전에서 제시하는 24개 전법은 한 예에 불과하다는 것이다. 실질적으로 초한전에 동원하는 전법은 바로 전법 그 자체의 한계까지도 초월해야 한다. 초한전은 기본적으로 전법에서도 '무제한'이기 때문이다. 이 점을 유념하면서 일단 초한전에서 제시하는 24개에 이르는 대표적인 새로운 전쟁 수행 전법을 살펴보자.

초한전 전법은 군사전법, 유사類似군사전법, 비非군사전법으로 구분한다. 〈표 2-1〉에서 군사전으로 재래식 전쟁, 핵전쟁, 생화학 전쟁, 생태환경전, 우주전, 전자전, 게릴라전, 테러전 등을 예로 든다. 재래식 전쟁과 함께 전개하는 유사 전쟁 양상에는 외교전, 네트워크전, 정보전, 심리전, 최첨단 기술전, 밀수전, 마약범죄전, 공갈협박전 등을 제시한다. 이 밖에 비군사적 전쟁 수행방식으로는 금융전, 무역전, 자원전, 원조전, 법률전, 경제제재전, 미디어전, 이념전 등을 예시한다.

〈표 2-1〉 새로운 전쟁 수행 양상과 유형

군사전 (Military)	유사 군사전 (Quasi-military)	비 군사전 (Non-military)
핵전 (Nuclear)	외교전 (Diplomatic)	금융전 (Financial)
전통전 (Conventional)	네트워크전 (Network)	무역전 (Trade)
생화학전 (Bio/Chemical)	정보전 (Intelligence)	자원전 (Resources)
생태환경전 (Ecological)	심리전 (Psychological)	원조전 (Foreign Assistance)
우주전 (Space)	최첨단 기술전 (Hi Tech)	법률전 (Legalistic)
전자전 (Electronic)	밀수전 (Smuggling)	경제제재전 (Embargo)
게릴라전 (Guerilla)	마약범죄전 (Drug Warfare)	미디어전 (Media)
테러전 (Terrorist)	공갈협박전 (Simulated;Intimidation)	이념전 (Ideological)

24개 전법에서 알 수 있듯이 초한전에서는 일반적으로 알고 있는 재래식 전쟁방식은 수많은 전쟁 양상과 방식 중 하나에 불과하다. 적국을 패배시키는 방법은 무한정이다. 저자들은 초한전을 전개하기 위해서는 신전쟁 방법론과 원칙을 도입하고 이를 바탕으로 다양한 수단과 전법을 창조적으로 응용해 적용해야 한다고 강조한다. 핵심은 전통적인 군사수단이 아닌 유사군사전과 비군사전 전법에 있다고 본다. 유사군사전과 비군사전을 포괄하는 전법으로 정치전political warfare 혹은 정치공작전이 있다. 본서에서는 '정치공작전'으로 용어를 통일한다. 정치공작전은 중국뿐만 아니라 구舊 소련(러시아)에서도 전개한 전법이다.

제2차 세계대전 이후 소련의 위험성을 경고한 외교 전문電文 '롱 텔레그램Long Telegram'으로 널리 알려진 조지 캐넌George Frost Kennan은 정치공작전을 '한 국가가 전쟁 이외에 동원할 수 있는 나머지 모든 수단을 동원해 자신의 목적을 달성하는 또 다른 의미의 전쟁 행위'라고 정의했다.42) 정치공작전은 무력 동원 외 상대 국가를 무력화하기 위한 모든 공작을 포함한다.

케리 거샤넥Kerry K. Gershaneck은 정치공작전에 동원하는 전법을 다음과 같이 나열했다.43) 여론전public opinion warfare, 심리공작psychological operations, 법률전lawfare과 이를 통칭하는 3전三戰·Three Warfares, 사이버전cyber warfare, 거짓 내러티브false narratives, 가짜 뉴스fake news, 정보전information warfare, 부채(함정)외교debt diplomacy, 회색지대전gray zone operations, 연락공작liaison work, 샤프파워sharp power, 소프트파워soft power, 하드파워hard power, 기만deception, 악의적 영향력malign influence, 특별조치special measures, 외교diplomacy, 하이브리드전hybrid operations, 전복활동subversion, 거짓정보disinformation, 삼투공작infiltration, 관여공작engagement, 영향력 공작influence operations, 공공외교public diplomacy, 통일전선

united front공작 등이다.

이들 전법과 개념은 초한전을 구성하는 핵심이기도 하다. 초한전에서는 이러한 전법을 동원해야만 하는 이유로 중국이 정상적인 방법으로는 이길 수 없는 미국을 상대로 한 전쟁에서 신사고가 필요하기 때문이라고 주장한다. 그러면서 다음과 같이 대對 미국 승전을 위한 초한전 논리를 제시한다.

> 미국은 사막의 폭풍 작전(1991년 걸프 전쟁 작전명)과 같은 형태의 신무기에 의한 압도적 전쟁승리가 지속하기를 바란다. 미국은 전쟁, 군사전략에서 이러한 사고로 굳어 있다. 이것이 미국의 약점이다. 하지만 21세기 전쟁은 성격이 다르다. 중국은 21세기식 신사고에 기초한 신전쟁으로 미국을 패배시킬 수 있다. 중국공산당은 압도적 최첨단 무기를 동원해 군사적으로 압도하는 전쟁승리 방식을 지양止揚해야 한다. 미국이 상상도 못 하는 방식으로 미국을 파괴하고 승리를 쟁취해야만 한다.44)

초한전의 비군사적 전쟁 수행론의 중요성이 여기에서 나온다. 따라서 초한전 개념은 비군사적 전쟁에 초점을 맞춘다. 〈표2-1〉에서 제시한 현대전의 신양상 중 고강도 테러리즘, 유사 군사전에 해당하는 사이버 해킹전, 컴퓨터 바이러스전, 비군사전의 예로 제시한 금융전 등을 융합적으로 조합해 동원하는 전쟁을 상정할 수 있다. 특히 현대 사회의 기술혁신과 최첨단 기술의 만개는 비군사적 수단을 통해 적국의 국가안보를 위협할 가능성을 대폭 증가시켰다. 바로 이것이 중국이 이용해야 하는 현대 최첨단 기술혁명의 성과다.45)

미국도 비군사적 전쟁의 치명적 효과를 인식하고 있다. 하지만 미국은 이러한 신전쟁 수행방식에 무방비로 노출되어 있다는 점을 『초한전』 저자들은 다음과 같이 간파했다.

미국의 군부를 포함한 각 정부 기관은 이미 관료주의화하고 부처 이기주의, 영역주의에 빠졌다. 관료주의화한 미국의 국방 정보·안보 기관은 21세기 신전쟁 양상과 초한전이 주력할 비군사적 전법에 무력하다.46)

대표적인 예로 미국은 비군사적 전쟁 양상을 여전히 중앙정보국CIA 공작과 외교 등의 영역으로만 인식한다. 이러한 인식 때문에 미군은 비군사적 전쟁에 체계적 대응체제를 갖추지 못하고 있다. 미군이 비군사적 전쟁방식에 대응하는 분야는 여전히 전통적 군사작전과 관련된 분야에 한정되어 있다. 비전통 전쟁에 대한 대응이라고 해봐야 베트남전쟁에서 교훈을 얻어 특수전에 포함하는 심리전, 대민지원 작전 등의 민사民事작전 등에 한정되어 있다. 관료화한 미군의 부처 이기주의 때문에 비군사전과 유사 군사전 영역은 조직 차원에서 소홀히 하고 있다. 또한, 해당 영역은 범위도 넓을 뿐만 아니라 최첨단 무기와 대규모 무기 획득을 통한 조직 규모 확장에 큰 이익이 없어서 적극적이지 않다.47)

다음으로 미국이 가지고 있는 중요한 제약 요인이 있다. 미국은 자유민주주의 체제에 구속되어 있다. 자유민주주의 가치, 법, 규범과 윤리 문제에 제약받는다. 가치, 규범, 윤리, 도덕 등 제도적·규범적 금기에 제약받는 미국과 미국 군대는 규범, 윤리를 타파하는 비군사적 전쟁방식에 적절한 대응체제를 구축할 수 없다. 바로 이것이 미국의 허점이자 중국이 집중적으로 공략해 들어가야 할 영역이다.

중국이 초한전을 전개하면서 견지해야 할 중요한 원칙 중 하나가 현존하는 모든 규범, 규칙, 윤리, 도덕 등 장벽을 허물고 파괴하고 역이용하는 것이다. 미국과 서방세계가 금기시하는 행동을 중국공산당은 과감한 방식으로 역이용해야 한다.

대표적인 사례가 비국가 폭력집단(테러리스트)이다. 이들은 국제질서 규범, 국제사회가 설정한 전쟁 영역을 형해화形骸化했다. 개별 주권

국가, 지역, 전쟁 영역, 수단 구분도 없애버렸다. 그리고 우리가 보듯이 그 파괴 효과는 지대하다. 중국은 이 영역을 최대한 이용해야 한다고 『초한전』에서는 강조한다.48)

초한전의 신개념 무기

새로운 전쟁개념 초한전을 수행하는 수단인 무기 또한 신개념 무기로 구성된다. 신개념 무기는 기존 전쟁 무기와는 차원이 다르다. 역시 모든 한계를 뛰어넘어야 한다.

중국은 미국보다 첨단 무기, 군사기술에서 절대 열위劣位에 있다. 초한전이 제시한 신개념 무기를 수단, 방법 가리지 않고 악용하면 미국의 군사력 우위를 우회해서 미국을 교란하고 붕괴시킬 수 있다.

신개념 무기는 일반인뿐만 아니라 군사전문가조차 상상하지 못하는 종류의 무기를 의미한다. 이 무기에는 상대 국가 일반인의 삶에 밀접한 것들이 모두 포함된다. 이를 통해 적국 일반 대중을 극심한 곤경에 빠트릴 수 있다. 일상적인 삶에 필수적인 모든 것이 무기가 되는 것을 적국의 일반 보통 사람들이 알았을 때 그들은 패닉에 빠지고 중국에 대해 공포감과 두려움을 갖고 저항 의지를 상실하게 된다. 중국은 이러한 초한전 신개념 무기 수단을 적극적으로 도입해 적용해야 한다. 신개념 무기는 직접 인명을 살상하는 것이 아니므로 일명 '자비로운 무기慈化武器'이다. 중국의 전쟁 목적은 인명 살상 자체가 아닌 적 혹은 상대국 일반인들을 중국에 굴종시키는 것이기 때문이다.49)

신개념 무기 사례는 다음과 같다. 주식 시장 붕괴 유도, 거짓 선전 선동으로 상대국 정치·사회 혼란 유발, 사회분열 조장 등으로 해당 국가가 스스로 무너지게 만든다. 금품 로비, 뇌물 공여 등 수단을 동원해 상대국 정치인을 타락시키고 중국에 적대적인 정치인을 집중적으로 타격하여 무력화하는 것 등도 포함된다. 사이버 공간에 대한 집중 공격도 빠지지 않는다. 인터넷 해킹을 통하여 상대국 정보, 기술을 탈취해 경제적, 군사적으로 역이용하거나 전산망을 교란하여 시스템을 무력화하고 사회 기간 통신망을 교란하거나 장악하는 등의 방법도 있다.

초한전의 신개념 무기를 동원하는 방식 또한 무한정이다. 중국이 당장 동원할 수 있는 초한전의 전쟁방식을 수단과 방식에 따라 분류하더라도 금융전, 무역전, 테러전, 생태환경전, 생물학전, 심리전, 여론 미디어전, 경제전(시장교란), 마약범죄전, 사이버전, 네트워크전, 기술전, 정보(조작)전, 경제원조전, 자원전, 뇌물매수전, 사회문화·가치전, 국제법전(법률전), 외교전, 통일전선공작전 등 다양하다.50) 다양한 수단과 방식은 개별적으로 동원하지 않는다. 상황과 조건에 맞추어 동원 가능한 수단, 방식을 무수한 조합으로 융·복합하여 유동적으로 적용한다.

예를 들어 네트워크전은 상대국 인터넷, 소셜미디어서비스SNS에서 가짜뉴스, 악성 루머를 유포해 여론을 조작·선동하는 것으로서 여론전, 미디어전, 심리전을 혼용한 개념이다. 심리전은 중국에 유리한 분위기를 조성하기 위해 상대 국민 심리를 공황 상태에 빠트리고 사회를 분열시킴으로써 저항 의지를 꺾어버리는 전술이다.

마약전은 마약을 밀수출하고 마약범죄 조직과 카르텔을 구축하여 해당 국가 국민을 피폐하게 하고 의료복지 비용, 마약 문제 대처 비용을 증가시킬 뿐만 아니라 경제적으로는 마약 판매로 이익을 얻고 더 나아가 마약범죄 집단과 카르텔을 구축함으로써 그 사회와 정부를 내부에서부터 병들게 할 수 있다.51)

기술전의 경우, 선진국이 선점한 기술을 수단과 방법을 가리지 않고 탈취하고 당·국가 차원에서 중국공산당의 국유기업 또는 외형상 민간기업에 자국 산업 보호와 전폭적 국가지원, 저임금, 저가격으로 국내외 시장을 공략한 후, 해당 기술과 산업을 독점하는 전략이다. 이를 통해 차세대 산업의 기술표준과 산업 자체를 선점하여 국내외적 독점체제를 구축하는 것도 포함된다. 더 나아가 중국공산당이 해당 산업을 통해 국제적 영향력을 높일 뿐만 아니라 군사적 우위까지 달성한다는 전략이다. 기술전에는 스파이전, 정보전, 경제전 등이 혼재되어 있다.

정보조작전은 상대 국가에 중국의 힘을 과시하고 반중 이미지 검열, 친중 이미지 확산 등으로 상대국 국민, 정책 결정자들이 조작된 이미지를 신봉하게 함으로써 중국에 대한 공포, 두려움을 유발하여 스스로 굴복하게 만드는 전술이다. 정보조작전에는 여론전, 심리전, 네트워크전, 외교전 등이 복합적으로 조합된다.52)

해외 자원을 투자형식으로 점유하여 확보하는 자원전은 자원이 풍부한 약소국에 경제적 호의를 베푸는 형식으로 접근하여 대중국 경제적 의존도를 높여 영향력을 확보하는 경제전-원조전 조합이다. 이 전법의 조합에는 해당 국가 엘리트들을 매수하여 친중 인사로 만드는 매수전, 중국에 대한 일반 대중들의 이미지를 호의적으로 만든 후 상대방을 장악하는 문화전, 여론전, 심리전 등을 포함한다.

문화·가치(파괴)전은 중국공산당에 유리하게 해당 국가 국민의 인식, 태도를 전환하도록 고도의 심리·문화적 전술 전략 전개를 의미한다. 퇴폐적 사고, 국가에 대한 부정적 시각 등을 유포함으로써 해당 국가 국민들이 가진 종교적 신념, 자유민주주의 가치 등을 스스로 훼손하도록 조장하여 정신을 파괴·분열시키는 전략이다. 소프트파워 증진을 명목으로 주력하고 있는 공공외교도 포함된다.

법률전은 자유민주주의 체제와 이에 기반한 국내법, 국제법, 국제규범 등을 최대한 악용하는 전술이다. 자유민주주의 국가들은 국제법, 국제규범을 준수하기 때문에 중국은 법률전에서 우위에 설 수 있다. 자유민주주의 체제 고유의 개방성, 투명성, 형평성을 근간으로 하는 법치주의를 해당 국가에서 경제전, 여론심리전, 스파이 활동 등에 역이용하는

전술이다.53)

초한전의 대상

『초한전』 저자들은 상호 의존성·연계성이 강화된 세계화 시대라는 국제 환경에서 전통적 개념의 군사력은 안보 문제에서 부차적 요인이 되었다고 평가한다. 오늘날 국가안보의 주된 위협은 경제, 자원, 식량, 사회적 불안정 등이라고 한다. 그리고 오늘날 국제사회에서 주권主權 영역은 전통적 개념의 국경國境을 넘어 경제, 자원, 민족주의, 종교, 문화, 네트워크, 지리 환경, 우주 공간으로 확대되었다.

초한전은 이처럼 확대된 국가 주권 영역에 맞추어 전 영역에 걸쳐 상대국을 공격해야 한다고 주문한다. 공격 대상에는 군인과 민간을 모두 포함한다. 공격 영역은 유형과 무형, 물리적 영역과 비물리적 영역을 가리지 않는다. 물리적 영역은 군사력과 관련해서는 군사 장비와 전력, 민간영역에서는 교통통신망, 전력과 수도, 산업생산 시설, 도시와 농촌 생산기반 등을 모두 포함하고, 비물리적 영역에서는 사이버 공간, 교육, 영화, 드라마, 미디어 콘텐츠, 기타 공연 예술 분야 등을 망라한다. 여기에는 과학기술과 각종 지식재산권, 기업 영업기밀, 군사와 첩보 정보 등도 대상이 된다. 어떠한 대상과 영역이건 공격의 대상으로 삼는 목표의 핵심은 바로 상대 국가를 약화해 굴복시키거나 자멸하도록 유도하는 데 필요 여부이다. 필요하다면 대상과 영역을 가리지 않는다.

중국이 패배시켜야 할 1순위이자 최종목표인 미국을 대상으로 한 공격을 예로 들어보자. 중국은 사이버전, 경제전, 자원전, 반미反美 테러단체 지원, 국가전복 세력 양성, 통일전선 연대구축, 사회분열 유도, 내란 선동, 무정부 상태 유발 등을 총동원해 전방위적이고 파상적으로, 하지만 은밀한 공격을 감행하여 미국의 번영과 사회 안정성을 파괴한다. 여기에는 국제범죄조직과 연계된 조직적 마약 수출을 통한 사회 기반 파괴, 바이러스를 동원한 생물학전 전개, 환경생태전을 동원한 사회 혼란 유도도 포함한다.

이 지점에서 초한전 저자들은 수단과 방법의 창조적 융합과 조합이 중요하다고 강조한다. 즉, 초한전의 신전법은 앞서 설명한 다양한 수단을 융합하고 조합하는 데서 더 나아가, 모든 수단과 방법을 수많은 조합으로 재융합해 다양한 방향에서 각종 공격을 파상적으로 감행해야 한다고 한다. 이처럼 다양한 수단의 조합과 창조적 융합으로 공격할 때 그 효과는 수만 배에 달한다고 주장한다.54) 저자들은 이를 위해 황금률과 편정률이라는 초한전 문법을 특별히 강조해 제시했다.

초한전 승리 문법: 악마의 칵테일? 황금비율과 편정률偏正律

초한전의 규칙과 원칙은 무엇일까? 해당 질문에 저자 차오량은 "그러한 질문을 하는 것은 아직 초한전을 정확히 이해하지 못해서다. 다시 읽어보기 바란다."고 답변한다. 그러면서 초한전 규칙에 관해 설명한다. 결론은 아무런 규칙도 없고 어떠한 수단과 방법도 가리지 않는다고 한다. 초한전의 핵심이다.

다만 초한전 수행 시 기본 원칙이 있다. 이른바 '현자賢者의 칵테일' 원칙이다. 수단과 방법을 총동원함에 창조적 융합과 응용을 핵심으로 하는 원칙이다. 예를 들어 전투 수행 시, 창과 방패의 원리를 복합적으로 동원할 뿐만 아니라 검사劍士와 살수殺手를 혼용해 운영하는 것이다. 전쟁 승패는 누가 융합과 응용을 통한 수단·방법을 잘 조합하느냐에 달렸다.55)

현대 사회 특징 중 하나는 융·혼합된 전쟁수단, 방법을 동원할 수 있는 기반이 풍부하다는 점이다. 정보통신기술, 인터넷, 생화학기술,

금융 등 다양한 수단을 창조적으로 융합하고 응용할 수 있는 조건을 충분히 제공한다.

미국을 위시한 서방 자유주의선진국은 중국의 무차별 공격에 근본적으로 취약하다. 개방 사회라서다. 이 국가들은 인권, 양심 등 도덕 규범도 고도로 발달했다. 고도로 제도화한 규범 체계가 이들의 전술적 수단과 방법을 역으로 제한한다. 이 국가들이 새로운 전쟁수단을 응용한다 해도 전통적 군사 영역과 수단에 한해서다. 중국은 이러한 '약한 고리'를 집중하여 공략해야 한다는 것이다.

『초한전』 저자들은 중국은 비양심, 비윤리, 비규범, 비도덕 수단과 방법을 동원하는 것을 기본으로, 군사·비군사 영역에서 동원 가능한 수단을 창조적으로 융합해, 시기와 조건을 고려하면서 탄력적으로 적용해, 다양한 영역에 걸쳐 전 방위적이고도 파상적인 공격을 감행해 들어가야 한다고 주문한다.56) 이를 종합하면 '현자賢者의 칵테일'이 아닌 '악마惡魔의 칵테일'이 더욱 적합한 표현이다. 차오량은 초한전 강연에서 "최대한 악질적이어야 한다. 될 수 있는 한 악마가 돼라."고까지 설파했다고 한다. 전쟁승리라는 목적, 이른바 대의大義를 달성하려면 무슨 짓이든 서슴지 말라고 한다. 이것이 초한전의 윤리라면 윤리라 하겠다.

창조적 융·복합과 관련해서, 저자들은 책에서 제시한 게 단지 하나의 예시라는 점을 특별히 강조한다. 이는 초한전의 생명력은 고정된 원칙이 없음을 이해하라는 말이다. 뚜렷한 지침이 없으며 상상할 수 있는 모든 수단과 방법을 창조적으로 융·복합하여 전개하는 데에 초한전의 강점이 있다. 마치 변화무쌍한 만화경漫畫鏡을 마구 흔들어 대는 것처럼.

예를 들면, 초한전에는 별도의 전쟁 기간이 없고 평시가 전쟁인 만큼 전쟁의 대상과 시기를 무제한으로 설정해 놓고, 정규전+테러전+정보전+금융전+네트워크 정보전+비정규군 비정규전+비전쟁 수단과 영역+모든 민간과 민간영역+모든 사회영역+심리전+여론전+법률전+통일전선공작+기만+공갈+협박+회유+매수+마약범죄+바이오·생화학 등을 유동적 상황과 조건에 맞게 조합한다.

따라서 초한전은 '황금비율Golden Ratio'이 필요하다. 상황과 조건을 탐색하고 기다리다 적이 상상을 불허하는 최고의 황금비율을 만들어내라고 한다.57) 이와 관련해서 초한전 전법의 대미大尾를 장식하는 게 이른바 '편정률偏正律'이다.

초한전의 최종 승리 문법은 '편정률의 황금비율'로 요약할 수 있다. 핵심은 중심主과 전체 구조를 조망하면서 비밀스럽게 수행하는 것이다. 편정률은 상호 모순 혹은 상반되는 요인을 중심과 전체의 구조 속에 비밀스럽게 구성하는 것이다. '느리게 달린다.'는 문장에서 편정률의 의미를 유추할 수 있다. 진정한 목적인 중심主을 숨기고 부수적인 것들을 중심적 개념으로 포장해 내세우면서 적을 기만하고 비밀스럽게 목적을 달성한다. 편정률은 적의 예상을 뛰어넘어 대응을 회피하고, 우회 공략하는 전술이다. 적이 기습전을 예상할 때 정상 공격을 감행하고 적이 정상 공격을 예상할 때 기습전을 감행한다. 이는 마오쩌둥이 구사한 전형적인 전법이자 중국의 전략문화를 구성하는 핵심이다.

중국공산당이 편정률을 적용할 때 중심은 중국공산당 중앙과 인민해방군이다. 실행은 민간인으로 위장한 당黨·정政 간부와 군인이 한다. 중심은 중국공산당 중앙과 인민해방군이 되며 그 실행은 민간인으로 위장한 당·정 간부, 인민해방군과 일반 민간인들이 동시에 수행한다. 즉 중심은 인민해방군인데 그 실행은 민간이거나 외국 투자자이나 범죄조직이 함으로써 중국공산당의 의도를 감춘다. 일례를 들면 다음과 같다.

평소 은밀하게 미국을 포함한 자유 서방국가의 좌파 조직과 진보시민단체 등을 지원하고 후원하면서 인종차별, 소수자 인권, 환경 등의 부수적 사안을 내세워 '중심(미국 사회)'을 교란한다. 이를 통해 미국 사회가 스스로 분열되어 갈등과 충돌 상태로 돌입하도록 조장한다. 내부적으로 분열되어 약화한 미국은 중국과 패권 경쟁에서 허약하게 대응할 수밖에 없고, 이는 중국의 대전략 목적 달성을 촉진할 수 있다.58)

초한전과 중국공산당의 우월한 위치

초한전 승리 문법을 구사함에 중국공산당 체제와 조직적 우월성을 이해할 필요가 있다. 기본적으로 중국은 자유민주주의적 가치와 규범에서 벗어난다. 이는 중국공산당 고유의 강점이다. 또한, 중국은 중국공산당과 인민해방군 중심의 당·군 융합체제를 갖추고 있다. 즉 당黨·군軍·정政·민民·학學을 총체적으로 통제하고 동원할 수 있는 체제의 우월성을 가지고 있다. 중국은 미국을 포함한 서방 자유주의선진국들의 최대 약점이자 중국공산당의 최대 강점인 이러한 차이점을 최대한 이용해 상대국에 치명타를 안길 수 있다. 따라서 초한전과 같은 비군사적 전쟁에서 중요한 원칙은 현재 인간사회에 현존하는 모든 규범, 규칙, 윤리, 도덕, 양심, 금기 등 장벽을 파괴하고 역이용하는 것이다.59)

서방국가의 자유민주주의와 개방성을 역이용하는 예를 들어보자. 미국을 위시한 서방 자유 세계는 지식 공유를 통한 발전이 강점이다. 중국공산당은 개방적 지식 공유를 최대한 이용한 다음 중국만의 지식 독점 체계를 구축하고 적을 무력화한 후 상대적 우위를 점한다. 이를 위해 중국공산당과 인민해방군은 초한전 전법으로 무장해 군사와 비군사 모든 영역에서 가용한 모든 수단과 방법을 동원한다. 중국의 가용한 모든 인적자원(당, 정, 군, 민, 학)을 동원하고, 해킹, 스파이 행위, 지식재산권 탈취, 매수, 심리전 등을 창조적으로 융합해 미국과 자유 서방국가를 대상으로 수만 가지 공격을 전 방위적이고도 파상적으로 그러나 매우 은밀하게 감행한다. 이를 통해, 탈취, 강탈, 절취, 도용한 기술로 기술 독점체제를 이루어 서방 선진국에 우위를 점한다. 미국을 대표로 하는 서방 자유민주주의 세계의 개방성과 규범과 규칙에 기반을 둔 행위 양식 등을 정확히 역이용하는 전략을 구사한다.

초한전을 어떻게 적용하는가?

미국을 상대로 한 초한전의 예를 다음과 같이 소개한다. 우선 비밀스럽게 대규모 자금을 순수 투자 명목으로 투자한다. 이후 결정적 시기가 되면 금융시장에 대한 공격을 은밀하지만, 전면적으로 시작한다. 그 결과 금융위기 같은 경제 교란이 발생하면 사전에 금융 전산망에 심어놓은 컴퓨터 바이러스로 전 방위적 전산시스템 교란 작전을 실행한다. 동시에 군사, 안보, 정부, 사회 기간시설 등 전 영역 정보통신 네트워크를 총공격한다. 이를 통해 전산망, 전력망, 통신망, 금융결제망, 미디어, 소셜미디어 네트워크 등 총체적인 시스템 마비를 획책한다. 그러면 미국은 전 방위 패닉 상태에 빠지게 된다. 이는 사회 질서를 붕괴시키는 기반이 된다. 이때 사전에 조직한 미국 내 반국가 세력, 진보·좌파 조직을 총동원한다. 가짜뉴스를 유포하여 민심을 교란하고, 진보·좌파 조직과 연계하여 폭력시위와 파괴 활동을 조장한다. 그러면 결과적으로 미국은 총체적 위기를 맞이하게 된다. 이러한 상황에서 군사력을 적절히 동원해 압박하면 내재적으로 무력해지고 치명적인 내상內傷을 입은 미국은 제대로 힘을 써보지도 못하고 중국에 굴복할 수밖에 없다. 『손자병법』에서 말하는 '싸우지 않고 이기는 방법'을 초한전에 적용한 한 예다.60)

다음 사례는 정보전, 해킹전이다. 사이버 공간의 최대 강점은 익명성 보장이다. 공격집단의 정체가 드러나지 않으므로 조직적이고 체계적인 대응이 곤란하다. 사이버 공간에서는 전통 개념의 국경, 시공간 등 물리적 공간개념이 사라진다. 그리고 자유주의에 근간을 둔 인터넷 모델은 사이버 공간에서 개방성과 자유로운 소통을 생명으로 한다. 이처럼 개방성과 익명성을 특징으로 하는 사이버 공간은 중국에 최적의 공략 장소를 제공한다. 중국공산당은 사이버 공간에서 여론 형성과정을 공략해 들어가 선전 선동과 사회 교란을 조장한다. 또한, 사이버 공간에서는 반정부 활동 조직화도 효과적으로 수행할 수 있다. 이 공간에서 루머, 가짜정보 등을 유포하면서 선동과 무질서, 내란 유발 등을 조장해 미국과 서방세계를 효과적으로 무력화할 수 있다.

초한전 전개 과정에서 주목할 것이 있다. 초한전은 중·장기적 포석을 다지는 전쟁론이란 점이다. 별도 전쟁 시기가 따로 없다. 전시와 평시 구분이 없다. 즉 평시가 전시이며, 평시에 초한전을 전개하면서 상대국 정치, 사회, 경제 전반 공격을 지속해서 감행해 승리의 기반을 다진다.

2. 초한전: 이론인가? 중국공산당 전략인가? [61]

초한전超限戰은 중국공산당의 전략인가?『초한전』저자著者들만의 이론인가?

결론부터 말하면 초한전은 중국공산당과 인민해방군이 세계 패권 장악이라는 대전략 목표를 달성하기 위해 실행하는 전략이자 전법이다. 다만 외부적으로 그 내막이 노출되지 않을 뿐이다.

중국공산당의 전략·전술은 '블랙박스black box'와 같다. 일부 소식통을 통해 중국공산당 내부 권력 투쟁 구도나 결정 사항 등이 새어 나오기도 하지만 대부분 단편적이고 정보 신뢰성에도 문제가 있다.

이러한 사실을 도외시하고, 정치, 군사, 대외전략 연구 시 중국공산당과 중국 정부가 대외적으로 공표하는 문헌, 자료 등을 주 논거로 하면 해당 연구는 형식논리, 동어반복 한계를 벗어나지 못한다. 예를 들어 중국 정부 문건, 각종 중국 연구 문헌은 중국 외교정책 기조를 화평굴기라고 명시하였다. 공식 문헌에 이렇게 나와 있으므로 이를 근거로 중국 외교정책 방향은 평화와 발전 중심이 되리라고 설명한다면, 이는 전형적인 형식논리이자 동어반복이다. 따라서 중국정치, 군사, 대외전략 연구는 절대다수가 중국공산당의 정책과 정책 효과, 즉 현실에서 전개되는 사례를 통해 검증하는 귀납법歸納法을 취해야 한다.

초한전도 관련 중국공산당 내부 논의는 대외적으로 철저히 베일에 가려져 있다. 인민해방군과 중국공산당 정부는 초한전을 전개한다는 사실을 절대 공식화하지 않는다. 초한전의 생명력은 은밀성과 비밀성을 바탕으로 '상대방을 기만하고 속이는 데'에서 나오기 때문이다. 이는 초한전에 동원되는 공산당과 군부, 정부 인사들뿐만 아니라 일반 민간인에게도 비밀이다. 일반 중국인들에게는 애국, 애당, 애족, 국익 등 명분을 내세워 행동에 나서게 한다. 물론 국가와 민족을 위한다는 동기부여는 중국인들이 중국공산당 지시에 나서게 하는 요인 중 하나에 불과하다. 일반 중국인들을 동원할 때 취업, 경제적 이익, 특혜, 가족 친지에 대한 보상 혹은 불이익 등을 이용해 유인하거나 위협을 동원하여 강제로 행동에 나서게 하는 것이 일반적이다.

중국공산당은 실제 전략을 대외비對外祕에 붙이고 핵심 지도부 사이에서만 공유하는 것을 원칙으로 한다. 마오쩌둥이 국민당과 국공내전을 벌일 당시에 핵심 전략 전술인 '인민전쟁론'과 '통일전선' 공작을 중국공산당 중앙 지도부의 비밀회의에서만 밝힌 것과 같다. 국민당과의 내전에서 게임의 기본 규칙을 어기고, 오히려 그 규칙이 가진 허점을 역이용하는 전략을 밝힐 수는 없어서다.

참고로 마오쩌둥의 기만술은 '항일抗日'이라는 대의를 내건 제2차 국공합작에서 명확하게 나타난다. 중국공산당이 대외적으로 내건 구호와 내부 실행전략이 얼마만큼 큰 차이가 나는지 선명하게 보여주는 사례다. 국민당의 제5차 초비剿匪작전으로 1937년 궤멸 직전에 놓인 중국공산당은 제2차 국공합작을 성사시키면서 기사회생하는 활로를 열 수 있었다. 마오쩌둥은 제2차 국공합작을 이용해 국민당 내에 삼투滲透해 들어가 첩보와 내분 공작을 전개하고, 여기서 빼낸 군사정보를 일본군에 제공함으로써 국민당군에게 치명적 타격을 입힐 수 있었다. 동시에 공산군에는 일본군과 싸우는 척만 하라고 지시했다. 중국공산당과 마오쩌둥으로서는, 공산당이 민족의 이익을 대변한다는 명분도 얻고 일본군을 통해 국민당군을 약화함으로써 공산당을 승리로 이끌 수 있었다. "일본이 없었으면 현재 중국공산당과 신중국도 없을 것이다." 마오쩌둥이 훗날 실토한 말이다. 이 또한 마오쩌둥과 소수의 최고수뇌부만 알고 있던 전술이자 전형적인 중국공산당의 기만 책동술이었다.62) 이처럼 중국공산당은 자신의 실제 전략 전술을 철저히 대외비로 한다.

중국공산당 인민해방군이 초한전을 신전쟁론으로 전개하고 있다는 근거는 다음과 같다. 첫째, 『초한전』은 출간 직후 중국공산당 최고지도부의 극찬을 받았다. 둘째, 인민해방군 고급간부 교육교재에 초한전의 내용을 그대로 반영했다. 셋째, 저자들이 내부 회의에서 초한전이 인민해방군 전략에 심대한 영향을 끼친 것에 대해 무한한 긍지와 보람을 느낀다고 술회했다. 넷째, 인민해방군이 미국, 한국을 포함한 자유 세계에서 전개해 온 각종 공작의 실제 사례다.

『초한전』을 출간한 출판사도 주목해야 한다. 1999년 초판은 인민해방군 문예출판사人民解放軍文藝出版社에서 출간됐다. 해당 출판사는 인민해방군 총정치부 산하 출판사 중 하나로서 인민해방군 군사 교범, 전략 서적, 교재 등을 출판한다. 달리 말해 『초한전』은 중국공산당 중앙군사위원회 정치부의 인준認准을 받았다는 의미다.

『초한전』이 중국공산당 지도부의 인준을 받았음을 확인하는 다른 단서도 있다. 중국공산주의청년단中國共産主義青年團・약칭 '공청단' 기관지 《중국청년보(中國靑年報)》 관련 기사이다. 책 출간 후 장쩌민(江澤民)이 초한전을 극찬했는데, 이를 두고서 한 전략가가 『초한전』을 중국공산당이 수용한 것에 대한 문제점을 지적한 대목이 나온다.63) 중국 측 자료만 보더라도 최고지도자인 당 총서기뿐만 아니라 군사전략을 책임지는 중앙군사위원회 부주석들도 초한전을 적극적으로 채택한 것이 밝혀졌다.

초한전은 출간과 동시에 당시 중국공산당 중앙군사위원회 부주석 츠하오톈(遲浩田)을 비롯해 인민해방군 핵심 지도부에 지대한 영향을 주었다.64) 츠하오톈은 국무원 국방부장 재임 시 "미국과 전쟁은 불가피하다. 우리는 피할 수 없다. 관건은 인민해방군이 전쟁 주도권을 잡아야 한다는 것이다. 우리는 1~2년 혹은 그 이상 싸울 준비를 해야 한다."65)고 주장한 인물이다.

초한전을 채택한 시기도 주목할 필요가 있다. 1990년대 말~2000년대 초반은 중국이 미국과 우호 관계를 기반으로 세계 경제에 본격 편입한 시기였다. 도광양회를 대외정책 기조로 표방한 시기이기도 하다. 이 시기에 중국공산당 핵심 지도부는 평화, 우호, 발전, 공생·공영(共生共榮) 등 외교 수사를 공식화하면서도 이면으로는 미국을 포함한 자유 세계를 전복하고 세계를 중국공산당 중심의 패권 질서 아래 재구축한다는 전략적 목표를 추진하고 있었다. 그리고 대전략 목표를 달성하기 위한 실행전략으로 초한전을 시작했다.66)

인민해방군의 실질 전략을 들여다볼 수 있는 자료 중 하나가 바로 군 고위간부를 대상으로 하는 전략학 강좌 내부학습 자료다. 전략학 학습 자료는 중앙군사위원회 수뇌부 명의로 편찬해 사용한다. 1998년 『초한전』 초판 출간 2년 후인 2000년 당시 중앙군사위원회 부주석 장완녠(張萬年) 책임 집필로 『군사전략론(軍事戰略論)』이 출간되었다.67) 해당 서적은 인민해방군 고급장교 필독 군사전략 교본(敎本)이다. 책 내용에는 초한전 개념에 대한 직접 언급은 없다. 그러나 내용을 살펴보면 마오쩌둥 전략의 핵심인 인민전쟁론과 적극방어론을 현대적 조건에 맞추어 적용하고 있는 초한전을 그대로 반영했다.68)

다른 사례는 인민해방군 국방대학 내부교재『중국전략론中國戰略論』이다. 인민해방군 군사전략의 핵심 내용을 담은 책으로서 역시 초한전 개념을 직접 사용하지는 않았다. 다만 실질적으로 초한전에서 제시한 전략·전술을 '중국 전략'으로 소개했다.69)

『중국전략론』에서 중국의 세계지배전략으로 군 간부들에게 설파한 대목을 살펴보자.

"첨단기술 조건에서 인민 전쟁에 인민대중이 참전하기에 적합한 많은 새로운 전법을 창조할 수 있다. 예를 들면 정보전, 그중 경제정보전, 문화정보전, 해커전, 융통성·다양성이 풍부한 해상유격전, 첨단 무기를 사용하여 적 후방 깊숙이 침투하는 특수전, 게릴라전 등이다. (중략) 창의성 있는 인민 전쟁 전략·전술을 사용해야 하며 (마오쩌둥 주석이 강조한) 적敵은 적의 방식으로 아我는 아의 방식으로 적의 중심을 타격해야 한다. (중략) 이를 위해 군, 경, 민을 결합하고, 군사수단과 비군사수단을 서로 결합하여 종합역량과 전체위력을 형성함으로써 미래 전쟁에서 더 효과적으로 적을 공격해야 한다."

상기 내용을 종합할 때 초한전 전략·전술이 투영되어 있음을 알 수 있다. 이는 초한전이 인민해방군 전략에 반영된 사실을 보여주는 대표적인 예이다.

초한전의 실체를 확인할 수 있는 마지막 근거는 중국이 해외에서 전개하는 다양한 공작의 실상이다. 공작 수행방식은 다양하다. 대표적인 실행방식을 꼽으라면 정치공작전과 해외 통일전선공작전이다.

해외 통일전선공작전은 중국공산당이 다른 국가의 정치경제를 내부에서 붕괴시키고, 영향력을 행사하며, 결과적으로 장악하기 위해 전개하는 공작이다. 해외 통일전선공작과 침투방식은 정교하고 교묘하다. 자유민주주의 사회가 오랫동안 쌓아 올린 투명성과 책임성의 법치 시스템을 내부에서 오염시키고 붕괴시키는 강력한 힘을 발휘한다. 중국 국내에서 쌓아 올린 부패하고 타락한 정치 관행과 문화로 서구사회를 매우 놀라울 정도로 성공적으로 오염시키고 있다. 가장 선진적인 자유민주주의 체제와 제도를 운영하는 나라들이 예외 없이 포함된다. 미국을 비롯한 영국, 호주, 캐나다, 독일, 프랑스 등이 모두 포함된다. 한국도 예외가 아니다.

3. 초한전의 실행: 중국공산당 조직

중국공산당이 실제로 초한전을 전개하는 구조, 방식, 행태 등을 실사례를 통해 알아보자. 중국공산당은 중화인민공화국이라는 국가 시스템 자체를 초한전에 총동원한다. 복잡다단한 시스템을 이해하기 위해서는 초한전을 전개하는 전체 구조를 파악해야 한다. 마치 지도를 보듯이 전체 구조를 파악하고, 그다음에 세부적인 실행 조직을 그 전체 구조 속에서 찾아가야 한다.

중국공산당 일당독재체제: 전 사회적 감시, 통제, 동원 체제

〈그림 2-1〉은 중국공산당 일당독재체제 전체 구조도이다. 중국공산당은 중앙위원회, 인민해방군을 통제하는 중앙군사위원회를 중심으로 중화인민공화국 중앙·지방정부, 형식적 입법기관인 전국인민대표대회(전인대)와 중국인민정치협상회의(정협), 법원, 검찰, 공안 등 사법기관, 매체(신문사, 방송사, 잡지사, 출판사, 통신사), 교육기관, 국유기

업, 민간기업, 사회단체, 이른바 비정부기구NGO 등을 통제한다.

중국공산당은 중앙에서부터 사회 저변에 이르기까지 모든 단위 조직에 당黨 조직을 필수적으로 조직하고 관리·통제한다. 소기업, 친목 단체 모임에도 '공산당 세포細胞·cell'가 어김없이 존재한다.

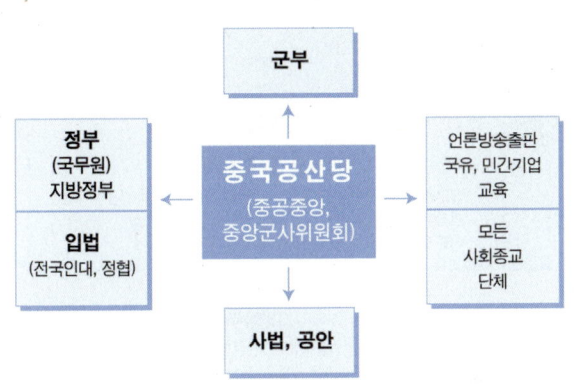

〈그림 2-1〉 중국공산당 일당독재체제

중국공산당의 초한전 동원 구조

전체 구도에서 세부적으로 들어가 중국공산당이 중국 모든 기관과 단체를 초한전에 동원하는 구조를 구체적으로 들여다보자. 〈그림 2-2〉는 중국공산당의 전 사회동원 구조이다. 중심에는 중국공산당 중앙위원회가 자리한다.

중국공산당 중앙 핵심기관인 통일전선공작부, 대외연락부, 선전부, 중앙군사위원회 정치공작부, 중앙 정법위원회 산하 국가안전부(형식상 국무원 산하 부처) 등이 초한전 전략·전술, 실행 핵심 조직이다. 형식적으로는 입법기관으로 분류되지만, 실질적으로는 중국공산당 기관인 전국인민대표대회, 중국인민정치협상회의가 포진하고 있고 선전·선동 실

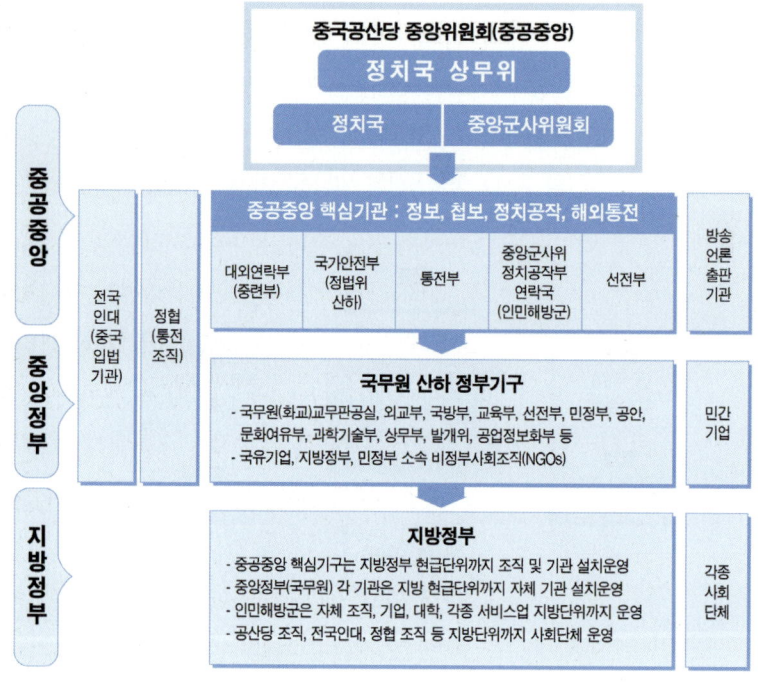

〈그림 2-2〉 중국공산당의 초한전 동원 구조

행 기관으로 각종 매체(신문, 방송, 잡지, 출판, 통신)도 있다.

중국공산당 중앙 핵심기관들은 형식상으로는 중화인민공화국 행정기관인 국무원과 산하 부처, 각급 지방 인민정부를 통제한다. 중국공산당 간부가 각 부처 직책을 겸직하기 때문이다.

중국공산당 서열 1위 시진핑 총서기가 중화인민공화국 국가주석을 겸직하고 서열 2위 리커창 정치국 상무위원이 국무원 총리를 맡아 내각을 통합統轄하는 식이다. 군부軍府의 경우, 중국공산당 총서기가 겸직하는 중앙군사위원회 주석 외 2인의 부副주석, 4인의 위원委員이 존재하는데 4인의 위원 중 1인이 국방부 장관에 해당하는 국무원 국방부장을 겸직하여 군을 통솔한다. 나머지 각급 지방정부, 국유기업, 각종 사회

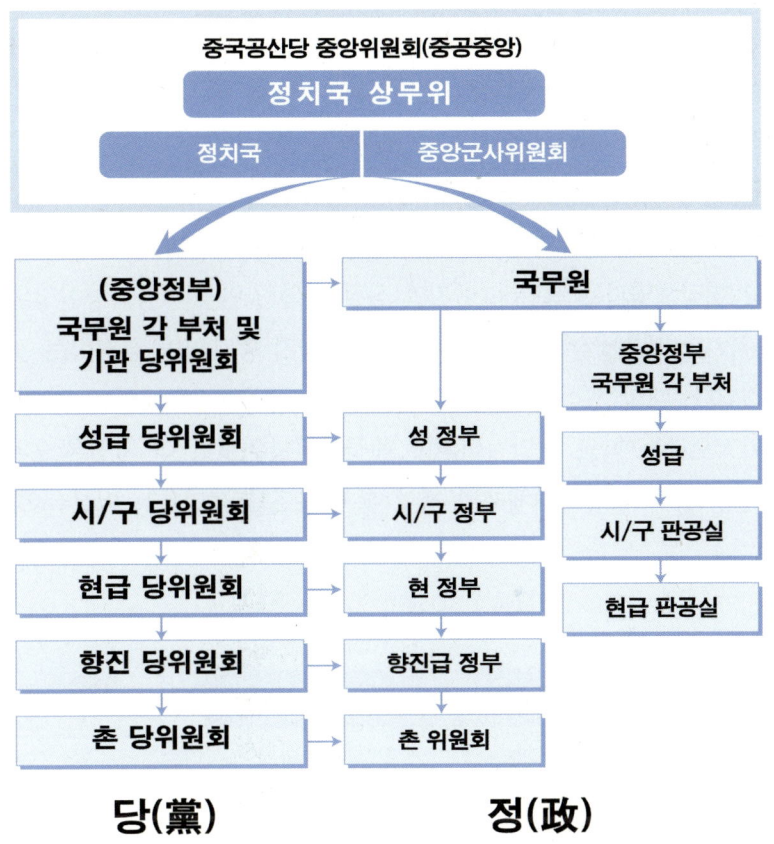

〈그림 2-3〉 중국공산당과 중국 정부 관리 구조

단체까지 기본 구조는 같다. 중국공산당이 중국 사회를 통제하는 방식을 좀 더 세부적으로 살펴보자.

〈그림 2-3〉은 중국공산당 조직과 정부 기관 관계 구조를 보여준다. 중국공산당 중앙을 중심으로 당 조직은 가장 하부단위인 촌村 단위까지 설치되어 있다. 중앙정부 부처에서부터 최말단 행정 단위당 조직을 건설하고 있는데 이를 '대구부對口部'라고 한다. 예를 들어 외교 문제를

전담하는 중앙 부처인 국무원 외교부는 현급 지방정부까지 지방출장소라 할 수 있는 외사판공실外事辦公室을 운영하고 있다.

중국공산당이 각급 행정기관, 각종 사회단체를 관리하고 통제하는 방식은 〈그림 2-3〉과 같다. 중국공산당 중앙을 중심으로 대구부對口部 조직(당 위원회委員會, 당조黨組)을 조직하고 이 조직이 국무원 각 부처, 각급 지방정부를 장악해 관리, 감독, 통제한다.

각 기관·단체 장長은 공산당원이 겸직한다. 지방 성省 정부의 경우 형식상 행정책임자는 성장省長이지만 실질 권력 일인자는 중국공산당위원회 서기書記다. 성장은 공산당위원회 부副서기 중 1인이 겸직하는 것이 관례이다. 대학 조직도 마찬가지다. 베이징대학北京大學 교장校長(총장)은 대외적으로는 학교 책임자이지만 중국공산당위원회 내 서열은 2위권 밖이다. 중국 일당독재체제와 정부 통제 구조를 설명하는 이유는 중국

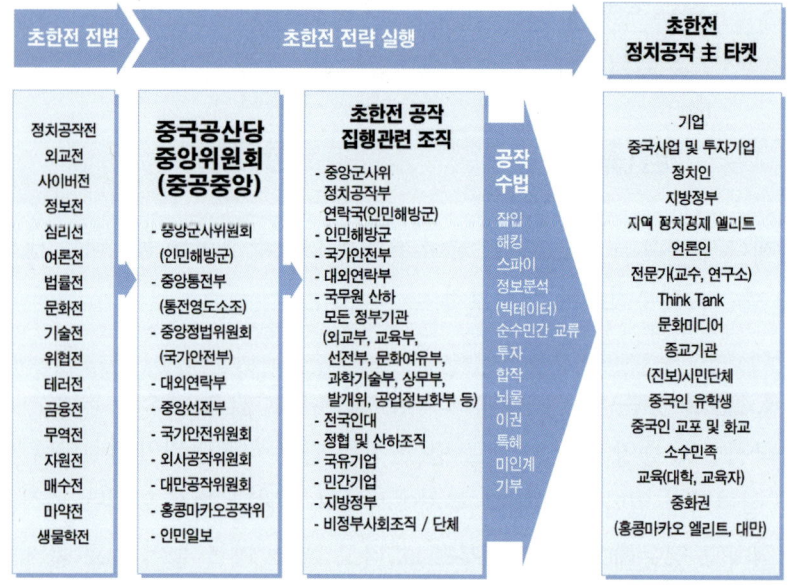

〈그림 2-4〉 초한전 전체 구조도

공산당이 초한전을 전개하는 데 어떻게 중국 전 사회를 동원하는지 이해하기 위해서다.

이러한 체제와 구조 속에서 초한전을 실행하는 전체 구조도를 요약하면 〈그림 2-4〉와 같다.

중국공산당 중앙을 중심으로 인민해방군, 공산당과 각급 정부 기관, 각종 사회 조직, 단체, 기업, 연구기관, 예술문화단체, 매체, 해외 진출 중국교포, 화교·화인 단체70)(이하 화교로 통칭)을 포함한 전 중국인을 동원한다.

모든 중국인이 초한전을 감행한다는 의미는 아니다. 일반 중국인들 다수는 초한전에 대해 모른다. 다만 중국공산당이 필요로 하는 대상은 언제든지 동원한다는 점을 강조해 둔다.

초한전 전체 구조도 〈그림 2-4〉에서 중국공산당 중앙 핵심기관들을 볼 수 있다. 이들 기관이 초한전을 전개하는 방식을 좀 더 구체적으로 살펴보자.

중국공산당 중앙통일전선부(중앙통일전선공작부): 통일전선공작의 중심

〈표 2-2〉는 중국공산당 중앙 통일전선공작부 조직과 관련 기관, 단체 중 대표 사례를 중심으로 정리한 것이다.

통일전선공작은 중국공산당의 핵심 군사전략이자 초한전의 주요 수단이다.

통일전선공작 전담조직은 통일전선공작부이다. 다만 통일전선공작부만이 공작을 전개하는 것이 아니다. 당의 모든 조직이 통일전선공작을 전개한다. 중국공산당이 초한전을 전개하는 구조를 이해하는 차원에서 통일전선공작부와 산하기관, 외곽 위장조직을 살펴보자.

〈표 2-2〉 통일전선부 통일전선공작조직 및 대외 위장기관

직할 조직 관할과 연관 기관		직할 외곽 위장조직과 기관
직할	중국공산당 통일전선공작부	직할 외곽기관 중국평화통일촉진회中國和平統一促進會 중화전국공상업연합회中華全國工商業聯合會 중국쑹칭링기금회中國宋慶齡基金會 중국유학인재발전기금회中國留學人才發展基金會 중국광채회中國光彩 중국광채사업기금회中國光彩事業基金會 중화해외연의회中華海外聯誼會 중화전국대만동포연의회中華全國臺灣同胞聯誼會 중국유학인원연의회中國留學人員聯誼會 구미동학회歐美同學會 대만동학회臺灣同學會 황푸군관학교동학회黃埔軍校同學會 통일전선공작 외곽 기업 시대중국공투유한공사時代中國控股有限公司 타이캉보험집단투분유한공사泰康保險集團股份有限公司 푸성국제유한공사複星國際有限公司 백로회百老滙 중국공산당 직할 매체 신화사新華社 인민일보人民日報 인민망人民網 구시求是 기치망旗幟網 중국통일전선신문망中國統一戰線新聞網 직할 또는 연관 교육기관과 공작기관 중앙사회주의학원中央社會主義學院 중국공산당중앙당교 국가행정학원中共中央黨校 國家行政學院 중앙당안관中央檔案館 중앙당사문헌연구원中央黨史和文獻研究院 중국푸둥간부학원中國浦東幹部學院 중국옌안간부학원中國延安幹部學院 중국징강산간부학원中國井岡山幹部學院

		중국과세계화센터中國與全球化智庫 천인계획전문가연의회千人計劃專家聯誼會
		티베트연구 및 불교연구 기관 중국티베트문화보호발전협회中國西藏文化保護與發展協會 중국티베트어고급불학원中國藏語系高級佛學院 중국티베트학연구센터中國藏學研究中心 중국티베트잡지사中國西藏雜志社 중국티베트망中國西藏網 중앙민족대학中央民族大學 중국사회과학원中國社會科學院 중국과학원 칭장고원연구소中國科學院 青藏高原研究所
	국무원 교무판공실	중국화문교육기금회中國華文教育基金會 중화전국귀국화교연합회中華全國歸國華僑聯合會 잡지 교무공작연구僑務工作研究
연계 관할 *	전국인민 대표대회	전국인민대표대회 화교위원회全國人民代表大會 華僑委員會
	중국인민 정치협상회의	정협 홍콩마카오대만교민위원회政協 港澳臺僑委員會 정협 외사위원회政協 外事委員會
	국무원 외교부	중국인민대외우호협회中國人民對外友好協會 중국인민외교학회中國人民外交學會 중국과세계화싱크탱크中國與全球化智庫
	국무원 상무부	중국국제무역촉진위원회中國國際貿易促進委員會
	국무원 교육부	교육부 중화직업교육사教育部 中華職業教育司 국가한판 공자학원총부國家漢辦 孔子學院總部 중국교육국제교류협회中國教育國際交流協會 중국국제중문교육기금회中國國際中文教育基金會
	국무원 과학기술부 국가외국전문가국	중국국제인재교류협회中國國際人才交流協會 중국국제인재교류기금회中國國際人才交流基金會

* 연계·관할은 실질적으로는 중국공산당 통일전선공작부 공작기관이지만, 형식적 소속 기관은 국가기관으로 위장한 것이며, 국가기관은 해당 조직 운영을 지원한다. 해당 단체와 기관의 장은 중국공산당 통일전선공작부 부부장급이 담당하고 실질적인 운영과 공작을 전개한다. 이는 전형적인 중국공산당식 조직 운영 특징이다.

〈표 2-2〉에서 파악할 수 있듯이 중국공산당 통일전선공작부 조직 규모는 방대하다. 외곽 위장기관, 조직, 단체를 다 나열할 수 없을 정도다.

먼저 통일전선공작부 직할 조직부터 살펴보자. 조직은 각종 사회단체, 종교기관, 기금회, 기업, 신문사, 방송사를 망라한다. 이들 조직은 통일전선공작이라는 본래 목적을 철저히 감춘 위장단체들이다.

국무원 산하 외교부, 상무부, 교육부, 과학기술부 등에서 운영하는 것으로 위장한 각종 협회協會, 위원회委員會는 형식상 해당 부처 소속이지만 실질적으로는 중국공산당 통일전선공작부 산하 공작기관이다. 이들이 통일전선 조직이라는 사실은 하부 지방 단위 조직에서 더욱 선명하게 드러난다.

중국교육국제교류협회를 예로 들어보자. 윈난雲南교육국제교류협회 부회장 펑지성彭濟生의 원직책은 윈난성 중국공산당위원회 통일전선공작부 부副부장이다. 그는 윈난성 사회주의학원社會主義學院 상무常務부원장도 겸직하고 있다. 외형상 세 조직은 각기 다른 조직처럼 보이지만 실제로는 중국공산당 통일전선공작부 조직을 정점頂點으로 운영되는 외곽기관임을 알 수 있다. 펑지성의 사례에서 알 수 있듯 일반적으로 중국공산당 통일전선공작부 담당자가 사회주의학원, 중국교육국제교류협회를 관할한다.71)

〈표 2-2〉에서 외곽 위장단체 명칭을 자세히 볼 필요가 있다. 모두 순수 민간단체 외피를 썼다. 한 조직이 하부 지방 단위까지 당 조직을 설치, 운영하는 방식은 〈그림 2-3〉과 같다.

중국교육국제교류협회는 중앙협회가 존재하고, 지방 행정조직인 각 성省-시市-현縣급 단위까지 지부支部를 조직·운영 중이다. 주지할 점은 해외 통일전선공작은 중앙이 아닌 지방에 설치된 지부를 통해 전개하는 것이 일반적이라는 사실이다.

또 다른 전형화된 공작 방식은 중국 내 조직된 통일전선공작기관이 해외에서도 동일한 성격의 조직을 설치하는 것이다. 조직구성 원리는 앞서 설명한 대구對口 형식이다. 〈표 2-3〉은 대표 사례를 보여준다. 조직건설 방식은 해외에서도 해당 국가에 상응하는 중앙단체를 일단 조직한다. 〈표 2-3〉에서 알 수 있듯이 중국인민대외우호협회는 독일 수도 베를린에 중앙조직인 독중우호협회를 조직한다. 이후 각 지방단체에 상응하는 지방우호협회를 건설하는 방식이다.

〈표 2-3〉 통일전선 외곽조직 해외 조직 설립 사례

중심 기관	중국 국내 외곽 위장조직	해외 해당기관 관리조직
중국공산당 통일전선공작부 형식상 외교부	중국인민대외우호협회 中國人民對外友好協會	EU중국우호협회 독중우호협회 한중우호협회 한중문화우호협회 한중도시우호협회
중국공산당 통일전선공작부 형식상 상무부	중국국제무역촉진위원회 中國國際貿易促進委員會	영국국제무역촉진회
중국공산당 대외연락부	중국국제교류협회 中國國際交流協會	영국 48그룹 중영기업위원회
중국공산당 중앙군사위원회	홍콩중신태평양지사 中信香港有限公司中信太平洋 삼합회三合會	캐나다중국기업위원회
중국인민 정치협상회의	정협 홍콩마카오대만교민위원회 政協 港澳臺僑委員會 정협 외사위원회政協 外事委員會 중국평화통일촉진회 中國和平統一促進會	각 국가별 중국평화통일촉진회

〈표 2-3〉에 대표적으로 예시된 통일전선기관들을 포함한 무수한 외곽 위장조직들이 이런 식의 통일전선 조직 설치 공작을 전 세계 각 국가를 대상으로 파상적으로 전개한다. 이를 통해 중국공산당은 국내 중앙과 지방 단위 조직을 기반으로 이에 대응하는 외국 통일전선공작 조

직을 주 통로이자 수단으로 이용해 해당 국가에서 통일전선공작을 매우 조직적이고 효과적으로 전개할 수 있게 된다.

중국공산당 중앙군사위원회 정치공작부 연락국: 정치공작전 핵심

통일전선공작부와 더불어 대외 정치공작전, 해외 통일전선공작 핵심 조직은 중국공산당 중앙군사위원회 정치공작부 연락국이다.

중국공산당은 당 중앙 차원에서 초한전을 전체적으로 지휘한다. 그리고 이를 조직하고 실행하는 조직은 중국공산당 중앙을 중심으로 인민해방군 수뇌인 중앙군사위원회, 통일전선공작부, 선전부, 국가안전부와 공안의 중심인 중앙정법위원회 등을 모두 망라한다. 이 정보기관들은 자유민주주의 국가의 정보기관과는 사뭇 다른 위상과 권력을 가지고 있다. 성격, 위상, 권력, 기능이 다르다. 이 기관과 조직들은 중국공산당 중앙위원회 조직이다. 이것이 뜻하는 바는 이 조직들이 중국공산당 중앙이 국내 정치적 통제, 경제발전 전략과 계획, 대외정책과 해외투자 등을 결정하는 데 결정적인 기능을 하는 막강한 권력을 가지고 있다는 것을 의미한다.[72]

그리고 이 실행 조직들은 분리되어 있기도 하지만 상호유기적 연계를 형성하고 있기도 하다. 이 모두가 바로 중국공산당 중앙을 중심으로 행해진다. 따라서 정치공작전과 해외통일전선공작을 인민해방군 정치공작부 단독으로만 전개하는 것이 아니다. 정치공작 조직, 통일전선공작 조직, 선전조직 등이 단독으로 공작을 전개하기도 하지만 필요할 때 서로 유기적으로 연결해 활동한다. 물론 관료조직 특성상 서로 간에 완벽한 공작 활동의 통일을 이루지는 못한다. 여타 다른 국가와 마찬가지로 기관별 조직 이해와 조직 이기주의가 뿌리 깊게 작동하고 있다.

하지만 이들 조직이 소속된 중국공산당 중앙이 초한전을 전체적으로 지휘하는 구조이다. 조직 간에 상호유기적 공작협조를 이룬다는 뜻이다. 이 조직 중 정치공작전의 중심에 서 있는 조직이 바로 중앙군사위원회 정치공작부이고 그 실행 조직이 연락국이다.

초한전 전체 구조도인 〈그림 2-4〉에서 중앙군사위의 위치를 〈그림 2-5〉와 같이 다시 구분해 볼 수 있다. 그림에서 점선 BOX는 중심 기관을 설명한다. 물론 점선 BOX에 포함되지 않은 기관들도 당연히 협조와 지원을 제공한다.

정치공작부 연락국은 정치공작전의 중추라 할 수 있는 연락공작 liaison work 핵심 조직이다. 연락 공작은 적을 내부에서부터 파괴, 해체하여 결과적으로 붕괴시키는 공작을 총칭한다.

지난날 연락부의 지난 명칭은 적인부敵人部였다. 적敵 핵심 인사 대상

〈그림 2-5〉 중앙군사위원회 산하 인민해방군 정치공작부 정치공작전 실행도

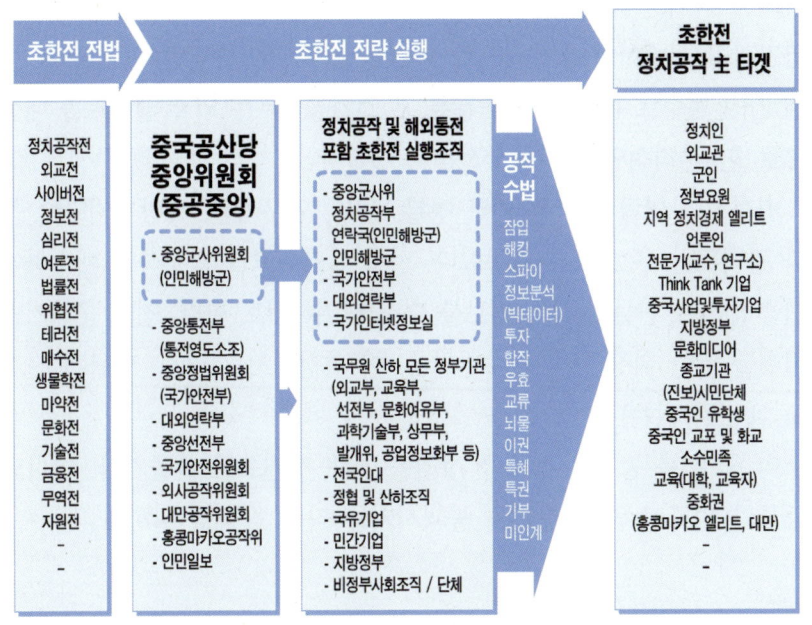

매수, 포섭 공작이 주 임무이기 때문이다. 인민해방군은 연락 공작을 다음과 같이 소개한다.

> 적을 분열시키는 공작을 이끌고 (중략) 심리전을 수행하며 (중략) 해외에서 군사 선전공작을 실행하고 (중략) 군사안보 관련 해외 중국인, 화교, 국제적십자사 연락부를 책임진다.73)

광의廣義의 연락 공작은 다시 연락 공작, 외국 정부 전복 활동 등 양대 축으로 구성된다. 연락 공작은 주로 정보 수집·분석 활동이 주를 이루고 전복 활동은 외국 정부, 군부 내부 분열 획책을 주 임무로 한다. 양대 활동을 수행하기 위하여 중국공산당은 외국 정치계, 정부, 군부, 학계 등 이른바 엘리트 집단을 대상으로 광범위한 정보 수집, 조사, 분석 활동을 수행한다. 개인 신상 정보, 의료 기록, 전자우편, 자산 명세, 친소 관계 등 수집 자료를 기반으로 개인의 경력, 가치, 정치 성향, 사회적 지위, 가족관계, 친우 관계 등을 종합적으로 분석하고 심리적 평가까지 시행하여 최종적으로 이들을 친구朋友, 중립인中立人, 적敵 등 세 가지 범주로 분류한다.74) 분류 후 정치공작부는 외국 엘리트를 대상으로 한 본격적인 정치공작전을 전개한다.

전형적인 연락 공작은 외국 정부, 군부, 연구기관, 지방자치단체 등과 광범위한 우호 교류 활동이다. 인적 네크워크를 형성하고 매수하여 친중 인사로 만들고 각종 정보를 수집·탈취하기도 한다. 첨단 군사기술 절취를 위한 위장 공작도 수반한다. 이 과정에서 심리전, 법률전 전개도 빠지지 않는다.

이 중 전복 공작은 상대국 정권을 친중 정권으로 만들거나, 아니면 중국이 원하지 않는 정권을 붕괴시키는 각종 공작을 말한다.75)

〈표 2-4〉 중앙군사위원회 산하 인민해방군 대표 조직과 기관*

직할기관	단체/조직	대외공작 기관과 위장기업
정치공작부 연락국	중국국제우호연락회 中國國際友好聯絡會 *형식적 소속기관 국무원 외교부 지도하 민정부 관리	기관 평화와발전연구센터 和平與發展研究中心 월간 평화와발전 和平與發展 중국국가화원 中國國家畫院 중국미술가협회 中國美術家協會 중국예술연구원 中國藝術研究院 중국국방과학기술정보센터 中國國防科技信息中心 각 성省정부 해외연락판공실 海外聯絡辦公室 기업 중국중신집단유한공사 中國中信集團有限公司 중신국제합작공사 中信國際合作公司 중신증권 中信證券 중국항천과기집단공사 中國航天科技集團公司 홍콩에 근거지를 둔 위장 기업과 단체 중신홍콩태평양지사 中信香港有限公司中信太平洋 중국창신투자공사 中國創新投資公司 중국추세투자유한공사 中國趨勢控股有限公司 중국항천국제공투유한공사 中國航天國際控股有限公司 중국과학기술교육기금회 中國科技教育基金會 홍콩장쑤사회단체총회 香港江蘇社團總會 중미교류기금회 中美交流基金會
신설76) 전략 지원부대 戰略支援部隊 구총참모부 3부	전지3부戰支三部 *사이버정보공작부대 2국_61398부대:미국 3국_61785부대:대만 4국_61419부대:일본, 북한, 한국 5국_61565부대:러시아 6국_61726부대:동남아시아, 서남아시아 8국_61046부대:유럽, 아프리카, 중동, 중남아메리카 12국_61486부대: 미국, 유럽, 일본, 한국 등 기업 정보 탈취	기관 중국항천공정대학 中國航天工程大學 중국정보공정대학 中國信息工程大學 난징이공대학 南京理工大學 장난계산기술연구소 江南計算技術研究所 인민해방군 3국 연계 정보통신기업 화웨이 華爲 ZTE 中興通訊

* 표에 나타난 기관, 기업은 극히 일부 대표적인 사례만 나열함. 인민해방군은 또 다른 형태의 국가조직일 정도로 방대해서 소속기관, 기업, 단체를 다 나열할 수 없다.

〈표 2-4〉에서 보여주듯 외곽 위장조직인 중국국제우호연락회中國國際友好聯絡會·China Association for International Friendly Contact (약칭 'CAIFC') 사례를 살펴보자. 중국국제우호연락회는 외형상 민간 교류단체이다. 단체 목적으로는 세계평화, 우호, 민간교류, 협력 등을 표방한다. 실상은 중국공산당 중앙군사위원회(인민해방군)가 국제적으로 정치공작전(연락공작)을 전개하기 위해 설립한 조직이다. 비밀 원칙에 기초하여 순수 민간 교류단체를 표방하지만, 실체는 정치공작, 통일전선공작, 연락 공작이 주 임무다. 이 단체의 내부 지침서를 보면, 더욱 명확하게 그 목적과 성격을 드러낸다. 지침서는 단체 목적을 '적을 해체하고 중국에 우호적인 군사 분야 분자들과 협력하는 공작 수행 전문이다.'77)라고 명기해 놓고 있다.

국가안전부: 정보, 통일전선, 첩보전 중심기구

초한전 전개의 또 다른 핵심기관은 국무원 산하 국가안전부國家安全部·MSS다. 한국 국가정보원NIS, 미국 중앙정보국CIA, 영국 비밀정보부MI6에 해당하는 정보기관이다. 경찰 조직에 뿌리를 두고 있으며 정보수집, 정치공작 특화 조직이다. 인적 구성에서도 공안公安·경찰 출신이 다수를 이룬다. 베이징의 본부도 공안부와 같은 건물에 입주했다.

1983년 유관 정보조직을 합병하여 오늘날 국가안전부로 거듭났다. 덩샤오핑이 대외적으로 고립주의를 포기하고 대외 개방 정책으로 전환을 선언한 시점이다. 물론 그 선언은 대외 기만책에 불과했다. 내부적으로는 국가안전부를 신설하면서 외국 대상 삼투滲透·침투浸透 공작을 본격화했다.78)

국가안전부의 기관 성격은 통합시 포함된 기존 조직에서도 유추할 수 있다. 중국공산당 중앙조사부를 모체로 통일전선공작부, 정치보위부, 국무원 공안부, 국방과학기술공업위원회, 인민해방군 등의 정보 수집, 정치공작 관련 부서가 통합됐다.

중국공산당 중앙을 정점으로 인민해방군과 국가안전부는 긴밀한 네트워크로 연결되어 있다. 국가안전부의 외국 정보기관과 차이점은 중국 내 모든 국가기관, 민간을 광범위하게 동원할 수 있다는 점이다. 인민해방군 정보조직과 차별점은 '요원'이 민간인 신분이라는 점이다. 해외 주재 무관武官 등 인민해방군 정보 요원들이 외국 방첩 기관의 경계 대상이 되지만 국가안전부 요원들은 경계를 회피할 수 있다.

중국 국내정치 사안 관련해서는 중국공산당의 정치적 보위, 정보 정치공작에 특화된 조직으로 강력한 권력을 행사한다. 지난날 장쩌민은 국가안전부를 장악해 권력 기반을 공고히 할 수 있었다. 시진핑도 최측근을 조직 책임자로 배치하여 장쩌민 파벌 등을 대대적으로 숙청하고 정치 권력을 장악하는 데 이 조직을 이용했다.[79]

국가안전부 조직구성을 개괄적으로 정리하면 〈표 2-5〉와 같다. 정규 요원만 10만 명에 달하는 대규모 조직이다. 세계 각국에서 활동하는 요원은 현지 포섭 인원까지 포함하여 4만 명 이상으로 알려졌다. 중국 각지에서 활동하는 요원 수는 5만 명을 넘는 것으로 알려졌다.

〈표 2-5〉 국가안전부 조직과 대외 기관

직할 조직과 기관	대외 공작기관과 위장기업*
국가안전부 중앙 조직 제1국_관리국: 종합관리 제2국_국제정보국: 국제 전략정보 수집 제3국_정치경제정보국: 각국 정치, 경제, 과학기술 정보 수집 제4국_홍콩마카오대만국: 홍콩, 마카오, 대만 담당 제5국_정보분석통보국: 정보분석, 정보수집 지시 제6국_업무지도국: 중국 국내 각 성급 조직에 업무 지시	하이난국가안전청 海南國家安全廳[80] 하이난센둔과기개발유한공사 海南仙盾科技開發有限公司 중국국제관계학원 中國國際關係學院 중국국제문화교류센터 中國國際文化交流中心[81]

제7국_방첩정보국: 방첩정보 수집관리 제8국_방첩정찰국: 외국스파이 감시, 조사 제9국_국내정찰국: 국내방첩, 국내 반동조직, 외국 기관 감시 제10국_대외정찰국: 해외정보와 유학생 공작, 외국 반동조직활동 감시 제11국_정보자료센터국: 정보자료 분석 연구 *중국현대국제관계연구원 제12국_사회조사국: 국내여론 조사, 일반 사회동태 감시 및 조사분석 제13국_기술정찰과학기술국: 해외 선진 과학기술 정보분석, 스파이 공작 제14국_기술정찰국: 우편, 통신, 통화, 문자, 이메일, SNS 감청 제15국_종합정보분석국: 각종정보 종합 분석 조사 제16국_영상정보국: 각국 정치, 경제, 군사안보 등 영상정보, 인공위성 정보 판독 제17국_기업국: 중국공산당 기업, 공사, 정보관리 지방조직: 중국 33개 직할시直轄市, 성省, 자치구自治區 조직 국가안전부 교육연구기관 중국현대국제관계연구원 국제관계학원 저장제2인민경찰학교(국제관계학원 항저우분교) 장난사회학원(국가안전부 행정학원)	대외외곽기관 제14국 소속 중국정보과학연구소 中國資訊科學研究所 제15국 소속 유라시아정보연구소 歐亞情報研究所 대외공작 명칭 중국투자집단中國投資集團 연관 기관 및 조직 중국국제문화예술유한공사 中國國際文化藝術有限公司 중국국제문화교류기금회 中國國際文化交流基金會

* 대외공작 위장 기관 수는 다양하고 많다. 본 표에서는 한 사례만을 소개한다.
** 참조: 吳弢, 內幕 : 中共以諜立國 黨政軍竟相設情報機構, 大紀元(The Epoch Times), 2019년 7월 17일자; 內幕:國安部諜報人員10萬人 : 國外4萬多國內5萬多,' 中國數字時代, 2015년 6월 1일자; Roger Faligot, Chinese Spies: From Chairman Mao to Xi Jinping, (London: Hurst & Company, 2019), pp. 425-426.

해외에서 정보·첩보 활동에 직·간접적으로 이바지하는 인원은 유동적이다. 현지 화교華僑를 포함해 해외 진출 중국인 수가 5,000만 명 이상이기 때문이다. 국가안전부는 현지 중국인을 동원할 때 사안에 따라 정보 요원을 바꾸어 가며 공작을 전개한다. 정보 수집에 이바지하는 일부 중국인은 조직적이고 훈련된 정보원으로 인식하지도 못한 채 중국에 대한 애국심과 다양한 보상 때문에 단순 정보 수집에 이바지하기도 한다. 일종의 인해전술人海戰術이다.

외국 정보기관은 국가안전부 정보원들을 추적하는 데 곤란을 겪는다. 한정된 조직과 인원으로 인해전술을 전개하는 공작을 모두 추적할 수는 없기 때문이다.82)

국가안전부는 중앙·지방정부, 대학, 연구기관, 기업, 각종 단체 들을 공작에 동원할 수 있다. 공작은 은밀하게 전개되기에 외부에서는 실체를 파악하기 힘들다.

다음은 경험자의 진술이다. 상하이사회과학원上海社會科學院·CASS에서 한 미국인 기자를 외국인 연구위원으로 채용했다. 당사자는 자신이 전문 학술연구기관에 채용된 것이고 착각했다. 채용 후 상하이사회과학원은 미국인 기자에게 미국 정치경제 분석 업무를 맡겼다. 이후 상하이사회과학원은 점차 정보분석 요구 수준을 높였다. 이러한 과정을 거치면서 미국인 기자는 자신도 모르는 사이에 국가안전부 정보원이 되었다. 전문연구기관 연구위원에게 주어지는 고액 보수, 각종 특혜, 인적 네트워크 구축 등 '당근'에 깊숙이 말려 들어갔다. 이 미국 기자는 어느 순간 진실에 눈을 뜬다. 하지만 자각한 순간, 기자는 자신이 이미 헤어나올 수 없는 덫에 걸렸다는 것을 깨닫게 된 뒤였다.83)

중국 신문, 방송: 중국공산당 중앙선전부 선전·선동기관, 해외스파이, 정치공작전, 해외 통일전선공작전 기관

중국 각종 매체(신문, 방송, 잡지, 통신)는 중국공산당 중앙선전부 소속으로 기본적으로 당의 선전기관이다. 자유민주주의 사회와 같은 자유 언론은 존재하지 않는다. 독립적이고 자유롭게 사실과 진실을 취재하여 가감 없이 독자나 시청자에게 전달한다는 의미의 언론, 언론사,

언론인은 존재하지 않는다. 중국공산당 기관지《인민일보人民日報》, 관영 통신 신화사新華社, 중국 국내방송 중국중앙텔레비전中國中央電視臺·CCTV과 이를 기반으로 해외 진출한 중국글로벌텔레비전네트워크·中國環球電視網·CGTN 모두 같다.

중국공산당의 선전 요원인 매체 직원들은 국내에서는 주로 중국공산당의 선전 선동을 위한 나팔수이다. 특파원 등의 명목으로 해외 진출한 매체 관계자의 주 소임은 스파이spy 활동이다.

해외 파견 중국공산당 매체 관계자들은 정보 수집·탈취뿐만 아니라 통일전선공작부, 중앙선전부, 인민해방군, 국가안전부 등 정보기관과 연계하여 해외 통일전선공작 업무도 수행한다.

자유민주주의 국가에서 '권력의 4부'로 불리는 언론에 부여된 자유와 특권을 악용하여 스파이 공작, 해외 통일전선공작을 수행한다. 문제는 한국을 비롯한 자유민주주의 국가에서는 언론이라는 '양두羊頭' 속에 숨은 공산당 스파이라는 '구육狗肉'을 인지하지 못한다는 점이다.84)

이상으로 중국공산당이 초한전을 전개하는 기본적인 구조와 방식에 관한 설명을 마무리한다. 다음 장부터는 초한전이 중국공산당 군사전략에서 갖는 위치와 의미, 현대 신전쟁 양상에서 초한전이 공유하고 있는 점과 다른 점을 살펴보기로 한다.

제3장

인민해방군 군사전략과 초한전

제3장 인민해방군 군사전략과 초한전

초한전은 중국공산당이 국공내전을 거치면서 축적한 전략·전술을 현대적 상황과 조건에 맞춰 집대성한 전략이라고 소개한 바 있다. 초한전은 중국공산당의 전략에서 어떠한 유산을 물려받았으며 어떠한 전략적 지위를 가지고 있을까?

이 문제에 대한 고찰이 중요한 이유는,

첫째, 중국공산당 전략·전술의 특징을 이해할 필요가 있으며,

둘째, 중국공산당의 전략적 사고, 실행방식은 자유민주주의 국가를 기본으로 한 정상 국가와는 전혀 성격이 다르다는 사실을 재인식하고,

셋째, 초한전이 중국공산당과 마오쩌둥의 전략사고를 발전적으로 계승한 것으로서 중국공산당, 인민해방군의 전통적인 전략·전술 구사와 행태를 기본으로 변화된 현대 세계화 시대의 조건에 맞춘 전략사고라는 점이며,

다섯째, 중국공산당이 과거 대륙의 정치권력을 장악하는 데 이용한 전략·전술을 현재는 전 세계를 대상으로 전개하고 있다는 점을 간파해야 하기 때문이다.

인민해방군 군사전략은 전통적인 공산혁명 전략·전술에 바탕을 두고 있다. 대표적인 것이 적극방어론, 인민전쟁론, 통일전선공작, 진지전, 유격전 그리고 초한전 등이다. 이 개념들은 각각 분리된 별도의 개념 같지만, 실상은 한 가지 원칙으로 연결되어 있다. 초한전이 인민해방군 전략과 전략적 사고에서 가지는 계보 상 위치와 의의는 무엇일까?

1. 중국공산당과 인민해방군 전략에서 초한전의 계보와 의의 85)

본 장에서는 초한전을 중국의 전략문화와 인민해방군 전략 전술의 특징적 측면에서 살펴보고 이를 다시 전쟁론에 대한 거시적 수준의 논의에서부터 군사전략 전술이라는 하위수준까지 초한전이 갖는 계보 상 위치를 추적해 본다. 초한전의 계보 상 위치를 식별한 다음에는 전형적인 군사 전략론과 인민해방군의 특수성의 맥락에서 초한전이 갖는 의미를 추출해낸다.

중국공산당과 인민해방군의 군사전략 변화

인민해방군의 군사전략은 1949년 중화인민공화국 수립 이후 몇 차례 수정이 있었다. 초기 전략 수립은 1956년 쑤위粟裕, 펑더화이彭德懷가 주도했다. 주 내용은 미국의 침략에 대비한 '진지전' 강화였다. 국공내전 시 주된 전략이었던 운동전運動戰, 진지전陣地戰, 유격전遊擊戰 중에서 변화된 상황에 맞추어 진지전을 강조하는 방향으로 전략을 수립했다.

대對 미국 진지전은 1960년대 중·소 갈등이 격화되면서 재수정되었다. 미국보다는 소련의 위협에 우선 대응해야 했다. 소련의 위협에 대항하기 위해 마오쩌둥의 내선방어內線防禦와 유적심입誘敵深入 전략을 주 전략으로 채택했다. 적을 내선으로 깊숙이 유인하여 유리한 환경에서 전격적으로 섬멸한다는 전략이다. 1960년대 말에 이르면 소련은 중국 공산당 제1의 적이 되었다. 그 결과 1970년대 미·중 데탕트解氷 시기로 접어들게 된다. 적성국 미국과 안보협력을 통해 소련에 대항하는 힘의 균형이 필요했다. 그 결과 1970~80년대에 대미국 진지전은 소련에 대

항하는 대 소련 진지전으로 방향을 선회했다.86)

그리고 1990년대 탈脫냉전 국제 환경이 조성되자 류화칭劉華淸, 츠하오톈, 장완녠 주도로 전략 목표를 국지전 승리로 수정한다.87) 2000년도 이후에는 국지전 승리전략 기조를 유지하면서도 변화된 정보기술 환경을 반영해 현재는 정보화 국지전 승리전략을 기본 지침으로 한다.

마오쩌둥의 적극방어론과 인민전쟁론

인민해방군 군사전략 수정 특징은 국제정세 변화에 맞춘 대응전략이라는 것이다. 더 중요한 특징은 상황에 맞추어 군사전략을 탄력적으로 수정하면서도 변화하지 않고 고수하는 기조가 있는데, 다름 아닌 마오쩌둥의 인민전쟁론과 적극방어론이다.

적극방어 積極 防禦론88)은 1935년 산시陝西성 와야오바오瓦窯堡에서 개최된 중국공산당 중앙위원회 정치국 확대 회의에서 마오쩌둥이 처음 제시한 개념이다.89) 공격과 방어를 동시에 전개하는 것으로서 적의 공격에서 아군을 방어하기 위한 내선방어, 유적심입과 더불어 적에 대해 적극적 공세를 전개하는 것을 의미한다.90) 전략상 방어를 위해 지구전과 내선작전을 기본으로 하면서도 전역戰域 전투 상 공격과 속결 등 외선작전을 통해 적을 약화하는 것이다. 구체적으로는 전략적 방어와 공격을 유기적으로 결합해 상황에 맞추어 방어에서 공격으로 공격에서 방어로 신속히 전환하고 유리한 상황이 조성될 경우 적 주력을 대상으로 전격전을 벌여 섬멸하는 것이다. 적극방어를 공세적 방어 혹은 결전 방어라고 부르기도 한다. 6.25전쟁 파병 시 전략적 공세 단계에서 기동전을 위주로 하면서도 부분적 진지전, 후방 유격전을 결합한 것을 모범 사례로 소개한다.91)

요약하자면, 적극방어는 세력이 약한 중국공산당을 방어하면서도 적

敵인 국민당에 대한 적극적인 공세를 전개하는 전략이다. 적극 공세에는 외세인 군국주의 일본을 이용하는 것, 당시 합법 정부였던 중화민국 국민정부國民政府(1923~46년)와 국민당군 내부에 스파이를 심어 내부에서 붕괴시키는 것, 국민당과 국민당군 정보를 빼내는 것, 군사적으로 적의 약한 부분을 집중하여 공략하는 것 등을 포함한다.

적극방어의 핵심 기반은 마오쩌둥이 주창한 인민전쟁론이다. 민간인을 전쟁에 전방위적으로 동원하는 것을 의미한다. 공산당이 정치, 경제, 사상적으로 민간인을 장악해 강력한 지원세력으로 확보한 다음 세력 보존을 위한 근거지로 확보하고 민간인을 전 영역에 걸쳐 전쟁에 동원하면서 인민해방군 인적자원을 차출하며 적 후방을 교란하는 것 등을 의미한다.

중국공산당의 3대 보배: 통일전선공작

인민전쟁 전개 시 핵심은 통일전선공작이다. 이는 공산당이 적을 타도하는 과정에서 동조 세력을 광범위하게 결집해 공산당과 잠정적 동맹을 형성하는 전술이다. 중국공산당이 대륙의 정치 권력을 장악하는 데 결정적으로 이바지했다. 이를 외국을 무대로 확장 전개하는 것을 해외 통일전선공작이라고 한다.

마오쩌둥은 중국공산당 3대 보배로 군軍, 당黨, 통일전선統一戰線을 꼽았을 정도로 통일전선공작을 중시했다.[92]

〈Box 3-1〉 통일전선統一戰線이란?

통일전선United Front은 레닌Lenin, N.의 『공산주의 좌익소아병』(1920)이라는 책자에서 찾아볼 수 있다. 레닌은 "다른 세력일지라도 기본목표 수행에 이해관계를 같이하는 세력이면 동맹군으로 삼고 주적을 압박하는 우회 공격 임무를 수행해나가야 한다."고 밝혔다.
  레닌의 이런 주장에 부언해서 스탈린Stalin,I.V.은 "공산주의가 본질에서는 계급주의이며 프롤레타리아트 독재를 지향하는 것이라 하더라도 공산당이 아직 정권을 잡지 못한 어려운 시기에는 우선 이용 가치가 있는 계층이 싫어할 구호를 미리 성급하게 내걸지 말고 그들과 보조를 맞출 수 있는 구호를 제시하면서 그들의 힘을 최대한으로 이용할 줄 알아야 한다."고 강조하였다.
  이와 같은 공산당의 우회 공격 수법을 통일전선이라는 이름으로 부르고 혁명 전술로서 강조한 것은 1921년의 제3차 코민테른대회에서 레닌이 제시한 「통일전선에 관한 테제」를 채택하면서부터이다.
  요컨대 통일전선이란 공산당이 일정한 혁명단계에서 주적을 타도하는 데 공산당 세력의 힘만으로는 불가능할 때 필요한 동조 세력을 확보하고 그들과 잠정적인 동맹 관계를 형성하여 투쟁하는 것을 말한다.
  여기에서 유의할 점은 공산당이 아무 때나 통일전선을 형성하는 것이 아니라는 점이다. 북한의 통일전선 형성원칙을 보면 먼저 조직상 원칙으로 계급 노선을 견지하며 군중 노선을 결합할 것을 강조하였다.

출처: 한국민족문화대백과사전 '통일전선統一戰線' 항목

  통일전선공작은 공산당이 자체 역량만으로는 현재 정부나 체제를 전복할 수 없으므로 정치적 이해를 같이하는 진보·좌파 세력을 공산당을 중심으로 동원하는 전술이다. 통일전선에 동원되는 사회세력은 시민 사회 단체, 종교인, 지식인, 학생, 전문가, 기업인, 노조원, 언론인, 교육인, 민족주의자 등을 포괄한다. 공산당은 이들을 선전·선동 공작을 통해 자신이 설정한 정치적 의제 아래 결집해 타도 대상인 정권, 군대, 기업 등을 고립시키고 반정부 운동을 전개해 정권을 탈취하고 궁극적으로는 체제를 전복해 공산주의 체제로 전환하는 것이다.
  하지만 체제 전복과 권력 장악 목적을 달성하면 이들 사회세력과 조직을 단계적으로 제거하는데, 이 과정에서도 역시 통일전선공작을 동원한다. 공산당의 주적을 제거하고 나면, 그다음 주적을 설정한 후, 그다음 타깃인 주적과 여타 다른 사회세력을 다시 이간해 이들을 고립시킨다. 그리고 2차 타깃을 제거하고 나면, 다시 다음 타깃을 설정해 같은 방식으로 차례대로 (살라미전술 등 동원), 기존 사회세력을 하나씩 둘씩 무력화한다. 이러한 과정을 거쳐 전全 사회세력과 조직이나 단체는 공산당에게 하나씩 접수당하고, 결과적으로는 조직과 단체의 '간판'만 남은 채 전체주의 공산사회로 전환하는 것이다. 이 껍데기만 남은 통일전선 조직이 다름 아닌 바로 중국인민정치협상회의(정협)이다.

공산당 혁명이론에서는 이를 인민민주주의 또는 신新민주주의(한국에서는 민중민주주의) 혁명 전략으로 부른다. 다만 대외적으로는 '인민', '민중', '신' 등의 수사修辭를 빼고 단순히 '민주주의'로 포장한다. 이는 한국의 진보좌파도 같다. 실제로는 민중민주주의이지만 대외적으로는 거부감을 불러일으키는 '민중'을 빼고 민주주의라고 부른다. 하지만 이들이 표방하는 민주주의, 민주화, 민주화운동, 민주화 인사 등은 실제로는 '인민(민중)'의 수식어가 붙어야 정확하다.

통일전선공작은 공산주의 혁명 과정의 기본적이자 대표 전술로서 선전·선동 공작과 맞물려 강력한 힘을 발휘한다. 마오쩌둥이 통일전선공작을 법보 중 법보라고 칭하는 근본 이유이다.

농촌포위성시農村包圍城市·이용지방포위중앙利用地方包圍中央: 주변을 장악해 중앙을 포위 공략하라

농촌을 장악해 도시를 포위하며 도시 내부로 삼투滲透하여 자중지란自中之亂을 조장하고 종국적으로 적 핵심을 괴멸시킨다. 이는 중국공산당이 국민당과 국공내전에서 채택한 전략·전술로서 대표적인 마오쩌둥 전술이다.

핵심은 농촌이나 도시가 아니다. 주변을 장악한 후 중앙을 포위해 고립시키고 최종적으로 승리한다는 것이 핵심이다. 적의 핵심과 직접 대결은 회피하면서 정치적·경제적·사회적 기반을 무너뜨린다. 이 전술을 정리하면 세력이 약한 주변부터 장악해 중심을 고립시키고 분산된 세력을 통일전선공작으로 결집해 대규모 세력을 형성하며 주변부 세력을 점차 주류 세력으로 만드는 전술이다.93)

이를 국가 차원에 적용하면 사회적 약자, 진보단체, 일반 대중을 서서히 장악하는 것이 우선이다. 여기에 선전·선동과 통일전선공작을 동원한다. 이를 통해 사회를 분열시키고 갈등 대립 구도를 만들면서, 엘리트 계층을 각종 선전·선동으로 고립시켜 무력화하는 전술이다.

중국공산당은 통일전선 구축과정에서 다음 전략·전술을 전개했다. 첫째, 자신의 정체를 과도하게 드러내지 않는다. 둘째, 배후에서는 반드시 중국공산당이 핵심이 되어야 한다. 대중을 결집하고 선동하면서 내세우는 의제는 중국공산당이 치밀하게 계산한 것이 주를 이루어야 한다. 셋째, 중국공산당을 중심으로 은밀하고 고도로 정교한 선동·선전 공작을 조직적·계획적으로 전개한다. 넷째, 정치적 목적을 달성하면 반드시 다음 정치적 공격 목표를 설정한다. 한 사회 상위 5% 집단을 제거하면 목표의 절반 이상을 달성한 것과 마찬가지다. '5%' 엘리트 계층이 정권과 안보의 핵심이므로 이들을 제거하면서 정부 권력과 무력(정권, 군대, 경찰, 사법, 언론 등)을 장악할 수 있기 때문이다.

중국공산당이 권력을 장악하고 나면 통일전선에 동원된 다음 5%를 제거해야 한다. 여기에 해당하는 부류는 주로 고위 공무원, 고급장교, 경찰 간부, 판사, 검사, 대학교수, 기업 경영자 등 중간 관리층이다. 중국공산당이 대륙 정치 권력을 장악 후 전개한 이른바 '3반反 5반反 운동'이 이 과정에 해당한다. 중국공산당은 이 운동을 통해 각 정부 기관과 기업의 관리층을 제거할 수 있었다. 그리고 이를 통해 생긴 빈자리를 공산당원으로 대체했다.

그다음에도 이른바 사회주의화라는 명목으로 5% 법칙을 적용한다. 이 단계에서 5%로 지목되는 대상은 공산당에 동조한 진보성향 단체, 노조원, 언론인, 방송인, 민족주의자, 이른바 민족 기업가, 진보 지식인, 진보성향 종교단체(개신교, 천주교, 불교, 이슬람교 등) 지도자, 진보·좌파 영화예술인 등이다. 이 단계까지 제거하면 일반 대중들은 공산당 체제에 반대할 수단과 기반을 상실한다. 통일전선에 동조한 제반 시민 사회 단체들도 모두 공산당이 장악하게 되기 때문이다.

인민해방군 전략·전술행태의 특징

인민해방군 군사전략인 정보화 국지전 승리전략도 기본 전략은 적극방어론이다. 세계를 무대로 전개하는 인민해방군의 적극방어 전략의 기본은 세력을 보위하면서 적의 약점을 집중하여 타격하고 세勢를 지속해서 약화해 점진적으로 판세를 뒤집는 전략이다.

국공내전 시기 중국공산당이 적극방어를 통해 지킨 기반은 산시성 옌안延安 근거지를 중심으로 한 소비에트Soviet였다. 하지만 오늘날 세계 패권을 장악하기 위해 종심 미국을 패배시켜야 하는 목적을 수행하고 있는 상황에서 그 근거지는 중국이다. 그리고 적의 종심이 바로 미국이다.

중국공산당의 전략·전술 구사 행태에는 전형적인 특징이 있다. 전략적 목표를 설정하면 장기간의 시간대를 설정해 놓은 다음 살라미 전술을 동원해 점진적으로 지속적인 공격을 감행한다. 공격 방식은 전방위적이고 파상적이며 은밀하게 기만술과 책략을 동원해 적을 기만한다. 방어와 더불어 공세를 전개하고 치고 빠지면서도 주도면밀하게 관찰하면서 적의 약점을 찾아 집중하여 공략하고 다시 빠지는 방식이다. 이 과정에서 중국공산당은 눈앞의 손실이나 성과보다는 전체적인 형국과 판세 변화에 주목한다. 형세가 불리하거나 공세에 실패하면 정체를 숨기거나 흔적을 최대한 지우고 후퇴해 잠복기로 들어간다. 일단 적의 예봉을 꺾고 전선에서 빠진다. 후퇴기나 잠복기에 들어가더라도 형세, 적 동향 관찰 작업은 지속한다.

중국의 전술은 우리에게 큰 교훈을 준다. 만약 우리가 인민해방군과 대치하고 있다면 그들이 상황 유·불리를 떠나 항상 우리를 주시하고 있고 약점을 파악하면서 역습을 준비한다는 사실을 잊지 말아야 한다.

현대 중국공산당의 대전략과 초한전

중국공산당은 과거 중화민국 국민정부國民政府를 전복하고 대륙의 정치 권력을 장악해 나가는 과정에서 절대적으로 열세였다. 이 상황에서 적극방어, 인민전쟁, 통일전선공작 등을 상황과 조건에 맞추어 능동적으로 전개하면서 대륙을 장악했다. 이제 중국공산당의 대전략은 전 세계를 중화질서로 재편하는 것으로 확장되었다. 중국공산당의 적극방어론, 인민전쟁론, 통일전선공작, 농촌포위성시 이용지방포위중앙 전략이 이제 전 세계적 수준으로 확장되었다. 그리고 그 대전략 목표를 달성하기 위해 초한전을 전개하고 있다.

즉, 과거에는 중국공산당 대對 국민당 구도였다면 현재는 중국공산당 대 미국이다. 지난날 중국의 제반 사회세력이 통일전선의 대상이었다면, 이제는 미국과 자유 서방국가의 시민 사회 조직과 사회주의 이념조직이 공작 대상이다. 지난날 중국의 일반 민중이 인민전쟁 대상이었다면 오늘날은 전 세계 시민들이 인민전쟁의 대상으로 확장되었다. 인민해방군에게 국공내전 당시 도시와 중심은 이제 미국과 서방국가로 바뀌었다. 농촌과 주변이 저개발국과 미국의 동맹국으로 변화했다. 미국

동맹국 중 주변 지역이면서 '약한 고리'에 해당하는 국가는 캐나다, 멕시코, 호주, 뉴질랜드, 유럽연합EU 회원국 그리고 한국이다.

중국공산당은 이제 세계 패권을 장악하겠다는 속내와 대전략 목적을 더 숨기지도 않는다. 전략적 목적 달성에 결정적이고 최종적 걸림돌은 미국이다. 하지만 초강대국 미국과 직접적인 군사적·경제적 대결을 벌여서는 패권 경쟁에서 승리할 수 없다. 이는 중국공산당의 자멸을 초래할 자충수自充手다. 중국공산당이 전개해 온 마오쩌둥의 전략·전술을 응용해 전 세계 차원에서 초한전을 적용해야 한다.

인민해방군 지도부는 초한전을 통해 미국 수준의 국력과 군사력을 보유하지 않아도 미국을 패배시킬 수 있다는 것을 알게 되었다. 군사수단을 동원하지 않고도 미국 정치, 경제, 사회 분야에 실질적 영향력을 장악할 수 있는 전쟁론이기 때문이다.

중국공산당이 세계 패권을 장악하기 위해 전개하는 초한전을 적극방어론을 통해 살펴보자.

전 세계 구도에서 종심縱深은 미국이다. 반半주변은 주요 자유민주주의 우방인 영국, 캐나다, 호주, 유럽국가, 일본, 한국, 대만 등이 포함된다. 주변은 저개발 국가, 이란, 중남 아메리카의 반미反美 국가들이다. 이와 같은 형세에서 적극방어론으로 중국 본토를 중국공산당 체제로 확실하게 방어한다. 이는 본토를 확실히 장악하는 수세적 방어만을 의미하는 게 아니다. 중국 본토 장악력을 더욱 확실히 함과 동시에 미국에 대한 적극적 공세를 전개하는 적극방어론을 전개한다는 말이다. 최종 목적은 미국 궤멸이기 때문이다.

미국을 궤멸시키기 위해 동원되는 전술이 인민전쟁론과 통일전선공작이다. 먼저 미국의 종심, 즉 지배 엘리트를 대상으로 삼투 공작을 전개한다. 정계, 재계, 여론주도층, 언론인, 방송인 등을 상대로 광범위한 통일전선공작을 전개한다. 돈과 이권이라는 주된 수단을 이용해 그들을 타락시켜 중국공산당 대리인으로 만든다.

동시에 미국의 지방, 즉 주변부에 대한 공작을 전개한다. 주州 정부 관계자, 기업인, 지식인 포섭 공작이다. 또한, 진보·좌파단체들과 광범위한 통일전선을 구축한다. 이를 위해 소수인종 운동단체, 환경운동 단체, 진보 인권단체, 소수자 인권단체 등에 은밀히 지원체계를 구축한다. 미국의 정치 형세를 주도면밀하게 관찰하면서 사안별로 분열, 대립, 갈등을 조장한다.

다음은 미국 주변부 국가들에 대한 전략적 공세이다. 미국에 대한 공작을 전개함과 동시에 주변국에 대한 영향력을 확장한다. 이들 국가에는 영국, 캐나다, 호주, 한국, 일본, 유럽 제諸국가가 포함된다. 이들 국가는 미국과는 자유민주주의, 인권 가치를 공유하면서도 반미정서가 강한 국가들이다. 이 국가들은 또한 제도적으로 자유민주주의 체제, 법치주의, 개방성 등이 보장되어 있어 중국공산당이 삼투·침투하기에 최적의 조건을 갖추고 있다. 전술 전개 패턴은 유사하다. 해당 국가 종심을 직접 공격하는 것보다는 주변부 공략을 통해 서서히 잠식해 나가는 전략·전술을 구사한다. 주변을 장악하고 사회적 기반을 약화해 나가면서 상황과 조건이 무르익으면 종심에 대한 전략적 총공세를 감행해 무너뜨린다.

초한전은 중국공산당이 이들 국가에서 전개하는 전략 전술에 핵심적 전술을 제공해준다. 그 한 예로서 호주의 사례를 살펴보자. 호주의 사례는 중국공산당이 미국의 주변부를 어떻게 인식하고 있는지 생생하게 보여준다.

호주는 영미英美권 국가로서 미국의 동맹국이지만 약한 고리로 간주하여 전술적 공략이 쉬우면서 전략적 가치가 높은 대표적 사례다. 이에 대해서는 무엇보다도 중국공산당 내부인사의 목소리를 들어볼 필요가 있다. 전 주시드니 중국총영사관 정무영사 천용린陳用林의 고백이다.

천융린의 증언에 따르면 중국공산당 지도부는 호주를 '약한 고리'로 파악했다. 그 이유는 첫째, 지정학적으로 호주는 서구세력의 약한 고리에 자리하고 있다. 미국의 동맹이자 영국, 캐나다, 뉴질랜드와 더불어 '파이브 아이스 Five Eyes' 구성국임에도 불구하고 지리적으로 미국, 유럽에서 멀리 떨어져 있다. 둘째, 호주 고유의 자유성이다. 호주 사회에는 자유주의, 다문화주의, 이주노동자, 외국인 등에 대한 인권 보호 등의 가치가 뿌리 깊게 내려 있다. 중국공산당이 삼투해 들어가는데 다문화주의, 자유주의, 개방성만큼 좋은 조건은 없다. 셋째, 호주에 정착한 중국인이다. 이들은 중국에서 중국공산당 세뇌교육과 정치교육을 깊이 있게 받았다. 이에 더하여 국수주의國粹主義적인 중화민족주의中華民族主義에 경도되어 있는 이들이 대다수다.94)

중국공산당이 호주를 약한 고리로서 집중하여 공략해야 할 우선순위에 올려놓은 주된 이유다.95) 이러한 사정은 호주에 국한되지 않는다. 미국과 동맹국인 캐나다, 영국, 한국 등 다수 국가가 포함된다.

2. 현대 신전쟁론에서 초한전의 지위 96)

초한전: 중국공산당의 대전략 목적 달성을 위한 신전쟁론

초한전은 전쟁의 성격을 재규정한 신전쟁론에 기반을 둔다. 즉, 현대전은 정규군의 작전영역인 육, 해, 공, 우주, 사이버 공간을 넘어 정치, 경제, 외교, 문화, 심리 등 전 사회적 영역에서 포괄적으로 수행되는 전쟁으로 변화했다는 것이다.97) 변화한 현대전 양상에서 중국이 승리하기 위해서는 전통적인 군사력뿐만 아니라 새로운 영역에 대한 전쟁을 수행해야 한다. 이를 통해 중국이 미국과 패권 경쟁에서 승리하고 전 세계 패권을 장악한다는 정치적 목적을 달성할 수 있다.

초한전은 현재 보편적인 전쟁개념이 아닌 상대 국가를 중국의 의지에 굴복시킨다는 대전략의 정치적 목적을 달성하기 위한 전쟁수행론이다. 현대전에서 일반적으로 상정하는 총력전의 수행전략이 아니라 대전략 목적 달성전략이다. 『초한전』 저자가 밝혔듯이 초한전은 리델 하트Liddell Hart의 대전략 개념에 기반을 둔다.98) 전쟁의 시간과 장소를 광의廣義의 개념으로 확장하고 상대 국가를 굴복시켜 지배한다는 궁극적인 정치적 목적 달성을 위한 전쟁수행론이다.

초한전은 현대 전쟁론에서도 막대한 영향을 끼치고 있는 클라우제비츠의 전쟁론의 범위를 벗어났다고 평가한다. 다만, 전쟁의 성격을 '절대전쟁'과 '현실전쟁'으로 구분하는 클라우제비츠의 전쟁론을 바탕으로 초한전이 수행하는 전쟁의 성격을 구분하면 초한전은 '전쟁을 실행하는 방식'에서는 '절대전쟁'의 정신을 계승한다. 초한전은 클라우제비츠가 전쟁론에서 많은 분량을 할애해 설명한 이른바 '절대전쟁'의 현대적 해석과 적용 이론이라고도 평가할 수 있다.

클라우제비츠가 절대전쟁에서 의미한 핵심은 전쟁에 승리를 쟁취하기 위해서는 수단과 방법을 가리지 않는다는 것이다. 인간의 증오와 적개심이라는 본성이 적국에 대한 승리를 쟁취하기 위해서 무한정 발현되는 전쟁 양상을 설명한다. 하지만 클라우제비츠는 절대전쟁을 현실전쟁으로 승화하고자 한다. 이를 위해 합리적 이성을 바탕으로 한 정부의 합리적 통제와 효과적 전쟁목표인 승리를 쟁취할 수 있다고 본다.99)

초한전은 중국공산당과 인민해방군이 전략적 목적과 계획을 바탕으로 전개해야 하지 "제한 없는 목적을 추구해서는 안 된다"100)고 경계하는 점에서 '현실전쟁'의 성격을 지향하는 것 또한 사실이다. 하지만 전략적 계산으로 전개한다는 점 외에 그 속성은 수단과 방법에서 철저히 비윤리, 비도덕, 비양심을 강조하고 인간의 증오와 앙심, 악질적이고 비열한 측면을 강력한 동력으로 삼는 면에서 절대전쟁 수행론에 가깝다. 절대전쟁론의 속성을 최대한 계승한 현실전쟁론으로 평가할 수 있다.

초한전은 전쟁의 성격을 재정립한 새로운 전쟁론이다. 현대전은 정규군 작전영역인 육상, 해상, 공중, 우주, 사이버 공간을 넘어 정치, 경제, 외교, 문화, 심리 분야 등 전 사회적 영역에서 포괄적으로 수행하는 전쟁으로 진화했다.101)

현대전의 신양상과 초한전: 공통점과 차이점 102)

초한전은 현대전의 신양상에 포함된다. 현대전의 신양상으로 논의되는 개념은 대표적인 개념만 살펴보더라도 비대칭전, 하이브리드전, 복합전, 4세대전, 5세대전, 혼복합전, 비동전, 회색지대전략 등이 있다. 이처럼 다양한 개념은 지금까지의 전통적 개념과는 다른 새로운 전쟁 양상을 설명하기 위한 시도이다. 새로운 전쟁과 전쟁 수행 양상을 관통하면서 공통으로 발견되는 것은 전통적 전쟁방식에 추가로 비군사적 수단과 방법을 동원하고 국가와 군대 외에 정치, 경제, 사회, 외교, 문화와 가치 등 전 사회적 영역을 전쟁의 대상에 포함한 것이다.

개념상 가장 상위 수준에서 새로운 전쟁 양상을 설명하는 개념은 비대칭 전략이다. 적국의 강점에 직접 대적을 회피하면서 자국의 강점을 극대화하는 수단으로 적국의 취약점을 집중적으로 공략하여 강점을 무력화하고 전략적 우위를 점하여 적국을 굴복시키는 전쟁의 정치적 목적을 이루려는 전략이다.103)

비대칭 전략 전개 방식은 다양하다. 대표로 하이브리드전이 있다. 전통적(재래식) 전쟁, 비정규군(민병, 민간인), 사이버전, 심리전 등이 혼재된 전쟁 양상이다.104) 다른 개념으로 정리하면, 물리적인 재래식 무력을 동원하는 동전과 심리전, 미디어전, 여론전, 사이버전 등 비물리적 요인을 이용하는 비동전을 조합해 전개하는 것으로도 설명한다. 비대칭 전략의 하나로 동원되는 하이브리드전이 실행되는 양상으로 복합전compound warfare과 4세대전105), 5세대전106)의 개념을 든다. 복합전은 전장에서 정규군과 비정규군을 전개하여 적국의 정규군이 작전을 수행하는 데 비군사적 취약성을 집중하여 공략함으로써 총체적 효과를 거둔다.107) 복합전의 대표적인 예는 국공내전 시기 중국공산당의 인민전쟁, 6.25전쟁 시기 북한의 빨치산 전법, 베트남전에서 월맹군이 베트콩과 통일전선을 통해 전개한 게릴라전, 민간인 동원 등이다.

이처럼 논의되는 전쟁의 신양상에서 발견되는 공통점은 전쟁 수행의 중심 단위가 종교적 극단주의를 표방하는 테러리즘 단체, 사회주의 이념에 기반을 둔 혁명조직 등 비국가 정치집단이나 단체라는 것이다. 반면 초한전은 패권 도전국인 중국이 전 국가 차원의 동원 체제를 갖추고 패권전쟁 승리를 위한 대전략의 하나로 수행하는 신전쟁 개념이라는 차이가 있다. 즉, 전쟁 수행 주체의 성격 문제로 중국공산당 인민해방군이 전 국가 총동원 체제로 전개한다는 특성과 함께, 전혀 다른 차원의 전쟁개념을 동원한 대전략 수행 전쟁론이라는 특징을 가지고 있다는 점이다.

참고로 인민해방군이 동원하는 비전쟁 수단의 대표적인 예는 3전(심리전·여론전·법률전)이다. 이는 비동적non-kinetic전쟁 방식이다.108) 일반적으로 3전은 인민해방군과 신하 인민무장경찰武警 부대가 수행하는 전술로만 알고 있다. 그리고 중국의 비전통전을 이 3전으로만 한정해 이해하는 경향도 있다.

3전은 초한전 전법의 일부에 불과하다. 또한, 중국은 중국공산당을 중심으로 국가 전체를 전쟁수단으로 동원하고 있고, 인민해방군도 그 한 부분이라는 점을 다시 한번 상기할 필요가 있다.109)

3. 초한전 군사 전법의 예: 회색지대전과 생물학전

본 장에서는 초한전이 중국공산당 인민해방군의 전략 전술에서 갖는 위치와 의미를 살펴보았다. 또한, 비대칭 전략으로서 초한전이 현대 새로운 전쟁 양상들과 공유하는 점과 차별적인 성격을 정리해 보았다. 초한전 군사 전법은 말 그대로 무한하다. 이 중 전통적 군사전과 현대 신전쟁개념에 포함할 수 있는 초한전 전법 사례 중 회색지대전과 생물학전을 간단히 소개한다. 이는 초한전이 전통군사 전법과 현대전의 신양상과 달리 인민해방군 특색의 전법으로 전개됨을 설명하려 함이다.

회색지대전 [110]

인민해방군이 회색지대전을 전개하는 사례를 엿볼 수 있는 것이 바로 동중국해와 남중국해에서 벌이는 행태다. 특히 남중국해를 장악하기 위해 인민해방군은 그 특유의 전략 전술행태를 보여준다. 그 행태가 투사되는 회색지대전을 살펴보자.

먼저 중국이 전개하는 해양팽창 전략과 회색지대 전략 전술을 정확히 이해하려면 전통적 군사안보 전략에 기반을 둔 사고의 틀을 넘어서야 한다. 초한전 개념의 틀에서 전통과 비전통, 그리고 그 한 부분으로서 회색지대전을 분석할 필요가 있다. 중국공산당이 전개하는 전략 전술은 전통과 비전통으로서 '회색지대'를 뛰어넘기 때문이다.

회색지대전은 군사와 비군사의 중간에 있는 모호한 회색 영역을 이용해 상대국과 군대의 군사적 대응을 어렵게 만들고 회피하면서 전략적 목적을 달성하는 전법을 의미한다. 차오량의 주장을 빌리면, "완전히 다른 개념의 전쟁" 방식으로 이해할 필요가 있다.

중국이 전개하는 해양팽창 전략도 대전략의 한 부분에 놓아야 제대로 이해할 수 있다. 대전략이라는 큰 구도 속에서 해양전략을 놓고 그 전개 방식을 초한전의 전법 중 하나인 회색지대전으로 분석해야 한다. 초한전 전쟁개념 상 전쟁은 전술한 바와 같이 전시와 평시를 구분하지 않는 '전쟁상태인 평시'이자 '평시와 같은 전시'로 전개된다. 따라서 평시에 비군사작전 영역인 장소와 대상을 놓고 '전쟁하듯이' 상대국에 대한 평시 '포석'을 깔아둔다. 이것이 의미하는 바는 중국의 해양팽창 전략은 단순히 군사력 증강과 남동중국해 인공섬 군사기지화, 전략거점 항구 확보, 이 권역에서 '반접근/지역거부A2/AD' 전략 전개에 한정되지 않는다. 즉, 군사적 영역(정규군, 전통적 무기체계)에 민간영역을 혼용하는 '군민융합軍民融合' 체제를 구축하는 것이다.

회색지대전은, 중국의 명백한 도발임에도 불구하고 상대국이 공식적 대응을 못 하도록 군사와 민간, 전시와 평시 등의 중간 지대(회색지대)에서 교묘히 자국의 정치·군사적 목적을 달성한다. 대표적인 회색지대전의 예를 들면 바로 해상민병海上民兵이다. 이들은 중국의 어민을 말한다. 그런데 중국의 어민은 자유민주주의 국가와 같이 순수한 민간 어민이 아니다. 준 군사 조직화로 실제 군인의 기능을 한다. 중국은 이들을 이용해 남중국해와 우리 서해, 남해에서 자국 이익을 최대한 실현한다.

중국의 어민인 해상민병은 인민해방군의 계획과 지시를 실행하는 준 군사조직원이지만, 어민이므로 외국의 해군이 군사적으로 대응할 수 없다. 중국은 이를 악용한다. 만약 외국 해군이 이들의 도발에 대응하면 중국은 중요한 목표 중 하나를 달성하게 된다. 바로 대대적인 선전전과 여론전을 전개해 기세 장악에 돌입한다. 먼저 중국 국내 매체를 통해 외국의 해군이나 해경이 중국의 어민을 부당하게 대우했다는 식의 선동에 나선다. 그다음에는 관제 데모와 규탄대회다. 중국의 모든 국가 사회 조직은 공산당 중심으로 철저히 조직화했다. 따라서 중국공산당이 명령하면 조직적으로 관제 데모와 규탄대회가 전국적으로 일어난다. 이 과정에서 일반 중국인들은 해당 국가 제품 불매운동 등에 또다시 동원된다. 사실은 모두 중국공산당이 뒤에서 조종하는 것이다.

이와 함께 중국공산당은 중국 정부를 내세워 상대국에 외교적으로 거칠게 항의한다. 그리고 상대 국가에 있는 중국인과 친중 조직들도 여기에 가세한다. 통일전선공작을 통해 상대 국가에서 여론전과 심리전을 전개하는 것이다. 그뿐만 아니다. 국제법에도 호소한다. 물론 자국에 유리한 조항만을 속여 뺏어 일방적으로 주장한다. 여기에서 빠지지 않는 전법이 있다. 바로 대중적 감성을 자극하는 선전전이다. 뉴스, 다큐멘터리 등을 통해 해당 어민의 애절하고도 안타까운 사정을 담은 내용을 방영한다. 중국 국내 여론만이 아니고 상대국 국민 여론도 감정적으로 변화시키기 위함이다. 그다음에는 상대국의 사과와 재발을 방지하는 것을 유도한다. 도발자가 피해자가 되고 이제는 상대방의 추가 대응도 못 하게 막는 것이다. 그러면 중국은 해당 해양과 수역에서 자신의 영향력을 투사한다는 목적을 달성하게 된다. 이것이 바로 회색지대전이 노리는 전쟁 목적 달성과 전투승리의 전형적인 시나리오다.

위 사례에서 알 수 있듯 인민해방군 해군에는 정규 해군, 해경 그리고 해상민병 조직이 포함된다. 중국 어민들은 대부분 해상민병으로 조직화했지만, 설령 이 해상민병에 소속되지 않은 일반 어부들도 중국공산당이 필요로 하는 초한전 군사작전 또는 회색지대전에 언제든지 총동원할 수 있는 체제를 구축하고 있다. 군인의 개념 외에 전쟁 무기 또한 초한전 회색지대전 무기이다. 인민해방군이 동원하는 무기에는 물론 전통적인 군사 무기를 기본으로 한다. 하지만 무기의 범주에 민간어선, 일반상선, 상업용 컨테이너선, 순수 과학탐사선까지 포함된다. 즉, 가용할 수 있는 모든 수단을 무기화한다.

일반상선도 군사적 용도로 이용하며, 유사시 전함의 역할을 담당한다. 여기에는 예를 들어 상업용 컨테이너 선박에 적재된 컨테이너에서 발사하는 미사일 체계Club-K를 탑재하는 것도 포함된다. 민간 상업용 컨테이너 선박에 적재된 무수히 많은 컨테이너 가운데 위장된 '컨테이너 미사일 포대'를 배치하고 상대가 방심한 틈을 타 공격하는 전술이다. 또한, 해외 전략거점 항구를 민간용으로 위장해 확보하고, 항구 내 민간 상업용 컨테이너에 'Club-K'와 같은 미사일을 몰래 배치한다. 여기에는 중국이 해외에 공식적으로 군사용으로 확보한 아프리카 지부티 항뿐만 아니라 상업적 목적으로 확보한 호주 다윈항, 스리랑카 함반토타항, 파키스탄 과다르항, 미얀마 차우크퓨항 등이 포함된다. 즉, 민간, 상업, 군사의 구분이 사라지는 것이다. 이는 상대 국가의 약점인 '전통적 전쟁, 군사작전, 군대, 전투 범위와 대상' 등에 대한 고정관념과 제도, 규범적이고 윤리적 제약을 역이용하는 전술이다.

전통적 군사 영역을 벗어나면 중국이 추진하는 해외투자개발 사업도 초한전 중 무제한 전쟁에 동원된다. 예를 들어 일대일로 사업을 추진하면서 전략거점 항구를 개발·확보하고 군사, 민간 항구 구분을 없앤다.

전쟁 대상 제한도 없어진다. 여기서 대상은 전략거점 지역 또는 국가의 정政, 관官, 학學, 언론言論 등 엘리트 집단이다. 이들을 매수하거나, 국가적 차원에서는 원조와 차관 등을 미끼로 친중화하는 것 또한 포함된다. 경제의 무기화가 초한전에서는 필수적으로 전개해야 할 수단에 포함된다. 더 나아가 사회문화 교류도 포함된다. 상대국에 거주하고 있는 중국교포, 유학생, 중국인 취업자 등도 총동원 대상에 포함된다. 특히 상대국의 진보좌파 시민단체나 진보적 정당은 주요 통일전선공작 대상이다. 초한전에서는 이들 또한 전쟁에 동원하는 주요 수단이다. 이들을 통해 중국이 장악하고자 하는 지역이나 미국 해군의 진입을 어렵게 하는 반접근/지역거부A2/AD 전략을 다양한 수단으로 실현한다. 중국이 해양 거점항구를 확보하는데 해당 국가 엘리트 이해집단을 이용하기도 하고, 미군을 저지하는 데 해당 국가 진보좌파 시민단체들을 동원하기도 한다. 한국에서도 제주도 해군기지, 사드 기지 등에 반미로 무장한 한국의 진보좌파 시민단체들이 혁혁한 공을 세웠다. 물론 이 단체들이 중국공산당과 통일전선을 구축했다고 단정하지는 않는다.

기술적으로 특히 강조되는 분야는 ICT 기술과 사이버 공간이다. 중국공산당 중앙을 중심으로 통일전선공작부, 중앙선전부 국무원 산하 국가안전부, 외교부와 인민해방군을 망라하는 통일적 지휘체계를 구축하고 있는 IT와 사이버 공간 이용은 최첨단 기술력을 바탕으로 상대국 기술 탈취, 해킹, 사이버 공격에 더 나아가서 상대국의 국가정보 신경망을 장악하는 전략을 추진해 왔다.

최근 문제가 된 화웨이華爲技術有限公司·Huawei가 그 대표적인 예다. 기업 형식은 민간이지만 실제 중국공산당 기업인 화웨이가 스파이 칩 생산·판매, 더 나아가 4G와 5G 기술을 이용해 타국의 국가정보 신경망을 장악하는 전략을 전개해 온 무제한 전쟁의 수단이었다.[111]

해양팽창전략에 동원되는 회색지대전을 여기에 접목한 예를 들면, 화웨이 칩과 악성 코드가 장착된 정보통신 시스템을 사전에 은밀하게 깔아놓고 항만 운영시스템이라든지, 해군과 해경 작전 시스템을 필요할 때 교란할 수 있다. 평소에 정보탈취에 이용하는 것은 당연하다.

이러한 방식으로 저비용 고효율 구조로 인민해방군의 목표와 목적을 달성하는 데 동원하는 전법이 회색지대전이다. 회색지대전의 전법은 초한전의 부분으로 여타 초한전 전법과 조합하여 전개된다.

생물학전

비대칭 전략이자 초한전 전법 중에는 생물학전도 있다. 그중 유전자 무기基因武器가 있다. 생명공학을 이용한 유전자 무기는 2003년 중국공산당 중앙군사위원회 부주석 츠하오톈이 중국공산당 고위간부 내부 강화講話 내용에도 있다. 내부 강화에서 츠하오톈은 미국을 정복하고 북아메리카 대륙을 중화민족이 차지하기 위한 수단으로 백인白人만 선별해 말살하는 생물학 무기개발 필요성을 역설했다. 중국공산당 중앙에서는 이에 관해 진지한 논의를 이미 마친 상태라는 말도 덧붙였다.112)

생물학전의 기본 개념은 다음과 같다. 생명공학을 유전자 무기개발에 악용하면 화학전에 사용하는 일반적인 화학무기나 재래식 무기와 비교할 수 없는 두려운 위력을 지닌 무기를 개발할 수 있다. 유전자 무기는 적국 후방과 전략적 목표를 타격하고 적군을 무력화하는 반면 저비용과 강력한 치사율, 장기간의 효과를 발휘하는 특징이 있다. 또한, 고도의 기술력이 없이도 다양한 수단을 동원해 이용할 수 있다.

예를 들어, 항공기, 미사일, 고고도 풍선, 수상 선박, 위장 어선, 수중 잠수함 등으로, 수동으로 운반할 수도 있다. 더 나아가 적에게 발견되기가 쉽지 않고 예방과 치료도 어렵다. 유전자 변형 바이러스와 유전자 염기서열은 발견한다고 하더라도 해독과 백신 개발이 쉽지 않고 시간도 오래 걸린다. 유전자 무기를 사용하면 비밀유지와 사용자를 알 수 없다는 무기의 특성상 그 공격원점과 생산시설, 공격부대와 정체가 드러나지 않으므로 반격과 타격이 쉽지 않다. 무엇보다도 생물 유전자 조작 무기는 적국에 대한 강력한 심리적 억지력을 만들고 재래식 전투 없이도 적국에 일대 혼란과 혼돈을 불러오면서 무력화할 수 있다.113)

초한전 24개 전법에서 군사전에 예시된 생물학전 내용이다. 또한, 생태환경전도 있는데 여기에는 상대국 자연환경, 농작물을 유전자 변형으로 교란하거나 황폐화하는 전법도 있다. 유전자 변형으로 주변 식물과 토양을 황폐화하는 식물변종을 만들어, 은밀하게 상대 국가에 살포한다. 그런데 이는 생태환경전에서 상상할 수 있는 파괴 방법 중 하나에 불과하다. 초한전은 상상력을 초월해 극대화하라고 주문한다.

제4장

정치공작전

제4장 정치공작전 [114]

"강고한 보루를 공략하는 가장 쉬운 길은 내부에서부터의 붕괴다."

레닌Lenin

정치공작전political warfare은 초한전의 주요 전법이다. 목적은 상대 국가를 내부에서부터 장악하는 것이다. 공작 대상 국가의 엘리트 집단을 매수해 중국공산당의 손아귀에 넣고 정치 분야에 영향력을 행사하면서 진보·좌파 사회단체, 친중 지식인과 연대를 구축하고 현지 화인華人[115]을 동원한다. 이와 함께 그 사회의 가치, 사상, 이념 체계를 타락시키고 무너뜨리며 여론을 조작해 무엇이 진실인지 혼란케 하고 필요한 순간에 일반 대중을 선동해 중국 입맛에 맞게 이용한다. 정치인, 기업인, 대학교수, 전문가 등을 매수하거나, 중국인들을 선진국 연구소, 대학, 기업 등에 삼투시켜 기술을 닥치는 대로 탈취하기도 한다. 마약을 확산시키고, 마약과 불가분의 관계인 범죄조직을 뿌리내리게 한다. 목적은 상대 국가를 내부에서부터 보이지 않게 병들게 하고 결과적으로는 스스로 자멸하도록 유도하기 위함이다. 부정, 부패, 정신적 타락, 내분과 분열로 내파內破된 나라는 중국이 영향력을 행사하는 데 더할 나위 없이 좋은 환경을 제공해주어서다. 자멸 과정을 중국이 틀어쥐면, 결과적으로 중국에 대한 종속도가 높아진다. 그러면 중국은 그 나라를 실질적으로 접수하게 된다. 이러한 정치공작전은 과거 국공내전 시기에 국민당 정부에 했던 공작이다. 그리고 이제는 전 세계 국가를 상대로 정치공작전을 감행한다. 무엇을 위해? 중국공산당이 영도하는 위대한 중화민족의 부흥, 중국몽을 위해!

정치공작전은 해외 통일전선공작을 그 주요 수단으로 한다. 해외 통일전선공작과 함께 적극적 비밀공작active measures을 동원한다. 적극적 비밀공작은 구舊소련 정보기관 국가보안위원회KGB 공작방식에서 유래한 개념이다. 중국공산당은 여기에 중국 특색의 전략문화를 가미해 발전시켰다.

적극적 비밀공작 주요 수단에는 스파이(중국식 용어로 연락공작) 공작, 뇌물 공여와 매수, 검열, 기만, 체제 전복 활동, 협박, 납치, 암살, 의문사 유도, 시위, 폭동, 프락치 조직(반체제, 범죄조직, 위장 시민단체, 각종 협회와 각종 중국인 우호 단체) 건설, 통일전선 조직(친중 반미 시민단체, 진보정당, 범죄·마약밀매 조직) 건설, 가짜뉴스 유포, 거짓 내러티브, 여론조작, 자국이 원하지 않는 상대 국가지도자에 대한 음해공작 등 무수한 방식과 수단이 있다.116)

적극적 비밀공작이 전개되는 양상에 대해서는 정치공작전의 내용과 사례에서 소개한다. 그리고 해외 통일전선공작에 대해서는 다음 장에서 더 자세히 다루고, 이 장에서는 정치공작전을 알아본다.

1. 정치공작전의 대표적 공작 방식

정치공작전 범위를 상대국 정치권과 정책 결정에 직·간접적 영향력을 행사하기 위한 공작으로 좁혀보자.

정치공작전은 크게 두 가지 범주에서 전개된다. 하나는 정치, 외교 안보, 경제, 여론 주도 엘리트들을 매수해 영향력을 행사하는 영향력 공작이다. 다른 하나는 '재용도화한 자유민주주의Repurposing Democracy'를 활용한다.117) 이는 영국 노팅엄대학 중국정책연구소 연구원 지창 루루Jichang Lulu가 유럽 사례를 조사 분석하면서 개념화한 용어다.

재용도화한 민주주의는 자유민주주의 체제 아래 법치주의, 3권분립, 국민주권 선거제도, 개방성 등 원칙을 역이용해 중국공산당의 목적에 맞게 운영되게 하는 것을 말한다. 자유민주주의 체제 자체는 훼손하지 않지만, 실질적으로는 중국공산당의 꼭두각시와 다름없는 국가로 그 용도를 변경한다.

예를 들면 정치인, 언론인, 교육자, 종교인, 영화예술인, 공무원, 법조인, 여론 주도자, 진보·좌파 시민단체 관련자 등을 매수해 친중 세력으로 만들면 된다. 그러면 이들이 알아서 자유민주주의 정치제도, 법치주의의 허점을 이용해 합법성과 절차적 무결성을 확보하면서 중국공산당이 원하는 정책을 펼친다.

엘리트 매수

어떻게 해외 엘리트를 포섭해 중국 대리인으로 만들까? 중국공산당에 포섭된 각국 인사들의 면면을 보면 매우 놀랍다. 명망 있는 정치인, 기업인, 연구자, 교수, 문화예술인, 언론인이 대거 포함되어서다.

중국공산당은 전 세계에서 가장 정교한 부패 기술을 발전시켜왔다. 타의 추종을 불허할 정도로 수많은 부패 방식을 만들어냈다. 중국공산당은 그들의 매수기법이 다른 국가의 엘리트를 포섭하는 데 놀라운 효과를 발휘한다는 사실을 안다.

매수 공작 주 대상은 저개발 독재국가 부패 엘리트뿐만이 아니다. 서방 자유주의선진국 엘리트들도 예외가 아니다. 중국공산당식 부패는 선진 서구사회의 각종 부정부패와는 차원이 다르다. 따라서 서구 선진국 인사들은 중국의 매수, 부패 공작에 오히려 더 쉽게 넘어간다.

매수와 부패 공작을 주主 무기로 사용하는 정치공작전의 핵심은 인간

본성을 악용한다는 데 있다. 인간은 돈, 권력, 성性, 명예, 사회적 체면, 개인적 이익 등에 나약할 수밖에 없는 존재다. 이러한 욕망 앞에 나약한 인간 본성과 심리를 최대한 악질적으로 이용한다.

여기서 그치지 않는다. 더욱 악질적이다. 바로 사랑, 우정, 인정, 양심, 수치심, 가족 등 고귀한 가치의 영역까지도 최대한 악용한다는 데 그 두려운 위력이 있다. 이에 대해서는 하단에 심리전 공작을 설명하면서 상술하겠다.

초한전에서 권고하듯이 인간의 탐욕에서부터 고귀한 가치에 이르기까지 한계를 두지 말고 무제한으로 역이용한다. 물론 이러한 중국공산당 수법은 초한전에서 처음 제시한 것은 아니다. 이른바 혁명이라는 목적 아래 수단과 방법을 가리지 말아야 한다는 공산당 행동원칙을 충실히 반영한 것이다.

대리부패

중국공산당의 외국 엘리트 매수 수법 중 하나가 대리부패代理腐敗다. 이는 본인의 손을 더럽히지 않고 당사자 가족과 지인들이 중국과 관계를 이용해 금전적 이득을 취하고 각종 특권과 특혜를 받도록 하는 기법이다. 예를 들어 친·인척의 사업 지원, 이해관계를 공유하는 지인의 중국 관련 사업에 특혜를 받도록 해주는 수법이다.

자유민주주의 사회에서 절차상 법적 문제가 발생하지 않도록 관리하고 때로는 저명 변호사의 법률 자문과 법률 지원체계를 구축하기도 한다. 법률적으로 하자가 없게 하면서도 공작 대상자의 자녀, 친·인척, 이해관계를 공유한 지인 등이 막대한 금전적 이익을 얻는 구조를 만들어 준다.

대리부패는 홍색 귀족紅色貴族으로 불리는 중국공산당 간부층에 만연한 부패기법이다. 중국공산당 지도부와 당정 간부는 기본적으로 이러한 방식으로 부와 권력을 축적한다. 그래서 이들은 '대리부패' 구조를 만드는 방법에 정통하다.118) 홍색 귀족들은 중국에서 이미 이러한 기법을 완벽하게 터득했다.119) 이제는 자신들이 발전시킨 부정부패, 매수기법을 십분 활용해 전 세계를 오염시키고 있다.

대리부패 기법의 위력은 막강하다. 중국보다도 자유민주주의가 성숙한 서구국가 특정 엘리트 집단에 더욱 효과적임이 증명되었다. 중국공산당식 문화에 익숙하지 않은 서구 엘리트들이 더 쉽게 공작에 넘어가기 일쑤다. 대리부패 공작 대상은 미국 최고 권력 중심에서부터 유럽 정치·경제 엘리트, 한국, 대만, 일본을 포함한 아시아 자유민주주의 국가까지 그 대상이 광범위하다.

미국 사례를 살펴보자. 현 미국 대통령 조 바이든Joseph Robinette Biden이다. 중국공산당은 바이든의 차남 헌터 바이든Hunter Biden을 장기간에 걸쳐 집중적으로 매수해 왔다.120)

다른 예는 미치 매코널Mitch McConnell 연방 상원의원이다. 미국 공화당 내 가장 영향력 있는 정치인으로 꼽히는 매코널은 본래 중국의 인권 문제에 대해 비판적인 인사였다. 그가 주장을 선회한 것은 1993년이다. 그해 매코널은 중국계 미국인 일레인 차오Elaine Chao·趙小蘭와 결혼했다. 이후 중국에 대한 그의 주장은 바뀌었다. 일레인 차오는 유명 물류 운송 기업 포모스트 그룹Foremost Group 창업자 제임스 차오 James Chao·趙錫成의 장녀다.

거부巨富 제임스 차오는 동향同鄉 장쑤江蘇성 출신 장쩌민과 자오퉁대학交通大學 동문으로 중국 내 사업 성공에는 중국공산당과 인민해방군의 전폭적인 지원이 있었다. 제임스 차오는 당시 유망 정치인 매코널에게 막대한 정치자금을 지원하면서 접근했고, 그 결과 딸과 결혼시키면서 매코널과 운명공동체를 형성한다.

매코널의 후광으로 아내 일레인 차오는 조지 부시George Walker Bush 행정부에서 노동부 장관, 도널드 트럼프 행정부에서는 교통부 장관을 역임했다. 중국공산당 지도부 핵심과 관계를 바탕으로 미국 정·관계와 중국을 매개媒介하며 막강한 영향력을 행사해 왔다. 매코널 또한 2007년부터 공화당 원내대표라는 지위를 바탕으로 미국 정계에서 중국공산당 이익을 대변하는 데 앞장서고 있다.121)

또 다른 사례는 마이클 블룸버그Michael Rubens Bloomberg 전 뉴욕 시장이다. 금융재벌이자 미디어 재벌 블룸버그는 중국에 대규모 투자를 해 막대한 이익을 얻었다. 자신이 설립한 블룸버그통신을 이용해 친중 어젠다를 집중하여 설파했다.

중국 견제정책에 시동을 건 트럼프 행정부 주요 인사들도 다수가 중국에 금전적 이해관계가 있었다. 상무부 장관을 역임한 윌버 로스Wilbur Louis Ross, 국가경제위원회 위원장을 맡았던 골드만삭스 회장 출신의 게리 콘Gary Cohn, 스티븐 므누신Steven Mnuchin 전 재무부 장관 등이다. 이들은 골드만삭스와 연계라는 공통점이 있다. 골드만삭스는 중국에서 막대한 이익을 얻고 있는 투자회사다.

중국공산당은 트럼프가 대통령이 되자마자 그의 가족을 대상으로 한 대리부패 공작을 전개했다. 사위 재러드 쿠슈너Jared Corey Kushner가 관련된 사모펀드 블랙스톤 그룹The Blackstone Group에 대규모 투자를 했다. 미국 내에서 인민해방군 정치공작 대리 요원으로 활약하는 중국계 기업인들이 트럼프 대통령 관련 사업에 막대한 투자금을 제공하기도 했다.122) 모두 경제적 이익을 제공함으로써 정치적 영향력을 행사하기 위한 공작이다.

호주 사례를 살펴보자. 중국공산당은 호주에 스파이, 현지 동조자, 정보원, 현지 대리인 등을 모두 가지고 있다.123) 그 결과 2010년대 후반에 이르자 중국공산당은 대對 호주 영향력이 공고화 단계에 접어들었다 자평할 정도였다.

중국공산당의 손아귀에 들어간 호주 각계 인사들의 면면은 충격적이다. 외교부 장관, 국방부 장관 등을 역임한 데니스 리카드슨Dennis Richardson, 총리의 외교정책 자문역이었던 앨런 긴젤Allan Gyngell, 총리 경제정책 자문역이었던 마틴 파킨슨Martin Parkinson, 호주국립대 ANU 저명 경제학 교수 피터 드리스데일Peter Drysdale 등 2000년대 호주 국가전략을 설계한 주요 인물들을 망라한다. 전직 총리들도 빠지지 않는다. 밥 호크Bob Hawke, 폴 키팅Paul Keating, 케빈 러드Kevin Rudd, 밥 카Bob Carr 등이다. 이들은 공적인 업무 외에 중국의 초청과 지원으로 중국을 수시로 드나들면서 중국과 개인적 이해관계를 쌓았다.124)

뒤늦게야 심각한 사태를 깨달은 호주보안정보국Australian Security Intelligence Organisation·ASIS과 일부 지식인이 2000년대 들어 문제를 제기했다. 하지만 이들의 끊임없는 문제 제기는 일회성 해프닝으로 묻혀버리기 일쑤였다. 정치계, 경제계, 언론계, 학계 주요 인사들이 중국에 매수된 상황에서 이들의 목소리는 호소력을 갖기 힘들었다. 정부 차원에서 조사해야 할 문제를 정부가 나서서 덮어버렸다. 바로 이것이 정치공작전의 힘이다. 중국은 서구사회와 자유민주주의 제도와 체제 허점을 그들보다도 더 잘 파악하고 이 허점을 깊이 파고들었다.125)

위장조직, 단체, 기업을 활용한 우회 공작

정치공작전과 해외 통일전선공작을 포함한 초한전 전개 방식 중 하나가 위장조직을 통한 우회적 접근이다. 중국공산당에 대한 경계심을 무너뜨리기 위해서다.

중국공산당 중앙군사위원회 정치공작부가 외곽 위장기관을 통해 정치공작전을 전개하는 사례를 살펴보자. 정치공작부(2015년까지는 중국공산당 중앙군사위원회 인민해방군 총정치부) 연락부가 대외적으로 운영하는 해외 통일전선공작 전위조직은 중국국제우호연락회中國國際友好聯絡會·CAIFC다. 중국국제우호연락회는 중국국가화가위원회中國國家畫家委員會, 중국국가화원中國國家畫院, 중국미술가협회中國美術家協會, 중국예술연구원中國藝術硏究院, 평화발전연구센터和平與發展硏究中心, 국제문화교류센터國際文化交流中心 등 외곽 조직을 운영하고 있다.126)

인민해방군은 단순히 군사 조직이 아니다. 중국 내 존재하는 또 다른 국가조직에 가깝다. 자체적으로 기업, 은행, 병원, 학교, 대학, 호텔 등을 운영한다. 이러한 국가기관들을 대외공작에 동원하고 있다.

실제 인민해방군이 운영하는 기업의 예를 들어본다. 중국중신집단유한공사中國中信集團有限公司·CITIC Group는 중신국제합작공사中信國際合作公司, 중신증권中信證券을 포함한 175개 자子회사를 거느린 산업·금융 분야 대기업 집단이다.

인민해방군은 해외공작을 위해 단체를 설립하기도 한다. 대표적으로 중국과학기술교육기금회中國科技敎育基金會, 홍콩장쑤사회단체총회香港江蘇社團總會, 중미교류기금회中美交流基金會 등이 포함된다.

인민해방군은 정치작전 공작 등을 위해 홍콩특별행정구에 기업을 설립하기도 한다. 앞서 언급한 중국중신집단유한공사는 중신홍콩태평양지사中信香港有限公司中信太平洋라는 홍콩 현지법인을 설립했다. 홍콩에 기업, 조직을 집중하여 설립하는 배경에는 홍콩이 지닌 특수성이 있다.

지난날 대영제국大英帝國이 '동방의 진주'라 한 홍콩은 영국 식민통치 아래 아시아를 대표하는 국제 자유도시로 성장했다. 영국식 제도, 교육시스템에 기반을 둔 투명성, 신뢰성, 자율성은 국제적 수준이다. 홍콩은 이를 기반으로 자유시장 경제 지위를 국제적으로 인정받았다. 이러한 홍콩은 중국공산당으로서는 대외교류 창구일 뿐만 아니라 최적의 대외공작 기반이다. 홍콩에 기업이나 단체를 세우면 대외적으로 신뢰

받고 자신의 정체를 숨길 수 있어서다.

중국공산당의 '홍콩 이용 역사'는 1980년대 개혁·개방으로 전환한 시기까지 거슬러 올라간다. 덩샤오핑은 개혁·개방 정책을 주도하면서 미국을 포함한 서방세계와 장기전을 내부적으로 은밀하게 준비했다. 정치공작, 통일전선공작을 통해 서방세계를 철저히 이용하고 잠식해 최종적으로 공산당의 승리로 이끈다는 전략이었다. 대립, 대결이 아닌 평화, 발전으로 포장된 고도의 전략이다.

덩샤오핑의 전략·전술에 따라 정치공작부 연락국(당시는 인민해방군 총참모부 2부)은 1980년대부터 홍콩·마카오에 인민해방군 요원을 신분 세탁해 잠입시켰다. 요원들은 인민해방군 자금 운용 기업과 외형상 순수 사회단체들을 설립했다. 설립한 기업과 사회단체 조직들에 인민해방군이 자금과 각종 자원을 집중적으로 지원해 대표적 기업으로 성장시켰다. 이 과정에서 부를 축적한 요원(대외적으로는 기업과 단체 대표)들은 서구국가의 교육기관과 정당에 대규모 기부금을 지원해 영향력을 키웠다.127)

다음으로 인민해방군 정치공작부가 설립한 홍콩의 위장기업과 이 기업의 소유자로 신분세탁을 한 요원의 사례를 살펴보자. 중국공산당과 인민해방군은 이런 기업을 통해 외국 자본을 독점적으로 유치하고, 사업을 확장하면서 자신들의 자금을 관리하기도 하고, 대외 정치공작과 해외 통일전선공작에도 이용해 왔다.

첫 번째 사례는 앞에서도 언급한 중국창신투자공사中國創新投資公司, 중국추세투자공사中國趨勢控股有限公司다. 이런 회사와 기업주들의 실체는 호주와 대만을 주 무대로 정치공작전을 전개한 실무요원이 폭로했다. 그 요원은 호주에 망명해 있는 왕리창王立強이다. 다음은 왕리창의 폭로 내용이다.

인민해방군 고위급 정치위원 출신 샹신向心(본명 샹녠신向念心)과 중국공산당 정보 요원 출신인 아내 궁칭龔青은 홍콩에서 중국창신투자공사, 중국추세투자공사를 설립해 회장직을 맡고 있다. 이들은 홍콩의 중국 주권 반환 이전인 1993년부터 홍콩으로 이주해 사업을 시작했다. 이들의 정체는 중국공산당이 홍콩에 계획적으로 파견한 고급특무(스파이)다. 부부 모두 중국공산당 제7국방학교 출신으로 샹신은 난징南京이공대(현 난징과기대)에서 석사학위를 취득했다. 난징이공대는 인민해방군이 특별 관리하는 7대 국방학교 중 하나다.

샹신-궁칭 부부는 홍콩에 순수 이주, 투자 사업을 가장해 삼투해 들어갔다. 주 임무는 해외 기술 탈취, 자금관리였다. 중국창신투자공사, 중국추세투자공사는 최고 수준 첩보 공작기관이다. 중국공산당은 이 회사를 기반으로 호주, 대만에 대한 정치공작을 전개해 왔다.

이들 부부는 홍콩에서 중국과학기술교육기금회中國科技教育基金會를 설립해 교육·장학 사업에도 뛰어들었다. 기금회는 홍콩과 대만에 있는 대학에 장학금 출연 명목으로 중국공산당의 이념 선전조직을 육성하는 게 목적이다. 중국과학기술교육기금회 장학생들은 인민해방군의 조직적 지도·지시를 받으면서 학내 여론, 동향 등을 파악하는 스파이로 활동한다. 이들 중 소수 선별 인원은 기업가로 신분을 세탁하고 세탁한 신분을 기반으로 호주와 대만 등지에서 정치공작에 참여한다.128)

그 장학생 중 한 명이 바로 왕리창이었다. 왕리창은 미술학도 출신으로 궁칭龔青의 미술 교사로 일하다 눈에 들어 정보 요원이 되었다. 이후 왕리창은 실무공작의 전면에 참여하면서 중국공산당이 전개하는 정보전, 정치공작전, 여론전 등의 실체를 만날 수 있었다. 그는 중국공산당의 홍콩·대만 언론 장악에 대해서도 "중국 정부는 홍콩, 대만의 주요 매체를 매수하거나 요인을 심어 뉴스에 당의 관점을 반영시킨다. 중국 인민해방군 여단장旅團長급 장교가 한 아시아 대형 TV 방송사 고위간부를 맡고 있기도 하다."고 폭로했다.129)

홍콩으로 삼투해 들어간 중국공산당 요원들은 또한 홍콩 정치, 경제, 교육 분야의 명망가들을 포섭해 나갔다. 대표적인 예가 퉁치화董建華(베이징 표준어 발음으로는 '둥젠화')다.

퉁치화는 상하이 출신이다. 중국공산당이 대륙을 접수한 후 홍콩으로 기반을 옮겨 사업가로 성공했다. 1997년 주권 반환 후 그는 초대 홍콩특별행정구香港特別行政區 행정장관을 지내기도 했다. 퉁치화는 중국공산당 해외 통일전선공작 중앙기구인 중국인민정치협상회의 부주석130)이다. 이러한 퉁치화가 주도해 설립한 교육문화재단이 중미교류기금회中美交流基金會·The China-United States Exchange Foundation이다. 퉁치화는 성공한 사업가이자 정치인이라는 타이틀을 내걸고 중미교류기금회를 설립해 미국 대표 싱크탱크, 대학 연구소인 브루킹스연구소Brookings Institution, 전략국제문제연구센터Center for Strategic and International Studies, CSIS, 존스홉킨스대학교 SAIS, 조지타운대학교 미중글로벌의제대화美中全球議題對話·Georgetown University Initiative for U.S.-China Dialogue on Global Issues 등에 대규모 연구기금을 기부하거나 별도 연구소를 설립해 운영해 왔다.

중미교류기금회와 인민해방군 정치공작부 연락부에서 운영하는 중국국제우호연락회의 연계도 드러났다.131) 중국공산당은 자신의 공식적인 지원 사실을 은폐하기 위해 홍콩인이나 해외 화교를 대리인으로 내세워 재단을 설립하고 재단을 통해 간접적으로 영향력 행사를 위한 기반을 구축해 왔다. 또한, 위장 통일전선 기관을 통해 미국과 중국 간 군사, 군인 교류 플랫폼인 싼야 이니셔티브三亞倡議·Sanya Initiative가 출범하기도 했다. 싼야 이니셔티브를 통해 미군을 포섭하거나 미군 정보를 탈취하는 등 정치 정보활동을 전개했다.

싼야 이니셔티브를 통해 포섭한 미국 인사 중 한 명이 빌 오웬스Bill Owens 전 합동참모본부 부의장(해군 제독)이다. 오웬스는 홍콩 투자회사를 경유하는 형식을 취하여 중국공산당에게서 막대한 자금을 받았다. 그는 또한 중국공산당의 직·간접 지원, 특혜에 힘입어 중국 전문가로 인정받으면서 브루킹스연구소, 카네기국제평화재단, 랜드연구소 등 저명 싱크탱크 이사직을 맡기도 했다. 오웬스는 이러한 기반을 이용해 미군 고급장교들을 중국공산당에 연결하는 공작을 주도하기도 했다.[132]

시선을 유럽으로 돌려보자. 중국은 유럽연합EU의회를 집중하여 공략했다. 의회 핵심 인사를 친중 인사로 포섭했다. 이들 친중 의원들은 EU의회 내에 비공식적으로 EU의회중국우호모임歐洲議會歐中友好小組을 결성했다. 조직 대표, 의원, 참여자들에게 중국공산당이 각종 특혜와 금전적 혜택을 부여해 준 것은 말할 필요도 없다. 흥미로운 점은 이들에게 다양한 특혜를 제공하는 루트가 중국 민간기업이라는 것이다. 중국 민간기업인 안방보험그룹Anbang Insurance Group을 통해 정치공작을 은폐하면서 간접적으로 매수하는 방식을 취했다. 약 45명 정도로 알려진 이들은 EU의회 차원에서 친중 법안을 입법하고 의결하는 데 앞장섰다. 이들이 주도하는 의회 내 활동조직에는 유럽연합중국연합혁신센터歐盟中國聯合創新中心, 유럽연합중국경제문화위원회歐盟中國經濟文化委員會 등이 포함된다.[133]

위장조직을 통한 정치공작과 해외 통일전선공작의 두 번째 사례는 호주의 유명 사업가 헬렌 리우Helen Liu다.

헬렌 리우가 호주 사회에 파문을 일으킨 사건을 먼저 소개한다. 그녀는 한때 호주 사회를 떠들썩하게 했던 조엘 피츠기본Joel Fitzgibbon 국방부 장관 스캔들의 주인공이다.

2009년 피츠기본 국방부 장관이 중국계 호주인 사업가 헬렌 리우와 긴밀하고 부적절한 관계를 맺고 있음이 폭로되었다. 파장이 컸던 이유는 성공한 중국인 사업가로 알려진 헬렌 리우의 배경이 의심스러워서다. 헬렌 리우는 한 호주인과 의심쩍은 결혼을 통해 호주 국적을 취득한 후 호주에서 사업에 성공한다. 사업 성공을 기반으로 좌파 성향 정당인 호주노동당에 대규모 정치자금을 후원하기 시작하면서 호주 정계에 막강한 영향력을 발휘하게 된다. 호주 정계, 관계, 재계에 기반을 다진 리우는 호주 엘리트들에게 본격적으로 접근해 나갔다. 그중 한 명이 바로 피츠기본 국방부 장관이었다.

피츠기본 스캔들이 터지자 호주 사회는 크게 동요했다. 그의 책무가 막중했기 때문이다. 심각한 스캔들임에도 불구하고 케빈 러드 당시 총리는 피츠기본을 해임하지 않았다. 케빈 러드 역시 헬렌 리우와 각별한 사이였기 때문이다.

헬렌 리우는 어떤 인물인가? 본명은 '류차오잉劉超英·Liu Chaoying'이다. 류차오잉은 인민해방군 소유 기업 중국항천과기집단공사中國航天科技集團公司·The China Aerospace Science and Technology Corporation의 홍콩지사인 중국항천국제공투유한공사中國航天國際控股有限公司·China Aerospace International Holdings Limited 책임자였다.

류차오잉은 본래 인민해방군 총참모부 제2국(정치공작, 정보공작, 휴민트 등 전담, 현재는 전략지원부대) 중교中校(중령 해당)로서, 정치공작 요원이었다. 그녀는 미국에서도 이른바 '차이나 게이트'로 유명세를 치르기도 한 인물이다.134)

류차오잉의 가족관계를 살펴보자. 류차오잉의 아버지는 다름 아닌 중국 대표적 군사전략가 류화칭劉華淸 인민해방군 해군 제독이다. 중국공산당 중앙군사위원회 부주석, 해군 사령원(참모총장 해당)을 역임한 군부 실세다.135) 현재 공식적으로는 이혼한 것으로 알려진 류차오잉의 전 남편은 다름 아닌 중국공산당 통일전선공작부 부副부장 겸 국무원 교무판공실 주임위원 판웨潘嶽다.136) 아버지, 전 남편이 모두 군사전략과 통일전선 공작의 거물이다.

위 사례를 정리해 보자. 중국공산당은 공작 요원을 외국에 삼투시킨다. 그들은 현지에서 사업에 성공하고 다음으로는 각종 사회사업에 적극적으로 뛰어든다. 교육, 복지, 지역사회, 환경 등 대표적인 시민 사회 영역이다. 이들의 성공 배경에는 인민해방군의 은밀하지만, 전폭적인 자금과 정치적 지원이 존재한다.

다음 단계는 외국 현지에서 벌이는 정치공작이다. 중국공산당의 계획적 지원으로 현지에서 성공한 중국인(요원, 포섭된 화교)들은 서서히 정계 유력 인사에게 접근한다. 접근 방식은 대규모의 정치기부금을 기본으로 한다. 특히 중국에 친화적이고 미국에 부정적인 진보·좌파 정당에 집중적으로 지원한다. 전형적인 해외 통일전선공작이다. 이 과정에서 각종 수단(기부금, 정치조직운영 지원, 우정 혹은 사랑, 성 상납 등)을 동원해 개인적 친분을 쌓고 중국과 관련한 각종 특혜와 특권을 연결해주는 중간 매개자 노릇을 한다. 이러한 공작으로 현지 정치, 경제, 사회, 교육, 미디어 분야 엘리트를 포섭하면 정보탈취, 영향력 행사 공작 등을 시작한다. 고위급 정치인과 관료들에게는 군사안보나 정치경제와 관련된 고급정보를 서서히 요구하거나 친중 정책을 입안하고 집행하도록 유도한다.

고도로 발전된 매수기법: 심리전 공작

지금까지 소개한 대리부패나 위장단체를 통한 우회적 접근은 중국공산당이 해외에서 전개하는 공작의 기본이다. 사회적으로 명망 있는 정치인, 학자, 기업인, 공직자, 언론인, 문화예술인 등이 자신의 손을 더럽히지 않으면서 부패의 단맛을 보고 자기도 모르게 중독되는 방식이다.

중국공산당의 정치공작전의 두려운 위력을 보여주는 분야는 단연 인간 심리를 최대한 이용하는 심리전 공작이다.

중국공산당식 달콤한 매수를 맛본 이들은 장기간에 걸쳐 부지불식不知不識간 '부패의 덫'에 걸려든다. 이들 대부분이 인식구조를 스스로 왜곡한다. 쉽게 말해 중국공산당이 바라는 바를 자기 스스로 원하게 된다.

예를 들면 다음과 같다. 미래는 중국의 세기, 중국과 협력은 실리주의, 미국 쇠퇴와 중국 부상, 중국이 국제사회에 편입되면 책임 있는 구성원으로 변할 것, 중국은 평화롭게 부상하는 신흥 강국, 중국위협론 제기는 인종 편견의 결과물 등 중국에 우호적인 수사修辭가 이들의 인지구조에서 당연한 것으로 자리 잡는다.

이러한 자발적 인지 왜곡의 심연深淵에는 중국공산당이 베풀어준 사업 이권, 특혜, 특권, 뇌물 등이 강력하게 작용한다. 이들은 자신의 행위를 정당화하기 위해 인식을 스스로 왜곡하는 중국공산당의 고도 심리공작에 말려든 것이다.

중국공산당은 사람을 조종하는 심리공작 기법을 고도로 발전시켜온 조직이다. 심리전 공작은 과거 국민당과 국공내전 과정과 사회주의 중국을 유지하는 과정에서 발전시키고 검증받은, 너무나도 효과적인 공작기법이기도 하다. 이는 외국의 엘리트를 매수하는 기법으로 매우 효과적임이 증명되었다.

중국공산당은 이처럼 친구와 적을 모두 심리적으로 조종하는 정교한 기법을 교묘하게 발전시켜 적용해 왔다.137) 중국공산당 심리전 기법에 정통한 한 중국학자는 이 심리전 기법의 특징을 다음과 같이 설명한다. "전혀 위험하지 않고 도움이 되는 듯 인식하도록 하면서 실제는 자신도 의식하지 못하는 사이에 자신의 행동을 강력하게 통제하도록 조종하는 놀라운 수단이다."138) 그만큼 중국공산당의 심리전은 무서운 위력을 발휘한다. 자신도 모르게 중국공산당이 원하는 사고를 하지만, 원치 않는 사고는 부지불식간에 자기검열에 들어간다. 자신도 인식하지 못하는 사이에 중국공산당이 유도하는 방향으로, 또는 중국공산당이 그어

놓은 범위 안에서 행동하게 만든다.

중국공산당은 심리공작 전개 시 '친구朋友'와 '적敵'을 엄격하게 구분한다. 친구와 적을 선별하기 위한 기법도 고도로 발달했다. 외국 엘리트에 대한 치밀한 분석을 통해 이용 가치가 있다고 판단한 특정 인사를 선별하고 개인, 가족, 소속 집단 등을 대상으로 정교한 심리전 공작을 조직적으로 진행한다.

중국공산당 외사판공실外事辦公室 내부 문건을 살펴보자. 중국 전문가 앤-마리 브래디Anne-Marie Brady 뉴질랜드 캔터베리대학교 교수가 입수한 문건은 1995년 중국공산당이 작성한 외국 인사 포섭 공작 지침이다. 문건에는 다음과 같이 기술되어 있다. "중국의 외국인 친구는 많으면 많을수록 좋다. 하지만 우리는 이들을 선별 관리해야 한다. 우리가 특히 중점을 두는 외국인 친구는 사회적 명망가, 기업가, 명망 있는 학자, 저명 대학교수, 정치적 영향력이 있는 인사 등이다."139)

이들의 등급을 다시 세부적으로 분류한다. 중국공산당의 해외 포섭 인사 등급 분류140)는 다음과 같다. 1급: 국제주의 전사 國際主義 戰士141), 2급: 중국 인민의 오랜 친구老朋友, 3급: 외국인 친구外積朋友이다.

이처럼 분류한 등급별로 맞춤형 공작을 감행하는 것이다. 이는 중국공산당이 외국인을 매수하는데 조직적이고 치밀한 전략을 수립하고 있음을 방증傍證해 준다.

중국공산당 공작 요원이 속으로 이들을 부르는 말이 있다. 바로 '쓸모 있는 바보들useful idiots'이다. 자국自國에서 엘리트로 대접받으며 사회적 지위와 명망도 쌓았지만 이용하기 쉬우면서도 중국공산당이 바라는 소임을 세련되고 설득력 있게 수행해서다.

중국공산당 해외인사 분류 범주 중 중국 인민의 오랜 친구老朋友로 분류하는 예를 살펴보자. 중국공산당은 외국에서 중국을 대변하거나 친중 여론을 주도하는 이들을 '중국의 친구'라고 부른다. 정치인, 기업인,

학자, 문화예술인 등이 주를 이룬다. 중국의 친구들이 내세우는 전형적인 논리가 있다. 현실주의, 실리주의, 균형외교 등이다.

폴 키팅 전 호주 총리가 전형적이다. 자칭 현실주의자인 키팅은 자신이 "중국공산당 수뇌부의 진정한 의도를 제대로 파악하고 있다."고 주장한다. 미국의 세기는 종말을 맞이했으며 이제는 중국과 협력이 불가피하다는 것이다. 그는 이념이나 가치문제보다는 현실을 인정하고 실리주의에 기초를 두고 국가전략을 짜야 한다고 주장한다.

키팅이 인식하지 못했거나 간과한 사실이 있다. 그가 중국공산당 수뇌부와 면담하는 특권은 중국공산당의 치밀한 공작에 기초한다는 사실이다. 한 가지 더 지적할 사안이 있다. 중국공산당은 수뇌부부터 일반 학자에 이르기까지 외국 인사들에게 '계획된 속내'만을 이야기한다는 사실이다. 자신의 실체, 진짜 속내는 사석에서도 절대로 발설하지 않는다. 그들은 자신이 중국공산당 수뇌부일지라도 외국인 접촉 시에는 일거수일투족이 감시, 도청당한다는 것을 잘 알고 있어서다.

중국공산당은 '계획되고 잘 짜인 속내'를 털어놓는 상황도 정교하게 연출한다. 그 말을 듣는 외국인이 '이건 정말 속내다'라고 믿게 하기 위해서다. 연출된 상황은 주로 연회나 사적 술자리이다. 여성 접대부까지 동원하여 만취 상황을 만든 다음 우의를 다진다. 경계심을 무장 해제할 정도 분위기를 조성한 후 접대부를 물린 후 진지하게 '계획된 취중 진담'을 늘어놓는다. 인사불성으로 취한 척하면서 그 '진담'을 진지하게 듣는 외국인의 표정까지 읽으면서 말이다.

대부분 외국인은 중국공산당 핵심 인사와 접촉할 수 있는 특권의 의미조차 모른다. 그들이 공·사석에서 이야기하는 '속내'의 의미도 모른다. 그러면서 중국공산당 핵심 인사 누구의 말이다. 이 사실은 다른 사람들은 이름만 들어본 누구에게서 내가 사석에서 직접 들은 이야기다. 이것은 중국공산당 수뇌부 핵심의 진짜 의도라고 확신한다.

만약 이 '취중 진담' 공작 대상이 외국 비밀 정보 요원이나 외교관 등이라면 그 '진담'과 '속내'를 들은 외국인은 그 '솔직하고도 허심탄회한' 만남이 끝나기 무섭게 자신들의 공관公館에 돌아가 '취중 진담(?)'을 정리한 후 본국에 1급 비밀 전문電文으로 긴급 발송한다. 또는 키팅 류類의 정치인은 자신이 중국공산당 수뇌부의 '진짜 속내(?)'를 가장 잘 파악하고 있다는 확신을 갖고 귀국한다. 그 대상이 외국의 학자나 중국 전문가일 경우, 그들은 귀국해 자신이 다른 이들은 얻을 수 없는 중국의 특급정보를 갖고 있음을 한껏 과시하면서 몸값을 올리기도 한다.

키팅이 설파하는 현실론이나 실리론은 중국 전문 싱크탱크와 중국 전문가들에게서도 심심찮게 들을 수 있다. 중국공산당의 직·간접 기금과 후원을 주요 재원으로 하는 호주 연구기관 중국 문제China Matters의 린다 제이컵슨 Linda Jakobson 박사의 논리를 들어보자.

그녀는 "중국 기업인 대부분이 중국공산당에 소속되고 연결되어 있고 통제받는다. 사실이다. 그래서 무엇이 문제인가? 중국 정치경제 체제의 특징일 뿐이다. 중국 특색, 중국적인 특징을 고려하지 않고 중국공산당과 연계되어 있다는 사실만을 이야기하면서 중국과 경제사회교류를 끊자는 것인가? 중국과 교류를 끊으면 우리 경제는 어떻게 되나? 호주의 사회 복지 재원은 어떻게 마련해야 하나? 우리 기업 활동은 어떻게 해야 하나? 현실을 모르는 소리 하지 말라. 중국 투자를 단순하게 단정 지을 수 없다. 중국과 교류는 복잡하다."는 논리를 설파한다.142)

호주의 저명 중국 전문가라고 하는 린다 제이컵슨의 이러한 논리는 기시감旣視感이 들게 한다. 다름 아닌 바로 한국의 미디어, 세미나, 학술회의, 중국 관련 저서에서 중국 전문가, 국제 정치 전문가, 정치인, 언론인 등이 반복적으로 회자하다 못해 문법화해버린 논리다.

사실문제의 본질을 회피하는데 사용하는 대표적 단어가 바로 린다 제이컵슨의 논리에 자주 등장하는 '복잡하다', '다면적' 혹은 '중국 특색' 등의 수사이다. 특히 중국에 대해서는 '중국 특색'이라는 수사가 빠지지 않고 등장한다.

이러한 논리에 대해 지적해야만 하는 첫 번째 사실은 이들이 실제 중국 정치경제 구조가 갖는 문제에 대해 충격적일 정도로 무지하다는 것이다. 중국이 발표하는 조작된 통계, 외형적인 국민총생산GDP 수치, 경제 성장률 통계, 중국 현지에 거대하게 구축되는 항만, 공항, 도로, 도시 건설 등 외형적인 부분에만 경도된다. 인프라스트럭처가 경제적 효용성을 무시한 채 부채의 만리장성을 쌓아 올린다는 사실, 추후 경제에 큰 부작용을 일으키고, 중국식 경제 개발 모델은 지속할 수 없다는 것 등에 대해서는 외면하거나 무시한다.

두 번째 문제는 논리가 주로 선별된 외형적 통계수치(대중국 무역 의존도, 대중국 교역액)를 통해 공포를 조성한다는 점이다. 공포를 주입한 다음에 나오는 것이 논리 비약이다. 린다 제이컵슨처럼 뜬금없이 '중국과 경제교류를 끊자는 건가? 그러면 호주 경제는 망한다.' 식의 논리 비약으로 일반 대중에게 공포감을 주입하고 현혹한다. 중국과 관계 유지가 경제성장에 중요하며 중국 보복을 피해야 한다고 강변한다.

이러한 논리에 대해 국내에도 번역·소개된 『조용한 침공Silent Invasion』, 『보이지 않는 붉은 손Hidden hand』의 저자 클라이브 해밀턴Clive Hamilton 교수는 반론을 제기한다. "호주가 독립 주권을 유지하는 데 드는 비용은 가치를 따질 수 없다. 이것을 잃어버리면 결국은 다 잃어버린다. 호주가 독립 국가로서 주권을 지키기 위해서는 중국공산당에 불편한 말도 할 줄 알아야 한다. 중국은 당연히 경제보복을 감행할 것이다. 다만 우리는 우리의 주권, 독립을 유지하는 데 필요하다면 그것이 얼마든 피해와 대가를 감내해야 한다."

다음으로 지적할 점이 있다. 외형적 통계수치의 허상과 문제점이다. 대중국 무역의존도, 무역보복 시 경제에 주는 충격파를 막연한 외형적 통계수치로 재앙적 피해가 있으리라고 주장할 게 아니라 과학적 분석이 필요하다. 실제로 호주 전문가들이 중국의 경제보복에 대한 피해 정도를 구체적으로 분석해 보았다. 결과는 미미했다. 이들의 분석결과는 외형적이나 편취된 통계수치만으로 부풀린 피상적인 추론이자 과장된 주장에 불과함을 보여준다.143) 물론 피해가 존재하고 피해를 보는 업종이 있지만, 전체 경제에 주는 충격파는 미미하다는 사실을 보여준다.

무엇보다 중요한 점은 중국은 절대 교역 전면 중단이라는 강공책을 사용하지 못한다는 사실이다. 외국기업, 대외 교역, 외국기술, 중간재, 기술재 의존도가 높은 중국이 자충수를 둘 수는 없기 때문이다. 중국의 무역 보복은 자국 산업 피해는 최소화하면서 선전효과는 극대화하는 분야에 한정되고, 또 한정할 수밖에 없다.

한국에 대한 사드THAAD 무역 보복 사례가 전형적인 예다. 한국인들에게 공포감을 주입하고 상징적인 선전효과를 극대화할 수 있는 여행업, 중국 진출 유통업체 등을 선별해 공격했을 뿐이다. 그것도 사드 배치 용지를 제공했다는 빌미로 롯데그룹을 집중하여 공격했다. 중국 진출 외국 유통기업 제재는 중국 경제에 타격을 주지 않기 때문이다. 중국 내 유통업은 어차피 중국공산당 관련 이해집단이 장악하고 있어 외국 업체가 진출하여 성공하기 어려운 구조다. 중국공산당은 바로 이 부분만을 노려 선전전을 극대화했다.

중국 정부가 중국인 관광객의 한국행을 금지하면서 2016년부터 2019년까지 3년간 한국 관광업 추정 손실액을 약 17억 달러(한화 약 21조 원)로 추산한다는 보고서도 있다. 실제 중국이 '한한령限韓令'을 본격화한 2016년 이후 한국의 대중국 수출은 2016년 1,244억 달러에서 2017년 1,421억 달러로, 2018년에는 1,621억 달러로 지속적인 증가세를 보였다. 2016년을 기점으로 한한령 이후 2년간 증가한 대중국 수출총액만 554억 달러이다.144) 이후 대중국 수출총액은 2019년

1,362억 달러, 2020년 1,325억 달러로 줄었다가 2021년 1,629억 달러로 다시 증가한다. 여기서 눈에 띄는 2019년 수출액 감소는 한한령 때문이 아니라 중국에 대한 미국의 무역 보복 여파였다. 한국기업이 중국에서 가공생산해 미국에 수출하는 한중 무역구조의 실상을 여실히 보여주는 데이터다. 그리고 중국이 그들에게 자충수가 되는 무역 보복을 한국에 감행하기 힘들다는 것을 명확히 보여주는 데이터이다.

호주도 마찬가지다. 중국공산당은 호주 정부가 중국공산당이 원하지 않는 정책을 전개하자 파상적인 무역 보복전을 전개했다. 결과적으로 드러난 사실은 무역 보복이 호주 경제에 타격을 입히지 못했고, 호주의 대외 무역액은 중국의 무역 보복 기간 늘어났다. 피해는 중국이 떠안아야 했다. 2020년부터 2021년 사이 일어난 일이다. 해외 기술, 자본, 투자, 자원, 식량 의존도가 높은 중국이 전면적인 무역 보복을 할 수 없고, 하더라도 자신이 피해를 볼 뿐이라는 사실을 보여주는 사례다.

사실이 이러한데도 친중 전문가들은 중국의 실체에 무지하거나 외형적 통계 수치만을 근거로 대면서 미국 쇠퇴 중국 굴기, 무역 보복 경제 폭망 같은 근거도 검증도 없는 말만 반복한다. 그러면서 자신을 진정한 현실주의자, 실리주의자로 포장하거나, 스스로 그렇게 믿는다.

이러한 류類의 친중 엘리트들은 중국공산당의 악의적이고 고도로 정교한 공작수법을 몰라서 순진하게 매수당하는 것처럼 보일 수도 있다.

실상은 그렇지 않다. 이들은 매수당한 후 스스로 자신을 합리화하고 자기 확신을 하며 이에 대하여 정당성을 부여하기도 하고, 아니면 처음부터 알고 있으면서 모르는 척 매수당하는 예도 있다.

이러한 행태의 이면에는 탐욕과 권력욕이 깊숙이 깔려 있다. 중국공산당 공작 요원들은 바로 이 점을 잘 알고 있다. 인간의 본원적 나약함이나 존재론적 결함 따위 같은 고도의 심리적 분석을 바탕으로 인간의 가장 나약한 측면을 집중하여 공략하는 공작수법을 동원한다.

심리전의 전형이 보상과 인간적 유대를 적절히 섞어 이용하는 수법이다. 보상은 주로 특권적 지위, 금전적 대가 제공, 중국공산당 관련 특권적 정보 접근권 제공(중국공산당 핵심 인사 면담, 관계 형성 등), 중국 내 기업 활동 전폭적 지원, 독점적 특혜 등을 제공하는 것이다.145) 이와 함께 존경 표시, 유대관계 형성, 개인별 각종 약점 확보, 미인계 동원 등을 가미하면 자발적으로 친중 인사가 된다. 해당 인사는 자국에서도 중국과 관련하여 막강한 영향력을 보유하게 된다.

중국공산당은 포섭 대상자 스스로 중국과 특별한 관계로 대우받는다고 믿게 만들고 중국공산당의 정치적 목적에 맞게 자기의 의견을 일치시키도록 성공적으로 유인한다. 중국인 정치학자 제임스 지안 화 토 James Jiann Hua To 뉴질랜드 매시대학Massey University 교수의 말대로 이런 심리공작은 해가 없고 호의적이며 도움이 되는 듯 보이는 그들의 행동을 강력하게 통제하고 조종하는 효과적인 수단이다.146)

중국공산당 심리공작의 전형적인 사례147)를 살펴보자. 화웨이 창업자의 딸이자 최고재무책임자CFO였던 멍완저우孟晩舟가 캐나다에서 체포되었을 때 주중국 캐나다대사 존 매컬럼John McCallum은 멍완저우 보호에 앞장섰다. 그는 중국과 30여 년 인연을 맺어온 캐나다 내 대표적 중국통이다. 멍완저우 사건 관련하여 매컬럼은 캐나다가 아닌 중국 정부의 대변인같이 행동했다. 중국《환구시보環球時報》는 매컬럼이 "진실을 말하고 있다."며 칭송했다. 매컬럼은 중국에서 30년 이상 활동하면서 중국공산당의 심리 조종기법에 넘어간 피해자일 가능성이 농후하다. 중국은 매컬럼처럼 중국공산당의 표적에 대해 그들이 사람들이나 사회적으로 인정받고 싶어 하는 허영심과 욕심을 이용한다.

중국공산당의 심리공작에 대해 전 주중국 멕시코 대사 호르헤 과하르도는 다음과 같이 고백했다.

"중국에 새로 부임하는 외교관들은 고위 중국공산당 간부, 외교부 관료들에게서 소외된다. 일정 기간이 지나면 고위 관리나 당 간부가 연락해 온다. 그들은 자신이 중국공산당 중앙의 미묘하고 까다로운 처지를 이해하고 있는 특수한 위치에 있다는 말을 전해 듣는다. 그러면 그 외교관은 자신이 특별한 대우를 받는 사람이 된 착각에 빠진다. 다음 단계로 이들은 점차 고위 관리(당, 정부, 군, 정보기관)에 접촉할 드문 기회를 얻는다. 그리고 그 고위 관리는 허심탄회하게 이야기하는 자리와 분위기를 만든다. 그런데 상황을 파악하지 못한 순진한 외국인(외교관, 중국 전문가, 정보 요원, 군인, 언론인, 기업가)들은 중국 고위 관리들이 특별한 친구로서 중국정치의 속사정을 자기에게만 이례적으로 허심탄회하게 털어놓는다고 믿는다. 정확하게 표현하자면 믿도록 길든다."

이 모든 게 사실은 이 외국인들이 본국에 중국의 목적과 시각이 반영된 보고와 조언을 하도록 유도하는 공작인데도 말이다. "자신이 중요한 인물이라고 여기고 싶은 [허영심] 욕구가 더해지면 [중국의 공작]과 유혹에 쉽게 빠져들게 된다. 중국공산당이 인간의 허영심을 얼마나 절묘하게 조종하는지 잘 설명해 주는 대목이다.

주중국 캐나다대사를 역임한 데이비드 멀로니David Mulroney는 "오로지 당신만이 중국 상황을 제대로 이해하고 본국 정부에 잘 설명할 능력과 경륜을 갖추었다. 두 나라 관계 운명이 당신 손에 달렸다고 착각하게 만든다."고 술회한다. 중국으로 파견되는 외교관들에게 중국과 우호 관계를 유지하는 게 가장 중요하며 그것이 바로 자신의 어깨 위에 달려있다는 신념을 심어준다는 것이다.

2. 중국인 정치세력화 공작

중국공산당이 외국에서 정치적 영향력을 강화해 나가는 방식 중 하나가 제도 정치권에 친중 세력을 구축하는 것이다. 정치세력화의 주된 방법은 친중 엘리트를 포섭해 정계에 포진시키는 것이다. 중국인을 해당 국가 제도권 정치인으로 육성하는 방법도 있다.

제도권 정치인 육성 방법은 둘로 나눌 수 있다. 하나는 계획적으로 외국에 삼투滲透한 중국공산당 요원이나 중국계 이민자를 정계에 입문시키는 것이다. 다른 하나는 현지 화교華僑를 포섭해 해당국 중앙·지방 정계에 진출시키는 방식이다.

화교를 포함한 중국인을 현지 정계로 진출시키는 국가는 중국인 이민자들이 많거나 이민 역사가 오래된 국가들이다. 미국, 캐나다, 호주, 영국, 유럽국가들이 여기에 포함된다. 가깝게는 일본에서도 지방 수준에서 시도하고 있다. 이러한 정치공작전은 지방선거에 외국인 참정권이 부여된 한국에서도 진행 중이다.

공작 과정은 다음과 같다. 중국공산당 요원을 현지에 삼투시켜 성공한 기업인, 사회사업가로 육성한다. 현지에 이미 정착한 중국계 이민자나 현지 화교를 포섭해 집중적으로 지원해 주는 방식이다.

중국공산당 요원 삼투 방식은 유학, 사업 투자, 이민 형식이 주를 이룬다. 그다음 단계에서 이들은 현지 국가에서 사업으로 성공한다. 성공비결은 중국공산당의 계획적이고 전폭적인 지원이다. 중국이라는 국가가 동원되어 지원하기 때문에 성공 못 할 수가 없는 구조다. 이들이 사업에 성공하여 현지 국가에서 유력 기업인이 되면, 그다음에 지역사회 복지, 교육, 종교에 대규모 기부활동을 한다. 이를 통해 현지에서 인심을 얻고 사회적으로 주목받는다. 이어서 정계, 재계, 언론계, 대학, 연구기관에 손을 뻗어 나가면서 영향력을 행사하는 방식이다.

정계에는 여야를 구분하지는 않지만, 기본적으로 주로 진보성향 정당에 대규모 정치자금을 지원한다. 하지만 보수 성향 정치인과 정당에도 투자를 빠뜨리지는 않는다. 중국공산당 요원이 이용하는 것 중 하나가 현지 인사들과 네트워크를 형성하고 공고히 하는 과정에서 이들을 중국 정·관계 인사와 연결해주는 작업이다. 중국에서 성공하기 위해서는 중국공산당 인사와 관시가 중요하다. 중국공산당과 커넥션, 네트워크 없이 할 수 있는 것은 거의 없다. 정치외교, 기업투자, 무역, 교류 모든 것이 중국공산당의 지원과 특혜 제공이 필요하다.

특히 1990년대 이후로 중국의 경제적 중요성이 커지면서 중국공산당 고위인사들과 네트워크나 커넥션의 중요성도 증대됐다. 중국공산당은 바로 이 점을 이용한다.

외국 현지에 삼투한 중국공산당 요원은 중국의 웬만한 고위 당·정 간부도 쉽게 할 수 없는 중국공산당 최고위직 인사에 대한 접근이나 커넥션 형성을 가능하게 하는 '수완'을 발휘한다. 중국공산당이 해외 통일전선공작 차원에서 지원하므로 당연하다. 하지만 외국인들에게는 중국에서 특혜나 특권을 가능하게 만들어 주는 중국인(중국공산당 요원)의 가치는 각별할 수밖에 없다. 이러한 '능력과 수완'을 발휘하는 중국인은 그 대가로 외국인 엘리트들에게 강력한 영향력을 행사하게 된다.

바로 이 지점에서 우리는 다음 의문을 제기할 수 있다. '한국에 있는 어떤 중국인이 중국 각 분야 고위직과 면담을 주선해주는 능력을 발휘한다. 이를 어떻게 바라보아야 하나?' 답은 명확하다. 바로 그 중국인은 100% 중국공산당 요원이다. 중국 정치체제 특성상 이런 '능력과 수완'은 공작 차원이 아니고서는 어지간한 지위에 있는 중국 당·정 간부도 절대 할 수 없다.

사업가로 위장한 중국공산당 공작 요원은 해당 국가 기업에 중국과 사업에 필수적인 중국공산당과 중국 정부의 지원을 받는 데 결정적 도움을 준다. 사회교육사업 관련해서는 현지 대학이나 연구소에 대규모 기부금을 제공하고 각종 중국 연구·교류 기관을 설립한다. 혹은 각종 교류, 우호 명칭이 들어간 단체를 만들어 민간교류 형식으로 중국 각계를 연결한다. 이러한 공작 방식과 영향력 행사를 통해 중국공산당 요원은 주재국에서 정치, 경제, 사회교육 전반에 걸쳐 영향력을 키워 발판이 공고해지면 서서히 현지 정계에 진입하기도 한다.

정치세력화 공작이 전개되는 실제 사례를 보자. 미국의 가장 강력한 동맹국인 영국과 영연방英聯邦·Commonwealth of Nations 국가 사례다. 영미英美권 국가 사례를 소개하는 이유는 대미국 초한전을 전개하는 중국공산당의 전략적 구도 때문이다. 대미국 초한전의 구도는 제3장에서 이미 설명한 바와 같다. 적극방어, 인민전쟁을 주요 전략으로 중심인 미국을 포위하고 동시에 미국 중심을 내부에서부터 무력화하는 것이 주요 내용이다. 중심인 미국 주변에서 가장 중요한 국가가 영국과 캐나다, 호주, 뉴질랜드와 같은 영연방 국가들이다.

영국 사례를 보자. 현지 정치세력화 공작 대표 사례는 '영국화인참정계획英國華人參政計劃'이다. 중국계 이민자를 영국 의회, 정치계에 진입시켜 중국의 영향력을 확대하는 것이 목표다. 오늘날 화교를 포함해 중국인 여섯 명이 영국 의회 의원으로 활동 중이다.

대표적인 인물은 인권변호사로 알려진 리전취李貞駒·Christine Lee다. 리전취는 영국 의회 내부와 정계에서 친중 정책을 입안하고 가결하는 데 핵심 기능을 한다. 그런 그가 영국 정계에 성공적으로 진입한 배경은 막강한 자금력, 조직력이었다. 리전취는 영국 노동당에 대규모 정치자금을 기부할 뿐만 아니라 각종 기금 마련에 주요 역할을 한다. 그 배경에는 당연히 중국공산당이 있다. 리전취 사례로 수면 위로 떠 오른 영국화인 참정계획에 바로 중국공산당이 깊숙이 관여하고 있다는 사실이 폭로되었다.148)

다음은 호주 사례다.149) 호주에서 중국공산당의 정치세력화 공작 방식은 현지 화교나 화교 단체를 장악하거나 중국 이민자 출신을 정치계에 진입시키는 것이었다. 중국 출신으로 호주에서 사업가로 성공한 차우 착 윙周澤榮·Chau Chak Wing이 있다. 차우는 중국공산당의 집중 지원을 받아 호주에서 사업가로 성공했다. 경제적 성공을 이룬 다음, 친중 미디어 그룹을 설립하고 호주 내 대학이나 정치인에게 대규모 기부금을 제공하면서 영향력을 확대해 나간 사례에 해당한다.

화교를 포섭해 대리인으로 내세워 영향력을 행사한 예도 있다. 중국에서 먼저 기업가로 성공한 황샹모黃向墨는 인민해방군의 지시·지원으로 호주에 진출했다. 황샹모는 호주 화교 정치인인 어니스트 윙王國忠·Ernest Wong을 집중적으로 지원하여 매수했다. 중국공산당의 지원을 받아 정치에 입문한 어니스트 윙은 2019년까지 뉴사우스웨일스주 의회 의원직을 유지하면서 호주노동당에 상당한 영향력을 행사했다. 황샹모, 어니스트 윙은 호주 화교 단체, 중국 유학생 단체, 대학, 연구소에 대규모 기부금을 제공하면서 호주 정치와 교육 문화계에 친중 기반을 구축했다.

또 다른 예는 현지에 삼투해 자리 잡은 중국공산당 요원이 중국인을 정치공작에 동원하는 것이다. 중국공산당 요원으로 호주에서 활동하고 있던 사업가 브라이언 첸은 역시 중국 출신으로 호주에서 성공한 젊은 사업가 자오보趙波에게 접근한다. 자오보에게 100만 달러에 달하는 정치자금 지원을 약속하며 호주 정계에 입문을 요구했다. 문제는 자오보가 제안을 거절한 데 이어 해당 사실을 호주보안정보국ASIO에 고발한 것이다. 이후 자오보는 의문사를 당하고(?) 말았다.150)

호주 정치인에 대한 매수 공작도 빠지지 않는다. 현지에서 파장을 일으킨 유력 정치인 샤퀘 모슬만Shaoquett Moselmane 사례부터 중국공산당의 간첩행위가 드러나 결국 사임한 샘 대스티아리Sam Dastyari까지 다수 사례가 있다.151)

중국공산당이 정치공작전, 해외 통일전선공작을 집중적으로 전개한 결과 호주는 정치계, 경제계, 교육계, 방송계, 문화계 등 사회 전반에 걸쳐 중국공산당의 영향력 아래 떨어졌다. 총리를 포함한 주요 각료, 국회의원, 여론 주도자, 언론인, 교수, 전문가 등에 대한 중국공산당의 영향력은 뿌리 깊다.

그 결과 호주 사회가 각성하기 시작했다. 현지 중국인이나 중국인 유학생들의 압력으로 대학 강의실에서조차 호주인들이 자유로운 토론마저 제한당하는 지경에 이르러서다. 호주가 스콧 모리슨 총리 체제로 전환되면서 대중국 입장, 정책이 정부 차원에서 바뀌게 된 배경이다.

호주가 각성한 배경에는 언론자유를 지키고자 고군분투한 호주 일부 언론도 한몫했다. 아울러 본서에서도 인용한 바 있는 클라이브 해밀턴 교수 같은 용기 있는 지식인이 남아있는 것도 큰 힘이 되었다.

클라이브 해밀턴 교수의 역작力作 『조용한 침공』, 『보이지 않는 붉은 손』은 호주 주류사회가 조직적으로 출판을 방해한 덕에 어렵게 지방 소형 출판사에서 출간할 수밖에 없었다. 이처럼 책의 출간에 우여곡절이 있었지만, 출간 후에는 호주 사회에 큰 반향을 불러일으켰다.

한편 모리슨 내각 출범 후 호주가 중국 영향력에서 벗어나기 위한 정책을 실행하자 중국은 대규모 무역 보복을 감행하기 시작했다. 그런데 중국공산당은 단순 무역 보복만으로 대응할 정도로 단순하지 않다. 도널드 트럼프의 대중국 제재 이후 미국 대통령 선거에 조직적으로 개입한 것처럼, 호주에 닦아놓은 초한전 기반을 총동원해 모리슨 내각에 역공을 가했다. 모리슨 내각을 무너뜨리기 위해 정치공작전을 전개했다. 2022년 호주 총선에서 중국이 직·간접적으로 대규모 개입한 것이 드러났다.152) 이는 중국공산당이 자유민주주의 사회에서는 선거로 정권교체가 이뤄지는 시스템상 약점을 파고든 전술이다.

캐나다 사례를 살펴보자. 영연방 회원국이자 미국과 국경을 마주한 캐나다는 대표적인 서방 자유주의선진국이다. 동시에 반미성향이 강한 나라이기도 하다. 중국공산당이 삼투해 들어가기 좋은 최적의 정치 경제 사회 환경을 갖추고 있는 셈이다.

오늘날 캐나다에 대한 중국공산당의 영향력은 호주보다도 더 강하다고 평가할 수 있다. 캐나다에서 전개하는 정치공작전과 해외 통일전선 공작은 영국, 호주 사례와 유사하다. 현지 중국인들의 선거권, 제도적 정당성, 현지 진보·좌파 정당과 시민단체, 중국 이권 기업 등이 연결되면서 하나의 친중 생태계가 조성되어 있다. 상황이 이 정도로 진척되어 정치 경제적 친중 생태계가 형성되면 중국공산당은 마침내 그 국가의 자유민주주의 제도와 체제는 그대로 둔 채, 거부감과 저항, 갈등과 충돌 없이도 그 국가를 실질적으로 장악하기에 이른다. 이것이 바로 초한전 정치공작전 전법의 핵심 내용이다.

중국공산당은 캐나다에서도 이러한 정치세력화 공작전 과정을 장기간 집요하게 전개하면서 구체적인 성과를 냈다. 영국 《파이낸셜타임스 Financial Times》가 심층 보도한 중국공산당 내부용 공작 교본을 보자.

"현지 화교, 화인을 장악한 후 이들 중 성공한 기업가와 사회사업가를 토론토 지역 정치계에 입문시킨다. (중략) 2003년 중국인 25명을 현지 선거에 입후보시켜 6명이 당선하는 성과를 거두었고 2006년에는 더 많은 44명 후보를 입후보시켜 10명이 당선되는 성과를 거두었다. (중략) 우리 중국공산당은 토론토 정계에 성공적으로 입문한 이들을 더욱 높은 수준의 중앙 정계로 진출시켜야 한다."153)

3. 중국공산당의 정치공작전

외국 선거 개입과 정치 개입: 캐나다

중국공산당은 정치공작전이 성공적으로 수행되었다고 판단하면 중국인 정치세력화를 넘어 직·간접적인 선거 개입을 감행한다. 자유민주주의 체제 아래 선거제도의 허점을 최대한 공략한다. 중국공산당 뜻에 반하는 정권을 선거 등 합법 수단으로 교체하거나 친중 정치세력이 정권을 잡도록 돕는다. 중국공산당의 타국 선거 직·간접적 개입 사례는 여러 국가에서 폭로되었다.

중국공산당은 사회적 기반을 구축한 중국계 캐나다인을 동원하는 방식으로 캐나다의 선거에 개입해 왔다. 각종 지방선거에 중국계 캐나다인을 입후보시키거나 중국공산당에 유리한 후보를 당선시키기 위해 중국계 캐나다인이 중국공산당이 지지하는 후보에게 투표하라고 지시하거나 선거운동을 하는 등 조직적으로 개입한다. 선거운동에 현지 중국 유학생들을 동원하기도 한다. 중국인 유학생들이 중국인을 호별 방문하여 중국공산당이 지지하는 후보에게 투표하라고 선거운동을 한다. 명백한 선거 개입이다.

공개적으로 드러난 사례도 있다. 현지 정착 중국인을 출신 지역별로 조직화한 중국공산당 해외 통일전선공작 조직을 동원하는 것이다. 이른바 동향회同鄉會(향우회)나 동향총회同鄉總會이다. 캐나다 원저우동향총회溫州同鄉總會·Wenzhou Friendship Society는 2018년 캐나다 밴쿠버 등의 선거를 앞두고 위챗Wechat을 이용해 중국인 후보자에게 투표하면 20달러를 준다는 명백한 매표買票 운동을 자행하기도 했다.154)

중국공산당은 자유민주주의 체제 아래 합법적 선거제도를 악용하기도 한다. 캐나다에서는 합법적 선거자금 기부이다. 선거자금 기부는 주로 성공한 중국인 기업가들이 주도한다. 이를 통해 중국인을 당선시키거나 중국에 우호적인 캐나다 노동당을 집중하여 지원한다. 중국의 집중 자금지원, 직·간접 선거 지원을 받은 노동당 소속 정치인들은 의원으로 당선하거나 집권에 성공한 후 친중 정책을 남발하게 된다. 이들이 내세우는 명분은 중국과 경제 협력 강화가 캐나다 국가 경제에 도움이 된다는 것이다. 다시 말하여 실용적 접근을 하자는 것이다. 이들이 설파하는 실용주의에는 캐나다의 정치적 자율성, 독립성, 국가안보, 정치적 자유 등 문제의식은 실종되고 없다.

중국공산당은 2015년 캐나다 선거에도 집중하여 개입했다. 중국계 사업가 등을 내세워 선거 자금모금 캠페인을 벌여 현 캐나다 집권당 대표이자 총리 쥐스탱 트뤼도Justin Trudeau를 지원했다. 선거 개입에는 선거권을 가진 중국계 캐나다인 동원도 포함된다. 캐나다 전역에 걸쳐 중국공산당과 중국인들이 총동원되었다. 전국적으로는 캐나다 중국인 상회商會가 선거자금 모금 캠페인을 주도하기도 했다.

지역별로는 서부 중심 도시 밴쿠버에서 캐나다 국적과 중국공산당 당적을 모두 보유한 부동산 개발업자 먀오페이 판, 마이클 칭 등이 기능을 담당했다. 동부 토론토에서는 벤슨 웡, 장빈 등이 나섰다. 이들은 트뤼도재단The Pierre Elliott Trudeau Foundation과 트뤼도의 모교 몬트리올대학교에 대규모 기금을 기부하면서 트뤼도 선거 캠페인을 지원했다. 그야말로 사활을 건 총력전을 전개했다. 그 결과 트뤼도는 총리 취임 후 이들 중국인, 중국계 나아가 중국공산당의 이익에 봉사해야 한다는 부채 의식을 가질 수밖에 없었다. 더 나아가 중국공산당과 중국인에게 받는 지원이 정치 생명에 결정적으로 중요하다고 깨달았다. 중국공산당은 이러한 방식으로 현지인들이 자발적으로 복종할 수밖에 없는 구조와 환경을 조성한다.

트뤼도는 총리 취임 후 주요 전략산업 분야 기술 선진기업들을 중국이 인수하도록 했다. 트뤼도가 이러한 결정을 내리기 전에 캐나다 정보 당국이 트뤼도에게 구체적인 증거를 보고하면서 강력하게 경고하고 만류했지만 소용없었다. 산업뿐만이 아니다. 캐나다 군부까지도 친선교류 명목으로 인민해방군과 연합훈련 등을 실시하기도 했다.155) 중국 정치공작전의 위력을 보여주는 대목이다.

정치공작전 종합사례: 대만 156)

중국공산당에게 대만臺灣은 공략 대상 1호다. 즉 대만을 흡수 통일하려 한다. 이를 통해 이른바 통일 대업을 달성하고 중화민족주의에 열광하는 중국인의 지지를 강력하게 끌어낼 수 있다.

상징성도 있다. '자유중국自由中國' 대만이 중국에 흡수되고 공산당이 되면 체제 우월성을 과시할 수도 있다. 또 한 대만의 선진 기술, 경제력, 군사정보, 미군 전력 정보 등도 확보할 수 있다. 전략적으로는 미국이 동아시아 국가들에 제공 중인 안보공약을 무력화할 수도 있다. 이것이 전략적으로 중요한 의미를 갖는 이유는 바로 한국과 일본을 포함한 동아시아 국가들을 크게 동요시킬 수 있어서다. 미국의 안보공약 무력화와 미국의 동맹 체제를 흔들 수 있다는 의미가 있다.

대만장악 효과는 이에 그치지 않는다. 서태평양 팽창정책의 강력한 교두보를 확보하게 되면서 남중국해에서 주장하는 영유권과 서태평양 해권海權을 장악하는 탄탄한 기반을 닦을 수 있다. 이렇게 되면 남중국해를 경유하는 해상수송로에 생존이 걸린 한국과 일본에 대한 중국의 영향력은 전례 없는 수준으로 커진다. 반대로 미국은 대만이라고 하는 불침항모를 잃는 것을 의미한다.

대만에 대한 중국공산당의 초한전 양상이 무엇보다도 중요한 이유는 바로 '오늘의 대만은 내일의 한국'이 될 수 있다는 점 때문이다. '오늘의 홍콩은 내일의 대만'과 같은 맥락이다. 따라서 대만에 대한 중국공산당의 전략적 이해관계는 한국에도 적용된다.

중국공산당은 초한전에서 제시하는 수많은 전법을 총체적으로 동원해 대만 흡수통일 공작을 종합적으로 전개해 왔다. 주요 대상은 기업인, 정치인, 언론인, 방송인, 학자, 전문가에서부터 안보 기관 주요 인사까지 광범위하게 포함한다.

대만에서는 중국의 개혁·개방 전환 후 '대상臺商'으로 불리는 대만 출신 기업인들이 중국에 대거 진출했다. 중국공산당은 이들 기업인과 중국 관련 사업에 이권을 가진 엘리트들을 포섭하기 시작했다. 대만 사업가들에게 특권을 몰아주고 특혜를 부여하면서 중국공산당 엘리트와 정치적 경제적 운명공동체를 형성한 것이다. 이들에게 중국과 함께 가는 것이 대만에도 유리하다는 논리를 주입한다. 그 결과 중국과 이해관계가 있는 대만인들은 중국이 대만의 미래인 것이 대세이고 이것이 대만을 위한 실리의 길이라는 논리를 탑재하게 된다.

경제적 이익으로 동기부여가 되고 자기 합리화의 명분으로 포장된 대만 경제 엘리트들은 경제력을 바탕으로 대만 사회에 막강한 영향력을 행사한다. 정치자금을 정치인에게 제공하여 이익공동체를 형성하고 각종 매체에 투자함으로써 친중 어젠다를 유포하며 친중 연구단체 설립, 대학 연구소 지원 등으로 친중 전문가를 육성해 나간다.

여기서 대만 정치지형의 특징을 짚고 갈 필요가 있다. 대만 정치는 크게 중국국민당中國國民黨을 위시한 범람泛藍·pan-blue 계열과 민주진보당民主進步黨 중심의 범록泛綠·pan-green 진영으로 양분된다. 기준점은 독립과 통일이다.

기본적으로 중국 본토 출신 외성인外省人 정당인 국민당은 '하나의 중국一個中國' 원칙을 공유하며 중국과 재통일을 지향한다. 반면 대만 출신 본성인本省人이 주축인 민진당은 대만 독립 성향 정당이다.

중국공산당은 국민당을 정치공작전의 주 타깃으로 삼았고, 결과적으로 국민당을 중심으로 한 본토 출신 세력을 중심으로 일종의 친중 생태계를 구축했다. 이러한 생태계가 한번 뿌리 내리면 그 사회를 움직이는 막강한 힘을 발휘한다.

대만에서 중국공산당의 정치공작전 사례를 구체적으로 살펴보자. 그동안 중국공산당에 포섭된 대만인 사례가 간헐적으로 밝혀지기는 했다. 그러나 비교적 최근까지도 일반 대만인은 중국공산당의 공작과 초한전에 대해서 제대로 인식하지 못했다. 대륙과 본격 교류를 시작하기 이전 상호 적대관계에 있었으므로 중국공산당이 정치공작전, 통일전선공작전을 포함한 초한전을 감행할 공간이 협소했기 때문이다. 하지만 그사이 대만 사회는 과거 국민당이 공산당의 기만 공작에 당해 대륙을 상실한 기억을 점차 잊어버렸다. 또한, 중국공산당이 개혁·개방으로 전환해 국제사회로 나오자 대만 역시 중국공산당이 변화한 것으로 오판하는 분위기가 확산하였다.

대만 사회에서 초한전의 실체가 본격적으로 사회 이슈로 떠오르기는 2019~2020년경이다. 결정적인 계기는 2019년 중국공산당의 홍콩 민주화 시위 탄압이다. 1997년 홍콩 주권 반환 시 천명한 일국양제─國兩制·한 나라 두 체제 원칙을 사실상 폐기했다. 대만인들은 홍콩의 중국공산당화 과정을 보면서 '오늘의 홍콩은 내일의 대만'이라는 위기의식을 갖게 되었다. 이를 계기로 그동안 대만의 안보 기관과 소수 전문가가 경고해 온 중국공산당의 대만 잠식에 눈을 뜬다.

중국공산당의 위협에 대한 광범위한 위기의식이 형성된 2020년 대만은 총통선거를 앞에 두고 있었다. 이때 대만 안보 기관에서는 오랫동안 수사해 온 사건 결과를 발표하였다. 대만군 고위간부 스파이 혐의 사건이었다. 대만 국가안전국國家安全局과 국방부 군사정보국軍事情報局이 수사를 했는데 조사 기간만 약 5년 이상이 소요됐다. 그 이유는 중국공산당에 매수된 인물들이 다름 아닌 국가안전국과 군사정보국 고위직 인사들이었기 때문이다.

2020년 10월, 대만 검찰이 이들을 스파이 혐의로 소환 조사하고 2021년 2월 정식 기소한다. 결과는 충격이었다. 중국공산당에 포섭된 인물들이 다름 아닌 대만 국방부 군사정보국 제5처장이었던 웨즈중嶽志

忠 소장少將(준장~소장 해당)을 포함해 정보를 다루는 고위 장교 4명이었다. 이들은 군 정보기관 수장과 핵심 지휘부로 있으면서 대만의 정보요원 명단을 중국공산당에 넘긴 것으로 밝혀졌다.157) 중국공산당의 위협에서 대만 체제를 수호하는 책임을 맡은 군 정보기관 핵심부가 중국공산당에 포섭되었다.

군사정보부 수뇌부를 조사해야 하는 난관을 넘자 중국공산당의 삼투 관련 추가 수사는 탄력을 받았다. 이후 더욱 충격적인 사실들이 연이어 터져 나왔다.

2021년 7월, 대만 검찰은 국방부 부副부장(부장관)을 역임하고 차기 국방부 참모총장參謀總長(합참의장 해당)으로 유력시됐던 장저핑張哲平 공군 2급상장二級上將(중장~대장 해당)을 추가 기소했다. 중국 스파이 혐의였다. 장저핑과 함께 스파이로 포섭된 인물들 면면은 화려했다. 퇴역·현역 2급상장 4명, 상교上校(대령) 2명, 중교中校(중령) 1명 등이었다. 피의자는 모두 대만군 작전, 정보를 담당하는 수뇌부에 있었다.

이뿐만이 아니다. 위에 나오는 핵심 인물들 외에 주로 군사와 정보기관을 중심으로 중국공산당에 포섭된 인사가 약 5,000명 이상이라는 충격적 소식이 터져 나왔다. 대만 안보의 핵심부가 전반적으로 중국공산당 요원이 되어버렸다. 이러한 상황은 과거 국공내전 시절 국민당이 공산당의 기반 삼투 공작에 당했던 상황과 너무나도 흡사했다.

중국공산당이 최종적 승리를 거머쥐고 대륙을 장악해 중화인민공화국을 세우자, 그동안 국민당 내부에서 암약暗躍하던 공산당 스파이들이 대거 수면 위로 떠 올랐다. 그 면면들을 보면 장제스가 가장 신뢰하던 국민당 수뇌부 핵심 인물들이 대거 포함되어 있었다. 그리고 공산당 승리를 자축하는 연회장에서 이들은 그제야 서로 정체를 알게 되었다. 그때 이들이 서로 주고받은 말이다. "동지도 우리 편이었어?" 그들은 서로 멋쩍은 웃음을 나누면서 공산당 스파이의 규모에 자신도 놀랐다는

기록들이 각종 공산당 인사들의 각종 회고록에 등장한다.158)

다시 이 사건으로 돌아오자. 대만을 충격에 빠트린 스파이 사건 조사 결과 배후에 홍콩에 기반을 둔 인민해방군과 국무원 국가안전부가 있는 것으로 나타났다. 구체적으로 중국공산당 중앙군사위원회 정치공작부 광저우분국廣州分局이었다.

광저우분국도 대외적으로는 광둥성해외연락판공실廣東省海外聯絡辦公室 명칭을 사용한다. 실제로는 국가안전부와 인민해방군 스파이 조직이다. 해당 조직은 2012년부터 대만군 퇴역 장성과 현역 교관校官(영관)급 장교들 포섭 공작을 본격화했음이 드러났다.159)

정치공작부 광저우분국은 먼저 홍콩에 위장 회사를 설립한 후 정보요원이 홍콩 사업가로 신분 세탁해 대만군 고위간부, 정보기관원, 기업체 포섭 공작을 전개했다. 이들이 정치공작전을 본격화한 시기는 친중 성향 마잉주馬英九 총통의 국민당 정부(2008~16년) 때부터였다. 국민당 정부가 중국공산당의 공작 공간을 대폭 열어준 셈이다.

중국공산당 요원은 퇴역 장성들을 집중적으로 포섭한 후 이들을 통해 현역 장성과 영관급 고위 장교로 외연을 확장하는 공작을 전개했다.

대만에서 중국공산당 공작 방식은 서방국가에서 하는 공작보다 훨씬 정교했다. 대만은 중국공산당의 기만술 행태를 서구보다 잘 파악하고 있기에 그만큼 더 정교해야만 했다.

대만 공작의 주요 인물로 밝혀진 중국공산당 요원은 '셰謝씨'라는 가명으로 활약했다. 그는 홍콩인으로 위장한 뒤, 홍콩에서 소규모 식당과 카페 등을 경영하는 자영업자로 신분 세탁했다. 소규모 자영업자로 위장하여 대만 인사들의 경계심을 무너뜨릴 수 있다는 점을 이용했다.

셰씨는 찻집이나 식당 고객으로 자연스레 만난 대만 고위인사들에게 중국 내 고향 친척 등을 알아봐 주겠다는 식으로 접근했다. 포섭 대상자가 공작임을 못 알아차리게 하면서 중국방문을 권유했다. 자연스럽게 여행 경비, 소액 사례금, 선물 등을 제공했다. 그리고 친분을 강화하면서 신뢰를 산 뒤부터는 점차 뇌물 규모를 늘려갔다. 동시에 포섭 대상자에 대한 정보를 인민해방군에게서 받는다. 이 개인정보를 바탕으로 상대방의 약점과 파고들 수 있는 취약한 부분을 집중적으로 공략해 나갔다. 중국공산당 공작 요원이 포섭 대상자의 취약점을 어떻게 공략하는지, 구체적인 공작 방식을 살펴보자.

'셰씨'라는 이 요원은 장저핑 전 대만 국방부 부부장을 상대로는 본인뿐만 아니라 부인을 집중적으로 공략하는 방식을 취했다. 중국공산당은 첩보공작을 통해 장저핑의 부인이 사치벽, 낭비벽, 허영심이 많다는 것을 파악하고 있었다. 이 정보를 바탕으로 장저핑의 부인에게는 각종 뇌물, 선물을 공여했다.

공작 방식은 포섭 대상자에 따라 다르다. 미인계美人計도 빠지지 않는다. 대표 사례는 뤄셴저羅賢哲 소장少將(준장~소장 해당)으로 대만 육군 사령부 통신전자정보처通信電子資訊處 처장을 역임한 고위 정보장교다. 뤄셴저는 상교上校(대령) 시절인 2002년 주태국대만대표부駐泰國臺北經濟文化辦事處 무관武官으로 발령받았다. 사정상 가족을 동반하지 않고 홀로 파견 나갔다. 이러한 상황에서 강력한 힘을 발휘할 수 있는 공작 수법이 바로 미인계다. 중국공산당은 여지없이 이 허점을 파고들었고 뤄셴저는 미인계에 넘어갔다. 그런 다음, 중국공산당 요원은 뤄셴저가 성관계를 맺은 동영상을 폭로한다고 협박했다. 여기서 중요한 점은 협박만 하지 않는다는 것이다. 중국공산당은 매수 공작의 달인이다. 당연히 협박만 하는 것이 아니다. 협박에는 항상 달콤한 당근이 따른다. 협박과 회유책을 병행하자 뤄셴저는 중국공산당에 여지없이 넘어갔다. 160)

셰씨는 그동안의 공작성과를 바탕으로 대만 현지에 직접 진출했다. 사업은 역시 식당과 찻집이었다. 영업장소는 군부대 근처 등 전략적으로 중요한 지역이었다. 군부대 인근 식당이나 찻집 주인으로 위장하면서 군 정보 계통 인사들과 친분을 쌓아 나갔다. 이후 다양한 공작수법을 동원해 다수 인사를 포섭해 나간다. 물론 공작수법은 비슷했다. 친분, 호의, 우정, 우의, 선심, 교류 등을 명분으로 내세우고 때로는 돈, 미인계 등을 포섭대상에 따라 능수능란하게 적용했다. 그 기반은 중국 첩보 기관에서 수집한 개인신상 정보였다. 이 정보를 분석해 개인별 약점을 찾아내고 이를 바탕으로 맞춤형 공작을 전개하는 수법이다. 예를 들어 경제적 곤란을 겪고 있는 인물에게는 금전, 여성 편력이 있는 인물은 미인계, 허영심 많은 배우자를 둔 경우는 배우자에게 고가 선물 제공, 명예욕이 강한 자는 그동안 축적한 커넥션을 바탕으로 승진을 하게 해주는 등 욕구를 충족시켜주는 방식이다.

군부를 비롯한 대만 각계를 포섭한 중국공산당은 이제 각종 대만 선거에도 조직적이고 노골적으로 개입했다. 대표 사례는 2018년 지방선거다. 중국공산당은 그해 선거에서 대대적인 여론전, 선전전, 심리전을 전개하면서 친중 성향의 국민당을 집중적으로 지원했다. 가짜뉴스 유포, 댓글 여론조작, 유언비어 유포 등을 통하여 친중 성향 후보를 입후보 단계에서부터 지원했다.

대만 국가안전국, 법무부조사국法務部調查局(미국 법무부 연방수사국 FBI 해당), 국방부 군사정보국 등 정보·방첩 기관들은 중국공산당의 대만 내 여론조작 공작을 포착하고 수사를 진행했지만, 결정적 증거, 물증 확보에는 실패했다. 중국공산당의 공작수법이 지능적으로 진화한 것에 더하여 합법 활동을 가장해 교묘하게 지원했기 때문이다. 법치주의와 영장주의 등을 기본으로 하는 자유국가 대만에서 법적 근거 없이 정보기관의 대응책은 한정되어 있다. 즉, 법적 기반을 갖추고 대응하기에는 늘 너무 늦어버렸다.

하지만 이를 통해 대만 정보·방첩 기관들은 늦게나마 중국공산당 정치공작전의 실체와 그 심각성을 알아채는 계기를 맞는다. 대만 정보기관은 중국공산당의 선거 개입 공작에 대응하는 방법은 공작을 사전에 차단하는 방법 외에는 없다는 별다른 방법이 없다는 결론에 도달했다. 2020년 1월 총통·입법원 동시 선거를 앞두고 중국의 선거 개입과 부정 선거 차단 활동에 전력을 기울인 배경이다.

한편 중국공산당은 2020년 대만 선거에 총공세를 퍼부었다. 초한전 전법을 총동원했다고 볼 수 있다. 군사전법으로는 군사적 도발과 위협, 유사전법으로는 외교전, 전통 미디어와 뉴미디어를 동원한 여론전, 선전전, 경제적 위협과 보상으로 동원경제전, 대만 내 범죄조직, 친중 시민단체, 국민당 세력과 연대를 통한 광범위한 해외 통일전선공작, 친중 대표 선별 후 지능적인 수법으로 지원하는 정치공작전, 가짜뉴스, 거짓 내러티브, 거짓 정보, 허위사실, 유언비어, 특정 후보 비방 살포 등 여론전, 선전전, 심리전, 인지전으로 대만 사회를 분열시키고 교란하는 총력 초한전을 총력 전개했다.

특히 친중 후보의 당선을 위해 치밀한 공작을 전개했다. 먼저 총통 후보로 중국공산당이 공들여 육성한 정치 스타 한궈위韓國瑜 가오슝高雄 시장을 1순위, 궈타이밍郭臺銘 훙하이정밀鴻海精密 회장을 2순위로 정했다. 궈타이밍은 중국에서 사업 성공을 바탕으로 세계적 재벌로 성공한 인물이다. 두 후보를 두고 중국공산당은 전략적 계산을 했는데, 최종 선택은 한궈위였다. 폭스콘Foxconn이라는 대형 사업체를 운영하는 궈타이밍보다 중국공산당과 직접 이해관계를 감추기 쉬운 한궈위로 낙점했다.

'한류韓流 열풍'이라 불릴 정도로 강력한 센세이션을 일으키던 한궈위는 차기 총통으로 유력했다. 반면 차이잉원 총통의 인기는 내림세를 거듭했다. 당시 선거 판세는 한궈위 돌풍에 힘입어 이미 국민당 집권을 기정사실로 예상했다.

변수가 발생했다. 홍콩 민주화 시위였다. 만약 홍콩에서 중국공산당의 탄압에 맞선 시위가 없었다면 2020년 총통선거에서는 중국공산당 대리 후보 한궈위가 당선되었을 가능성이 크다.

하지만 중국공산당의 홍콩 장악 실태를 보면서 대만인은 각성하기 시작한다. 대만 내 홍색紅色(친공산당) 언론 반대 시위, 민진당과 차이잉원 총통 지지 운동도 일어났다. 주목할 점은 초한전을 간파한 민진당 계열 정치인과 각종 정보기관의 불법 선거와 선거 조작에 사전적 대응 조치를 마련했다.

첫 번째는 중국공산당의 삼투 공작을 차단하기 위한 반침투법 제정이다. 선거 직전 입법원立法院(국회 해당)은 반침투법을 제정하여 2018년과 같은 중국공산당의 선거 개입과 부정 선거 조장을 차단했다. 또한, 외부 적대세력과 동조해 연대 활동을 펴는 개인과 조직에 대한 처벌 기반을 마련했다.

두 번째 중국공산당이 디지털화한 선거에 개입하여 조작할 수 있음을 감지하고 선거 부정 방지와 투명선거를 위해 선거법을 개정했다. 손개표로 전환하면서 고도로 발전된 중국공산당의 은밀하고도 조직적인 개표조작 시도를 사전에 차단할 수 있었다.

세 번째, 일부 미디어가 국민에게 중국공산당의 실체를 알리는 언론 본연의 의무를 수행했다는 점도 중요하다. 대만의 자유를 지키기 위해 언론인의 사명을 다하는 양심적인 언론인들이 건재했다.

결과적으로 대만은 2020년 총통·입법원 동시 선거에서 중국공산당의 초한전 총공세에서 선거와 독립을 지켜내는 데 성공했다.

정치공작전 종합사례: 태국 161)

오늘날 동남아시아의 중추국 태국泰國·Thai은 실질적으로 친중 반미 정권이 장악하고 있다. 행정부, 입법부, 군부, 학계 등을 모두 장악했다. 중국공산당이 태국에 오랫동안 전개한 정치공작전 성공 사례다.

인도차이나반도에 자리한 태국은 지정地政·지경地經학적으로 중요한 위치에 있다. 중국공산당은 인도차이나반도의 전통적 자유민주주의 국가, 반공 국가, 미국과 동맹관계인 태국을 친중화하는 데 전략적 우선순위를 둘 수밖에 없었다.

태국 친중화에 성공하면 중국공산당은 동남아시아에서 영향력을 공고히 하는 데에서 노른자위를 획득하는 것이다. 아울러 미국 동맹 체제인 허브 앤드 스포크스Hub & Spokes의 한 축을 무너뜨릴 수 있고 동남아시아 장악에 필요한 교두보를 확보하는 셈이다. 그래서 중국은 태국이 이른바 '중립국'을 표방하도록 지속적인 압력을 가했다. 태국의 중립표방은 태국과 미국동맹의 실질적 해체를 의미하기 때문이다. 즉, 태국은 동남아시아에서 동북아시아의 한국이 점하고 있는 전략적 위치에 상응하는 가치를 가지고 있다. 중국이 태국에 정치공작전을 집중적으로 전개한 배경이다. 그 방식을 살펴보자.

중국은 대태국 정치공작전을 종합세트로 집요하게 전개했다. 먼저 태국과 외교 관계를 개선하고, 이를 통해 우호·교류 채널을 구축해 확대했다. 동시에 경제교류를 확대하고 경제적 상호 의존성을 심화했다. 다음 단계 접근이 미디어 분야다. 태국에 중국 신문, 방송이 진출하거나 태국 현지 매체의 지분을 은밀히 간접적이고 합법적 방식으로 확보해 나갔다. 또한, 다층적 우호 교류 채널을 확대 심화하면서 태국의 정치, 군부, 학계, 기업 등의 엘리트를 매수해 친중 인사로 만들어나갔다.

태국 거주 화교에도 주목했다. 태국 전체 인구 대비 약 18%가 화교다. 중국공산당은 이들 화교 사회를 조직화하고 지원함으로써 태국 사회에서 막강한 영향력을 행사하도록 했다. 그 결과 태국 국회의원 중 화교 비율이 약 80%에 달했다. 이와 함께 해외 통일전선공작 하나로 태국 진보성향 정당과 연대했다. 대표적으로 태국 민주당을 친중 정당으로 재용도화함으로써 반미反美 선동에 이용했다.

해외 통일전선공작의 핵심 사업 중 하나는 반정부, 반체제 무장세력 육성이다. 태국 내 좌파 세력을 조직화해 반정부 무장조직으로 활동하도록 지원했다. 범죄조직을 매수해 강력한 조직으로 탈바꿈시키기도 했다. 중국공산당은 매수한 범죄조직을 각종 친중 행위 대리에 동원한다. 이밖에 각종 여론조작으로 태국 사회 친중화를 도모하고 중국공산당의 의도대로 태국 여론을 이끌어 나간다. 최종적으로는 친중 군부 쿠데타를 조장해 친중 성향 군부가 정권을 장악하게 했다. 태국 사회가 부지불식간에 '보이지 않는 전쟁'인 중국 초한전에 침탈당하고 말았다.

친중화 결과 태국은 친중 정치인, 군부가 중국제 무기를 부패 커넥션으로 다량 도입하기 시작했고, 중국 경제에 대한 의존도가 심화하였으며 중국 수중에 떨어진 각종 미디어는 중국이 원하지 않는 소식과 정보를 차단하였다. 그러는 사이 중국인들이 태국 사회를 장악해 나갔다.

태국 정권을 장악한 친중 성향 군부는 권력을 유지하기 위해 중국공산당 대리인 노릇을 자임했다. 이들은 권력을 유지하기 위해 중국식 사회통제, 감시, 검열, 처벌 시스템을 도입했다. 중국 인터넷 통제 시스템인 황금방패 시스템의 태국판이라 할 수 있는 단일 포털 Single Portal 시스템으로 언로言路와 여론을 통제하기 시작했다.

이러한 현실에 이의를 제기하는 학자와 전문가에게는 대놓고 위협을 가했다. 태국 지식인이 중국에 대해 부정적 발언을 하거나 글을 쓰는 것이 태국-중국 관계를 해친다는 논리였다. 여기에 덧붙여 중국에서 오는 경제적 실익을 챙겨야 한다는 논리도 폈다.

중국공산당은 중국에 비판적인 태국 지식인은 중국 입국을 불허하고 중국 관련 활동도 차단했다. 중국의 입장에 반하는 행동을 하면 개인적인 불이익을 받을 것이라는 암묵적인 침묵의 강요였다. 그 결과 태국의 지식인, 방송인, 언론인들은 중국식 내러티브만을 앵무새처럼 조잘대는 신세로 전락했다. 이들이 사용한 중국식 내러티브는 한국에서도 익숙한 내용이다. 바로 '중국은 위협이 아니다,' '중국과 태국 우호 협력의 중요성,' '중국은 태국 경제의 미래,' '동남아인을 위한 동남아인의 아시아,' '중국 부상 미국 쇠퇴,' '미국과 중국 사이에서 선택의 딜레마,' '균형외교, 줄타기 외교,' '중국정치경제 모델 우수성' 등이다.

오늘날 태국은 중국공산당의 영향력에 잠식당했다. 문제는 한번 중국공산당에 잠식당한 태국 사회가 자력으로 이 족쇄를 끊어내기는 너무나도 힘든 과정이자 희생을 요구하는 상황에 부닥쳤다는 것이다.

4. 한국 대상 정치공작전

한국은 중국공산당의 정치공작전에서 예외일까? 이 질문과 관련해 한 가지 사실만 기억하자. 한국은 중국공산당이 장악하기 위해 가장 공을 들이는 최우선 순위에 올라가 있는 나라다. 속을 들여다보면 그 어느 국가보다도 깊숙이 정치공작전을 전개하고 있는 나라임을 알 수 있다. 유감스럽게도 한국 사회에서는 중국공산당이 전개하는 초한전에 대한 문제의식이 없다시피 하다. 따라서 정치공작전이 어느 정도로 깊게 적용되고 있는지 초보적 조사도 진행하지 못한 상황이다.

하지만 중국이 한국에서 전개하는 정치공작전과 해외 통일전선공작을 포함한 초한전 실태를 가늠해 볼 수 있는 단속적이고 파편화된 기사는 매우 많다. 여기서는 한국에서 전개되는 중국 초한전을 유추할 수 있는 내용을 간략히 요약해 소개한다.

사례 1. 한국 엘리트 장교 포섭 공작 162)

앞서 대만군 내 고급 정보 장교들이 어떻게 중국공산당 공작에 포섭

되었는지 살펴보았다. 한국 사례도 있다. 정규 사관학교 출신으로 차세대 유망주였던 한 소령 이야기다. 이 장교는 군사 교류 형식으로 중국에 파견되었다. 그런데 중국에 한국 군사첩보를 넘기는 간첩행위와 국가 반역 행위를 저질렀다.

애국심으로 무장한 엘리트 장교가 어떻게 중국공산당 스파이가 되었을까? 그 과정을 보면 아무도 자유롭지 못하다는 사실을 알 수 있다. 중국공산당은 포섭과 매수에 가장 악랄하고, 악질적이며, 사악한 공작 방식을 지난 백여 년간 갈고 닦았다. 고도로 정교하고 치밀하다. 부모, 형제와 친구 간의 우정과 같은 인간의 가장 고귀한 품성을 최대한 악랄하게 공략하는 수법이다. 중국공산당 매수 공작에 익숙하지 않은 자유민주주의 국가 사람들은 자기가 매수당한다고 상상도 못 한 채, 매수당하기에 십상이다.

다음은 해당 소령이 매수당하는 과정이다.

소령이 중국에 파견 나오자 인민해방군 요원이 접근했다. 공작의 시작은 먼저 인간적인 관계를 만드는 것이다. 요원은 소령이 모친 상喪을 당하자 거액의 조위금을 주는 것은 물론 따뜻한 위로로 성의를 다하는 모습을 보여주었다. 이후 기회를 포착해 우정, 신뢰, 진정성, 힘을 보여주는 사건을 연출한다. 베이징의 한 주점에서 폭력배를 가장해 문제를 일으키는 수법이다. 소령의 공적인 신분을 악용해 외국에서 형사 사건에 휘말리게 만듦으로써 곤란한 처지에 빠지게 만드는 수법이다. 그러다 친구(중국공산당 요원)가 나타나 사건을 깔끔하게 처리해 무마해 준다. 다음은 인간의 양심과 공감대를 역이용하는 과정이다. 그 요원은 친구가 된 소령을 자신의 시골집에 초대한다. 초로初老에 접어든 인자한 부모에게 인사시키고 한적한 시골 마을에서 인정 넘치는 분위기를 연출하면서 경계심을 모두 무장 해제시키는 수법이다. 그 요원은 친구가 된 소령에게 자신의 어려운 성장 과정을 이야기해 주기도 했다. '나는 벽지僻地 출신이지만 자애로운 부모님 슬하에서 티 없이 자랐다. 열심히 노력해 수도 베이징으로 갔고 성공했다.'는 스토리였다. 이 과정을 거치면서 두 사람은 진정한 친구朋友가 되었다.

절친한 친구가 되자 요원은 소령을 대상으로 본격적인 스파이 공작을 시작했다. 조심스럽게 별로 중요하지도 않은 군사정보를 물어보는 식이었다. 이때도 접근은 신중했다. 처음에는 중요 정보를 요구하지 않는다. 신문 기사에 보도되는 수준의 일반적인 정보를 요구했다. 보안 등급상 3급 기밀 정도로 분류되는 것이다. 하지만 소령이 이 낮은 단계의 정보요구에 응하자 점차 정보의 수준을 높였다. 그리고 이와 함께 금전적 대가를 제공해주기 시작했다. 금전적 대가도 처음에는 소액에서 출발한 다음, 점차 금액을 높여 나가는 수법을 적용했다.

상황이 여기에 이르자 소령은 정보 제공을 거절했다. 그러자 그 요원은 이제는 인간적인 호소에 매달리는 식으로 공작 모드를 전환한다. 자기가 너무나도 곤란한 지경에 빠져 있으니, 이번 한 번만 사람 하나 살린다고 생각하고 부탁 좀 들어달라고 했다. 그러자 인정에 약한 소령은 '이번 한 번쯤 그리 중요한 정보도 아닌데, 일단 둘도 없는 친구 한 번만 살리자' 하면서 마지못해 들어주었다. 그러면 이 요원은 감사와 '순수한 마음(?)'을 담아 금전적 대가를 지급했다. 금전적 대가라 해봐야 많은 돈도 아니다. 하지만 이 단계에 이르면 이미 돌이킬 수 없는 수렁에 빠져 올가미에 단단히 걸려든 셈이다. 다음으로는 소령의 죄책감을 마비시키는 공작을 전개했다. 이러한 과정을 거치면서 가랑비에 옷 젖는 줄 모르는 사이에 그 소령은 중국공산당에 매수된 스파이이자 국가 반역자가 되어버렸다.

이 사례를 통해 중국이 포섭과 매수 공작을 전개하는 정교한 패턴을 이해해야 한다. 무엇보다도 중국이 사용하는 주된 공작수단은 돈, 특혜, 특권이다. 하지만 중국은 나라별 정치적 특징을 자세히 파악하고,

그 특징에 맞추어 공략하는 전술을 적용한다. 즉, 본질은 돈, 특혜, 특권, 인간관계 형성 등이지만 그것을 적용하는 방식은 나라별 정치적 특징과 제도적 차이를 고려해 다르게 적용하는 것이다. 예를 들어 한국의 정치적 환경에서 중국인이 공개적으로 선거자금 모금 캠페인을 벌일 수는 없다. 이러면 다른 수단을 동원한다. 이것도 물론 본질은 돈, 특혜, 특권, 미인계, 명예, 허영심 등이지만, 그 방식은 다르다는 점이다. 예를 들어 중국 고위직과 면담을 성사시켜준다든지, 직간접적 선거 지원 등 상황과 개인별로 다양한 공작 방식을 취할 수 있을 것이라는 점이다.

사례 2. 정치세력화: 중국인 대상 영주권과 투표권 부여

"대한민국 수도인 서울 시장을 뽑는데 왜 중국 국적을 가진 영주권자들이 투표(?) (중략) 영주 자격 비자(F-5)를 취득한 지 3년 이상 지난 등록 외국인에 대해 지방선거에 투표권을 주면서 대한민국의 국회의원을 중국인이 뽑을 수도 있는 길을 열어줬다. (중략) 서울시 등록 외국인의 절반 이상이 중국 국적자이고, 영주자격을 갖춘 외국인 대부분도 중국 국적으로 추정 (중략) 조선족이나 중국 한족, 화교 등은 대한민국에 살면서 한국 사회에 동화되기보다는, 중화사상을 갖고 자기들끼리 뭉치는 습성을 보인다. (중략) 특히 민주당이 친중 행보를 보이고, 조선족을 표밭으로 인식하면서, 오히려 대한민국 국민보다 훨씬 많은 혜택을 주는 정책을 무분별하게 쏟아낸 바 있다. 기존 대한민국 국민의 역차별 논란까지 불거진 상황이다. (중략) 중국계 화교, 조선족이 많은 곳에서 친중 유세를 벌이고 있는 박영선 서울 시장 후보 (중략) 중국계 외국인들에게 무분별하게 투표권을 나눠줘서 이들이 자신의 이익을 대변하는 시장, 군수, 도지사 등을 뽑게 하는 것은 장기적으로 대한민국의 국익에 전혀 도움이 되지 않는다는 평가 (하략)"

《파이낸스투데이》 2021.03.27.[163]

우리나라는 자국민이 아닌 외국인 영주권자에게 지방선거권을 부여했다. 긍정적인 목적도 있다. 그런데 문제가 그렇게 간단하지 않다. 외국인 영주권자라고 성격을 희석하는 개념을 사용하고 있지만, 이들의 절반 이상이 특정 국가 출신이라면? 그것도 한국의 자유민주주의 체제에 적대적이고 종속국으로 만들겠다는 전략적 목적이 있는 중국공산당 일당독재체제의 중국 국적이라면? 선거권을 보유한 영주권자가 자의 혹은 타의 등 외부 압력으로 중국공산당 통일전선공작에 취약할 수밖에 없는 상황이라면 어떠할까?

문제는 여기서 그치지 않는다. 이 문제가 한국의 자주독립 국가로서 정체성과 위상을 위협하는 문제와 직결되어 있다면? 더 정확하게 말하면 '있다면?'이 아니라 '직결되어 있다.' 왜냐하면, 이러한 선거제도에서 '선거를 통한 당선에 목숨 건' 한국의 정치인들은 특정 선거인 집단에 매우 취약하게 반응할 수밖에 없기 때문이다. 그렇다면 한국의 정치인들은 특정 외국인의 이익을 위한 정책과 법 입안에 더욱더 적극적일 수밖에 없게 된다.

그 특정 외국인의 출신 국가에 대해서도 '눈치를 볼 수밖에 없는' 제도적 제약이 된다. 국익보다는 자신의 정치적 이익계산을 먼저 할 수밖에 없어서다. 결과적으로 이들이 한국의 정치인이라기보다는 특정 외국의 이익에 봉사하게 되는 자발적 또는 비자발적 매국노賣國奴가 될 수밖에 없는 구조가 형성된다. 타국의 이익을 위해 봉사하게 되는 구조, 자발적·비자발적으로 매국노가 될 수밖에 없는 구조가 형성된다.

또한, 선거권자의 비대칭적 영향력 향상 문제도 있다. 우선 한국 사회 주류로 자리 잡지 못한 외국인 영주권자들은 자신들의 이익을 위해 정치적으로 결집하게 된다. 반면 지방자치단체 수준에서 한국 국민은 지역사회 정책에 대해 이들과 같이 관심을 두지 않는 것이 일반적이다. 그 결과가 무엇일까? 한국은 정치적 이익계산에 몰두할 수밖에 없는 정치인들에 의해 그 특정 국가에 자발적 종속국가로 전락할 수밖에 없게 되는 것이다.

사례 3. 정치엘리트에 대한 영향력 강화: 중국에 배례拜禮하는 한국 정치지도자

⟨Box 4-1⟩ "이 사람들 왜 떼로 중국에 새해 인사를 하죠?"

《펜앤드마이크》 2018년 2월 17일 자

"문재인 대통령, 중국인들에게 뜬금없는 '새해 문안 인사' 올려"164) 조선 국왕도 새해가 되면 중국을 향해 절을 했다. 文정부, 李씨조선 자처하나. 국민들 "공산중국 따위에 자유대한의 대통령이 사대하다니." 문재인 대통령이 15일 중국중앙방송(CCTV)를 통해 중국인들에게 새해 인사를 했다.

《한국경제신문》 2021년 2월 17일 자

"정세균·이재명 등 與 인사, 앞다퉈 중국에 '새해 인사'"165)
정세균 국무총리, 이재명 경기지사, 박병석 국회의장 등 정부·여당의 고위 인사가 중국공산당 기관지에 지난 설 명절을 앞두고 새해 인사를 한 것으로 나타났다. 미·중 갈등이 격화되는 상황에서 여권의 친중 행보에 대한 뒷말도 나온다. 17일 인민망 한국어판 홈페이지에는 정부·여당 인사들의 새해 인사 영상이 올라와 있다. 정 총리, 이 지사, 박 의장뿐 아니라 양승조 충남지사, 도종환 더불어민주당 의원의 영상도 있다. 이 홈페이지에 많이 본 기사 1위는 '정세균 한국 국무총리 인민망 신년인사'다. 정 총리는 영상에서 "지난 한 해 전 세계에 불어닥친 코로나 19 위기 속에서 한국과 중국 두 나라는 서로를 도우며 더욱 돈독해졌다."고 인사했다. 그러면서 "한국과 중국은 가까운 이웃"이라며 "중국 어려움은 우리의 어려움"이라고 말한 문재인 대통령의 발언을 전했다."

인민망 2021년 2월 8일 자

> "도종환 한국 국회의원 인민망 신년 인사"166)
> "니하오你好. 여러분 안녕하세요. 대한민국 국회의원, 국회 문화체육관광위원장 도종환입니다. 중국에서 가장 권위 있고 인민들에게 가장 사랑받는 인민일보 인민망을 통해 인사드리게 되어 뜻깊게 생각합니다. 여러분 모두 새해 복 많이 받으시고 올 한해 더 건강하고 행복한 일만 가득하시기를 바랍니다. 고맙습니다."
>
> 인민망 2021년 3월 19일 자
>
> "중국 빈곤퇴치 사업의 국제적 의의와 언론 보도실천 포럼 개최"167) 권영세 의원은 "개혁·개방 이후 중국은 '빈곤'의 문제를 비단 중국에 국한하는 것이 아니라 전 세계가 공통으로 직면해 있는 인류의 생존 문제로 인식하고 지난 8년간 모든 역량을 동원해 빈곤퇴치를 위한 노력을 해 왔다."고 하면서 "지난 2월 시진핑 주석이 '중국은 빈곤과 싸움에서 전면적인 승리를 거두었다'며 농촌 빈곤 인구가 빈곤에서 벗어났음을 선언한 것을 뜻깊게 생각한다."라고 밝혔다.
>
> 《파이낸스투데이》 2021년 2월 12일 자
>
> 민경욱 전 의원, "이 사람들이 왜 떼로 중국에 새해 인사를 하죠?"168) 민 대표는 "아니, 이 사람들이 왜 떼로 중국에 새해 인사를 하죠? 전에도 그랬나요? 이들에게는 중국인들이 유권자라서 그런가요? 그 사람들이 우리나라에 세금 1원이라도 내는 사람들인가요? 일본에도 이렇게 떼로 인사를 했나요? 미국 국민에게도 똑같이 인사를 했나요? 오호라! 미국엔 구정이 없어서 그렇다고요? 그럼 신정이나 추수감사절 때는 집단 인사를 올렸나요? 우리나라가 중국을 모시고 조공하는, 그 국민의 영혼에 사대주의가 DNA로 반듯하게 찍혀있는 2등 국가인가요?"

당시 대통령부터 시작해 최근에는 한국의 국가지도자들이 경쟁적으로 중국과 중국공산당에 '사대의 예'를 갖추는 행태(그들은 친선과 우호를 위한 순수한 목적이라고 할 수도 있다. 하지만 필자의 눈에는 무슨 이유인지는 확증할 수 없으나 '사대의 예'로 비추어진다)가 어느덧 '당연한 것' 또는 '별문제 아닌 순수한' 관례로 자리 잡아 가고 있다. 자신의 정치적 이념 또는 이익계산에 몰두할 수밖에 없는 정치인들에 의해 한국은 자발적인 종속국가로 전락할 수도 있다. 한국의 자유민주주의 제도와 체제의 형식은 될 수 있으면 건드리지 않고 놔둔 채 실질적으로 중국공산당의 용도에 맞게 이용하면 된다. 이것이 바로 '재용도화된 민주주의'의 예다.169)

사례 4. 중국공산당의 한국 정치 개입 의심 사례

한국의 선거와 선거 시스템에 중국공산당의 개입 흔적이 의심되는 증거가 나오고 있다. 다음은 관련 기사 내용이다.

검찰 출석한 민경욱 "FOLLOW THE PARTY 구호가 나왔다."170)

《조선비즈》 2020.05.21.

"민경욱 주장한 4·15 총선 조작의 증거…… 'follow the party'·여백 다른 투표지"171)

《서울신문》 2020.05.22.

"'follow the party'에도 부정 선거 수사 않고 민경욱 휴대전화만 뺏은 검찰"172)

《아시아타임스》 2020.05.22.

"韓 네티즌 '함정수사'에 걸린 中 공산당 댓글부대가 쓴 '나는 개인이오'의

뜻"173)

《에포크타임스코리아》 2020.03.06.

"나 개인이오." 어색한 말투로 '화들짝'… '차이나 게이트' 커지는 의혹174)

《뉴데일리》 2020.03.02.

"누리꾼, 삼일절에 '차이나 게이트'·'나는 개인이오' 실검 운동하는 이유"175)

《세계일보》 2020.03.01.

이상 기사 내용은 대표 사례일 뿐이다. 중국공산당이 한국 정치에 어느 정도 영향력을 행사하고 있는지에 대해서 아직 공식적으로 밝혀진 증거는 없다. 공식적인 조사를 하지 않아서다.

하지만 중국공산당이 한국 정치에 삼투해 들어와 개입하고 있다는 증거는 사회적 수준에서 지속해서 제시되었다. 중국공산당이 한국의 정치와 사회에 은밀하게 개입해 영향을 끼치는 조직적 초한전 공작을 차이나 게이트라고 부르기도 한다.

대표적으로 2020년 4.15 총선 과정에서 나온 사례이다. 투표 결과를 계산하는 전자 개표 프로그램에서 나온 'FOLLOW_THE_PARTY'라는 비밀코드이다. 'Follow the Party'는 중국공산당의 대표적 구호이다. '영원히 당을 따르라永遠跟黨走'라는 의미다.

중국 대표기업 텐센트가 중국공산당에 충성을 표시하는 의미로 사옥 앞에 선전 구호 조형물로 조성해 놓은 것으로도 유명한 구호이기도 하다.

해당 사안에 대해서 정부는 어떠한 공식 조사도 하지 않았고, 현재는 한국 사회에서 잊혀 버리고 말았다. 의혹으로만 남아있기에 중국공산당이 개입했다 단정 지을 수는 없다.

2020년 사회적으로 문제가 된 '나는 개인이오.' 사건이 발생했다. 한국의 포털사이트와 인터넷 카페 공간을 포함한 각종 인터넷 공론장에 대규모로 개입하여 가짜뉴스, 허위정보를 유포하고 여론 호도와 조작 등을 통해 내분을 조장하면서 한국의 정치지형을 중국공산당에 유리한 방향으로 유도하는 공작을 전개하고 있다는 증거였다. 이 문제 또한 조사 자체도 진행되지 않았고 어떠한 대처도 없었다.

만약 중국공산당이 초한전 공작의 하나로 한국 사회에 은밀하고도 고도로 정교하게 삼투, 침투, 개입하고 있다면? 한국은 이미 중국공산당의 실질적인 종속국 처지로 추락했다고 볼 수 있다. 한국 정치에 끼치는 중국공산당의 영향력이 사실이라면 눈치 빠른 정치인은 중국공산당에 사대事大의 예를 갖출 수밖에 없다. 선거에서 당선되기 위해서는 중국공산당의 도움이 필요하고 눈 밖에 나면 선거를 통한 정치 권력 쟁취가 곤란해지기 때문이다.

이것이 사실이라면 한국은 이미 '사실상' 중국의 속국과 다름없다. 선거를 통해 정치 권력을 장악하는 자유민주주의 선거제도를 유지하고 있는 한국에서 정치인들은 경쟁적으로 중국의 눈치를 볼 수밖에 없게 된다. 그들에게는 한국의 자유와 독립보다는 자신의 정치 권력에 대한 이익이 우선일 수 있기 때문이다. 그들은 경쟁적으로 중국과 중국인에 대해 우호적인 정책을 입안하게 된다. 그래서 이것은 한 개인의 문제라기보다 제도의 문제다. 제도적으로 서슴없이 매국적 행태를 선택하지 못하도록 막을 필요가 있고, 그 몫은 한국국민에게 달렸다.

제 5 장

해외 통일전선공작전

제5장 해외 통일전선공작전 [176]

해외 통일전선공작은 정치공작전과 함께 전개된다. 최근 미국, 호주, 영국, 대만, 일본, 유럽 등에서는 초한전이 해외 통일전선공작 차원에서 전개되고 있는 구체적 사례에 대한 분석보고서가 발간되었다. 실증 사례는 중국공산당이 전개하는 초한전의 실체를 방증할 수 있는 근거를 제공해준다.

중국공산당이 초한전 개념을 어떻게 차용하여 적용하고 있는지 분석하기 위해서 해외 통일전선공작사례를 통해 그 실체를 검증해 보자.

1. 중국공산당의 해외 통일전선공작 실태 [177]

미국, 호주, 일본을 중심으로 초한전의 실상에 대한 분석보고서가 발표되는 중이다. 중국공산당이 해외에서 초한전을 전개하는 방식은 중국공산당 중앙위원회를 중심으로 통일전선공작부, 대외연락부, 중앙선전부, 중국인민정치협상회의, 인민해방군, 국가안전부, 외교부, 교육부 등 당·정·군 조직을 망라한다.

중국공산당의 해외 통일전선공작 관련 대표적인 보고서는 미중경제안보검토위원회The U.S.-China Economic and Security Review Commission가 발표한 『중국 해외 통일전선공작』[178]이다. 해당 보고서는 중국공산당이 미국, 호주, 뉴질랜드, 대만에서 전개해 온 통일전선 공작 실태를 추적했다.

보고서에 의하면 중국공산당 중앙, 국무원 산하 다수 조직이 통일전선공작과 연계되어 있다. 이들 조직은 우선 현지 중국 교포단체나 화교단체에 침투해서 중국공산당 체제에 부정적인 여론을 잠재우고 우호적인 목소리를 내도록 유도한다. 현지 중국인들이 중국공산당에 반대하는 상황인지 감시하고 대만 독립, 소수민족 분리독립 여론을 차단하는 것도 포함한다. 현지 대학별로 조직되어 있는 중국학생학자연합회를 이용해서 중국인 유학생, 학자들을 감시하고 나아가 이들이 중국공산당의 방침을 대변하는 활동에 나서도록 지시하기도 한다. 그리고 중국 교포 혹은 교포로 가장한 중국공산당 요원이 현지에서 중국어 언론매체를 인수하거나 설립하여 중국에 우호적인 여론을 주도하기도 한다. 여기에는 현지 대학을 중심으로 중국공산당 활동을 전개하는 데 이용하는 공자학원孔子學院도 포함된다.

중국 유학생, 학자를 동원해 연구기술 결과를 유출하는 산업 연구기술 스파이 활동도 전개한다. 이를 위해 대학이나 민간 싱크탱크에[179] 수십만 달러에 달하는 돈을 기부한다. 실질적인 매수다. 이를 통해 해당 연구소에서 진행하는 연구가 중국에 반하지 않고 우호적인 상황을 견지하도록 간접적 영향력을 행사한다.

해당 국가 여론주도층을 통해 중국공산당의 의도가 간접적으로 관철되도록 하는 고도의 전술도 구사한다. 정책입안자, 일반 시민들이 중국 관련 논의나 인식 과정에서 자각하지 못하는 사이에 중국공산당이 설정한 틀 내에서 사고하거나 정책을 논의하도록 유도한다. 나아가 중국인이 현지에서 시민권을 취득하고 선출직 정치인으로 성공하도록 지원하고 이를 통해 해당 국가 정책에 영향을 끼치는 정치공작전도 전개한다.

보고서는 현재까지 해외 통일전선공작에 성공한 국가로서 호주, 뉴질랜드, 대만 등을 들었다.

중국공산당은 호주에서 2000년대부터 현지 매체 인수나 신설 등을 통해 정보와 여론을 장악하고 정부 정책 결정 과정상 주요 직책에 있는 정치인을 주 타깃으로 설정해 정치자금을 후원하는 방식으로 매수하였다. 호주보안정보국ASIO에 따르면 호주 내 중국어 신문과 방송 매체 95% 이상이 중국의 영향력 아래 있으며 최근에만 해도 최소 10명 이상의 정치인들이 통일전선공작에 매수된 것으로 파악했다.

뉴질랜드에서는 상황이 더욱 심각하다. 인민해방군 정치공작부 출신을 뉴질랜드에 이민 보내 현지 사회단체를 장악하고 최종적으로는 국회의원으로 당선시켰다. 중국공산당은 자유민주주의 국가들에 대해 해외 통일전선공작을 수행하기 위한 경험을 축적하는 일종의 '시험무대'로 뉴질랜드를 꼽는다.

대만에서는 분리독립 여론을 사전 차단하고 중국과 재통합에 우호적인 여론을 형성하는 공작을 기본으로 한다. 나아가 대만의 정치 현실에 대한 부정적 측면을 부각해 선전·선동하면서 대만인들이 대만의 자유민주주의 체제에 대해 반감을 갖고 스스로 부정하도록 유도하는 인지전도 주요 공작에 들어간다. 이를 위해 대만 내에 반 대만 독립운동, 대륙과 통일운동을 주도하는 인사들과 조직들을 지원한다.

백악관 무역·제조업 정책실White House Office of Trade and Manufacturing Policy에서는 중국이 미국을 포함한 전 세계 선진국의 기술과 영업기밀 등을 탈취하면서 미래 성장산업에서 자국 우위를 확보하기 위해 전개하는 전략과 불법적 행태 조사를 폭로했다.180)

민간 연구소도 관련 보고서를 발표했다. 2018년 10월, 미국 스탠퍼드대학교 후버연구소가 발표한 보고서 『중국 영향과 미국의 이익 Chinese Influence and American Interests: Promoting Constructive Vigilance』은 중국이 대미 영향력 확장 전략·전술을 미국 연방의회, 연방정부, 주州정부, 중국인 교포사회, 대학, 연구소, 매체, 기업, 연구개

발 분야 등에서 광범위하고도 치밀하게 전개하고 있는 실상을 폭로했다.181)

이상은 중국공산당이 초한전을 전개하는 주요 수단으로 해외 통일전선공작을 펴는 단편적인 실상을 보여주는 내용이다. 그러면 해외 통일전선공작이 중국공산당의 대내외 전략에서 갖는 의미와 내용, 실행구조 등을 살펴볼 필요가 있다.

2. 이민촉정以民促政: 민간인을 이용한 정치 목적 달성

중국공산당의 핵심 전술 중 하나가 민간인을 이용해 자신의 정치적 목적을 달성하는 것이다. '이민촉정以民促政' 전술이다. 이민촉정 전술은 국공내전에서부터 현재에 이르는 중국공산당의 기본 전술이다.182) 마오쩌둥은 이를 인민전쟁론이라 불렀다.

통일전선공작은 공산당이 기존 체제를 전복하고 권력을 장악하는데 동원하는 핵심 전략이다. 공산당 단독으로는 현존하는 정치체제를 전복하고 정치권력을 장악하는 게 현실적으로 어렵다. 공산당 지지 세력은 어느 사회나 상대적으로 소수이기 때문이다. 체제에 불만을 가진 사회 제반 세력과 연대가 필수적이다. 다만 연대를 조직하고 실질적으로 이끄는 것은 공산당이어야 한다. 공산당의 목적에 충실해야 해서다.

사회 제반세력에는 농민, 노조, 진보시민단체, 진보 지식인, 진보 전문가 집단, 종교인, 민족주의자, 중소상공인 등이 포함된다. 이들과 연대 전선을 구축하면서 공산당이 중심적 조직 지도부를 구성하고 반체제 운동 의제와 전략·전술 등을 주도한다. 통일전선의 개념은 여기서 비롯되었다.

즉, 제반 사회조직들의 연대 전선을 구축하지만, 공산당의 통일된 조직적 지도를 핵심으로 하기 때문이다. 그리고 공산당이 체제 전복에 성공하고 사회주의 정권이 들어서면 이들 조직을 사회주의화 과정에 동원한다. 공산당이 장악한 사회 제반세력과 조직의 목소리를 인민의 목소리, 인민의 요구라고 포장하기 위해서다. 그리고 공산당이 인민의 요구를 대변하기 때문에 민주주의라고 부른다. 이를 통해 공산당은 이른바 (인민)민주주의적 통치와 공산당의 독재를 정당화한다. 이것이 바로 인민민주주의, 민중민주주의 또는 이들이 주장하는 이른바 '민주주의'다. 물론 사회주의화 과정에서 이들 제반 사회 조직은 실질적으로 또 다른 형태의 공산당 조직이 되고 결과적으로는 그 외형만 남는다. 오늘날 중국의 중국인민정치협상회의(정협)가 대표적인 예다.

통일전선공작의 기원과 의미

통일전선은 본래 레닌Lenin의 볼셰비키가 제정帝政 러시아를 전복하고 '소비에트 공화국'을 만드는 과정에서 발전시킨 전략·전술이다. 체제 전복 전술 요체가 통일전선 전술이다.

레닌은 체제를 전복하기 위해서는 핵심 엘리트 계층을 타도해야 한다고 판단했다. 기존 체제의 정부, 군, 경제, 사회적 권력을 장악한 핵심집단이기 때문이다. 소수 집단 공산당은 자체 역량만으로는 이들을 타도할 수 없었다. 공산당은 일반 대중과 연대 전선을 구축해야 한다. 또한, 체제를 전복하기 위해서는 일반 대중을 선동해 사회를 교란해야 한다. 여러 사회 조직과 단체를 조직적으로 동원하기 위해서는 이들을 공산당이 조직적으로 장악하고 있어야 한다. 물론 그 연대 전선의 중심은 공산당이다. 공산당이 자신의 체제 전복 전략과 계획을 기반으로 조직적으로 움직이면서 일반 대중을 선동해 동원해야 한다.

공산당이 조직적 선동과 동원을 지휘하기 위해서는 첫째, 적의 약점을 집중하여 공격한다. 주도면밀하게 정세를 관찰하면서 아무리 사소한 일이라도 적의 약점이 될 수 있으면 이 부분을 집중하여 공략해 들어간다.

둘째, 적 내부 갈등을 조장한다. 이를 위해 적 내부에 공산당 요원을 비밀리에 삼투시키고 일부 엘리트를 포섭한다. 적 내부를 이간하고 분열시킨다. 때로는 엘리트 집단 내 분파를 포섭해 연대 전선을 구축하기도 한다.

셋째, 광범위한 일반 대중과 연대 전선을 구축한다. 체제와 정권에 대한 대중적 불만을 조장하고 선동할 이슈가 발생하면 이를 중점적으로 공략해 대중을 결집함으로써 집권 엘리트를 고립시킨다. 물론 이 과정에서 공산당은 권력을 장악할 때까지 절대로 정체를 드러내서는 안 된다. 그들의 실체는 철저한 비밀 원칙을 고수한다.

대중을 선동할 때는 민주주의, 평화, 반전, 정의, 공정, 민족, 생명의 소중함, 사람 중심, 인권, 차별금지, 성 평등, 소수자 보호 등 대중이 쉽게 동조할 수 있는 가치를 내세운다. 공산당의 정치적 목적을 감추고 정치 권력을 장악해 공고화하기까지는 다양한 가치와 이해가 있는 사회 제반세력의 동조를 끌어내야 하기 때문이다.

통일전선공작을 전개할 때는 신중하고 조심스럽게 또한 능숙하게 전개하며 이용할 수 있는 모든 수단과 방법을 가리지 않고 동원한다. 바로 이것이 통일전선 전술이고 통일전선 전술을 이해하는 자가 진정한 사회주의 혁명가다.[183]

중국공산당 승리를 위한 보배: 통일전선공작

중국공산당은 본래 구소련 볼셰비키가 만든 조직이다. 코민테른 Communist International을 결성한 소련공산당은 볼셰비키 요원을 중국에 파견해 중국공산당 창당을 주도했다. 이들은 마르크스-레닌주의, 혁명 전략·전술을 중국공산당에 전수하기도 했다. 초기 중국공산당 지도자 다수가 소련에서 공산당 이론과 전술을 교육받은 자들이다.

초기 중국공산당을 이끌었던 소련 볼셰비키 요원들이 전개한 통일전선공작이 바로 제1차 국공합작이다. 중국 공화 혁명을 주도했던 쑨원에게 통일전선공작을 전개해 성공한 대표적인 사례다. 합작과 협력이라는 미명으로 국민당 내부로 삼투하여 국민당 조직과 자금을 바탕으로 공산당을 키우고 국민당을 접수하는 전술이다. 국민당과 사관학교 황푸군관학교黃埔軍官學校를 공산당 조직, 당원을 키우는 데 이용했다. 중국공산당을 이끈 대표적인 인물 다수가 저우언라이가 정치부 교관으로 있던 황푸군관학교에서 공산주의 이념교육을 받고 공산당원이 된 자들이다.

통일전선 전술은 1935년 마오쩌둥이 당권과 노선을 장악하면서 중국적 특성을 살려 더욱 고도화되었다. 마오쩌둥은 국민당과 제2차 국공합작 성립과 이후 국공내전 과정에서 통일전선공작 전술을 능수능란하게 구사하면서 대륙의 권력을 장악하는 데 성공했다.[184]

통일전선 전술의 위력을 보여주는 많은 사례가 있지만, 대표 사례를 꼽으라면 제2차 국공합작이다. 소련공산당이 지원하고 마오쩌둥이 설계했으며 저우언라이가 전면에 나서 실행한 작품이다.

둥베이東北 군벌 장쉐량張學良이 시안西安 화청지華淸池에서 장제스蔣介石를 감금한 1936년 12월, 시안사변西安事變 결과 1937년 단행한 제2차 국공합작은 항일抗日을 대의로 내걸고 국민당과 공산당이 협력해 일단 외적인 일본을 먼저 무찌른다는 명분으로 실행되었다. 이는 마오쩌둥의 전형적인 기만전술이었다. 배경을 간략히 설명하자면, 마오쩌둥의 중국공산당은 장정長征이라고 부르는 패퇴 과정을 거쳐 천혜의 요새인 산시성 옌안에 자리를 잡는다. 옌안 시기 초기 중국공산당은 이미

국민당에 대적할 수 없을 정도로 타격을 입고 간신히 세력을 보전하고 있었다. 장제스는 시안을 중심으로 마지막 공비共匪 토벌을 앞두고 있었다. 중국공산당 입장에서는 세력을 보전해 후일을 도모해야 하는 절체절명의 상황이었다.

이 상황에서 소련 스탈린의 지시를 받은 마오쩌둥은 국민당의 총구를 일본으로 돌리기 위한 계략을 찾아낸다. 항일이라는 대의명분이었다. 일반 중국인들에게 강한 설득력이 있는 명분이기도 했다. 시안에서 중국공산당 토벌을 총지휘하고 있던 장쉐량은 일본에 대한 개인적 원한이 사무친 인물이었다. 일본이 아버지인 둥베이東北 군벌 장쭤린張作霖을 폭살爆殺했기 때문이다. 마오쩌둥과 저우언라이는 이 점을 이용해 장쉐량 포섭작업에 들어갔다. 포섭 공작에 넘어간 장쉐량이 장제스를 강제해 국공합작으로 이끈 사건이 시안사변이다.

제2차 국공합작을 추진한 마오쩌둥의 계략은 다면적이었다. 첫째, 항일이라는 대의명분을 내걸고 국민당의 총구를 일본군으로 돌린다. 이를 통하여 중국공산당은 멸절滅絕 위기를 돌파하고 조직을 정비하며 힘을 키워 후일을 도모한다. 둘째, 중국민족의 진정한 대변자는 공산당이라는 정당성을 전 중국 애국지사에게 인정받는다. 셋째, 공산당은 항일전쟁 전면에 나서지 않고 회피함으로써 세력을 보전한다. 마오쩌둥은 제2차 국공합작 성공 후 열린 내부 고위 비밀공작회의에서 "향후 중국공산당은 역량의 70%는 세력 보존과 증강에, 20%는 국민당과 투쟁에 그리고 항일전쟁에는 나머지 10% 정도를 투입하라."고 지시했다. 그나마 10%를 할당한 것은 국공합작을 했으니 항일전쟁을 전면적으로 회피할 수는 없어서다. 그리고 이는 국민당 측의 의심을 회피하기 위한 방책이기도 했다. 넷째, 국민당과 합작을 통해 국민당 군 전력, 전략·전술, 작전 지휘 체계 등을 알아낸다. 다섯째, 합작을 통해 공산군을 국민당군에 삼투시켜 국민당군 내에서 세력을 키우고 내분을 조성한다. 여

셋째, 합작 명분으로 국민당군의 대 일본군 작전계획을 탈취한 후 이를 일본군에 제공한다. 이를 통해 일본군이 국민당군에 심대한 타격을 입히도록 유도한다. 국민당군을 약하게 만드는 것이 공산당의 목적이다. 공산당의 목적은 항일이 아니라 대륙에서 국민당의 권력을 찬탈하는 것이다. 그리고 일본군과 비밀 협력을 통해 공산당군에 대한 일본군의 공격을 차단한다.185)

제2차 국공합작 성립 후 중국공산당은 국민당 당과 군대 내에 대규모로 삼투해 들어가는 공작을 전개하여 상하이를 중심으로 일본군과 내통해 국민당군 정보를 대규모로 일본에 제공했다.

상하이에서 일본과 내통해 국민당군 정보를 제공하는 주역은 판한녠潘漢年이었다.186) 판한녠은 마오쩌둥에게 철저한 비밀 원칙을 갖고 직접 특별 비밀공작 지령을 받아 첩보공작을 진행했다. 중국공산당과 일본의 비밀 결탁은 중일전쟁(1937~45년) 기간 국민당군이 일본군에 참패하며 대규모 손실을 본 주요한 요인이었다.

중일전쟁 시기 국민혁명군은 약 350만 명에 이르는 사상자를 냈다. 반면 항일전쟁 회피와 역량축적에 전념한 공산당군(홍군紅軍) 피해는 미미했다. 오히려 전쟁 기간 공산당군은 1937년 약 2~3만 명에서 1940년 약 70만 명, 일본이 패망한 1945년에는 약 100~120만 명으로 성장할 수 있었다. 그 결과 1946년 재개된 국공내전에서 대폭 성장한 공산당군은 항일전쟁으로 막대한 피해를 본 국민당군을 상대로 본격적인 전쟁을 전개할 수 있는 기반을 조성할 수 있었다.

중국공산당군 내에서도 민족주의 정신을 발휘해 일본군과 대적한 사례도 있었다. 6.25전쟁에서 중국인민지원군 총사령관을 맡았던 펑더화이彭德懷다. 그는 1940년 백단대전百團大戰으로 일본군에 피해를 줬다. 그런데 펑더화이가 승전보를 들고 돌아오자 마오쩌둥은 그를 혹독하게 질책한다. 결과적으로 펑더화이는 항일전쟁에 나선 잘못과 책임에 대해 자아비판을 해야 했다. 여기서 그치지 않았다. 문화혁명 시기 펑더화이를 숙청하는 과정에서 항일 백단대전 승리의 잘못(?)은 그를 단죄하고 숙청하는 주요 근거가 되었다.

마오쩌둥은 1972년 9월, 일본과 외교 관계 정상화 이후 일본 대표단을 접견하는 자리에서 "일본이 없었으면 현재 중국공산당과 신중국도 없었을 것이다."고 하면서 일본이 중국을 침략해 국민당과 싸운 공로를 치하하기도 했다. 이것이 바로 제2차 국공합작에서 마오쩌둥의 중국공산당이 동원한 통일전선공작 사례이자 기만책동술의 본질이다.

마오쩌둥의 중국공산당은 민족, 평등, 정의, 평화, 합작, 협력, 부패처벌 등 온갖 명분을 이용해 대중을 선동하고 공산당의 세력을 확대하는 데 성공했다. 이를 통해서 공산당원이 아닌 일반 대중과 제반 사회세력을 공산당 중심으로 동원하는 전술이 통일전선공작이었다. 마오쩌둥이 통일전선공작을 보배 중의 보배인 법보法寶라고 칭한 데에는 그 이유가 있었다.187) 이러한 전략이 공산당이 권력을 장악하고 유지하는 핵심이다.

통일전선공작 부활과 해외 통일전선공작 강화

통일전선공작부는 중국공산당이 대륙 패권을 장악한 후 마오쩌둥의 급진적 사회주의화 과정에서 조직의 위상이 상대적으로 약해졌다. 중국 패권 장악 후 마오쩌둥이 급진 사회주의화를 추진한 결과 공산당이 국내 사회 제반 조직들을 전면적으로 장악했기 때문이다. 즉 통일전선공작의 필요성 자체가 줄어들었다. 사회주의화 과정에서 잠재적 반발 세력 수백만 명을 혁명이라는 이름으로 제거한 결과, 이미 소멸한 제반 사회세력에 대해 더는 신경 쓸 필요가 없어졌다.

1950년대 중반에 이르면 중국 사회는 최말단 행정단위인 촌村까지 사회주의 조직화가 이루어져 전면적으로 전체주의 사회로 탈바꿈한다. 이후 마오쩌둥은 대약진이라는 참화를 일으킨 데 이어 중국 사회 전체를 초토화한 문화혁명 동란도 일으킨다. 마오쩌둥 개인의 권력 재탈환을 위한 계략이 주동력이었던 문화혁명 동안 당 조직과 국가기관이 파괴되면서 통일전선공작부의 존재 위상이 더욱더 축소되었다.

통일전선공작이 다시 빛을 보기 시작한 것은 덩샤오핑이 개혁·개방으로 정책 기조를 선회하면서부터다. 덩샤오핑은 확고한 중국공산당 일당독재 체제 유지를 전제조건으로 개혁·개방 정책을 추진했다.

개혁·개방을 추진하면서 중국공산당 체제를 유지해 나가기 위해서는 국내적으로 중국공산당 체제를 탄탄하게 보위保衛하는 것이 중요했다. 개혁·개방이 되면 공산당 체제와 이념에 대한 대중의 의심과 회의가 확산하고 이는 중국공산당 체제를 위협할 수 있어서였다. 쉽게 말해 체제 내부 단속이 중요해졌고 이를 위해서는 사회 제반 세력을 대상으로 한 통일전선공작을 강화할 필요성이 있었다. 대외적으로는 외국 기술과 자본을 이용하기 위한 공작을 전개하는 전담 조직이 필요했다. 이러한 배경하에 통일전선공작부와 함께 인민해방군, 국가안전부 등 조직을 재정비하여 해외 통일전선공작 기틀을 다지게 된다.

덩샤오핑은 해외 정치공작을 치밀하게 준비했다. 그는 개혁·개방을 통해 중국을 개방적인 사회로 전환하려는 것이 아니었다. 중국공산당 일당독재 체제를 더욱 강화하기 위해 철저히 가면을 쓰고 외국의 기술과 자본을 이용하고자 했을 뿐이다. 더 나아가 외국 기술과 자본으로 강화된 중국공산당이 전 세계를 장악한다는 장기 목표를 한 번도 놓지 않았다. 덩샤오핑이 통일전선공작부를 재강화하고 1983년 기존의 정치 정보 공작기관을 통·폐합해서 무소불위의 정보·방첩·공작기관 국가안전부를 신설한 배경이다.

1983년 통합 출범한 국무원 산하 국가안전부國家安全部·Ministry of

State Security는 중국공산당 전략 목표 달성을 위해 선진국의 기술과 정보를 탈취하기 위한 기반 마련에 들어갔다. 기술, 정보 탈취, 정치공작전 전개, 해외 통일전선공작 수행을 위해 외국에 공작요원을 파견했다. 이들 요원은 신분을 재외공관 주재 외교관, 상무관商務官, 무관武官은 물론 사업가, 과학자, 기술자, 유학생 등으로 위장했다.

이 시기에는 미국을 위시한 서방 자유주의 선진국의 도움으로 많은 중국인이 유학할 수 있었다. 이들 유학생이 국가안전부를 포함한 정치공작, 통일전선공작 기관의 주 타깃이 되었다. 중국공산당 요원이 파견되거나 현지 유학생을 포섭하는 형식으로 선진국 연구소의 고급기술을 닥치는 대로 탈취했다. 당시부터 파견된 요원에는 중앙선전부의 통제를 받는 신화사 등 각종 관영매체 직원들도 '언론인'이라는 명목으로 포함되었다.188)

중국공산당 정보공작 요원은 세 가지 범주로 분류된다. 합법合法, 비법非法, 초법超法 요원이다.189) 중국이 재외공관(대사관, 총영사관, 대표부), 신화사를 포함한 언론기관 등에 파견한 요원들은 합법 신분을 보유한다.

비공식 정보 요원도 있다. 이들을 비법이나 초법 요원으로 분류한다. 중국공산당은 주로 과학자, 연구원, 해외 유학생을 미국 주요 대학 연구소와 연구기관에 잠입시켰는데 이들을 비법 요원이라 한다. 보통은 유학이나 학술교류 형식으로 파견한다. 이들이 빼낸 기술과 정보는 해외 교류 초기에만도 미국의 중성자탄 연구소, 원자력연구소 등의 핵심 연구성과를 망라한다. 초기 중국공산당의 스파이 공작, 정보, 기술 탈취 공작의 주 타깃은 미국이었다. 이후 미국에서 실전 경험을 바탕으로 다른 국가로 공작 활동을 확산해 나갔다. 영국, 독일, 프랑스, 캐나다, 호주 등 서방 자유주의 선진국에서부터 한국, 일본, 대만 등 전 세계 선진국들을 대부분 포함한다.

덩샤오핑이 해외 통일전선공작의 가치를 재확인한 계기는 1989년 6.4 천안문天安門 대학살190)이었다. 중국공산당이 베이징 천안문 광장에서 벌인 유혈사태는 국제사회의 대중국 제재로 이어졌다. 이때 중국공산당의 대외 고립 탈피에 적극적인 구실을 한 것이 바로 5,000만에 달하는 해외 거주 중국인이었다. 이를 계기로 덩샤오핑은 해외 화교를 이용하면 대외 공작에 막강한 힘을 발휘할 수 있다는 것을 알게 되었다. 덩샤오핑은 해외 거주 중국인을 중국공산당을 위한 선전 기반으로 만드는 것이 해외 통일전선공작의 주 임무라고 강조하기 시작한다.191)

당시 덩샤오핑이 통일전선공작부의 통일전선공작 기능을 복원하고 재再강화하면서 전면에 내세운 조직이 바로 중국인민정치협상회의(정협)다. 이러한 맥락에서 해외 화인 중 해당 국가에서 성공한 인사들을 포섭해 대거 정협 위원으로 위촉했다.

덩샤오핑이 기틀을 다시 잡은 통일전선공작부 조직과 기능을 본격적으로 확대한 시점은 1990년대 말 장쩌민江澤民 집권기였다. 1990년대 말에 이르러 해외 통일전선공작을 본격화할 수 있는 경제적, 조직적 능력을 갖추었기 때문이다. 이와 함께 장쩌민은 1998~99년 초한전 전략을 본격화하기 위해 통일전선 체제를 강화한다. 이때 장쩌민의 명령을 받아 해외 통일전선공작을 본격화한 인물이 당시 중국공산당 통일전선공작부장 류옌둥劉延東이다.

중국공산당은 2000년대 들어 초한전을 본격적으로 전개하기 위해 해외 통일전선공작 기반과 네트워크를 대대적으로 확장해 나갔다. 2007년 한 해에만 통일전선공작부 예산을 약 30억 달러로 늘렸는데, 이는 해외 통일전선공작을 본격화하기 위한 차원이었다. 국가별로 은밀하게 통일전선공작을 전개하기 위해 전면에 내세운 조직이 각종 우호협회友好協會다.

우호협회는 국가별로 중국과 해당 국가의 명칭을 붙인다. 예를 들면,

한국의 경우는 '한중우호협회,' 일본은 '일중우호협회,' 호주는 '호중우호협회,' 캐나다는 '캐나다중국우호협회' 등이다. 이 조직은 중국공산당이 계획적으로 신분을 세탁해 잠입시킨 요원이나 주도면밀하게 공작해 포섭한 현지 중국인이 설립한다.192)

재차 강조하지만, 중국공산당이 쓰는 '우호,' '친선,' '교류'는 모두 철저히 위장된 통일전선공작 용어用語다. 그들이 사용하는 이러한 용어는 우리가 당연히 생각하는 순수한 의미가 아니라, 바로 '정치공작'과 '통일전선공작'의 대표적 수사修辭일 뿐이다.

3. 초한전 본격화와 해외 통일전선공작

중국공산당의 해외 통일전선공작은 대상에 따라 크게 두 부류로 나뉜다. '교무僑務'와 '외선外宣'이다. 교무(해외 화교 업무)는 해외 거주 중국인 대상 공작을 의미한다. 외선은 외국인을 대상으로 전개하는 각종 공작을 의미한다.

1991년 국무원 외선판공실外宣辦公室이 출범한다. 외선 공작은 중국공산당과 중국에 우호적이고 중국공산당을 위해 일하는 중국의 친구를 만드는 공작이다. 덩샤오핑-장쩌민의 뒤를 이은 후진타오胡錦濤 집권기에는 외선 공작을 대폭 강화해 이른바 대외선大外宣 체제를 구축한다.

초한전의 주요 수단인 해외 통일전선공작과 그 주요 공작인 '대외선大外宣'이 전개되는 구조를 다시 한번 정리해 보자. 공작을 주도하는 중심은 중국공산당 중앙이다. 중앙의 지휘를 실행하는 주요 기관이 중앙군사위원회의 통제를 받는 인민해방군 정치공작부 3국, 통일전선공작부, 중앙선전부와 선전부 산하 신화사, 대외연락부 그리고 국무원 산하 기관인 국가안전부와 공안부 등이다. 중국의 각 정부 기관 또는 반관반

민牛官牛民, 비정부조직, 지방정부, 인민해방군 운영 기업, 국유기업, 민간기업 등이 이 조직들 전면에서 공작 활동을 실행하는 구조다.

참고로 중국공산당 통일전선공작부를 비롯하여 인민해방군 3국(현재는 전략지원부대 3부)만 하더라도 최소 20만이라는 해외 요원이 다양한 신분 세탁을 거쳐 암약하고 있다. 눈여겨보아야 할 사안은 인민해방군, 국가안전부 등이 해외에서 범죄조직과 강한 조직적 연대를 이루고 있다는 점이다.

가장 대표적인 조직이 마피아, 야쿠자와 더불어 세계 3대 범죄조직으로 꼽히는 중국인 범죄조직 삼합회三合會다. 사실 수많은 해외 중국인 단체들의 배경에는 바로 이 삼합회가 있다. 삼합회는 해외 현지 중국인들이 조직하는 다양한 단체들을 위장 조직으로 활용한다.

삼합회는 인민해방군 정치 정보 공작조직과 강력한 연대를 구축하고 있다. 삼합회는 다시 해외 중국인 단체를 위장 조직으로 내세우고 배후에서 마약, 매춘, 도박, 납치, 인신매매, 강탈, 자금세탁 등에 관여한다.193) 현지 범죄조직과 연계해 점차 해당 국가에 삼투하여 거대한 이익 생태계를 형성한다. 만약 마약을 동반한 거대한 이익 생태계가 한 국가에 형성되면 해당 국가는 더는 어떻게 손써볼 도리도 없을 정도로 병들고 망가지고 만다. 이 부분에 대해서는 마약범죄전에서 다시 살펴보기로 한다.

해외 통일전선 조직을 동원한 초한전은 시진핑 집권 후 더욱 강화되었다. 중국몽 달성을 위해 본격적으로 초한전 시스템을 공고히 했다. 시진핑은 우선 해외 통일전선공작을 대폭 강화하기 위해 조직을 대대적으로 확장했다. 2015년 시진핑은 중국공산당 통일전선공작부 회의 석상에서 통일전선은 중국공산당 집권 강화뿐만 아니라 세계적인 초강대국으로 등극해 위대한 중화민족의 부흥을 달성하는 데에 보배 중 보배法寶라고 강조한다.194) 2017년 중국공산당 제19차 당 대회에서는 이를 공식 선언하기까지 했다.195) 또한 중국공산당 중앙에 '통일전선영도소조統一戰線領導小組'를 신설하고 자신이 직접 조직을 이끌면서 중국공산당 중앙정치국의 통일적·직접적 운영체제를 마련했다.196) 해외통일전선공작을 본격적으로 강화하기 위해 조직 확대와 더불어 인원도 대폭 보강했다. 시진핑 집권 이후 보강한 인원만 4만 명 이상이라고 한다.197)

시진핑 집권 후 해외 통일전선공작을 강화한 배경은 중국몽이 표방하듯이 세계 패권 장악이라는 대전략 목표를 달성하기 위해서다.198) 참고로 시진핑의 부친 시중쉰習仲勳이 바로 중국공산당 통일전선공작부장을 오래 역임한 자이기도 하다. 시진핑이 통일전선 위력을 강조하는 것은 아버지의 영향을 받은 것으로 보인다.

해외 통일전선공작은 미국과 서방세계를 대상으로 한 비군사적 삼투, 침투, 침탈 전략으로 초한전의 주된 수단을 제공한다. 역逆으로 해외 통일전선공작은 초한전 전략을 반영함으로써 대전략 차원에서는 더욱더 체계적이고 공작방식에서 더욱 정교해졌다.

〈표 5-1〉은 해외 통일전선공작 주요 기관, 단체, 해외 단체 등을 주요 사례를 통해 정리한 내용이다. 표에서 언급한 조직과 기관, 단체 등은 대표적 사례에 해당한다. 실제 통일전선공작을 전개하는 조직과 기관은 특히 외국 현지에서는 훨씬 다양하고 방대하다. 중국공산당은 국내에 통일전선조직을 중앙에서 지방 단위까지 광범위하게 운영한다. 중국이라는 국가조직과 기관을 대부분 망라한 셈이다. 그리고 중국 국내 조직에 상응하는 조직과 단체를 해외 현지에 설립한다. 여기에는 현지에 공식적으로 설립한 중국대사관과 총영사관 같은 국가기관에서부터 위장 조직이 외곽에 설립한 현지 단체까지 다양하다.

대표적인 사례 하나를 예로 들면 〈표 5-1〉에서 정협 소속 중국평화통일촉진회는 외국 현지에 동일 조직을 건설한다. 중국평화통일촉진회는 정협이라는 중앙 조직을 바탕으로 중국 국내 지방별로 조직한다. 중앙-지방 조직구성 원칙을 외국에서도 똑같이 적용한다. 예를 들어 한국에도 중국평화통일촉진회가 있다. 이를 중심으로 한국 지방별로 다시 중국평화통일촉진회 지방 분회를 설립하는 방식이다.

〈표 5-1〉 해외 통일전선공작 주요기구와 해외공작 전개 조직 사례

관할기관	해외 통일전선 연관 공작기관	해외 통일전선공작 전개 기관
중국인민 정치협상회의	중국평화통일촉진회中國和平統一促進會 정협 홍콩마카오대만교민위원회 政協 港澳臺僑委員會 정협 외사위원회政協 外事委員會	각 국가별 중국평화통일촉진회 中國和平統一促進會
국무원 교무판공실	잡지 교무공작연구僑務工作研究 중국화문교육기금회中國華文教育基金會	중국대사관·총영사관 해외진출 중국 국유기업 공자학원孔子學院 중국학생학자연의회 中國學生學者聯合誼會 중미교류기금회 中美交流基金會 전호주중국전문가학자연합회全澳華人專家學者聯合會 호주중국평화통일촉진회 澳洲中國和平統一促進會 멜버른화흥예술단 墨爾本華興藝術團 EU의회유럽중국우호모임 歐洲議會歐中友好小組 EU의회유럽중국우호협회 歐洲議會歐中友好協會 EU중국연합혁신센터 歐盟中國聯合創新中心 EU중국경제문화위원회 歐盟中國經濟文化委員會 영국화인참정계획 英國華人參政計劃 세계화문매체논단 世界華文媒體論壇
중국공산당 통일전선 공작부	국무원 교무판공실國務院僑務辦公室 전국인민대표대회 화교위원회 全國人民代表大會 華僑委員會 귀국화교연합회中華全國歸國華僑聯合會 중화해외연의회中華海外聯誼會 중국유학인원연의회中國留學人員聯誼會 구미동학회歐美同學會 중국과세계화센터中國與全球化智庫 천인계획전문가우호회千人計劃專家聯誼會 중국국제무역촉진위원회中國國際貿易促進委員會 치공당致公黨	
인민해방군	정치공작부 연락국政治工作部 聯絡局 중국국제우호연락회中國國際友好聯絡會	
국무원 국가안전부	중국현대국제문제연구원中國現代國際關系研究院 중국국제문화교류센터中國國際文化交流中心	
중국공산당 대외연락부	중국국제교류협회中國國際交流協會 중국민간조직국제교류촉진회 中國民間組織國際交流促進會	
국무원 외교부	중국인민대외우호협회中國人民對外友好協會 중국인민외교학회中國人民外交學會	
국무원 상무부	중국국제무역촉진위원회中國國際貿易促進委員會	
국무원 교육부	공자학원총부孔子學院總部 공자학원孔子學院	

	중국교육국제교류협회中國教育國際交流協會	
중국공산당 중앙선전부	신화사新華社 China Daily中國日報 Voice of China中國好聲音 CGTN中國環球電視網 CRI中國國際廣播電臺	
국무원 국가종교 사무국	중화종교문화교류협회中華宗教文化交流協會 중국천주교애국회中國天主教愛國會 중국천주교주교단中國天主教主教團 중국기독교협회中國基督教協會 중화기독청년회전국협회中華基督教青年會全國協會 중화기독여성청년회中華基督教女青年會全國協會 중국기독교삼자애국운동위원회 中國基督教三自愛國運動委員會 중국불교협회中國佛教協會 중국이슬람교협회中國伊斯蘭教協會	

1. 출처: Larry Diamond, Orville Schell(2018); Alex Joske (2020); Alexander Bowe(2018); Jonas Parello-Plesner and Belinda Li(2018) 외 중국 통일전선 관련 기관 홈페이지.
2. 본 표에 명시된 기구와 조직들은 대표적인 사례만 나열한 것으로서 더 자세한 내용은 출처 참조.

이와 같은 조직구성을 바탕으로 중국에서는 중국공산당 중앙의 지시 사항과 명령이 정협에서부터 중국 지방별 조직으로 수직적으로 전파, 관철된다. 동일한 지시와 명령은 외국의 국가별로 중앙 수준으로 조직된 중국평화통일촉진회에 전달되고 국가별로 조직된 중앙 조직은 그 명령과 지시사항을 이행하고, 다시 그 국가 지방 단위로 조직된 지방 중국평화통일촉진회에 전달하고 지시하는 방식이다. 그런데 여기서 그치지 않는다.

중국 지방별로 조직되어 있는 평화통일촉진회는 다시 그에 상응하는 외국 평화통일촉진회에 지시사항을 전달하고 협업 공작을 전개한다. 이를 수직적, 수평적 조직 구성원리라고 한다. '수직적'은 중앙에서 지방으로 가는 명령 지시 전달을 의미하고, '수평적'은 중앙에서 중앙, 지방에서 그에 상응하는 외국의 지방 조직으로 가는 명령 지시를 의미한다. 〈그림 5-1〉을 보자.

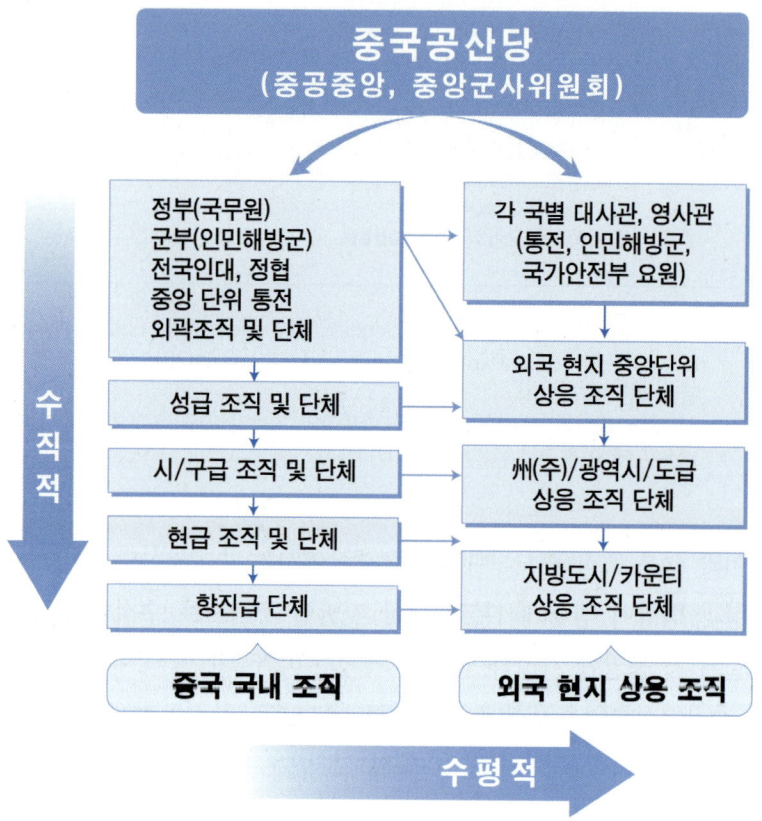

〈그림 5-1〉 해외 통일전선공작 전개: '수평적' '수직적' 동원구조

중국공산당의 해외 통일전선공작 지시와 실행 방식을 다시 정리하면 다음과 같다. 먼저 제2장에서 중국공산당의 초한전 동원구조를 설명했던 부분을 다시 참고할 필요가 있다. 제2장에서 설명한 동원구조 중

특히 〈그림 2-1〉, 〈2-2〉, 〈2-3〉, 〈2-4〉를 참고하면서 '수직적' '수평적' 명령 지시와 동원구조를 그림으로 표시하면 〈그림 5-1〉과 같다.

제2장에서 거시적인 동원구조를 살펴본 데 이어, 위의 〈표 5-1〉과 〈그림 5-1〉을 통해 중국공산당이 어떻게 조직 관리를 하는지, 그 전형적인 행태를 이해할 수 있다.

수평적, 수직적 동원, 공작 전개를 다시 특정 사례를 통해 더 구체적으로 살펴보자. 〈그림 5-2〉는 중국공산당이 통일전선공작부를 중심으로 국무원 교무판공실을 통해 해외 진출한 중국인과 화교를 감시, 통

〈그림 5-2〉
해외 중국인 감시, 통제, 동원 구조도: 수직적, 수평적 관계 사슬망 구축

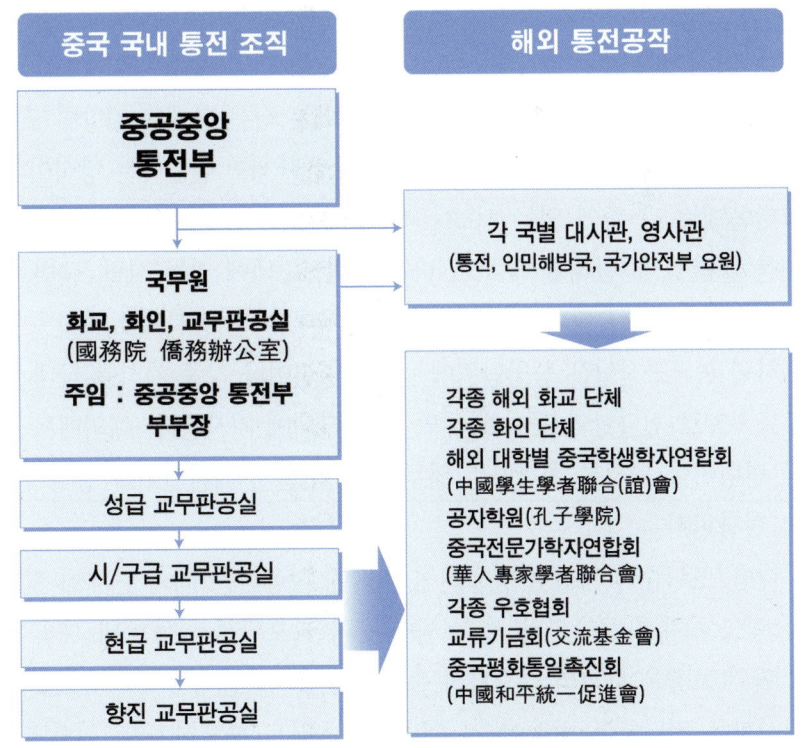

제, 동원하는 구조를 보여준다. 교무판공실 주임 위원은 당黨 통일전선 공작부 부부장이 담당한다. 교무판공실이 통일전선공작 전문기관 자체 문건에 명확하게 명시되어 있다. 문건은 "(서방 자유주의 선진국의 정치경제 엘리트에게 통일전선공작을 전개해) 해당 국가의 정책을 변화시키고 정부 방침에 영향을 끼쳐야 한다."고 강조한다. 199)

국무원 교무판공실은 중앙정부 기관을 중심으로 중국 각 성省, 하위 행정단위 시市, 구區나 한국 군郡에 해당하는 현縣, 그 이하 향鄕, 진鎭 단위까지 판공실辦公室을 운영한다. 중국공산당 통일전선공작부 지시사항을 중국 각 지방 향, 진까지 전달해 실행하는 구조이다. 외국에서는 보통 현지 대사관, 총영사관 등 조직을 주 통로로 이용한다. 이를 기반으로 해당 국가 중국인, 화교 관할 중앙단위 조직을 건설한다. 중앙단위에는 보통 국가명이 들어간다. 미국에서는 재미화인화교협회를 조직하는 방식이다. 200)

해당 국가 중앙 조직 건설에 성공한 후에는 다음 단계로 지방별 조직을 건설한다. 미국에서는 주州별 화인·화교 단체를 설립하는 방식이다. 그다음에는 각 주에 있는 시市나 카운티郡로 확장해 나간다. 한국으로 예를 들면 도별 단체를 만들고, 다음에 각 도 내에 있는 시별, 군별 화교·화인 조직이나 단체를 설립하는 방식이다. 이런 방식으로 조직을 구성하면 중국공산당은 중앙단위에서 공작명령이나 각종 지시를 국내 하부조직으로 전달함과 동시에 해외 해당 단체에 지시한다. 해외에서 해당 명령이나 지시를 총괄하는 임무는 보통 현지 대사관이나 총영사관이 담당한다.

다음으로 중국 지방별 통일전선 조직에 상응하는 해외 단체에 지시와 협조 체제를 구축한다. 예를 들어 중국 랴오닝성과 성省 내 시市, 현縣 단위 조직은 해외의 랴오닝성 출신 화교·화인 단체에 수평적으로 지시사항을 전달하는 방식이다. 중앙단위 공작도 중요하지만, 지방별로 조직된 단체를 통한 공작이 더욱 강력한 동원력을 갖기도 한다. 예를 들어, 한국의 '향우회' 식으로 조직되어 있어, 혈연과 지연으로 강한 결속력을 갖기 때문이다.

해외 중국인이나 화교는 중국의 고향과 밀접한 관련을 맺고 있다. 이들은 귀국 후 대부분 중국 내 고향에서 영리활동이나 사회활동을 하게 마련이다. 해외 화교는 원향原鄕에 친인척들이 살고 있으므로 중국 현지에서 사업을 하거나 사회활동에 진출할 때 고향의 친인척과 지인들의 도움이 결정적으로 중요하기 때문이다. 만약 해외 중국인이나 화교가 중국공산당 중앙의 지시를 이행하지 않으면 고향, 지인, 친인척들에게서 고립되고 지인들이 탄압받거나 피해를 보기도 한다. 이러한 이유로 해외 중국인들이나 화교는 중국공산당 중앙의 지시를 따르지 않을 수 없다.

해외 통일전선과 현지 중국인 그리고 화교

통일전선공작에 해외 중국인을 계획적으로 이용하기 시작한 시점은 개혁·개방을 표방한 1980년대 초반부터였다. 이 시기 문화혁명(1966~76년)의 암흑기를 보내야 했던 중국 젊은이들이 선별적으로 선진국에 진출하기 시작했다. 중국에서는 이를 중국의 유능한 젊은이들이 해외로 유출되는 브레인드레인Brain Drain, 즉 인재 유출 문제라고 부르기도 했다. 젊은 엘리트들이 외국으로 나가 돌아오지 않는다는 것이다. 이는 중국의 발전을 저해하는 문제 중 하나라고 주장하기도 했다.

실상은 그렇지 않다. 겉으로는 인재 유출을 우려하는 것처럼 선전했지만 중국공산당 중앙은 이들을 이용할 치밀한 계획을 세우고 실행했다. 일부 드러난 중국공산당 중앙 내부 문건은 중국공산당이 이들을 스파이로 최대한 이용했다는 사실을 보여준다.

1989년 6.4 천안문天安門 사건을 기점으로 덩샤오핑에 의해 주자파走資派로 몰려 숙청당한 자오쯔양趙紫陽 전 중국공산당 총서기가 내부 회의에서 언급한 말은 공산당이 중국 유학생들을 외부로 파견할 때 어떤 목적이 있었는지 명확히 보여준다. 자오쯔양은 "인재, 두뇌 해외 유출은 우려할 문제가 아니다. 오히려 우리가 해외에 우리 인재를 저장해두는 것이다."라고 강조했다.201) 그의 설명이 이어진다. "중국 출신 인재가 국내에서 배우지 못하는 최첨단 기술, 고급 과학 기술 등을 선진국 교육기관, 기업에서 습득한다. 중국공산당은 이들을 외국 과학 기술 절취, 탈취에 앞장서도록 만들면 된다. 이들에 대한 애국심, 애당심, 중화민족주의를 고취하고 국내 가족들을 볼모로 잡거나 귀국 후 국내 취업, 특혜 등 당근을 제시하여 스파이로 이용하면 된다. 이를 위해 이들에 대한 통일전선공작을 강화하고 고도로 정교한 공작 기술을 연마해 적용하는 것이 중국공산당 중앙이 해야 할 일이다."202)

다수 중국 출신 고급 인재들이 자발적 반半 자발적 혹은 반半 강제적인 공작과 압력에 응하면서 기술 도둑이나 스파이가 되었다. 이처럼 당장은 아니더라도 중국 출신 인재들은 언제든지 잠재적 스파이가 될 수 있다. 실제 중국공산당은 이들을 자신의 요구에 따를 수밖에 없게 만드는 악질적이고 정교한 공작 수법을 발전시켜 적용하기 때문이다. 압력이 아닌 자발적 스파이 행위를 하는 경우도 많다. 해외 거주 중국인들은 모국에 대한 애정과 애국 등의 이유로 스파이 공작에 자발적으로 응한다는 조사 결과가 있다.203)

중국 출신 해외 유학생, 직장인, 거주민 등은 중국공산당의 애국주의 교육 캠페인에 따라 유아 시기부터 체계적으로 세뇌당한 세대이다. 중국공산당은 장쩌민 시기부터 애국愛國·애족愛族 교육 캠페인을 강화해왔다. 중국공산당이 날조하고 왜곡한, 편향된 역사와 세계관을 유아기부터 초·중등, 대학 교육에 이르기까지 뿌리 깊게 각인시키고 있다. 중국공산당이 중국의 젊은이들과 일반 중국인들을 국가와 민족, 그리고 공산당 기치 아래 동원하는 논리는 극단적 민족주의와 쇼비니즘(국수주의)에 바탕을 두고 있다. 해외 유학생, 직장인, 거주민 등은 중국공산당의 애국주의 교육 캠페인에 유아기부터 체계적으로 세뇌당해 왔다.

중국공산당이 중국인을 국가, 민족, 공산당 기치 아래 동원하는 핵심 논리는 다음과 같다. '중국은 외세의 피해자다. 중국공산당은 외세를 몰아내고 신중국을 건국해 자랑스러운 중화민족의 위대한 부흥을 이끌어야 한다. 중국은 과거 지위를 되찾고 서구열강에 당한 치욕을 갚아야 한다. 미국을 위시한 서구 외세는 오늘날 중국 부흥을 질시하고 방해하며 중국 평화와 번영을 위협한다.'고 한다. 따라서 중국인들은 중국공산당을 중심으로 일치단결하여 외세의 침탈을 막아내고 중화민족의 위대한 부흥을 이끌어야 한다고 강변한다. 편집증적 피해망상 기반 역사관歷史觀, 쇼비니즘, 중화민족주의에 경도된 세계관으로 중국인과 지식인들을 세뇌하는 것이다.

이러한 세뇌 논리에 '중국=중국공산당=마오쩌둥=중화민족'이라는 등식도 심는다. 중국공산당 체제의 문제, 부패와 부조리에 대한 비판적 판단을 외세에 대한 감정적 대결 구도로 바꾸어 놓음으로써 중국공산당=중국 즉, 애당, 애국정신을 중국공산당에 대한 충성심으로 전환해 놓는다. 현재 중국인 대부분은 이러한 세뇌 논리에 대한 분별력과 판단력을 잃어버린 상태이다.204)

다시 해외 통일전선공작 내용으로 돌아와 보자. 시진핑은 해외 중국인과 화교를 중국공산당의 초한전 수단으로 동원하기 위해 해외 통일전선공작을 법으로 규정했다. 중국 국내법으로 화교를 포함한 해외 중국인들이 중국공산당의 명령과 지시에 따르도록 법제화한 것이다.

2017년 제정된 신국가정보법에 따르면 모든 중국인은 중국공산당이나 국가 정보 요원에 협조해야 한다. 해외 거주 중국인, 외국 국적 화교

(화인)도 여기에 포함된다. 즉 국적과 상관없이 모든 중국인은 중국공산당 스파이가 되어야 한다고 명시적으로 규정하였다.205)

해외 거주 중국인과 화교·화인을 어떻게 해외 통일전선공작에 동원할까? 해외 거주 중국인은 화교, 화인, 화예로 나눈다. 화교華僑는 중국공민이면서 해외 거주자, 화인華人은 중국인으로 해외 거주하며 거주국 시민권을 취득한 자, 화예華裔는 중국인의 후손으로 해외 거주하며 거주국 시민권을 가지고 그 나라에서 태어난 사람을 지칭한다.

중국공산당은 약 5,000만에 달하는 해외 화교, 화인, 화예를 목적 달성을 위한 중요한 정치적 자산으로 여긴다. 해외 중국교포, 그 자녀, 중국인으로 해외 입양 어린이, 청년을 대상으로 하는 교육기관과 여름 무료 캠프 등을 운영하고 있다. 목적은 중국공산당 가치관을 주입하는 것이다. 중국공산당이 운영하는 해외 교육기관은 사실상 중국공산당의 의식화와 세뇌 공작기관이다.

해외 거주 중국인, 화교, 화인, 현지 외국인이 어떻게 중국공산당의 대리인이 되는가? 〈그림 5-2〉는 중국공산당이 어떻게 조직적으로 해외에 파견된 중국인, 유학생, 현지 취업자, 중국 출신 이민자(화인華人)를 스파이, 정보원, 해외 통일전선공작 요원으로 동원하는지 보여준다.

중국공산당은 중앙 통일전선부를 중심으로 정부 조직인 국무원 교무판공실國務院僑務辦公室·Overseas Chinese Affairs Office을 설치했다(표 2-2, 표 5-1, 그림 5-2 참조). 국무원 교무판공실 최고책임자인 주임위원은 중국공산당 통일전선공작부 부副부장이 겸직한다. 통일전선공작 부책임자가 교무판공실을 책임지고 있다. 즉 중국공산당 조직인 통일전선공작부가 실체이고 공작을 실행하기 위한 정부 조직이 교무판공실이다.206)

정부 기구 교무판공실은 다시 중국 행정 단위별로 가장 최상위 행정단위에서 지역 행정단위인 향진鄉鎮·우리나라의 읍·면에 해당 급까지 중국 각 지방, 지역별 향우회 성격의 단체를 조직해 운영하고 있다. 또한 그림에는 표시하지 않았으나 중국의 현급 단위까지 중국 외교부 산하조직인 '외사판공실外事辦公室·대외업무관할 부서'이 있다. 외사판공실은 대對 외국 업무와 해외 중국인 관리 업무를 동시에 담당한다. 따라서 해외 중국인 관할 사무는 '교무'와 '외사' 조직이 동시에 관여하고 있음을 알 수 있다.

해외에서 통일전선공작 업무의 중심은 나라별로 설치되어 있는 대사관과 총영사관이다(그림 5-2 참조). 이들 재외공관에는 외교부 직원 외에 통일전선공작부, 인민해방군, 국가안전부, 교무사무판공실 등 부처별 해외 통일전선공작 요원, 정치정보공작 요원이 대거 파견되어 있다. 합법적인 재외공관인 대사관과 총영사관을 중심으로 현지 중국인 취업자, 유학생, 화인 등의 단체를 감시, 통제, 동원하는 업무가 진행된다. 현지 중국인들은 다시 중국 이민자들이 자체적으로 조직한 교민단체, 현지 대학별 중국인 유학생들의 조직인 중국학생학자연합회中國學生學者聯合會, 현지 정착한 전문가(과학 기술, 교수 등)의 모임인 중국전문가학자연합회華人專家學者聯合會 등 다양한 단체를 조직한다. 또한 현지 외교 공관과 더불어 교육문화 교류 명목으로 전 세계에 진출한 공자학원孔子學院을 각 대학과 지역별로 설립했다. 추가로 현지에 정착한 중국인을 중심으로 해당 국가의 정치, 경제, 교육, 문화 등의 엘리트들과 연계되어 조직한 '우호협회'가 있다.

교류 또는 우호 형식의 공작 활동을 지원하기 위해 중국공산당은 중국 국내와 홍콩 등에 기반을 둔 이른바 각종 교류기금회交流基金會를 운영한다. 자금과 조직적 지원을 위해 위장한 외곽 지원조직이다. 이 외에도 각 국가에 진출한 중국인을 중심으로 조직된 중국평화통일촉진회中國和平統一促進會 등이 있으며, 더하여 다양한 직능별, 지역별 '우호,' '교류,' '친선,' '예술' 등을 내세운 단체들을 광범위하게 조직한다. 이러한 조직들은 재외공관과 현지 중국기관(공자학원 등)에 파견된 중국 요원들의 지시 아래 상호감시, 통제 그리고 정보 수집, 기술 탈취, 정치 공작 등에 동원된다. 전술한 바와 같이 중국공산당 조직에 따른 '수직적' 통제체제이다. 이와 동시에 '수평적' 통제체제 또한 구축하고 있다(그림 5-1 참조). 수평적 통제에 대해 다시 한번 더 자세히 정리해 본다.

'수평적' 통제의 기반은 중국 국내에 지방 단위까지 조직된 지역 향우회 성격의 단체와 모임이다. 그림 5-1에서 보여주고 있는 바와 같이 중국 각 지역 향진급(우리나라 읍·면 단위)까지 설치된 교무·외사판공실을 중심으로 각종 향우회 성격의 단체를 조직해 놓았다.

중국인은 역사적으로 그들의 출신 지역과 고향에 대한 강한 애착과 충성심을 가지고 있다. 중국이 넓고 지역별로 각자의 특징과 이해가 있다 보니 중국인들은 중국을 장악한 역대 왕조나 현재 중국을 장악한 중국(중국공산당)에 대한 충성보다는 자신의 고향과 지역별로 강한 유대와 공동체 의식을 갖게 되었다.[207]

이러한 사정을 잘 파악하고 있는 중국공산당은 해외에 나가 있는 중국인들을 그들의 출신 지역별 향우회 단체나 가족과 친지 등과 친분으로 엮는다. 개인적 혈연, 출신 고향 친지와 친구들과 관계는 해외 중국인을 옭아매는 데 더할 나위 없이 강력한 힘을 발휘한다. 해외에 거주하더라도 고향 친구, 부모 형제, 친지들과 관계는 인간이 살아가는 데 본원적인 가치이기 때문이다. 또한 현재는 해외에 유학과 취업 등으로 나가 있지만 향후 중국과 고향으로 귀향을 원하는 경우, 특히 중국 사회 특성상 고향 인사들과 관계 유지는 매우 중요하다. 해외에 있는 중국인들을 그들 출신 고향과 지역의 인간적 유대를 통해 통제와 동원에 이용하는 것이 바로 '수평적' 통제이다.

중국공산당은 해외 중국인과 화인(교포)들을 수직적, 수평적으로 통제하는 체제를 구축해 이용한다. 외국에 있는 중국인을 현지에서 다양한 단체와 조직이라는 그물망으로 통제할 뿐만 아니라 출신 고향과 지역별로 엮어 눈에 보이지 않는 압력을 행사한다. 한 개인을 다양한 관계와 이해의 사슬망에 옭아매어 중국공산당의 통제와 지시에 따를 수밖에 없게 만드는 매우 치밀한 개인 통제체제를 만들어 운용하고 있다.

해외 중국인들이 단순히 이러한 관계의 사슬망에 의해서만 중국공산당의 지시를 따르지는 않을 것이다. 당은 개인을 다면적으로 옭아매는 통제의 사슬망과 함께 '당근'을 제시한다. '당근'은 중국공산당의 지시를 잘 수행했을 때 얻는 각종 보상이다. 보상은 주로 금전적 지원, 유학생은 귀국 후 취업과 특혜, 중국과 사업상 특혜와 특권 등을 제공한다. 여기에 감정적 심리전까지 동원한다. 바로 중국이 역사적으로 서구 열강에 당한 치욕과 현지에서 겪는 인종차별 피해 자극, 그리고 현재 위대한 중화민족의 부흥을 앞두고 있다는 등의 민족적, 인종적, 역사적 보복 심리와 자부심의 고양 등이 대표적이다.

수직·수평적 통제 사슬망, 금전적 보상, 귀국 후 직장과 특혜, 부모 형제와 친지들의 안위, 민족적 인종적 역사적 심리전, 현지 공작요원들의 인간적 친분 형성, 중국 관련 개인 사업에서 얻는 특권과 특혜 등을 종합적이고 체계적으로 동원하면서 해외 중국인들은 중국공산당의 충성스러운 요원이자 중요한 정치적 자산이 된다. 최근에 중국에서 유아기부터 중국공산당에 의해 교육과정을 통해 체계적으로 세뇌된 중국의 젊은 층들은 중국의 경제적 성장과 함께 중화민족주의에 경도되어 자발적으로 그리고 적극적으로 중국공산당의 지시를 수행하는 추세가 관찰되고 있기도 하다. 이들을 '샤오펀훙小粉紅'이라 부른다. 중국의 젊은 세대로서 중화민족주의에 강하게 경도되어 있으며, 중국공산당에 절대적 충성심을 보이는 젊은 청년들을 말한다.

화교·화인을 동원한 해외 통일전선공작

중국 출신 학자 제임스 토James To는 중국공산당 내부문서를 바탕으로 화교·화인에 대한 해외 통일전선공작의 실체를 밝히면서 그 심각성을 경고한다. 제임스 토 교수는 해외 거주 중국인(화교, 화인, 유학생, 이주민, 취업자)은 주로 해당 국가의 진보성향 시민단체에 조직적으로 삼투해 들어가거나 활동 동향 등 정보를 수집하는데 동원된다고 폭로한다. 이들은 현지 기업 기술, 영업기밀, 경영전략 등 정보를 수집해 보고하기도 한다.208)

제임스 토 교수는 해외 곳곳에 대거 진출하고 있는 중국인들이 중국공산당이 전 세계에 걸쳐 전개하는 현지 사회 중국공산당화에 앞장서고 있다고 고발한다. 이들 중 중국공산당의 조직적 지원을 받아 현지 사회에서 정치·경제·사회적 기반을 쌓아 올린 중국인들은 현지 기반을 바탕으로 능숙하게 중국공산당의 해외 통일전선 공작에 앞장서고 있다는 것이다.209)

다른 한편, 호주로 망명한 천용린陳用林 전 주시드니 중국총영사관 정무영사는 2005년 당시만 해도 약 1,000명 이상 중국공산당 첩보 공작원, 정보원들이 호주에서 활동하고 있다고 고백했다.210)

호주의 대표적인 중국 전문가 존 피츠제럴드 교수는 중국공산당이 호주를 침탈하는 현실을 폭로하면서 다음과 같이 경고한다. "중국공산당은 호주의 자유롭고 포용적인 사회를 장악하고 영향력을 행사하고자 한다. 중국공산당은 호주의 언론, 종교, 집회 결사, 표현 자유까지도 제한하고자 한다. 그들은 다양한 공작을 통해 호주 사회의 화합을 깨뜨리고 분열시키고 위협한다. 중국공산당이 이러한 공작에 성공한다면, 호주의 주권과 안보는 파멸될 것이다."211)

아래는 클라이브 해밀턴 교수에게 중국 저명 교수가 사적 인터뷰에서 털어놓은 속내다. 참고로 그 중국 교수는 중국에서 애국심, 애당심, 중화민족주의 등의 중요성을 설파하면서 대중적 인기를 얻은 교수다.

"사실 나는 공자孔子께서 말씀하신바 내가 원하지 않는 것을 타인에게도 하지 말아야 한다己所不欲勿施於人는 신념이 있다. 오늘날 중국공산당과 중국인들은 타국에 자신이 원하지 않는 것을 맘껏 한다. 호주인의 중국공산당과 중국인에 대한 우려는 정당하다. 중국인들은 중국 국내에서처럼 돈이면 다 통하는 줄 안다. 중국식 부정부패 폐습弊習으로 외국을 오염시킨다. 중국식 부정부패와 부조리문화의 수출이다. 중국 권력자들에게 50만 달러—호주 영주권 취득 조건—는 너무 저렴하다. 이런 방식이 아니면 자녀를 호주에 유학 보내면 된다. 그들이 호주 대학에서 박사학위를 받으면 영주권을 부여받고 그다음에는 자신의 가족을 이민시킨다.

중국 권력자들이 누구인가? 중국공산당과 인민해방군에 연계된 사람들이다. 이들은 중국과 중국공산당에 대한 애국심, 애당심을 가지고 호주에 정착해 중국공산당의 명령, 이익에 봉사한다. 대가는 중국공산당이 준다. 호주에 유학하는 학생들이 누구인가? 중국에서 권력 있는 집안 자제들이다. 그들 자신이 강한 애당, 애국심, 중화민족주의로 무장된 젊은이들이다.

호주 대학에서 활동 중인 중국 유학생 단체 회장은 모두 중국공산당의 지시를 받아 호주 주재 중국대사관이나 총영사관이 지명한 학생이다. 유학생 단체만이 아니라 중국과 관련 있는 중국인 단체들은 모두 그렇다. 회장으로 뽑힌 중국인은 그 의미가 무엇인지 다 안다. 이들은 중국공산당과 현지 대사관 또는 총영사관에서 지시하는 정치적 행동을 선도한다. 그런데도 호주 대학들은 이러한 행동을 묵과하거나 방치한다. 우리 중국인은 그 이유를 잘 안다.

호주 대학들은 중국 돈(유학생 학자금, 중국 각종 우호 교류단체 기부금)에 약하다. 우리는 그 대학 관계자들이 이기적이라는 것도 간파하고 있다. 그래서 우리 중국은 그들의 약점을 역이용한다. 미국 컬럼비아대학교는 이를 알고 중국인 유학생 단체를 금지했다. 하지만 호주 대학은 돈 문제로 이런 결정을 못 내린다. (솔직히 충고하는데) 호주도 중국인과 중국인 유학생들의 정치적 활동을 금지해야 한다. 중국에서 외국 유학생들의 정치활동은 상상도 할 수 없다. 호주도 중국과 똑같이 해야 한다. 정치활동 시 비자 취소 같은 법을 시행하면 중국인 학생들이 감히 함부로 활동하지 못할 것이다.

오늘날 중국인들은 애국심, 애당심, 중화민족주의로 강하게 무장하고 있다. 중국인들은 그들의 애당심 애국심이면 중국뿐만 아니라 외국 어디에 가든지 무엇이든지 다 해도 된다고 생각한다. 사실 그런 애국심, 애당심으로 똘똘 뭉친 행동은 중국 국내에서만 해야 한다. 호주 같은 자유민주주의 국가들에서는 (자유라는 이름으로) 이런 행동을 허용한다. 그런데 중국에 자유가 있는가? 없다. 현재 중국인들은 중국공산당 치하에서 자유가 박탈당한 중국 정치문화를 수출하고 있다. 호주와 같은 국가들도 자신의 정치체제를 유지하기 위해서는 중국인들의 반자유주의적 정치 행위를 마땅히 금지해야 한다. 하지만 현실은 오히려 중국 돈에 약하게 반응하면서 중국공산당 독재를 수입하고 있다. 수입할 것을 수입해야지, 왜 이러한 중국공산당 독재문화를 수입하는가?"212)

중국에서 강성 민족주의 논리 설파로 인기를 얻은 유명 교수의 솔직한 충고다. 그도 중국공산당 체제가 어떠한지 중국공산당이 자유민주주의 국가의 취약점을 간파하고 정확히 역이용하고 있다는 것을 잘 알고 있다. 그들이 보기에 자유민주주의 국가와 국민은 너무나도 순진하고 이용하기 쉬운 대상이다. 중국인 교수는 이러한 사실을 잘 알고 있어서 솔직하게 충고하는 것이다.

외국에서 중국인과 화교·화인들이 벌이는 현실을 폭로하거나 경각심을 호소하는 목소리가 나오면 중국공산당과 중국인들이 마치 전가의 보도처럼 이용하는 수사가 있다. 바로 인종차별, 외국인 혐오, 극우 국수주의자, 중국 혐오, 중국 위협론, 혐오 발언 금지, 차별금지, 차별 반대, 다양성, 포용성, 다문화 보호 등 우리에게도 익숙한 것들이다.

중국공산당은 중국 관련 문제가 터지면 기다렸다는 듯 여론 총공세를 감행해 중국 혐오, 인종차별, 극우 등의 딱지를 붙여 공격한다. 해당 사안을 폭로하거나 각성을 촉구한 특정 인물을 집중적으로 공격한다. 메시지가 아닌 메신저를 공격하는 것이다. 이 공격의 목표는 단순히 그 특정 인물이 아니다. 특정 인물을 공격하여 현지의 다른 지식인과 일반인에게 본보기를 보임으로써 대다수가 침묵하도록 직·간접적으로 압박하는 공작 수법이다.

해외 통일전선공작에 의해 해외 거주 중국인들과 진보·좌파 시민단체들이 벌이는 스파이 행태를 사회적 간첩행위, 시민사회 간첩행위로 부르기도 한다. 이러한 행위가 위력을 갖는 이유는 한 국가안보 기관 단독으로는 적절히 대응하는 데 한계가 있기 때문이다.

중국공산당이 전개하는 초한전에 바탕을 둔 정보전과 해외 통일전선공작은 이처럼 정상적인 사고 범주를 벗어나 있다. '소규모로 분산된 [그러나 일반인을 동원한 대규모 인해전술] 스파이decentralized micro-espionage'는 지금까지의 스파이전과는 성격이 매우 다른, 매우 생소한 전술이기 때문이다.213)

일반적으로 전형적인 방첩 기관은 적국이 파견한 스파이와 이들의 활동에 대응하는 한정된 인력, 조직, 재원을 가지고 있다. 이러한 정보기관의 한정된 조직적 역량으로는 중국 특색 스파이 공작에 효과적으로 대처하기가 사실상 불가능하다. 중국공산당이 대규모 불특정 일반 대중을 인민전쟁 방식으로 동원하는 공격행위에 한정된 조직역량만으로는 당해낼 도리가 없기 때문이다. 상황이 이러한데도 호주보안정보국ASIO은 여전히 전통적인 방첩 대응에 머물러있다.214)

다음으로 미국을 살펴보자. 중국공산당은 미국에서 홍콩인 또는 화교를 대리인으로 내세우고 중국의 공식적 지원을 은폐하기 위해 설립한 재단을 통해 간접적으로 영향력 기반을 구축했다.

2020년 미국 시사주간지 《뉴스위크》 탐사보도는 미국에서 정치 경제적·사회적으로 활동하는 중국공산당 해외 통일전선공작 조직이 최소 600개 이상이라고 밝혔다. 이러한 공작조직에는 83개 중국 이민자 조직, 10개 중국인 구호센터, 32개 중국인 상회商會(상공회의소), 13개 중국어 미디어, 70개 재미 중국인 전문가 조직, 38개 중국평화통일촉진회, 5개 미중친선우호협회, 129개 중국인 혹은 화교 교육문화조직, 265개 이상 중국인 유학생 조직 등이 포함되어 있다.215) 특히 미국에서 정치 경제적으로 영향력 있는 중국인 인사들의 조직인 백인회The Committee of 100가 중국공산당 통일전선 조직과 깊이 연계되어 있다는 사실이 드러나기도 했다.

호주는 어떻게 차이나클럽에 의해 잠식당했는가?

현재 국가별로 이른바 거대 규모 친중 그룹이 존재한다. 친중 그룹은 정부, 정보기관, 군대, 기업, 대학, 연구기관, 신문, 방송, 문화예술 분야에서 광범위하게 활동하고 있다. 주로 중국과 이해관계가 있거나 이념적으로 진보이거나 중국에 우호적인 인사들이다. 이들은 해당 국가 엘리트 집단이기도 하다.

호주 사례를 살펴보자. 1980년대부터 2010년대에 이르기까지 '차이나클럽China Club'으로 분류되는 인사들이 국가전략과 정책에 막강한 영향력을 행사했다. 차이나클럽에는 외교부, 국방부, 호주보안정보국ASIO 수장을 역임한 데니스 리차드슨Dennis Richardson, 총리 외교정책 자문역이었던 알렌 긴겔Allan Gyngell, 총리 경제정책 자문역이었던 마틴 파킨슨Martin Parkinson, 저명 경제학자이자 호주국립대학교 ANU 교수였던 피터 드리스데일Peter Drysdale 등이 포함된다.

이런 인사들이 호주 국가전략과 정책을 설계하고 실행한 시기가 1990년대부터 2010년대까지였다. 이들의 기본 관점은 중국이 호주의 미래라는 것이다. 호주는 중국에 전면 개방을 단행하고 중국의 호주 진출에 모든 대문을 활짝 열어야 한다는 것이다.

차이나클럽 출신은 공직 퇴임 후 중국과 호주를 연결하는 브로커 노릇을 한다. 밥 호크, 폴 키팅, 케빈 러드Kevin Rudd 등 전임 호주 총리가 모두 이 '중국의 친구들'에 포함된다. 이들은 각종 국제회의에서 그들의 명망과 영향력을 바탕으로 친중적 발언과 주장으로 중국을 도와준다. 중국공산당은 그 대가로 이들에게 중국 정치 권력 수뇌부에 배타적 접근권, 이들과 연계된 기업 활동에 전폭적 지원, 이들을 위한 특혜성 자리 등을 제공한다. 이들은 중국공산당이 제공한 특혜와 특권을 바탕으로 호주 국내 기업계와 정치계, 관료와 학계에 막강한 영향력을 행사한다. 그리고 중국공산당은 이들 친중 인사들을 중국공산당의 이익 대리인으로 이용해 왔다.216)

4. 외국 진보·좌파 조직과 통일전선 구축

해외 통일전선공작을 통한 초한전 전개는 단지 현지 중국인 또는 중국공산당 요원만의 힘으로는 되지 않는다. 현지인과 통일전선 구축이 필수다. 현지 정치인, 기업인, 지역 정치인, 지역 유지, 언론인, 문화예술인, 교수, 전문가, 관료, 군인을 대상으로 통일전선공작을 전개한다. 중국공산당은 이들 중에서 중국과 각종 이해관계가 있는 이들을 집중적으로 공략한다.

이념적 좌파, 진보 이념을 표방하는 정당, 시민단체, 노동조합은 필수 공작 대상이다. 이들은 반미투쟁에서 든든한 후원자 노릇을 해주기 때문이다. 현지 진보세력 입장에서는 자유민주주의 시장경제 체제를 전복하거나 정치 권력을 장악해 사회주의 노선으로 가는 데 중국공산당의 지원과 후원을 받을 수 있다. 중국공산당은 해당 국가에 정치적 혼란, 내분, 사회적 교란, 사상과 가치 붕괴 등을 조장함으로써 내부에서부터 붕괴·약화하는 데 이들을 이용할 수 있다.

중국공산당이 외국 진보·좌파 세력을 계획적으로 육성·지원한 역사는 오래다. 구소련 수립 이후 코민테른을 조직해 이른바 혁명 수출 미명으로 전 세계 공산주의 세력을 조직해 국가전복 공작을 전개한 것과 맥이 같다. 소련 코민테른 요원이 창당하여 중국을 장악한 중국공산당 역시 중화인민공화국 수립 이후 전 세계로 혁명을 수출하는 공작을 본격화했다. 그 과정을 살펴보면 중국공산당이 그들의 인민보다 공산당 혁명 수출과 대외 영향력 확장을 얼마나 중시하는지 알 수 있다.

1949년 중화인민공화국 건국 이후 사회주의화 과정에서 중국공산당이 저지른 수많은 실패로 중국경제는 후진국 상태를 벗어나지 못했다. 또한 최소 4,000만 명 이상을 아사餓死로 몰아간 대약진, 이어진 문화혁명 대동란으로 중국인의 경제적 삶은 전 세계 최하위 수준으로 떨어졌다. 사정이 이러한데도 중국공산당은 마오쩌둥 혁명이론 수출을 위해 아시아, 아프리카, 중남 아메리카 등 후진국에 막대한 원조를 제공하면서 사회주의 세력을 육성하는 데 자원을 아낌없이 투자했다.

마오쩌둥 집권기 중국공산당이 좌파 세력을 육성하거나 사회주의 정권을 지원한 사례는 전 세계에 걸쳐 약 110개 이상 국가에 달한다. 아시아 지역만 하더라도 북한, 베트남, 캄보디아, 미얀마, 라오스, 말레이시아, 인도네시아, 필리핀, 일본, 대만, 태국 등을 망라한다.

중국공산당이 지원해 체제 전복에 성공한 아시아 사례는 캄보디아와 미얀마다. 베트남은 중국공산당과 소련의 전폭적인 지원을 통해 남베트남(베트남공화국)을 공산화하고 흡수 통일하는 데 성공했지만, 통일

이후 중국공산당과 대결 관계에 들어가 갔다. 이외 중국공산당이 좌파 세력을 지원한 사례는 아프리카, 중남미, 서구 유럽국가도 포함된다.217)

일본과 서유럽 좌파 세력에 대한 지원은 제3장에서 설명한 바와 같이 마오쩌둥 전략·전술의 핵심 중 하나인 '농촌포위성시農村包圍城市·이용지방포위중앙利用地方包圍中央' 차원에서 전개한 것이었다. 주변을 장악해 중앙(미국)을 포위 공략한다는 전략이었다.

한 국가 차원에서는 시민사회에 친중 좌파 조직을 지원해 정권, 체제를 공략하는 것이고, 국제적 차원에서는 개발도상국부터 호주, 캐나다 등 서구 선진국에 대한 영향력을 확대하면서 종심인 미국을 공략해 들어가는 전략이다. 여기에는 일본의 전투적 좌파 사회주의 조직 적군파赤軍派와 영국, 프랑스, 독일 등 서유럽의 대학생, 지식인 중심 조직 신좌파 사회주의 운동이 포함된다. 특히 아시아, 아프리카, 중남 아메리카에서는 전투적 사회주의 무장 단체에 조직적 지원과 훈련을 제공하기도 했다. 모두 통일전선공작 차원에서 전개한 일이다.218)

미국도 예외가 아니다. 자생적 사회주의 단체, 마오쩌둥파 조직, 흑인 인권운동단체 등 좌파 조직과 인권단체가 광범위하게 조직되어 활동하고 있다. 중국공산당은 1980년대 개혁·개방 정책으로 전환하고 미국과 정치, 경제, 사회 교류 협력을 본격화하면서 미국 사회 내부의 진보·좌파 조직들에 대한 통일전선공작을 강화해 나갔다.

그중에서 중국공산당이 주목한 미국 좌파 조직이 1972년 마오쩌둥주의와 사회주의 운동을 표방하며 중국인들이 샌프란시스코에서 조직한 화인진보회華人進步會·The Chinese Progressive Association였다. 중국공산당은 미국 내 화교 중 마오쩌둥 노선 사회주의자들이 조직한 화인진보회를 기반으로 미국 내 다양한 진보·좌파, 흑인 인권, 환경운동 단체들과 통일전선 구축에 주력해 왔다.219) 중국이 지속적인 통일전선공작을 통해 미국 내에 축적한 역량을 초한전에 어떻게 적용해 이용하는

지 실사례를 살펴보자.

진보·좌파 조직과 통일전선 구축, 초한전 사례: 2020년 미국

미국 좌파 조직을 대상으로 한 중국공산당 통일전선공작의 실체가 수면 위로 드러난 사건이 2020년 BLM Black Lives Matter 시위, 안티파Antifa 폭동이다.

우선 그 배경을 살펴보면 다음과 같다. 1972년 미·중 데탕트 이후 미국은 중국과 협조적 관계 구축, 상호 윈-윈을 지향해 나가는 이른바 관여정책engagement의 기본 축으로 대중국 정책을 전개해 왔다. 40년 이상 지속해 온 미국의 대중국 정책은 1989년 천안문 학살 사태 등 위기를 맞기도 했으나 기본 틀은 변하지 않았다.

오히려 미국 정·관계뿐만 아니라 금융계, 산업계도 중국과 대규모 이해가 맞물리면서 미·중 관계는 상호의존, 협력을 강화해 왔다. 중국공산당은 미국 정·재계에 깊숙하고도 광범위한 로비를 전개해 대통령을 비롯한 행정부가 중국에 위협이 되는 정책을 실행하지 못하도록 막아왔다.

2016년 도널드 트럼프가 대통령에 당선되자 중국은 쾌재를 불렀다. 결국 착각임이 드러났지만, 중국공산당은 트럼프와 같이 자신의 이익을 최우선시하는 인물은 중국공산당이 매수하기에는 최적의 인물이라고 오판한 것이다. 중국공산당은 자신 있게 트럼프 가족들에 대한 매수 공작에 들어갔지만, 결과는 중국공산당의 예측을 완전히 벗어났다. 트럼프가 미국과 미국인의 이익을 우선시하면서 중국에 대한 견제 정책을 본격화한 것이다. 트럼프 매수에 실패한 중국공산당은 트럼프의 재선을 막아야 한다는 결론에 도달한다.

반중 정책에 드라이브를 건 트럼프를 낙선시키기 위해 파상 공격을 계획한다. 중국공산당의 계획에는 미국 대선에 대한 직·간접 개입, 미국 내 반 트럼프 전선 지원, 사회 혼란 야기 공작이 포함되었다. 트럼프 낙선 공작을 치밀하게 준비하면서 미국의 정치 사회적 동태를 면밀하게 관찰해 나갔다. 전체 판세를 분석하면서 집중적으로 공략할 이른바 '약한 고리'를 찾기 위해서였다. 이는 중국공산당이 군사작전과 공작을 전개할 때 취하는 전형적인 행위 패턴이다. 이때 트럼프 대선을 앞두고 중국 우한발發 코로나19 글로벌 팬데믹이라는 전대미문의 사태가 터지고, 이 와중에 미국에서는 BLM 사건이 일어났다.

미국 사회를 교란하고 트럼프를 낙선시킬 기회가 도래했다고 판단한 중국공산당은 미국 사회에 구축한 통일전선 조직을 대거 동원해 총공세를 감행했다. 코로나19 글로벌 팬데믹에 이어 흑인 인권 문제 등 폭발력이 큰 사건이 미국 사회 전체를 흔들어 놓자 이 허점을 집중하여 공략해 사회적 혼란을 증폭시킬 필요가 있었다. 미국 사회의 혼란은 트럼프의 리더십에 타격을 가해 연임을 저지하고 약해진 트럼프 행정부는 중국에 대한 공세적 정책을 지속하지 못한다고 판단해서다.

중국공산당의 대미국 초한전 공세는 결국 그 실상이 드러났다. 흑인 범죄혐의자에 대한 경찰의 가혹행위와 사망으로 촉발된 BLM 시위가 사회 전반에 걸쳐 확산하고 급진 좌파 단체 안티파의 폭동이 가중되는 와중에 미국 내 화교, 중국인 유학생, 현지 중국인들이 조직적으로 개입한 정황이 속속 밝혀졌다. 미국 법무부 연방수사국FBI은 이들 시위 배후 세력 중 하나로 중국공산당을 지목했다. 중국공산당이 미국의 진보·좌파 단체와 구축한 연대전선을 이용해 미국의 내정에 깊숙이 개입한 사실을 밝혀냈다. 그러면 중국이 통일전선 공작을 통해 2020년 대미 초한전을 전개한 방식을 더 자세히 살펴보자.[220]

중국의 통일전선공작 기관들은 트럼프를 공격해 낙선시키기 위해 총동원령을 발동한다. 이 공작기관들이 미국 현지 사령부로 이용한 곳이 바로 텍사스주 주휴스턴 중국총영사관이다. 중국공산당은 오래전부터 총영사관에 통일전선공작 실행을 위한 다양한 전문가들을 파견해 오고 있었다. 요원 중에는 SNS 여론 조작, 루머 유포, 거짓 내러티브를 퍼뜨리는 네트워크 전문가, 전문적인 선전 선동 영상 제작자, 잠재적 시위 참가자 등을 식별해 집중하여 공략하는 빅데이터 전문가 등이 망라되어 있다. 이러한 인적 기반과 함께 중국 소셜네트워크 서비스 틱톡, 위챗을 미국인들을 선동하는 수단으로 대거 동원했다. 트위터, 페이스북 등 서비스뿐만 아니라 중국공산당의 지시를 받는 중국 앱 서비스를 통해 선전 선동 영상과 내용을 미국인들에게 대규모로 퍼뜨렸다. 트위터, 페이스북, 틱톡, 위챗 사용자 중 시위와 폭동에 가담할 잠재적 인물들을 빅데이터 분석을 통해 선별한 다음 이들에게 별도의 자극적 선동 영상과 가짜뉴스, 거짓 내러티브를 집중적으로 유포함으로써 이들을 거리로 나서도록 유도하는 공작을 전개했다.221)

중국공산당은 동시에 BLM, 안티파Antifa 조직에 대한 자금을 지원했다. 안티파 폭동 같은 시위가 미국 전역에서 파상적으로 일어나기 위해서는 막대한 자금력이 있어야 한다. 시위대 조직, 시위 물품 조달, 이동 등에 많은 돈이 필요해서다. 여기에 더해 시위와 폭동에 동원된 많은 이들에게 어떤 조직이 일당을 주었다는 사실이 밝혀졌다. 이들의 자금력은 어디에서 나왔을까?

첫째, 미국 일반 시민 모금 운동이다. BLM 시위와 흑인 인권운동에 동조하는 미국 시민들이 자발적 기부금을 제공했다. 두 번째, 트럼프에 반대하는 미국 거대 자본이 움직였다. 여기에 중국공산당 자금이 추가된 것이다. 중국공산당의 자금지원 통로가 앞서 언급한 화인진보회다.

중국공산당은 통일전선공작을 위해 화인진보회를 지원하고 화인진보회는 미국 진보·좌파 단체를 지원하는 방식이다.222) 화인진보회가 지원하는 미국 단체 중 하나가 바로 BLM이다.

BLM은 폭동 이전에 이미 그 기반을 구축하고 있었다. 미국 흑인 인권운동과 급진 사회주의 혁명운동을 결합한 조직이다. 조직 지도자가 BLM을 주도한 알리시아 가자Alicia Garza, 칸 쿨러스Khan-Cullors 등이다. 가자는 이미 2018년 흑인미래실험실The Black Futures Lab·블랙퓨처랩이라는 조직을 만들어 운영하고 있었다. 화인진보회가 바로 블랙 퓨처 랩을 지원한 것이다. 그리고 이 조직력을 바탕으로 혁명적 사회주의 흑인운동을 전개하던 블랙 퓨처 랩이 흑인 용의자가 경찰에 의해 사망하자 이를 전국적 시위로 촉발한 사건이 BLM이다.

미국 사회 전반적으로 동조 시위가 퍼지자 가자는 조직 확대를 꾀하면서 국제적 조직인 BLM글로벌네트워크재단The Black Lives Matter Global Network Foundation을 설립해 세력을 과시했다. 중국공산당이 미국 진보·좌파 조직과 통일전선을 이용하는 전형적 방식이다.223)

5. 해외 통일전선공작과 범죄집단 그리고 마약 카르텔

중국공산당이 외국의 진보·좌파 세력과 연대전선을 구축해 정치적 영향력을 강화하고 타깃팅한 국가의 정권과 사회를 내분으로 약화하는 공작은 초한전을 종합적으로 응용해 적용하는 양상의 한 단면에 불과하다.

해외 통일전선공작을 초한전 주요 수단으로 전개하는 방식은 이보다 훨씬 더 다면적이다. 해외 통일전선공작을 전개하는 주요 수단에는 범죄조직이 포함된다. 범죄조직은 외국의 정치경제와 사회적 친중 엘리트 집단, 그 국가 내에서 중국공산당과 이념적 이해를 공유하는 진보좌파 세력, 현지 중국인과 화교 등과 함께 인민해방군과 국가안전부가 해외 통일전선공작에 이용하는 매우 중요한 세력 중 하나다.

중국의 대표 범죄조직인 삼합회三合會가 바로 해외 통일전선공작 주요 수단이다. 중국에는 삼합회 외에도 무수한 범죄조직이 있다. 이들이 중국공산당과 깊은 이해관계를 형성해 움직인다. 그런데 삼합회가 대표적 조직이므로 본 고에서는 중국 범죄조직을 삼합회로 통칭한다.

삼합회는 원래 청清 나라 시기 반청복명反清復明(청나라 타도 명나라 부활) 운동 목적으로 조직된 천지회天地會에서 파생된 범죄집단이다. 만주족滿洲族의 청나라를 타도하고 한족 왕조 부흥을 꿈꾸었던 정치집단에서 시작했다. 1912년 청나라 멸망 후 건립된 중화민국 시기에는 국민당이 삼합회를 중국공산당 토벌에 이용하기도 했다.

중국공산당이 대륙을 장악한 후 삼합회는 홍콩, 대만 등지로 근거지를 옮겨간다. 하지만 개혁·개방으로 전환한 후 중국공산당은 삼합회와 연합해 홍콩, 마카오, 대만에 대한 통일전선공작을 전개하고 더 나아가 캐나다, 호주, 유럽 등지로 진출하기 시작한다. 이 과정에서 삼합회가 통일전선공작의 주요 수단 중 하나가 되었다. 삼합회라는 범죄집단을 외곽에 내세우면 중국공산당이 비밀공작을 하는 데 여러 면에서 유용하기 때문이다. 범죄집단은 마약 거래를 통한 대규모 수익 창출, 카지노 같은 도박 플랫폼을 이용한 자금세탁, 불법 수출품과 이민자 불법 유입 수단 보유, 테러, 린치, 협박, 위협을 통한 통일전선공작 등에 유용하다. 그러면서도 중국공산당은 삼합회 뒤에서 그 정체를 철저히 숨길 수 있다. 이런 이유로 인민해방군과 국가안전부 등 통일전선 조직은 삼합회와 연대 통일전선을 구축하고 중국 국내에서 삼합회 조직이 대규모로 성장할 수 있도록 협조했다.224)

중국공산당이 마약전과 범죄전을 통일전선공작전으로 전개하는 구체적 내용을 살펴보기에 앞서, 마약과 범죄집단의 결합이 한 국가사회를 어떻게 멍들게 하는지 중남 아메리카 사례를 통해 알아보자. 이 책을 읽는 독자들은 다큐멘터리 형식의 드라마 시리즈 '나르코스Narcos'

를 이미 보았을 것이다. 한 국가의 범죄조직이 특히 마약으로 성장해 거대 집단이 될 때, 그 국가의 정치경제나 사회에 어느 정도로 참담하고도 가공할만한 결과를 가져오는지 생생하게 보여주는 작품이다.

마약은 막대한 수익이 발생하는 산업이다. 범죄조직이 마약을 주 수입원으로 삼을 때 그 조직은 대규모 거대 조직으로 성장하게 된다. 해당 범죄조직은 거대 자금력으로 정치인, 법조인, 군인, 경찰관, 공무원, 각종 사회단체, 진보좌파 조직, 재계, 언론계 교육계 등에 강력한 영향력을 행사하는 조직으로 성장한다. 매춘, 인신매매, 카지노 도박 산업 등 각종 범죄에서 은행, 부동산 개발, 일반 산업 등에 이르기까지 거대한 범죄 생태계가 그 국가에 깊숙이 뿌리를 내린다. 결과적으로 정치는 부패하고, 법치는 무너지고, 공권력은 범죄조직의 하수인이 되며, 정상적 산업 활동은 위축되고, 국민은 마약과 범죄에 그대로 노출되어 병들어가면서 한 사회가 무너져 내린다. 더욱 무서운 것은 한 국가가 마약을 중심으로 한 거대한 생태계를 이루게 될 때, 그 국가사회는 결과적으로 마약과 범죄에 의존하는 이익공동체를 형성하게 된다. 이미 그 국가는 손 쓸 수 없을 정도로 망가지고 만다. 중국공산당은 이 점을 매우 잘 이해하고 있다.

논의의 주제를 중국공산당의 해외 통일전선공작과 범죄조직, 그리고 마약과 관계로 다시 돌아가 보자.

중국공산당이 미국 진보·좌파 조직과 통일전선 연대구축을 통해 미국 대선에 어떻게 개입했는지 위에서 이미 살펴보았다. 경위가 드러난 배경에는 주휴스턴 중국총영사관이 있다. 총영사관 직원이 내부 극비자료를 들고 미국에 투항하면서 밝혀진 사실이다. 미국 연방수사국FBI은 입수한 내부 극비자료, 정보를 바탕으로 중국공산당이 총영사관을 현지 사령부로 삼아 초한전 공격을 감행한 사실을 알 수 있었다. 2020년 8월 미국 정부가 주휴스턴 중국총영사관 폐쇄를 명령한 배경이다.

중국 요원이 넘긴 내부 극비자료와 정보에는 좌파 단체를 이용해 도널드 트럼프의 재선을 막기 위한 정치 공작전 내용만 있는 것이 아니었다. 중국공산당이 미국에 감행한 초한전의 종합적 실체가 담겨 있었다. 중국공산당이 총영사관을 현지 전쟁사령부 삼아 초한전을 전개한 내용이 하나의 종합세트를 이루고 있었다. 여기에는 정치공작전, 여론전, 심리전, 정보전, IT 기술전, 금융전, 문화전, 이념전, 마약전과 범죄조직을 동원한 통일전선공작 등이 모두 망라되어 있었다.225) 먼저 이 사건 관련 기사 중 해당 부분을 읽어보자.

"휴스턴 중국총영사관, 멕시코 마약 카르텔과 결탁"

자유아시아방송RFA은 지난달 27일 별도 기사에서 백악관이 오래전부터 휴스턴 총영사관 직원들의 '신분에 걸맞지 않은 활동'을 파악하고 있었으며 가장 먼저 단서를 찾은 곳은 미국 법무부 마약단속국DEA이었다고 보도했다. (중략) 마약단속국은 마약 거래를 추적하는 과정에서 휴스턴 중국총영사관 직원들이 멕시코 마약 카르텔과 결탁해 마약 운반 루트로 인민해방군 총참모부 정보원을 밀입국시켜 스파이 활동을 수행한 뒤 다시 멕시코를 통해 중국으로 돌려보내고 있음을 발견했다. 미국 법무부는 마약단속국을 통해 해당 첩보를 입수한 뒤 연방수사국FBI에 수사를 지시했고, 미국은 연방수사국의 수년간 수사 끝에 사건의 전모를 완전히 파악했으며 행동에 옮길 적절한 시기를 기다렸다고 RFA는 전했다. 비슷한 시기에 맞춰 인민해방군 소속 연구원 네 명이 미국에서 지식재산권 절도를 벌인 혐의로 조사받고 있다는 사실도 드러났다. 절도 규모는 40년 만에 최대였다. (중략) 미국 기업이나 개인은 중국 앱 틱톡, 위챗과 그 모기업과 어떠한 거래도 해서는 안 된다는 내용의 행정명령을 발동했다. (중략) 위챗, 틱톡이 사용자의 위치 데이터, 검색 기록 등을 통해 사용자에 관한 개인정보를 자동으로 대거 입수……, 또한 이를 통해 중국공산당이 미국인의 개인정보를 수집·열람하고 연방정부 직원과 거래기업 관계자의 위치를 추적해 이들을 협박하거나 산업 스파이 활동에 이용한다고 덧붙였다. 틱톡은 지난 6월 도널드 트럼프 반대 세력이 미국의 10대와 K팝 팬들을 부추겨 도널드 트럼프 대통령의 유세 현장을 빈자리로 만드는 데 이용하기도 했다."226)

기사에서 중국공산당이 삼합회 범죄조직과 연계해 국제 마약 카르텔을 형성한다는 것에 주목해야 한다. 인민해방군과 국가안전부 등이 삼합회와 같은 범죄조직과 깊숙한 연계를 맺고, 중국 광둥廣東성 주하이珠海, 선전深圳 등 도시를 중심으로 마약제조업을 조직적으로 운영하면서 홍콩, 마카오를 대외 유통 기지로 이용하고 있다. 주요 품목은 펜타닐 Fentanyl이라는 신종 강력 마약이다. 펜타닐은 미국, 캐나다, 호주, 유럽, 인도 등지에서 수많은 인명을 비극으로 내몰고 있는 주범이다. 대상에는 한국도 포함된다. 한국 사회에도 이미 음성적으로 광범위하게 퍼져 있다고 한다.

인민해방군과 국가안전부 등은 철저히 삼합회 배후에 숨어 있다. 전면에 나서서 운영하는 것은 삼합회와 같은 범죄조직이다. 이들은 이를 기반으로 캐나다 밴쿠버에 해외 마약 유통 근거지를 건설했다. 화교와 중국인들이 대거 거주하는 밴쿠버를 마약과 범죄, 중국인 불법 이민, 인신매매 등의 삼합회 북미 허브로 만들었다. 밴쿠버는 캐나다뿐만 아니라 바로 미국으로 마약과 범죄를 들여오는 중국공산당 해외 공작의 창구라는 의미다.

중국공산당과 삼합회는 1980년대부터 1990년대까지 캐나다 밴쿠버를 장악하기 위한 공작에 성공했다. 이를 '밴쿠버 모델'이라 부른다. 중국 광동성을 생산기지로 하고 홍콩, 마카오를 대외 마약 유통 창구이자 자금세탁 기지로 이용한다. 자금세탁은 홍콩, 마카오에서 성업 중인 국제 카지노 산업을 통해서 주로 한다. 카지노에서 도박자금 교환 형식으로 자금세탁을 하면 돈은 다시 해외 통일전선공작 자금이자 중국공산당 지도층의 개인 재산으로 들어간다. 이렇게 세탁한 돈을 합법적으로 밴쿠버의 부동산에 투자한다. 부동산 구매, 나중에는 부동산 개발 명목으로 투자한 돈은 완벽하게 세탁된 돈으로 변하고 중국공산당과 삼합회는 이 돈을 합법적인 통일전선 자금으로 사용한다. 현지 기업투자와 밴쿠버 정치사회 대상 기부금 제공, 현지 진보·좌파 시민단체 지원금으로 사용한다. 이러한 수법으로 중국공산당과 삼합회는 캐나다의 자금세탁금지법을 완전히 무력화한다.227)

밴쿠버에서 마약 유통, 삼합회, 화교 집단을 기반으로 현지에 뿌리를 성공적으로 튼 중국공산당은 불어나는 자금력으로 밴쿠버, 나아가 캐나다 전체에 기반을 공고히 다져 나갔다. 캐나다의 법치 체계, 자유민주주의 제도를 역이용하는 것이다. 자금력을 바탕으로 이들은 캐나다 최고 로펌을 고용했다. 캐나다의 법치와 법률 체계를 이용해 자신들의 활동을 합법적으로 방어하는 기반을 마련한 것이다.

밴쿠버에서 확고한 기반을 구축한 다음 단계의 공작은 캐나다 중앙 정치와 대표적인 기업들이었다. 지역 근거지 마련 후 중앙으로 진출한 중국공산당 요원은 캐나다 중앙·지방에 보이지 않는 거대한 영향력을 키울 수 있게 되었다. 밴쿠버 모델의 실상이다.228)

상황이 이 지경에 이르면 캐나다 행정부, 사법부, 안보 기관은 무력해진다. 중국공산당과 삼합회의 이러한 보이지 않는 침탈의 실체, 실태에 대해 캐나다 안보 기관이 구체적 증거를 바탕으로 보고서를 작성해 지방과 중앙정부에 문제를 제기했는데도 캐나다 정부는 별다른 반응이나 대응을 하지 않았다. 중국공산당의 자금력과 매수의 힘이었다.

중국공산당과 삼합회는 2000년대 후반에 이르면 밴쿠버 모델을 전 세계로 확산하는데 그중 하나가 바로 호주 시드니다.229) 중국공산당과 삼합회가 시드니 지역 정치, 경제, 사회, 범죄집단에 공고히 구축한 기반은 광범위하고도 뿌리 깊다. 중국공산당이 삼합회와 같은 범죄집단을 이용하여 해외 통일전선공작을 전개하는 구조를 정리하면 〈그림 5-3〉과 같다.

〈그림 5-3〉 인민해방군 해외 통일전선공작 삼위일체 구조

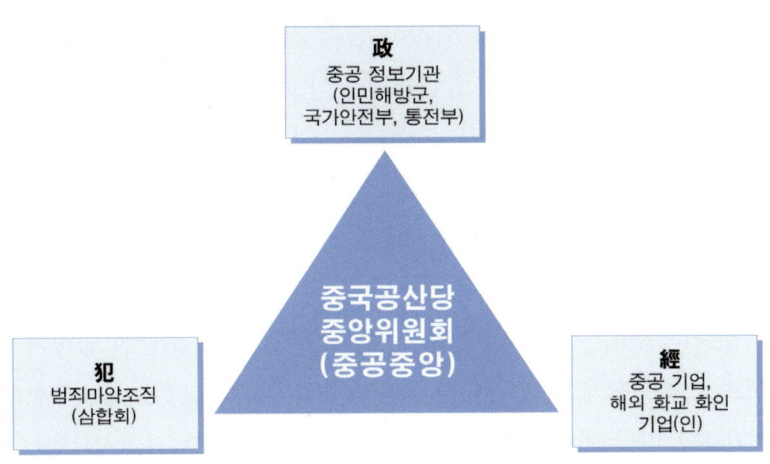

참조: The RCMP-CSIS Joint Review Committee (1997); Jonathan Manthorpe, Claws of The Panda (2018); Sam Cooper, Wilful Blindness, How a network of narcos, tycoons and CCP agents Infiltrated the West (2021).

중국공산당과 삼합회는 해외 마약범죄 허브를 구축하는 데 성공하고, 더 나아가 국제적 마약 카르텔을 형성해왔다. 그 주 대상이 중남 아메리카 마약 카르텔이다. 미국으로 마약을 들여와 대규모 이익을 보는 것이 중남 아메리카 마약 카르텔임은 이미 잘 알려진 사실이다.

중국공산당은 해당 마약 카르텔이 미국으로 마약과 범죄를 들여오는 과정에서 축적한 기법과 미국 내 범죄조직의 네트워크 기반에 주목했다. 중국공산당과 삼합회로서는 이러한 기반과 네트워크를 새로이 구축하기보다는 기존 마약 카르텔과 협업(이것도 통일전선공작에 포함된

다)을 통해 미국을 공략하는 전술을 택했다. 마약과 각종 범죄조직의 생산기반, 유통, 자금세탁, 국제적 네트워크를 종합적으로 건설해왔다. 여기에 지하 은행과 금융투자 기업을 완비하면서 거대한 글로벌 마약 범죄 산업 네트워크를 구축했다.230)

마약 생산, 공급과 관련해서는 북한도 포함된다. 중국공산당은 자신의 정체성을 삼합회 뒤로 철저히 숨긴 채 북한이 마약을 국제적으로 공급하고 그 수익을 통해 정권을 유지하고 핵무기를 개발하는 데 우회적으로 지원하고 있다.231)

해외 통일전선, 범죄집단, 마약 카르텔, 지역장악: 캐나다 사례

캐나다 사례는 중국 통일전선공작 기관의 각종 초한전 공작과 삼합회의 연계공작에 대해 캐나다 왕립기마경찰청Royal Canadian Mounted Police과 미국 연구기관인 CSIS가 공동 작성한 비밀보고서(1997년)와 2009년부터 관련 사안을 심층 탐사해 책232)을 출간한 샘 쿠퍼Sam Cooper의 폭로 내용 중 핵심적 사안을 재구성한 내용이다.233)

인민해방군은 1980~90년대 캐나다 밴쿠버에 계획적이고도 조직적 삼투 공작을 본격화했다. 미국과 국경을 접하지만, 국경 관리가 상대적으로 허술한 캐나다는 미국을 공략할 수 있는 최적의 국가다.

캐나다는 영연방 국가이자 북대서양조약기구(나토·NATO) 회원국이지만 안보와 보안이 상대적으로 허술해 미국과 나토의 군사·안보 정보를 빼내는 데 최적의 국가이기도 하다. 도시(핵심)의 주변을 먼저 장악해 도시(중심, 핵심)를 포위하면서 동시에 도시의 내부를 혼란에 빠트려 적을 허물어뜨리고, 이를 통해 종국에는 판세를 뒤집어 최종적인 승리를 쟁취한다는 중국공산당의 전략을 미국을 대상으로 전개하는 데 최우선으로 공략해야 할 '주변'에 해당한다.

중국공산당이 전략적으로 은밀하게 캐나다를 공략하면서 1980년대 후반부터 1997년까지 약 200여 개 캐나다 기업이 중국공산당으로 소유권이나 경영권이 넘어갔다. 중국공산당에 넘어간 캐나다 기업들은 모두 전략적으로 중요 기술이나 자원 관련 기업이다. 방식은 주로 중국공산당이 해외 진출할 때 이용하는 홍콩과 마카오 거점 기업을 활용한다. 여기에는 삼합회와 홍콩의 대표적 기업인인 리카싱과 그의 친인척이 포함되어 있다.

　삼합회가 운용하는 마약 산업은 펜타닐이라는 강력한 신종 마약이 주력 품목이다. 원래 마약성 진통제로 개발했으나 그 해악성이 알려지면서 서구에서는 불법이지만, 중국에서는 여전히 합법적으로 생산하는 마약이다. 중국공산당과 삼합회가 이 펜타닐을 대량으로 제조해 캐나다를 거쳐 미국, 호주, 전 세계로 유통하면서 심각한 사회 문제가 되었다. 쿠퍼는 이를 중국공산당이 서구를 대상으로 펜타닐을 무기화하였다고 폭로한다.[234] 중국공산당의 캐나다 투자는 이와 함께 중국어로 서비스하는 캐나다 미디어, 엔터테인먼트 기업을 포함한다. 캐나다 화인, 화교 등 중국인에 대한 문화, 여론, 선전전을 전개하기 위한 플랫폼 기업으로 이용하기 위해서다.

　중국공산당은 캐나다 밴쿠버라는 거점에 뿌리를 공고하게 튼 후 합법과 불법 수단을 모두 동원해 중국인들을 대거 진출시켰다. 중국공산당 지도부, 엘리트, 삼합회 연관 중국인, 중국인 사업가 등은 마약과 불법 수단을 총동원해 적극적으로 캐나다 부동산을 매입해 왔다. 중국인의 부동산 매입은 그 자체만으로는 캐나다의 안보에 위협이 되지 않을 수도 있다. 문제는 단순히 부동산 문제에 그치지 않는다는 사실이다. 중국인의 부동산 매입이나 소유는 중국인이 해당 지역 정치인과 해당 지역사회에 막강한 영향력을 보유하게 된다는 데 중대한 의미가 있다.[235]

캐나다에 대규모 부동산 자산을 보유하게 된 중국인(중국공산당 위장 요원이나 대리인)은 지역 정치인과 각계 엘리트 그룹에 상당한 영향력을 보유하게 된다. 이들은 자금력을 기반으로 지역 엘리트 나아가 중앙 엘리트 그룹에 여러 특혜와 특권을 제공하면서 점차 캐나다에 강력한 영향력을 축적해 왔다.236)

오늘날 캐나다 중앙·지방정부 차원에서 실행되는 이해하기 힘든 친중親中, 종중從中정책은 그 결과라고 할 수 있다.237)

6. 중국 연구기관, 외국 싱크탱크 그리고 해외 통일전선공작

개혁·개방 이후 중국은 자본주의 시장경제를 이식해 사회적 다원화, 다양화, 다변화, 복잡화, 전문화를 진행함에 따라 분야별로 전문성이 필요해졌다. 중국 정부가 다양한 연구기관을 설립한 배경이다. 연구기관들은 전문성 증진 목적과 함께 중국공산당의 통치 정교화에 이바지하는 목적이 있다.

중국 연구기관의 설립·운영 목적은 2017년 공표한 연구기관 하달 지시문에도 잘 나와 있다. 내용은 다음과 같다. "연구기관think tank은 당과 정부에 봉사하는 활동을 해야 한다. 기관과 연구원들은 각급 기관에 소속된다. 이 지시문은 민정부, 외교부, 공안부, 국가안전부 등 9개 관련 기관이 참여해 작성했다."238)

중국 내 각종 연구기관이 수행하는 주요 업무 중 하나가 해외 통일전선공작이다. 중국공산당은 자유민주주의 사회에 운영되는 연구기관들과 학술교류를 활발히 전개한다. 첫 번째 목적은 외국 연구기관과 교류 형식을 빌려 중국공산당의 정책을 전달하는 것이다. 다음으로는 정부 정책에 영향력을 갖는 외국 연구기관의 연구 동향을 파악하기 위해서다. 학술교류 명목으로 연구원들을 외국 연구기관에 파견해 정보, 기술을 탈취하기 위한 목적도 포함된다. 중국공산당은 선진 자유민주주의 국가에서 싱크탱크가 정부 정책에 영향을 줄 뿐 아니라 여론 주도자라는 것도 알게 되었다. 아울러 민간 싱크탱크는 기부금 제공자에게 고급 지식 서비스를 제공한다는 사실도 깨달았다. 이것이 선진국 싱크탱크가 중국공산당 해외 통일전선공작의 주 타깃이 된 배경이다.

중국공산당은 이들 연구기관과 중국 연구기관의 학술교류뿐만 아니라 우회적 방법으로 연구소에 기금을 제공하고 친중 연구센터를 만들어나갔다. 해외 통일전선공작 차원에서 미국을 포함해 선진국 유수 싱크탱크를 자신들의 수단이자 도구로 변질시킨 것이다. 나아가 미국에 기부금 출연 형식으로 싱크탱크를 설립해 운영하기도 한다. 한번 중국 자금을 들여놓으면 그 연구기관과 연구원들은 실질적으로 중국공산당에 경제적으로 종속되고 그 결과는 친중 연구보고서를 발간하거나 아니면 중국공산당이 싫어할 만한 보고서는 작성하지 않는다.

중국국제경제교류센터中國國際經濟交流中心·China Center for International Economic Exchanges 사례를 살펴보자. 센터는 중국공산당의 정책 결정에 이바지하기 위해 2009년 설립한 연구기관이다. 외형상 독립적 연구기관임을 표방하지만, 국무원 국가발전개혁위원회의 지시를 받는다. 본질에서 중국공산당의 통제를 받는 중국공산당의 연구기관이다. 형식상 비정부 또는 민간 형식을 띤 이러한 기관이 형식적으로 순수한 학술이나 정책 교류의 형태로 외국의 대학이나 연구기관과 협력 체제를 구축하고 공동 연구기관을 설립하기도 하면서 외국에서는 중국공산당의 정책을 홍보하는 데 이용하고 앞장서는 것이다.239)

이 지점에 이르러 제기될 수 있는 질문이 있다. 그러면 중국의 누구와 학술교류를 하란 말인가? 중국과 진행하는 모든 학술교류를 다 끊으라는 말인가? 전면적으로 단절하라는 이야기가 아니다. 그 성격과 실체를 분명히 알고 교류하라는 것이다.

7. 통일전선공작과 종교단체

국무원 내부문서에 따르면 중국공산당은 해외 통일전선공작 대상 중 하나로 종교단체, 특히 개신교회, 천주교회를 주요 공작 대상으로 삼는다. 문서에서 공산당 간부들에게 지시하는 주요 내용은 해외 소재 중국인 교회(개신교, 천주교)를 철저히 감시하고 삼투 공작을 전개해 내부로 파고들며, 이를 통해 이들의 교리(敎理) 내용을 공산당화하라고 지시했다. 각종 종교단체에 침투해 교리까지 왜곡하면서 가장 신성한 것은 조국에 대한 애국이고 조국은 바로 중국공산당이라는 점을 강조하라는 것이다.

외국 현지 중국인 교회에 공산당 간부를 삼투시켜 사상공작을 전개하는 것은 또 다른 중요한 목적이 있다. 미국, 호주 등 기독교 국가에서 교회는 지역공동체와 긴밀한 네트워크를 갖는다. 현지 중국인 교회에 침투하는 것은 지역사회에 삼투해 들어가는 통로이기도 하다.

교회를 통한 해외 통일전선공작은 사상과 가치 영역 전쟁에 결정적으로 중요한 수단이다. 중국공산당 공작요원이 중국인 교회를 통해 현지 교회 목회자(개신교 목사, 천주교 사제)를 포섭하면 현지인들에 대한 중국공산당의 사상·가치전은 폭발적인 선전·선동 효과를 거둘 수 있다. 종교단체의 특성상 일반 신자들은 목회자(목사, 사제)를 절대적으로 신뢰하기 때문이다.240)

중국공산당이 교회를 통해 사상공작을 전개하는 사례를 소개하면 다음과 같다. 뉴질랜드 중국인 교회에서 2001년 일어난 일이다.

해당 교회에서 『성경』 마태복음 5장 37절을 인용하면서 "전 세계인은 중국인 기독교도의 심정을 존중해주어야 한다."고 설파했다. 이어서 중국의 기독교인들은 대만이 중국의 한 성省에 불과하다고 믿으며 대만은 하나님이 중국인에게 준 선물임을 감사하게 생각해야 한다는 것이다.

또 다른 예는 2014년 호주 캔버라 중국인 감리교회 말씀 난에 나오는 내용이다. 내용은 다음과 같다.

"경외심을 불러일으키는 시진핑 주석의 공의로움……. (중략) 현대 중국이 위대한 국가로 부상하는 것은 하나님의 계획이시고 축복이시다."로 이어진다. 기독교 교리를 중국공산당화하는 전형적인 내용이다.

중국천주교애국회中國天主教愛國會 소속 천주교회에서 『성경』과 복음福音 내용을 왜곡해 중국공산당에 대한 충성과 애당심으로 이끈 사례는 이른바 '기독교의 중국공산당화'를 수출하는 예에 해당하기도 한다.241)

중국공산당이 종교 교리를 왜곡·조작하는 행태는 만연해 있다. 한 예로 중국은 『성경』 내용을 왜곡·조작해 중등학교 교과서에까지 수록했다. 중등 교과서인 『직업 도덕과 법률(2018년 판)』은 예수가 간음한 여인을 용서해주는 내용을 소개하면서(요한복음 8장), 여인에게 돌팔매질한 군중이 사라지자 예수가 그 여인을 죽였다는 조작된 내용을 삽입했다. 그러면서 법 집행의 중요성을 가르치고자 하는 것이다.242)

중국공산당의 사실 조작, 왜곡, 진실, 진리 부정 등의 행태는 너무나도 광범위하고 지속적이고 체계적이고 전방위로 퍼져있어 오늘날 중국인은 무엇이 사실이고 진실인지 무엇이 거짓인지조차 구분하지 못하는 지경이다. 이는 이러한 선전작업 공작을 수행했던 전직 중국공산당 중앙선전부 요원의 고백이다.

오늘날 중국에는 수많은 외국 종교단체(개신교, 천주교, 불교)가 진출해 있다. 중국에 진출한 종교단체는 중국 내 애국 종교단체들과 광범위한 교류를 추진한다. 이는 중국공산당이 종교를 통일전선에 이용하기 위한 전형적인 수법이다. 기본적으로 중국에는 순수한 의미의 종교기관이 존재할 수 없다. 모두 중국공산당의 명령과 지시에 따라야 한다. 중국 종교기관은 해외 종교기관과 교류 협력에 해외 통일전선공작 수단이 되는 것이다.

중국공산당은 시진핑 집권 후 중국 내 종교기관에 대한 무자비한 탄압을 대폭 강화하였다. 『중국 종교 인권 탄압 보고서』에 의하면 2019년 한 해에만 전역도 아닌 수도 베이징北京 지역에서만 3,000개 이상 교회를 파괴하고 십자가를 불살랐다. 종교 탄압, 압살은 단순히 기독교 교회에 그치지 않는다. 중국 전역에서 불교 사찰과 이슬람 사원에 대한 대규모 파괴와 폐쇄가 진행되었다.

종교기관에 대해서 이처럼 대규모 폭거를 자행하면서도 외국의 종교단체가 물론 일부 선택받은 종파와 교회이지만, 중국에 진출하는 것을 허용하는 것이 이상하지 않은가?

중국에서 합법적으로 진출을 허용받고, 동시에 자국의 단체와 자매 교류를 활발히 전개하는 종교단체는 중국공산당의 통일전선공작에 이용되는 것이다. 해당 종교단체는 마치 외국 기업이 중국의 경제적 기회를 보고 진출하는 것과 같이, 선교사업의 하나로 교세를 중국 내에 확산해 성장시키는 목적으로 진출하고 있을지는 모르지만, 중국공산당으로서는 최고의 통일전선공작 대상이다. 현재 한국의 개신교 교회, 불교 교파도 중국에 대거 진출해 있다. 여기에는 한국 개신교단에서 이단異端으로 명시한 교파도 포함된다. 중국 우한武漢 발 코로나19 확산 때 문제를 일으켰던 교파이다. 종교인들은 순수한 목적으로 진출했을 것이다. 다만 중국공산당의 중요한 통일전선 수단이라는 점은 알고 진출할 필요가 있다. 중국은 종교를 인정하지 않는다.

8. 중국의 우호 교류와 해외 통일전선공작

오늘날 중국과 이루어지는 모든 교류는 중국공산당의 해외 통일전선공작 수단이다. 한국을 포함한 자유세계는 순수한 교류로 착각하고 있다. 반면 중국공산당은 조직적이고 계획적이며 전략적 포석을 깔고 접근한다.

이러한 사실을 말하면 다음과 같이 이의를 제기할 수 있다. "그렇다면 중국과 모든 교류를 끊어야 한단 말인가?" "중국과 단절하자 이 말인가?" 이러한 항변에 대해 해주고 싶은 답은 다음과 같다. '그런데 이 말이 아니지 않은가?' 논리를 너무 감정적으로 비약하는 것이다. 교류는 하되 그 내용, 다시 말하여 중국공산당의 의도는 최소한 알고 하라는 말이다.

중국과 교류는 지속해야 한다. 전면적 단절은 가능하지도 않고 필요하지도 않다. 다만 중국공산당의 의도와 목적을 알고서 교류하더라도 하자는 말이다. 중국공산당의 악의적 삼투, 매수, 침탈, 영향력 확대, 기술 탈취 등은 막아야 할 게 아닌가? 교류하더라도 우리의 기반은 지켜야 하지 않겠는가? 중국공산당의 침탈행위를 막는 것은 다름 아닌 바로 중국과 지속적인 우호 관계를 유지하기 위함이다. 지속적 교류를 위한 필수 조건이다.

우리가 중국공산당의 영향력 아래에 들어가고 우리의 경쟁력을 중국공산당이 잠식해 무력화하면 그 결과는 무엇일까? 우리는 중국과 교류할 거리를 더는 보유하지 못하게 된다.

국가 간 경쟁은 냉정하다. 1990년대 초반 이후 한국이 중국과 경제적·사회적 교류를 확대할 수 있는 기반이 무엇이었나를 자문해 보자. 무엇이 중국이 한국 기업, 인재들을 환영하도록 만들었나? 저들이 가지지 못한 우수한 국제경쟁력과 문화적 강점이다. 한국이 중국에 비해 우월한 기술력, 상품 경쟁력, 문화력 등을 갖고 있어서 중국이 한국을 환영한 것이다. 이러한 상대적 강점을 상실한 한국의 기업과 사회가 중국과 우호 교류를 지속할 수 있을까? 아니다. 중국인이 매정해서가 아니다. 바로 이것이 냉정한 국가 간의 관계이고 국제관계의 본질이다.

우리의 기술, 자본, 상품, 문화 경쟁력 등이 어디에서 나왔고 어떻게 축적할 수 있었는가? 미국과 안보 동맹, 자유민주주의 정치체제, 자유시장경제 체제, 자유세계와 교류와 경쟁이다. 중국공산당 일당독재 체제 아래 중국에 예속되고 부분이 되어버린 한국에서는 절대로 나올 수 없다는 점을 잊지 말아야 한다.

이러한 우리의 기반은 만약 공산중국共産中國이 자유중국自由中國으로 바뀌고 자유중국이 세계 최강대국이 되더라도 그렇다. 그 미래 상황에서도 중국에만 의존하는 체제에서는 절대로 나올 수 없는 경쟁력이다.

만약 중국이 자유화되고 세계 최강이 되더라도 한국은 중국과 교류를 강화함과 동시에 다른 한 축은 전 세계, 해양 세력에 강하게 뿌리내리고 있어야 한다. '자유중국이 된 세계 최강의 국가 중국'이라는 가정하에서도 말이다. 하물며 중국공산당 체제하의 중국, 이 체제하에서는 앞으로도 글로벌 서플라이 체인과 가치 사슬의 하단에 머물러있을 수밖에 없는 중국공산당 체제에서는 더 말할 나위도 없다.

9. 초한전 전개 양상과 특징 243)

당·정·군·민·학 총동원 체제

중국은 중국공산당을 중심으로 정부, 군, 국유, 민간기업, 민간조직,

학계와 민간인 등 전 사회를 동원할 수 있는 당·군(중국공산당·인민해방군)체제다. 형식상 민간단체, 지방정부, 기업, 학계, 민간인 등의 대외교류나 투자 등의 활동은 자유민주주의 체제와 달리 정치적 목적에서 분리되어 있지 않다. 중국공산당의 조직적이고 계획적인 목적과 전략에 따라 진행되거나 상황에 따라 언제든지 이용될 수 있다.

시진핑은 집권 2기 들어 전 사회적 총동원체제 구축을 특별히 강조했다. 2019년 10월 개최된 중국공산당 제19기 4중전회 결정 내용에서는 중국공산당, 인민 정부, 인민해방군, 민간, 학계를 모두 의미하는 당·정·군·민·학이 전방위를 뜻하는 동서남북중東西南北中에 걸쳐 당을 중심으로 총동원 체제를 구축해야 함을 강조했다.244) 중국공산당이 필요로 하는 목적에 따라 언제든, 누구든지 공산당에 동원될 수 있는 것이다.

2017년에는 신국가정보법을 제정했다. 중국공산당이 원하면 중국인 누구나, 언제든지 어떠한 목적이든지 정보원(스파이)으로 동원할 수 있는 근거를 법으로 만들었다. 이에 근거하여 중국공산당 정보기관은 모든 중국인을 공식적으로 스파이로 동원할 수 있다. 물론 이전에도 실제로 필요한 중국인은 국내이건 해외이건 정보 취득원(스파이)으로 동원했으나 이제는 공개적으로 한다. 여기에는 당연히 해외 통일전선공작 공작도 포함된다. 즉, 중국공산당에 의한 전 사회적 동원 체제를 가동하고 있다.245) (그림 5-4. 참조).

중국공산당은 국내적인 총동원체제와 해외 중국인에 대한 동원 능력을 바탕으로 외국의 거의 모든 영역과 대상에 걸쳐 자신의 목적에 맞게 해외 통일전선공작을 전개하고 있다. 그 영역과 대상은 외국의 중앙·지방정부, 각종 민간교류, 학술협력과 교류, 기업과 경제교류, 해외 거주 중국교포, 중국인, 유학생, 해당 국가 시민단체와 진보좌파 조직과 공식 또는 비공식 교류·접촉·지원, 문화교류와 문화 기업이나 단체에 대한

<그림 5-4> 초한전 전법과 해외 통일전선공작 전개

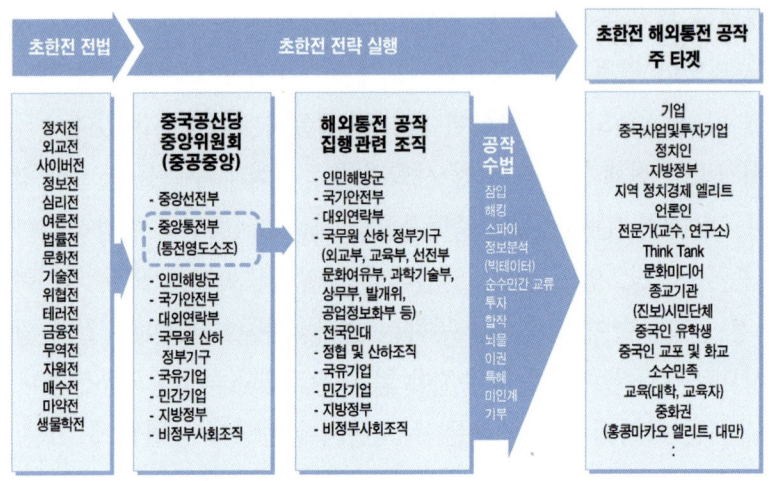

출처: 喬良, 王湘穗(2016); Spalding(2019); Joske(2020); 중국공산당 중앙통일전선공작부中央統戰部 등.

투자, 중국 언론사 지사 설립, 해당 국가의 미디어와 포털 등에 대한 간접적 소유권 장악, 전문가, 교수 등에 대한 학술지원과 교류, 중국진출 기업에 대한 특혜부여를 통한 친중 기업 육성, 기업과 현지 정치인 매수 등 거의 모든 영역에 걸쳐 진행한다.246)

초한전 전법의 융·복합적 조합을 통한 공작 전개

해외 통일전선을 통해 전개하는 초한전 전법 주요 구성요소는 정치공작전, 정보전, 문화(가치)전, 미디어전, 여론전, 심리전, 기술·경제전, 사이버전 등을 예로 들 수 있다. 각 전법은 개별·독립적으로 전개하지 않고 복합적으로 조합해 전개하는 특징을 지닌다.

초한전 기본원칙은 '현자賢者의 각테일 원칙' 외 고정된 방식이 없다. 상황, 조건에 따라 창조적인 조합을 구사하는 데에 초한전의 생명력이 있다.247)

앞에서 설명한 정치전의 경우 경제전, 정보전, 문화전, 미디어전, 여론전, 심리전 등을 복합적으로 맞물려 전개한다. 정치전의 목적은 상대국의 정치과정에 영향력 기반을 구축하여 정책에 영향을 주고 궁극적으로 중국의 이익에 맞게 영향력과 통제력을 행사하는 것이다. 특히 미국을 포함한 서방 자유민주주의 국가의 정치체제 자체를 공격하는 것은 중국에 대한 경각심과 반격을 유발하는 '전선戰線'을 형성시킬 수 있으므로 직접적인 공격 방식을 회피하면서 은밀하고도 우회적인 공작을 통해 전략적 목적을 달성하는 방식을 취한다. 서방 자유민주주의 국가에 대한 중국의 정치전 전략은 자유민주주의 제도와 형식은 건드리지 않으면서 오히려 그 제도의 허점을 공략해 중국공산당의 목적을 달성하도록 용도를 변경한다. '재용도화된 민주주의repurposing democracy'로 변질시키는 것을 의미한다. 자유민주주의 제도의 정치과정에 참여하는 정치인을 매수해 친중 정책을 입안토록 함으로써 절차적 정당성을 확보하면서도 민주 정치 과정을 중국공산당의 용도에 맞게 변질시켜 역이용하는 것이다.248)

고도로 지능화되고 은밀하게 전개하는 공작

해외 통일전선공작은 다양한 경로를 통해 외국 사회에 깊숙이 침투하는 특징이 있다. 침투방식은 은밀하고 고도로 지능적이다. 정치공작전을 전개할 때 중앙 정치계에 대한 직접적 공작보다는 지방정부, 하부 단위 정치 사회 조직, 교육 문화계, 미디어 등에 대한 은밀하고도 장기적 포석을 두는 공작에 중점을 둔다.

즉 지방정부와 사회 저변에 대한 삼투渗透 공작을 통한 영향력 확보 전략이다. 마오쩌둥의 혁명 전술인 주변(농촌) 장악을 통한 중심(도시) 포위 전술을 대외적으로 확장해 적용한다. 물론 이 경우도 중앙에 대한 잠입 공작을 병행한다.

한 국가의 중앙정부와 지방정부는 국가 전체의 이익 특히 안보 문제에 대한 인식 차를 가지는 것이 일반적이다. 중앙정치 수준에서는 국가 전체의 이익과 안보 문제를 다루는 관계로 타국의 영향력 행사에 민감할 수밖에 없으나 지방의 경우 상대적으로 국가 전체보다는 지역적 이해에 더욱 민감하게 마련이다. 중국공산당은 각 국가의 지방 수준에서 바로 이러한 약점을 이용할 수 있음에 주목한다. 이러한 맥락에서 전개하는 것이 순수한 목적 또는 민간외교의 형식을 가장한 접근방식이다. 그 대표적 수단 중 하나가 자매결연과 우호 교류다. 중국은 자유 서방 국가의 지방자치단체인 주州, 도道, 시市, 군郡 등 지방 수준에서 이른바 '자매결연'을 맺어왔다. 형식상 순수한 '교류'지만 통일전선공작의 주요한 수단이다.

지방과 주변을 공략하는 목적은 첫째, 지방 수준에서 반중 정책이나 여론을 차단하고 제약하는 것이다. 자매결연을 할 때, 조건으로 '미중 수교원칙'에 따른다는 조항을 삽입함으로써 하나의 중국 원칙, 홍콩 문제, 대만 교류, 소수민족 문제 등 중국에 부정적 목소리나 움직임을 지방 수준에서 차단한다. 둘째는 지방의 정치경제 엘리트와 투자, 경제교류, 친분 등을 명목으로 중국에 이권을 발생시키고 친중인사화化한다. 또한 지방 수준의 젊은 정치엘리트가 향후 중앙 정치엘리트로 진출한다는 점을 고려하면서, 이들을 뇌물매수, 중국 이권, 미인계 등을 동원해 친중 인사로 포섭한다.[249]

또한 중앙정부 수준에서 중국과 관계가 악화했을 때, 중앙정부를 우회해 지방 수준 또는 사회 저변에서부터 친중적 자세와 여론을 형성하고, 이를 기반으로 지방의 이해당사자들이 중앙에 압력을 가하는 수단으로 이용하는 목적이 있다.250) 동시에 지방 풀뿌리 수준에서 중국교포와 유학생, 화교 사회를 장악하고, 이들을 해당 국가에서 중국의 이익을 대변하는 선두에 내세우기도 한다.251) 특히 해외에 진출해 정착한 화교, 중국 출신 교포, 유학생, 현지 취업자 등에 대한 해외 통일전선공작 공작을 강화해왔다. 통일전선공작부 간부는 현지 중국인들에 기반한 해외 중국 미디어, 교육기관, 다양한 중국인 조직들을 해외 통일전선공작의 '3보寶'로 꼽기도 했다.252)

중국은 또한 민간 공공외교 형식으로 해당 국가의 좌파 또는 진보 시민단체와 은밀한 방식으로 연대전선을 구축하기도 한다. 중국 내에서의 통일전선공작을 국제적 수준으로 확장한 것이다. 해당 국가 좌파 단체와 연대(통일)전선 구축을 통해 필요에 따라 해당 국가의 사회적 분열과 교란을 조장한다. 특히 이 과정에서 그 사회 구성원을 이간하여 분열시키는 공작을 주로 사용하는데 이는 공산당이 통일전선공작에서 사용하는 주요한 수법이다. 이를 통해 중국공산당이 달성하고자 하는 것은 해당 국가사회를 약화하고, 시민단체의 요구라는 형식으로 중국이 원하는 정책이 입안되도록 간접적 영향력을 행사하며, 더 나아가 중국공산당이 선호하는 정치집단이 정권을 장악하도록 직·간접으로 지원함으로써 친중 정권의 정치적 기반을 구축하는 것이다.

경제적 이권과 선별적 특혜 제공을 통한 영향력 행사

중국공산당이 타국과 외교 분쟁, 해외 기업에 대한 압력 행사에 전형적으로 이용하는 수단이 '경제적 이권 카드'다. 외교 분쟁 발생 시 경제 보복 같은 무역전을 이른바 심리전, 여론전, 법률전 등 3전과 혼합해 전개한다.

외국 중앙·지방 차원 정치경제 엘리트, 기업, 언론, 시민단체, 대학, 학계, 연예 문화계, 해외 거주 중국인, 화교를 대상으로 해외 통일전선 공작을 전개할 때 동원하는 기본적이고도 공통된 수단은 기부, 연구 기금 제공, 사업 이권, 특혜, 뇌물 등 경제적 이권이다.253)

경제적 이해관계를 형성하는 방식은 뇌물 공여 등 매수도 있지만 이보다는 자유민주주의 제도의 절차적 정당성을 최대한 악용하는 간접적이고 은밀한 방식을 동원한다. 구체적 방식은 공식적 기업 인수·합병 M&A, 투자자문사 설립, 복잡한 기업 소유구조를 이용한 간접적 지분 확보, 투자 전문 혹은 컨설팅 기업에 퇴직 관료, 정치인, 군인 등을 고액의 연봉으로 채용, 정치인에 대한 합법적 기부금 제공, 지방정치인과 기업에 특혜성 개발이익 부여, 대학, 연구소, 문화예술 단체 기부금 공여 등 다양하다.254) 이를 통해 해당 국가에서 중국공산당에 '선택받은 (?)' 소수 개인과 집단에 경제적 이권과 특혜를 제공하고 이들이 친중 정책과 여론 형성에 합법적으로 앞장서도록 하는 방식이다.

제6장

3전戰:
교육·문화전, 미디어전, 인지전

제6장 3전戰: 교육·문화전, 미디어전, 인지전 [255]

제6장 주제는 미디어전, 여론·심리전, 법률전 등 3전三戰·Three Warfares, 교육·문화전, 공공외교 등이다.

중국공산당이 미디어전, 여론전, 심리전 등의 전법을 본격화한 것은 2000년대 들어서부터다. 중국공산당은 2004년부터 미디어전을 국가안보(중국공산당의 생존) 문제에 직결시키기 시작했다.[256] 2007년에는 외국에 대한 대규모 선전·선동 공작을 의미하는 대외선大外宣을 전개하기 위해 해외 선전공작 기구를 신설한다. 중국공산당이 공공외교公共外交를 본격화한 시기이기도 하다.

2000년대는 IT 기술 발전 성과가 다양한 형태 서비스로 광범위하게 확산한 시기다. 이러한 변화에 직면한 중국공산당은 뉴미디어가 제공하는 공간을 국내적으로는 정보 차단과 세뇌 공작에 이용하고, 외국에 대해서는 인터넷이라는 열린 공간을 역이용해 선전·선동 공작을 본격화한다. 뉴미디어(인터넷 기반 다양한 소셜네트워크 서비스)가 사회적 담론과 여론에 큰 영향을 주는 수단이라는 점을 간파한 것이다.

1. 3전: 미디어·여론전, 심리전, 법률전

3전의 목적은 미디어전을 통해 상대국 여론을 중국에 유리하게 조작해 통제하고, 심리전으로 상대국 정부와 일반대중의 의지를 무력화하며, 법률전으로 상대국 정부와 개인의 행동을 제약하는 것이다.[257]

영국 케임브리지대학교 중국 전문가 스테판 할퍼Stepfan Halper 교수는 3전을 "비군사적 수단을 동원한 전쟁으로 동적인 3차원 전쟁 수행법이다."고 정의하면서 "고도로 발전된 기만 책동 수단이자 전쟁 무기다."고 밝혔다. 이는 인민해방군 내부 교재 내용이기도 하다.258)

중국공산당은 여론전, 심리전, 법률전을 상황과 조건의 변화를 반영하면서 능동적으로 적용한다.

여론전은 다양한 미디어를 이용하여 상대국 국민의 인식과 태도를 중국에 유리하게 조작한다. 심리전은 계획적으로 선별한 정보를 공격 대상 국가 국민과 정책결정자에게 전달하여 감정, 정서, 동기, 이성적 판단력 등에 영향 주고 이를 통해 그들이 중국이 원하는 방식대로 행동하도록 유도하는 전법이다. 법률전은 상대국의 국내법, 국제법, 전쟁에 관련한 법, 규범을 포함하는 모든 법과 규범을 이용해 중국에게 유리하도록 법리적 우월성을 확보하고 적을 불법화하는 공작전이다.259)

여론전, 심리전은 교육·문화전과도 맥락이 닿는다. 더욱 포괄적으로 정의하는 개념은 인지전認知戰·cognitive warfare이다. 이는 정치공작전 성공에 관건이 되는 전술·전법이다. 상대국 국민, 정치인, 군인 등의 인식과 판단 능력을 중국공산당이 원하는 방향으로 변화시켜 영향력을 행사하거나 중국공산당에 대한 대응 태세를 무력화하는 전술이다.

미디어전과 여론전

여론전은 다양한 미디어를 이용해 상대국 국민의 인식과 태도를 중국에 유리하게 조작하는 것을 말한다. 그리하여 해당국 정부가 중국에 불리한 정책 결정을 하지 못하도록 압력을 가하고 국론 분열을 조장해 상대 국가를 혼란에 빠뜨리려는 목적이다. 반정부 시위를 조장하고 국민의 중국에 대한 인식과 태도를 중국이 원하는 방향으로 유도한다.260) 이를 위해 중국공산당은 모든 형태의 미디어 대상 공작을 전개한다. 신문, 잡지, 방송, 인터넷 포털(네이버, 다음, 밴드, 카페 등 포털 동호회 서비스), 소셜네트워크 서비스(페이스북, 트위터, 위챗), 영화, 드라마, 유튜브 등 현대 정보통신 미디어 서비스는 모두 포함된다. 그래서 여론전은 미디어전이기도 하다.

정보통신 사회에서 가장 대표적인 것이 인터넷 포털, 뉴스, SNS 등에서 전개하는 여론 조작이다. 중국공산당은 이를 위해 인민해방군, 국가안전부, 중앙선전부 등을 중심 기관으로 하여 국내와 해외 여론을 조작한다. 여기에는 영화, TV 드라마 등 영화예술계를 비롯하여 인터넷 카툰, 웹소설 등에 이르기까지 전방위적 공격을 감행한다. 영화, 드라마, 다큐멘터리, 카툰, 소설 등을 통한 여론전을 '인닥트러테인먼트 indoctritainment'라고 한다. 세뇌洗腦 주입을 뜻하는 'indoctrination'과 'entertainment'의 합성어다. 엔터테인먼트 산업을 이용해 사람들의 인식과 태도를 중국이 원하는 방향으로 교묘하게 바꾸어 놓는다.

여론 조작 수법도 다양하다. 대표적인 것이 인터넷 댓글을 통한 여론 조작이다. 이 외 SNS(트위터, 페이스북, 위챗)에서 가짜뉴스와 유언비어 살포, 거짓 내러티브 유포, 특정인 비방이나 인신공격 등도 있다.

미디어전, 여론전과 관련하여 중국공산당이 대만에 전개하는 미디어전의 목적을 보면 그 성격이 더욱 명확해진다(BOX 6-1 참조). 참고로 〈BOX 6-1〉에서 대만을 한국, 호주 등으로 바꾸면 대만 외에 다른 국가에 투사하는 미디어전의 목적을 알 수 있다.

중국공산당은 미디어전, 여론전의 목적을 다음과 같이 규정한다. '중국공산당이 정치적 목적을 달성할 때까지 상대국 국민의 인식과 태도에 중국공산당이 의도하는 방향으로 영향을 끼치기 위한 장기적 공작으로 지속해서 전개해야 하는 정치공작전이다'.261)

중국공산당 전체주의의 어두운 측면이 드러나는 것을 막으면서 자유

〈BOX 6-1〉 대만에 대한 중국의 미디어전 전개 목적

1. (대만) 자유민주주의 제도, 선거, 대중적 신뢰를 잠식하고, 부식시키며, 우회하고, 조작하라.
2. (대만) 정치경제 체제의 도덕적 정당성을 훼손하고 반중(反中)적 태도를 약화해라. 미국의 대만 포기, 대만의 외교적 고립, 통일 불가피성 등을 과장해서 설파하라.
3. 사회적 분열과 내분의 씨를 뿌려라. 각종 수단과 방법을 동원해서 사회 구성원 간 대립을 조장하고 사회적 유대를 악화시켜라. 서로 감정적으로 대립하도록 하고 이념적으로 분열시키며, 지역적 감정대립과 갈등을 조장하라. [설명 추가: 상대 국가 국민을 빈부격차, 성평등, 계층 간 격차, 이념적 대립, 지역갈등 등의 부정적 측면들을 선명한 선동용어로 부각하여 편 가르기로 갈라치고, 갈가리 찢어놓아, 서로 증오하고 원망하고 대립하고 싸우게 하라!]
4. 사회적 문제, 모순 등을 [선명한 선동용어로] 크게 부각하여 국가체제에 대한 원망과 반감을 부추겨라.
5. 정치, 군사 안보, 경제, 교육, 언론방송, 문화계 엘리트와 유대 연대를 구축하라[해외 통일전선]. 전·현직 고위 군사, 외교, 안보, 정보 엘리트를 매수하라. 진보·좌파 시민단체와 통일전선을 은밀히 구축하라. 단, 일반 시민사회 단체 구성원에게는 선의의 순수한 우호 교류를 표방하면서 '중국공산당'이 노출되지 않도록 신중히 접근하라. 이를 통해 핵심 인사들을 다양한 방식으로 매수해 연대전선을 구축하라[이들도 자신이 하는 일이 자국과 중국의 친선을 위한 일이라는 신념을 갖게 하라].
6. 미디어(신문, 방송, 잡지 소규모 또는 개인 언론이나 방송, 유튜브, 인터넷 커뮤니티[한국에서는 다음 카페, 네이버 블로그, 페이스북, 트위터…….])를 은밀하게 이용하거나 기존 플랫폼을 장악해 공략하라.

※ [ ]는 저자의 추가 보충 설명임.

민주주의 국가의 단점을 집중적으로 부각하라는 것이다. 이를 통해 상대 국가 국민이 자신들의 정치경제 체제를 부정하도록 만들고 대안으로 중국을 선택하도록 유도한다. 상대 국가 정치인, 여론 주도자에 대한 공작을 전개해 그들이 중국공산당의 의도에 따라 행동하거나 눈치를 보며 자기검열을 하도록 만드는 공작이다.

미디어전: 해외지사 설립과 현지 언론사 인수

중국공산당이 미디어전을 전개하는 방식은 다양하다. 그중 첫 번째 방법이 국제적인 중국어 미디어 서비스 제공이다. 대표적인 예가 《인민일보人民日報》, 신화사新華社, 중국중앙텔레비전CCTV이다.

CCTV는 전 세계 TV 네트워크 서비스 중국글로벌텔레비전네트워크 CGTN, 중국국제라디오CRI를 기반으로 미국을 비롯한 서방국가에서 방송 서비스를 제공한다.262) CGTN은 현지에서 저명 아나운서와 기자를 고액 연봉으로 고용하여 중국공산당 목소리를 전달하는 나팔수로 이용한다. 《인민일보》도 현지에 지사를 설립해 현지 언어로 서비스를 제공한다. 한국도 포함된다.

두 번째 방법은 현지 화교 운영 매체를 중국공산당이 접수한다. 미국, 영국, 캐나다, 호주를 포함한 서구에서 화교들이 설립·운영하던 신문사, 방송사를 인수해 중국공산당 선전 수단으로 이용한다.

세 번째 방법은 해외 유명 신문사와 방송사 등을 우회적으로 장악하는 것이다. 위장한 제3 기관이나 투자회사를 이용해 해당 회사 지분을 은밀하게 그러나 합법적으로 인수한다. 이와 관련해서는 중국공산당 내부 문서가 폭로된 바 있다. 내부 문서에는 중국공산당이 해외 미디어(신문, 방송, 잡지, 포털) 기업을 인수하는 목적을 명시했다.

그 목적은 첫째, 미디어를 통한 중국공산당 선전공작을 전개한다. 둘째, 중국에 부정적 기사나 내용을 검열하고, 중국의 주장을 선전하는 데 이용한다. 셋째, 중국이 지분인수로 장악한 미디어 기업 내에 기자나 직원 등이 중국의 방침과 지시를 따르지 않으면 불이익을 주거나 해고한다. 넷째, 이와 같은 공작을 통해 결과적으로 해당 언론사와 방송사를 완전히 장악해 중국공산당의 선전공작 미디어로 전환한다.263) 등으로 요약할 수 있다.

중국공산당이 간접적이고 우회적으로 그러나 현지 국가 법률에 의거 합법적으로 인수하는 미디어는 신문사나 방송사에 그치지 않는다. 현지 인터넷 서비스 제공기업(인터넷 포털 기업), 소셜네트워크 서비스 SNS 기업 등이 포함된다. 인터넷 포털 서비스를 고도로 정교한 여론전을 전개하기 위한 선전공작 수단으로 이용하기 위해서다.

네 번째 방법은 금전金錢을 매개로 영향력을 행사한다. 이를 통해 언론인, 미디어 기업과 친선교류, 자매결연 형태의 해외 통일전선공작을 전개한다. 교류 기반이 생기면 그때부터 해당 매체 프로그램을 후원하거나, 공동제작 프로그램을 만드는 형식으로 접근해 들어간다. 여기에는 공작 대상 기업 간부와 기자에 대한 매수작업을 필수적으로 곁들인다. 해당 언론인이나 방송인들이 중국 관련 사업에 영향력을 행사할 수 있도록 지원해주거나 각종 뉴스에 대한 독점적 취재, 접근권을 갖도록 특권을 베푼다. 물론 여기에는 광고비 지원 등도 포함된다. 자신도 모르는 사이에 중국공산당 돈과 특권에 의존하도록 유도하는 공작이다.

이러한 과정을 통해 영향력을 행사할 수 있는 공작기반이 다져졌다고 판단하면 외국 현지의 주류 매체인 신문사, 방송사를 통해 친중국, 친중국 공산당 성향 기사나 콘텐츠를 제공하도록 유도한다. 동시에 중국공산당에 반하는 소식, 내용은 제한하거나 스스로 검열하게 한다. 즉 중국공산당이 이들을 통해 고도로 계산된 가짜정보를 권위를 갖고 유포하도록 만든다. 이를 '매력 동원-가짜정보 공세 charm-and-misinformation offensive'라고 부르기도 한다.264) 외국 미디어를 중국공산당식으로 통제하고 실질적인 검열을 행사한다.

사례: 호주

호주 내 중국어 매체는 이미 중국공산당이 잠식하여 지배하고 있다.

대표적으로 중국공산당은 CAMG Media Group을 호주 멜버른에 설립했다. 그룹 실질 소유주는 중국국제라디오CRI이다. CAMG를 실질적으로 운영하는 인물도 중국 출신 토미 장Tommy Jiang이다. 그는 호주 빅토리아주 정부에서 다문화상도 수상했다. 토미 장은 지역사회를 대상으로 기부와 봉사로 명망을 얻은 호주 국적자이다.

토미 장의 실체는 중국공산당 통일전선공작부 대리인이다. 중국공산당이 합법적으로 호주에서 선전·선동을 한다. 여기서 짚어야 할 문제는 불공평하고 상호주의에 어긋난다는 것이다. 호주 미디어가 중국에서 자유의 가치를 기반으로 한 자유언론 활동을 할 수 있나? 절대 아니다. 외국 기업은 중국 국내에 자유롭게 언론 활동을 하지 못한다. 하지만 중국공산당은 자유민주주의 국가의 법과 제도를 악용해 공식적 미디어 매체의 권위를 등에 업은 채 마음껏 공산당 선전·선동을 한다.265)

사례: 미국

중국공산당은 미국에서 현지 미디어를 자신의 실체를 숨기고 우회적인 방식으로 인수해 여론전과 선전전을 전개한다. 먼저 홍콩에 기반을 둔 봉황위성TV鳳凰衛視·Phoenix Satellite Television를 통해 미국 미디어 기업 지분을 보유할 수 있는 투자회사RBC에 지분을 투자했다. 이후 미국 국적을 취득한 홍콩 봉황위성TV 편집인을 앞장세워 타깃이 된 해당 미디어 기업 지분을 보유하는 방식을 취했다. 해당 미디어는 합법적으로 홍콩 봉황위성TV가 장악했는데, 배후는 중국공산당이다.

다른 사례는 중국공산당 요원이 미국 국적을 취득해 합법적으로 활동하는 방법이다. 중국공산당은 중앙선전부 출신 요원을 신분 세탁해 미국 국적을 취득하게 했다. 이후 해당 요원에게 대규모 자금을 지원하고 그 요원은 미국에 투자회사를 설립한다. 이후 그 투자회사를 이용해 합법적으로 미국에서 서비스 중인 멕시코 미디어를 인수한다. 합법적으로 지역 멕시코 미디어를 중국공산당 선전 매체로 운영한다.266)

또 다른 사례는 전 세계적 공신력이 있는 신문사 《뉴욕타임스·NYT》다. 중국공산당은 《뉴욕타임스》에 영향력을 행사하려고 멕시코 기업가를 이용했다. 중국공산당은 먼저 중국과 사업적 이익으로 연계된 멕시코 기업가를 집중하여 지원해 포섭했다. 다음 그 멕시코 기업가를 이용해 《뉴욕타임스》 지분을 대거 매입(22% 이상)한다. 중국공산당은 우회적 방법으로 《뉴욕타임스》 기사에 영향력을 행사할 수 있게 되었다.

이와 함께 금전적 영향력을 직접적으로 발휘하는 방식을 동원한다. 미국 메이저 언론사에 기사형 광고를 고액으로 게재하는 수법이다. 이 방법으로 중국공산당은 중국 정책홍보나 반중 정책 비판 기사 등을 《워싱턴포스트·WP》, 《월스트리트저널·WSJ》, 《뉴욕타임스》 등 세계적인 영향력이 있는 유력 매체에 기사형 광고로 여론전을 전개한다.

소셜네트워크 서비스를 이용한 여론전과 선전전

중국공산당이 상대국에 대해 여론전과 선전전, 심리전을 전개하는 또 다른 주요한 수단은 바로 인터넷 포털사이트와 소셜네트워크 서비스SNS다. 그중 중국 SNS 기업이 개발해 중국뿐만 아니라 전 세계에 나가 있는 중국인이 광범위하게 이용하는 위챗을 예로 들어본다.

위챗은 해외 중국 유학생, 교포, 화교들이 중국과 소통하는 주요 수단이다. 중국공산당은 선전 수단으로 위챗을 조직적으로 이용하면서 정보를 통제, 장악, 검열한다.267)

또 다른 예는 미국 행정부가 국내에서 사용 금지 결정한 중국 기업 바이트댄스의 틱톡이다. 중국공산당은 틱톡 서비스를 미국 내 인종 문제 부각, 트럼프 비판, 친중 정보 확산, 허위정보 유포, 중국공산당 정책 홍보 등의 수단으로 이용한다.268) 더 나아가 틱톡을 이용자 정보를 수집하는 통로로도 이용한다. 이용자 중에는 군인과 안보, 정보 관련업 등 주요 전략산업과 기업에 종사하는 사람도 있다. 단편적인 영상이지만 중국으로서는 매우 중요한 정보를 틱톡을 통해 무작위로 수집한다.

전 세계적 소셜네트워크서비스인 트위터, 페이스북 등도 여론전과 심리전의 주 공략대상이다. 중국공산당은 이러한 서비스를 통해 통일전선공작부, 중앙선전부, 인민해방군 정보조직을 중심으로 크로스 플랫폼 기술을 이용한 가짜 계정 로봇, 우마오당五毛黨269) 등을 동원해 가짜뉴스, 허위정보, 선전·선동 내용을 조직적이고도 대규모로 유포한다. 이를 통해 사회적, 정치적 담론장을 왜곡하고, 여론을 조작하며, 사회적 분열을 조장하는 등 고도의 여론전과 심리전 공작을 전개해왔다.270) 우마오당을 이용한 여론공작 실체를 보여주는 기사를 소개한다.

홍콩 유력지《명보明報》는 2015년 4월 7일 "중국공산당 산하 중국공산주의청년단(공청단)이 2월 전국 각 지부에 청년 인터넷 문명지원자 모집 관련 공문을 내려보냈다."고 하며 "이들은 인터넷 댓글 활동을 통해 사회주의 핵심 가치관을 전파하고 정부를 비판하는 글을 삭제하는 일을 맡는다."고 보도했다. 공청단은 공문에서 "지원자 모집은 중요한 일"이라며 "모집 목표 인원은 대학생 400만 명을 포함해 총 1,050만여 명"이라고 밝혔다. 댓글부대 모집은 신화사 부사장 출신으로 베이징시 중앙선전부장을 지낸 루웨이 국가인터넷정보판공실 주임 겸 중앙인터넷영도소조 주임이 주도하는데, "인터넷 지원자 모집 활동은 시진핑 주석의 중요 지시에 따른 활동"이라며 "젊은이들이 앞장서 당에 충성하고 인터넷 주권을 지키는 방패가 돼야 한다. 결코 침묵하는 다수가 돼선 안 된다."고 강조했다. 미국 자유아시아방송RFA에 따르면, 중국 인권운동가 후자胡家는 "관영 매체를 불신하는 중국 인민들은 인터넷에서 진실을 찾으려 하지만, 정부는 인터넷에 우마오당이라는 거대 수군을 투입해 물타기를 하고 있다."며 "공청단이 조직한 이들은 인터넷에서 정부에 비판적인 글을 삭제하고 비판 글 작성자를 당국에 밀고하기도 한다."고 비판했다. 우마오당은 2006년 안후이성 중앙선전부가 댓글 한 개에 5마오(92원)를 주고 임시직을 고용한 데서 나온 말로, 어용 댓글 아르바이트를 일컫는다. 중국 청년들에게 우마오당 참여는 단순 아르바이트를 넘어 출세의 지름길인 중국공산당 입당을 수월하게 해주는 보증수표이기도 하다.271)

여론전과 심리전

여론전은 심리전과 불가분의 관계다. 여론전을 심리전과 어떻게 조합하여 전개하는지 살펴본다.

먼저 중국공산당 중앙선전부가 대만에 대한 여론전을 전개할 목적으로 우마오당에게 내린 내부 지시문을 〈BOX 6-2〉로 소개한다. 〈BOX 6-2〉을 보면 중국공산당이 대만에 미디어전을 전개하는 지침이나 목적(BOX 6-1)과 같은 맥락의 지시를 댓글 조작 실행 전사들(우마오당)에게 내렸음을 알 수 있다. 그리고 중국공산당의 여론 조작과 대중선동, 선전공작의 수준이 정교하다는 사실도 알 수 있다.

〈BOX 6-2〉
여론조작 댓글부대 '우마오당'에 대한 중국공산당 중앙선전부 지시문 272)

> 첫째, 미국을 집중하여 비난하고 대만의 존재감은 떨어뜨려라.
> 둘째, 직접적으로 자유민주주의를 비난하는 것은 되도록 삼가고, 대신에 어떤 체제가 진정으로 민주주의를 실현할 수 있는지에 초점을 맞추어 프레임을 짜라.
> 셋째, 되도록 서구사회의 어두운 측면을 공격하면서 민주주의와 자본주의의 폐해를 공략해 들어가라.
> 넷째, 미국과 서구 선진국이 다른 나라의 내부 사안에 개입하는 것을 부각해 이들의 침략성을 폭로하고 서구적 가치를 강요함을 설파하라.
> 다섯째, 약자와 약소국(중국)이 역사적으로 서구 강대국에 받은 설움과 피해사례를 노골적으로 부각하여 민족주의적 감정을 부추겨라.
> 여섯째, 중국의 긍정적인 측면과 발전 상황을 강조하고 사회적 안정 유지가 필요함을 각인시켜라.

중국 전역에서 우마오당을 많게는 4,000만 명 이상 동원하는데, 이들 중 생계형이자 직업으로 하는 인원이 약 2,000만 명에 달한다. 이들에게 이른바 댓글 공격 좌표와 모범 댓글 답안을 주고 이들은 가짜 계정 등을 이용해서 지시가 내려오면 무차별 댓글 공격을 감행한다.

중국공산당이 이렇게까지 하는 목적은 무엇일까? 바로 그 사회를 잠식해 장악하기 위해서다. 중국공산당이 해당 국가와 지역사회에 자유롭고 개방적이며 건강한 시민문화가 형성되기를 원할까? 절대로 그렇지 않다. 바로 그 사회를 사분오열四分五裂시키고 정신적으로 황폐해져 스스로 내파內破되고 무너지도록 조장하는 것이다.

한 국가사회가 약화하고 무너지면 중국공산당은 영향력 발휘와 정치적 장악을 쉽게 할 수 있다. 그 국가사회의 측면에서 볼 때, 이 과정은 중국에 대한 종속으로 가는 길이다. 한 국가 사회 구성원들을 자신도 인식하지 못하는 사이에 내분과 자멸의 길로 이끈다. 그 결과는 라오스, 파키스탄, 캄보디아, 미얀마, 그리스, 베네수엘라, 아프리카 저개발국, 중남아메리카 친중 반미 국가들에서 지금도 확인할 수 있다.

중국공산당의 여론심리전 목적은 상대국 국민의 인지 혼란을 유발하는 것이다. 거짓말, 허위 주장, 가짜정보와 뉴스 등을 끊임없이 반복해 유포하면 일반인들은 처음에는 명백한 거짓말로 알고 있던 것이 점차 혼란스러워지게 되고, 나중에는 "그럴 수도 있겠다."는 식으로 인지 혼란을 겪게 된다. 이러한 거짓말과 허위 주장을 언론, SNS, 공식 발표 등으로 대규모로 끊임없이 흘린다. 그러면 대중은 대부분 이 거짓말 선동을 사실로 받아들이게 된다. 더하여 과학적 사고와 분석을 하는 학자 중에서도 점차 그러한 주장이 사실일 수 있다는 연구 결과를 발표하기에 이른다. 대중적 집단 인지 혼란이 확증과 확신으로 전환되는 단계이다. 이 단계에서는 진실을 전달하는 목소리는 힘을 잃는다. 거짓이 대중적으로 공식화되는 것이다.

그 결과 중국공산당이 유도하는 방향으로 여론이 움직이고 대중 집회, 시위가 일어난다. 이 단계에서 동원하는 것이 바로 중국공산당과 암묵적, 간접적 또는 직접적 이념과 이익의 연대를 이루는 상대 국가 진보·좌파 단체와 정치인들이다. 장기간 구축해 온 해외 통일전선의 힘이 발휘되는 시점이기도 하다. 중국공산당과 이익 또는 이념을 공유하는 정치인과 진보·좌파 단체는 응집된 조직력이 있다. 상황이 무르익고 조건이 성숙했다고 판단하면 이들은 총공세를 전개한다. 진보·좌파 조직과 정치인은 자신들의 정치적 이익과 이념적 지향을 실현하기 위해 움직인다. 이는 중국공산당의 이익이자 원하는 방향이기도 하다.

심리전에 대해 조금 더 알아보자. 심리전에 동원되는 수단은 다양하다. 여론전을 전개함과 동시에, 외교적 압력, 경제 보복, 루머와 소문 유포, 거짓 내러티브, 군사력 과시와 훈련 시행, 전력 배치, 공갈과 협박 등 다양하게 동원한다.

인민해방군 내부 자료는 심리전 전술을 전개할 때 심리적 공격과 무력 공세를 통합하고 공세와 방어를 동시 구사하면서도 공세에 우선순위를 부여하고 다양한 형태의 압력과 힘의 행사를 유기적으로 결합하라고 지시한다.273) 이는 마오쩌둥의 전략 전술이기도 하다. 중국공산당이 발전시킨 전략 전술과 전개 방식을 계승 발전시켜 적용하고 있다.

중국공산당 심리전을 오랫동안 경험한 당사자의 이야기를 들어보자. 미국 월가의 유명 헤지펀드 헤이만자산운용Heyman Capital 운용자이자 홍콩에 기반을 두고 중국 관련 투자를 수십 년간 해오면서 중국공산당의 행태를 장기간 경험한 카일 바스Kyle Bass의 고백이다. 그는 중국 사업 경험을 바탕으로 중국인과 중국공산당의 속성을 깊이 체험했다.

카일 바스는 중국인(중국공산당)은 인간 심리의 모든 잠재적 약점을 구석구석 파고들어 이용하는데 탁월하다고 토로한다. 중국인은 또한 공공연한 뇌물 공여 등 당근을 써서 서방세계의 자유를 최대한 악용하는 데 너무나도 익숙하다. 특히 서방 기업과 기업인들을 고도의 심리전법을 이용해 다루는데 달인에 가깝다. 중국공산당은 그들에게 순종적이거나 이용할 가치가 있는 사람들에게만 시장을 개방해 주고 다른 이들에게는 사업 기회를 주지 않는다. 이러한 방식으로 특정 사업을 특정 기업이나 특정인에 몰아주고 다른 이들은 접근하기 힘들게 하는 방식으로 서방 기업과 기업인들을 다룬다. 배타적 특권, 특혜, 이익 등을 이용해 사람의 이기심과 탐욕, 명예욕을 능숙하게 다루어 조종한다. 간단히 말해서 중국공산당은 돈, 특권, 특혜로 자신들의 의지와 이익을 강압·강요하는 데 최고의 기술자들이다. 그들은 자본주의에서 돈이란 최고의 '최음제'임을 너무나도 잘 알고 있다.274)

중국공산당이 여론전과 심리전을 전개하면서 주로 동원하는 것이 바로 용어 혼란 전술이다. 언어와 개념의 뜻을 마구 흩뜨리고 뒤틀어놓아 말과 개념이 전달하는 내용을 왜곡하고 사람들의 인지를 혼란케 만드는 전법이다. 앞서 소개한 중국공산당 중앙선전부 출신 전직 외교관 왕리창은 자신의 경험을 털어놓으면서 여론전에 일반 대중들이 속아 넘어가는 모습에 자신도 놀랐다고 술회했다. 말도 안 되는 개념과 논리를 대규모로 그리고 지속해서 유포시키면서 자신들도 "이건 너무 말이 안 된다."고 생각했던 것들이 어느 순간 지나면 여론이 되어 있더라는 것이다. 대중이 거짓과 말도 안 되게 뒤틀린 논리를 사실로 믿더라는 것이다. 그러면서 왕리창은 "[고도로 발전되고 대규모 조식과 인력으로 전개하고 있는 중국공산당의 선전전과 여론전으로] 오늘날 중국인은 무엇이 진실이고 무엇이 가짜인지 판단할 능력을 상실했다." 이것은 중국공산당 중앙선전부가 여론 조작을 감행한 외국도 마찬가지란 것이다. 대표적으로 대만과 호주의 예를 들었다. 그러면서 "개인적으로 그런 모습에 놀라기도 하고, 어느 순간 너무나도 양심에 가책을 느껴 더는 할 수가 없었다."고 고백하였다.275)

최근 사례를 보자. 2020년 초부터 전 세계 정치, 경제, 사회, 국제교류 등의 지형도를 확 바꾸어 놓을 정도로 엄청난 영향을 끼친 것은 코로나19 팬데믹이다. 중국공산당은 중국 우한에서 발병한 코로나19 사태 속에서 여론전, 선전전, 용어 혼란 전술을 전형적이고 공격적으로 전개했다. 그 결과 일반인들은 코로나19가 중국 우한에서 발병했다는 사실을 점차 망각하고 문제의 원인을 엉뚱한 곳에서 찾기 시작했다. 급기야 주미국 중국대사가 공식적으로 발병지는 미국이라는 거짓말을 했다. 중국인 여론 커뮤니티를 이끄는 위챗을 비롯해 전 세계 각종 SNS 네트워크, 인터넷 포털, 신문, 방송 등을 통해 이러한 거짓말을 지속해서 주장했다. 그러면서 진원지인 중국 우한과 우한바이오연구소는 사람들의 시선과 인식에서 정말로 서서히 사라져갔다. 진실과 사실이 은폐되고 허위와 거짓 등에 묻혀 버렸다.

또 하나는 용어 혼란 전술이다. 중국공산당은 코로나가 중국에서 발병했다고 하면 '인종차별'이라는 이른바 '정치적 올바름political correctness'에 입각한 공격을 퍼부었다. 질병 발원지 규명은 질병의 원인과 문제를 해결하기 위한 관례다. 스페인독감, 홍콩독감, 일본뇌염, 에볼라바이러스, 메르스 등 모두 발병지가 공식 명칭에 붙는다. 이는 발병지나 당사국을 비난하기 위함이 아니다. 아무도 스페인, 홍콩, 아프리카 에볼라강, 중동中東(메르스)을 비난하지 않는다. 유행병은 어디에서도 발생할 수 있다. 비난할 대상이 아니다. 병원균의 특성과 특징을 규명하고 알리기 위한 보건 과학의 목적이다. 그래서 발병지를 바이러스 명칭에 붙이는 것은 그동안 국제보건계의 관례다. 그런데 중국과 관련되면 사정이 달라진다. 중국과 관련된 모든 용어는 사라지고 이상하고 중성적인 용어가 탄생한다.

위의 사례와 같이 중국은 '정치적 올바름PC'식의 인종차별, 인권, 평등, 혐오 금지 등의 용어를 정치적으로 이용한다. 이들 용어를 동원해 진실을 가리고 인지 혼란을 유발하는 데 이용한다.

법률전

"저들의 저 알량한 '자유민주주의,' '법치,' '개방성,' '인권,' '양심,' '차별금지,' '포용성 강조' 등의 제도와 가치를 최대한 악용하라!"

법률전은 중국 국내법, 상대국 국내법, 국제법, 전쟁에 관한 법과 규범 등을 포함하는 모든 법과 규범을 이용해 중국에 유리하도록 법리적 우월성을 확보하고 적을 불법화함을 말한다.276) 상대국의 자유민주주의와 법치 제도를 악의적으로 역이용해 중국이 삼투와 침탈 공작을 지속하고 상대국의 대응을 상대국의 법을 이용해 무력화하는 활동도 포함된다.

중국에서 법法은 자유민주주의 법치 사회의 그것과 의미가 다르다. '중국 법=중국공산당'이다. 중국공산당이 결정하면 그것이 법이고 법조문, 규칙, 그에 기초한 재판, 판결은 형식적 절차적 정당화 성격이 강하다.

중국공산당과 중국 정부는 개혁·개방 이후 시장제도를 운용하기 위해 법과 제도를 상당 폭 보완했다. 하지만 자유민주주의 체제와 달리 3권분립 원칙에 의해 사법부가 독립적 권력으로 존재하지 않는다. 법 해석과 적용이 자의적이고 공산당 권력에 의해 남용되는 것이 엄연한 현실이다. 따라서 중국에서 법치 인식 수준은 자유민주주의와 질적으로 다르다. 이는 모든 공산주의 일당독재 체제 구성원의 공통점이기도 하다.

이러한 중국인들이 개혁·개방 이후 자유민주주의 사회와 국제사회, 그 사회에서 살아가는 일반인뿐만 아니라 공무원과 군인 등을 접하면서 중국인에게는 생소한 사실이 있다는 것을 발견한다. 바로 이들이 법, 규칙, 규범 등과 같은 제도의 틀에서 움직인다는 점이다. 특히 중국공산당 공작요원들이 보기에는 어리석기도 하고 순진하기 그지없는 행태였다. 당이 결정하면 법적 제약이나 제한 없이 신속하게 처리할 수 있는 중국공산당 일당독재 체제와 같은 '효율성'이 없는 것이었다. 그뿐만이 아니었다. 자유민주주의 국가의 정보·안보·보안 요원들이 때로는 눈앞에서 중국 요원이 엄연한 침탈행위를 해도, 그것이 법과 절차상의 합법성을 갖추면 속절없이 보고만 있어야 한다는 사실도 깨닫게 되었다.

또한 중국인이 보기에 자유민주주의 국가 그리고 이들 국가가 발전시켜온 국제법과 사법기관들은 하나의 사안을 놓고 지루한 법리 다툼과 적법성을 따지는 데 너무나도 신중하고도 많은 역량을 투여하고 있었다. 변호권과 반론권이 제도화되어있고, 인권 침해를 방지하기 위한 무수히 많은 제약이 존재하며, 이러한 법적 권리는 바로 중국인에게도 동일하게 적용된다는 사실이었다. 그리고 그들이 보기에 엄연한 경제 범죄도 거대 법률회사(로펌)의 법률 자문을 통해 처벌을 피해가면서 합법적으로 저질러지고 있었다. 다시 말해, 중국인과 특히 중국공산당 요원들은 그들의 관점에서 자유민주주의 법치 사회의 치명적 약점을 발견한 것이다. 바로 자유민주주의 법치, 개방성, 듀 프로세스due process 등의 제도를 마구 악용하면 침탈을 합법적으로 보장받을 수도 있다는 점이었다. 이것이 중국공산당이 법률전을 3전의 한 축으로 설정한 배경이다.

중국공산당이 법률전을 전개하는 대표적 사례 중 하나가 해양이다. 중국공산당이 남중국해에 임의로 이른바 '남해 9단선'을 그어놓고 인공 섬을 조성해 군사기지화하면서 중국 국내법, 국제법을 편취하여 자유항행을 원칙으로 하는 자유주의 해양 질서를 침탈하는 데 동원한다. 중국공산당이 법률을 이용하는 첫 번째 방법은 허위 가짜 국내법을 근거로 삼는 것이다. 중국 국내법에 따라 침탈을 정당화한다. 둘째는 국제법을 편취하는 방법이다. 국제법 조항 중 자신에게 유리한 조항만을 견강부회牽强附會로 이용하면서도 불리한 조항이나 법의 제정 정신 등은 의도적으로 회피하거나 거부한다.

중국은 남중국해와 필리핀 도서島嶼 강제 점령에 관하여 국제분쟁 상설중재재판소PCA가 오랜 법리 검토 끝에 2016년 내린 판결 결정은 거부했다. 중국의 이런 행태는 해양에서만 그치지 않고 국제기구와 국제법이 적용되는 모든 사안에서 보이는 공통점이다. 법률을 이용하는 세 번째 방법은 자유민주주의의 법치, 인권, 개방성, 절차성 등의 제도를 악용하는 것이다. 자유민주주의 국가에 삼투해 들어가 초한전 공작을 전개하면서 해당 국가가 법으로 보장하는 절차의 허점을 집중적으로 공략해 들어간다. 본 장에서 설명한 각종 언론사를 이용한 여론전과 심리전 전개가 전형적이다. 정치공작전과 해외 통일전선공작 영역에서도 법과 절차의 허점을 공략해 절차적 정당성 등을 확보한 후 합법적으로 전개하거나 우회하거나 회피 전술을 펼친다. 이러한 사례는 초한전의 실태를 설명하는 모든 사례에서 발견할 수 있다.

한국도 예외가 아니다. 중국공산당 요원들이 한국에서 전개하는 법률전 사례는 무수히 많다. 중국과 중국인이 한국에서 벌이는 의심쩍은 활동, 투자 등이 문제가 되었을 때, 한국의 자유민주주의 법치 제도와 법적 절차, 인권 보호 등을 최대한 역이용한다.

이와 관련해서는 한국에서 중국공산당 기관지 한국지사 대표로 있는 모 인사가 '차이나타운' 개발 문제로 사회적 이슈가 되자 이슈를 제기하고 사실을 보도한 한국의 시민들에게 취한 법적조치에 관한 기사를 참고하기 바란다.277)

자유민주주의 사회인 한국에서 시민과 언론은 정치, 경제, 사회, 문화, 국제관계 등의 다양한 이슈에서 문제를 제기하고 발언할 수 있다.

자유는 우리 사회를 더욱 건강하고 투명하며 균형 잡힌 사회로 유지하는 필수 기반이다. 그런데 한국의 시민과 언론이 중국의 침탈행위를 문제 삼으면 중국공산당 요원들은 이에 대한 명예훼손이나 확인 안 된 사실적시 등의 명목으로 그 메신저를 집중적으로 공격하고 괴롭힌다. 중국공산당 요원이 고용한 한국의 대형로펌에 의해 민·형사 고소 고발을 당할 경우, 중국의 침탈에 문제를 제기한 힘없는 한 개인 또는 소규모 언론은 무혐의로 결론 나기 이전에 무수한 고초를 겪어야만 한다. 경찰서, 검찰청, 법원 등에서 조사, 공판이 이어지고 법률대리인을 고용하기 위해 비용을 지출해야 한다. 심리적으로도 고통스럽고 일상의 삶이 심각하게 어그러진다. 중국공산당 요원들은 바로 이러한 약점을 역이용한다. 요원들은 중국공산당이라는 막강한 조직의 정치적, 경제적 힘을 동원할 수 있다. 하지만 한국의 한 개인이나 소규모 언론, 시민단체는 수많은 고초를 겪어야 하고 그 결과 중국이 원하는 자기검열에 들어갈 수밖에 없다. 자기검열을 하지는 않더라도 심리적으로 위축될 수밖에 없다. 중국이 노리는 점이 바로 이것이다. 자유민주주의, 법치, 인권 보호가 실제로는 우리 자유 대한민국 국민의 자유를 억압하고 제약하는데 역이용되고 있다.

이와 관련해 단순한 내용 소개에 덧붙여 중국의 법률전에 대한 대응 사례와 필자의 의견을 간단히 피력한다. 중국의 초한전 침탈에 대응해 대만은 '반反침투법'을 제정해 기초적 수준이나마 대응을 시작했다는 것은 제4장에서 이미 설명한 바 있다. 냉전 시기 소련 위성국인 동독(도이치민주공화국)과 대치하며 체제전쟁을 벌여야 했던 서독(도이치연방공화국)은 소련과 동독의 체제 침탈행위에 대응하기 위해 '방어적 민주주의Defensive democracy' 원칙을 도입해야만 했다. 체제를 위협하는 공산당의 공작에 자유민주주의 법과 제도를 동일하게 적용해 주면 그들에게 그대로 당할 수밖에 없기 때문이다. 방어적 민주주의는 자유민주주의를 무너뜨리려는 세력의 자유, 권리, 사상 유포 등을 제한함으로써 자유와 민주주의를 지키려는 제도이다. 현재 방어적 민주주의를 택하고 있는 대표적인 국가에는 독일, 이스라엘, 대만 등이 있다.

자유와 민주주의 체제를 침탈하는 행위에 대해서 자유민주주의 사회와 시민에게 적용하는 법치와 인권의 원칙을 똑같이 허용하는 것은 문제가 있다. '자유의 적敵'들이 다름 아닌 자유민주주의 사회의 법치, 자유와 개방성, 인권 등의 가치를 역으로 악용해 공격하기 때문이다. 그래서 다음과 같이 문제를 제기할 수밖에 없다. 우리의 자유, 민주주의, 인권을 보호하기 위한 자유민주주의 법치 제도를 역으로 악용해 우리의 자유, 민주주의, 인권, 독립, 주권을 침탈하고자 하는 세력에게 동등한 자유와 권리를 보장해야 하나?

우리의 자유와 독립 주권을 수호하기 위해 더욱 적극적인 방어적 자유민주주의 원칙을 도입해야 한다. 물론 한국도 위헌 정당해산과 같은 헌법 조항으로 이 원리를 부분적으로 도입하고는 있다. 하지만 북한의 대남 공작, 중국공산당의 삼투 등의 대외적 위협, 국내적으로 한국의 자유민주주의 체제를 부정하는 세력의 위협이 매우 큰 현실을 고려해 추가적인 자유방어법이 필요하다. 이와 함께 우리의 자유, 민주, 독립, 주권 등을 위협하는 외부 적대세력과 관련된 사안에 대해서는 우리 국민의 적극적 방어권을 보장해야 한다.

동시에 상호주의를 도입해야 한다. 우리 국민이 중국에서 중국인이 우리나라에서 받는 권리를 보장받고 있나? 아니, 보장받을 수나 있나? 우리 국민이 상대 국가에서 보장받지 못하는 권리는 그 국가 출신 국민도 우리나라에서 우리의 가치와 체제와 관련된 그 어떠한 사안이라도 관여되어 있다면, 같은 방식으로 적용할 필요가 있다. 이것은 인권의 문제임과 동시에 우리 체제, 자유, 독립 주권, 우리의 삶의 터전, 우리 자식 세대의 미래가 걸린 문제이기도 해서다. 대만처럼 '반침투법' 제정이 절실하다. 더 나아가 외부 적대세력의 삼투와 침탈에 대응하기 위한 특별법이 시급한 상황이다.

교육·문화전과 이념·사상전

여론전과 심리전을 전개하는 데 주요한 기반이 있다. 바로 교육과 문화다. 이탈리아 공산주의 혁명이론가 안토니오 그람시Antonio Gramsci는 지배 이데올로기를 장악하는데 문화와 교육의 중요성을 간파하고 사회적 이데올로기와 사상을 장악하기 위한 진지전陣地戰을 전개해야 한다고 주장했다.278) 그람시의 이론은 이후 사회주의 혁명운동에 이론적으로나 전략적 실행에 지대한 영향을 끼쳤다.

중국공산당의 전략·전술도 그람시 이론을 계승 발전시켜오고 있다. 중국공산당은 교육과 문화영역에 대한 영향력을 확보하는 수단으로 미국과 자유 민주국가의 대학, 연구기관, 문화예술 단체, 문화 기업, 특히 스포츠 산업, 엔터테인먼트 산업에 대한 삼투 공작을 전개해오고 있다. 전형적인 공작방식은 우선 기부금을 제공하고 교류 프로그램을 활성화하면서 중국 자금에 의존성을 증가시킨 다음 결과적으로는 교육문화 선전 수단으로 이용하는 것이다.

서구사회에서 퇴출당하고 있는 공자학원이 대표적 사례 중 하나다. 언어, 교육, 문화 교육기관으로 위장한 공자학원은 중국공산당의 대표적인 통일전선공작기관이다.279) 공자학원을 설치한 대학이 공자학원 자금에 의존적이게 만들어 해당 대학에서 중국 정책에 반하는 의견과 교육, 행사 등을 못하도록 직·간접적인 영향을 행사하기도 한다.

중국공산당은 초·중등 교육기관, 대학, 연구기관에 대해서도 비슷한 양상으로 접근한다. 우선 대규모 기부금으로 '차이나 머니' 의존 구조를 만든 후 친중 성향 보고서를 발간하거나 중국에 비판적 의견을 통제하는 등의 직·간접적 압력을 행사하는 방식이다.

해외 대학에서 중국공산당의 영향력을 대변하는 또 다른 주요 조직은 중국학생학자연합회中國學生學者聯合會다. 대학별로 결성된 친선모임의 형식을 표방하고 있지만, 사실은 중국대사관과 총영사관의 조직적 지도와 통제를 받는다.280) 이 조직을 통해 중국인 유학생, 교수, 연구원 등을 상호 감시 통제하며 친중 활동을 전면에 내세운다. 이들 조직은 대학 내 정보 수집, 중국공산당 지시에 따르는 활동, 연구 성과 탈취 등 스파이 활동, 해당 국가의 소셜네트워크서비스 등에 여론 조작이나 각종 선전 활동에 나서는 등 통일전선의 전위대 노릇을 한다.281)

또 다른 중요한 영역은 스포츠, 영화, 드라마, 공연, 예술, 게임 등을 망라하는 엔터테인먼트 산업이다. 중국은 이른바 중국식 공공외교의 하나로 문화전을 전개하는데 그 주요 수단은 역시 경제적 이권, 즉 돈의 힘이다. 중국 국내 상영권, 기부금 등 특혜를 제공하는 형식으로 미국 할리우드, 스포츠, 공연문화 단체에 접근해 중국에 우호적인 이미지 상징 조작과 반중 성향의 콘텐츠를 금지하는 데 이용한다. 할리우드 영화, 미국 프로농구, 대학 오케스트라 공연단, 미술관과 박물관 등에 상당한 영향력을 행사하고 있다는 사실은 이미 새로울 것이 없을 정도로 잘 알려져 있다.282)

엔터테인먼트 산업뿐만이 아니다. 문화예술, 종교계 등을 포함한 모든 조직을 통일전선조직으로 이용한다. 음악, 미술, 문학 등도 여기에 모두 포함된다. 문학계의 예를 들면 문학인, 문예인 협회인 중국작가협회中國作家協會 역시 중국공산당의 통일전선공작 조직이다. 하지만 대외적으로는 순수한 문예인 협회의 형식을 갖는다. 호주에서는 멜버른, 시드니 등을 중심으로 호주중국인작가협회가 조직되어 운영 중인데 중국 해외 통일전선공작의 하나로 이용되고 있다. 이 단체는 문예 페스티벌 형식 행사를 개최해 중국에 대한 홍보에 문학작품을 이용한다. 이는 중국의 모든 문화예술, 종교 사회단체에 같은 맥락에서 적용된다. 중국에 '순수'한 목적은 사라진 지 이미 오래다.

2. 한국에서 벌이는 문화가치전: 사회적 이슈가 된 사례

조선구마사 사건은 빙산의 일각

2021년 한국 사회에 이슈가 된 사건이 있었다. 바로 '조선구마사'라는 SBS 드라마다. 여론이 악화하자 방영을 취소한 해프닝이었다. 이후 놀라운 사실이 각종 탐사보도로 드러났다. 드라마 제작자 쟈핑코리아가 중국공산당 기관지《인민일보》한국 대표처(지사)와 연계된 사실이 드러났다. 탐사보도에 따르면 "안은주 주식회사 쟈핑코리아 이사는 현재 중국어 전국 학원 친지인 교육 이사(사업부장 겸 대표 강사), 중국《인민일보》한국 대표처 이사를 겸직"하고 있다.283) 또한 중국어 학습 과정에서 훈민정음이 중국에서 왔다는 역사 왜곡 내용을 삽입한 것으로 알려진 중국어학원 천지인이 바로《인민일보》와 연계되어있다고 보도하였다.284) 한 기자가 현지 탐사취재로《인민일보》한국 대표처, 쟈핑코리아, 천지인이 같은 건물, 같은 사무실을 사용한다는 사실을 밝혀냈다.285) 쟈핑코리아 대표는 바로《인민일보》한국 대표처 간부였다고 한다.286) 참고로《인민일보》한국 대표처가 사실상 차이나타운 건설에까지 관여하고 있는데, 그 차이나타운이 건설되는 지역은 공교롭게도 군사전략적으로 매우 중요한 곳이라는 보도가 나왔다.287)

일반인들은 신문사가 투자건설, 문화콘텐츠 사업, 어학교육 등에 관여하는 것에 의아해 할 수도 있다. 그런데 바로 이것이 중국공산당의 전형적인 삼투공작 수법이다.288) 은밀하고 겉으로는 전혀 정치공작의 티가 나지 않는다. 형식이나 법적으로도 완벽히 순수한 경제적 투자이자 우호친선 교류다. 실질 내용은 바로 중국공산당이 전략적 목적을 가지고 조직적으로 삼투하는 공작수법이다. 예를 들면, 중국공산당 선전 기관지인 신문사를 앞장세워, 투자건설, 문화콘텐츠 사업 등으로 확장하고 해당 합작기업을 세운다. 그러한 사업을 진행하는 주체는 현지 국가의 기업, 언론, 문화콘텐츠 제작자들이다. 하지만 그 실체는 중국공산당이 뒤에서 전략적 계산과 조직적 삼투 공작에 따라 정치사상 문화 공작을 매우 은밀하고도 전략적으로 전개하고 있다. 이를 통해 문화전, 사상과 가치(혼란)전, 역사 왜곡을 통한 인식 혼란 등의 공작을 전개한다.289)

중국의 목적은 해당 국가 국민의 가치체계 혼란 야기, 사회적 대립과 분열 조장, 그 국가의 정치체제, 가치관, 역사, 사회경제에 대한 분노와 증오를 조장해 스스로 파괴하도록 유도하는 것이다. 이렇게 되면 그 국가는 정치 사회적으로 사분오열되어 외부(중국)의 위협, 침탈, 영향력에 매우 무기력하게 반응할 수밖에 없다. 그러면 중국공산당은 총 한 방 쏘지 않고도 그 국가를 접수하거나 강력한 영향력을 행사할 수 있게 되는 것이다. 바로 이것이 초한전의 방식이자 전략적 목표다. 문화, 교육, 가치이념전은 중국 외교부가 주도하는 형식을 띤 공공외교를 또 다른 수단으로 한다.

공공외교와 공자학원

공공외교公共外交는 외국인들에게 자국의 사회 문화적 특징을 소개하고 문화적 강점을 홍보해 이미지를 개선하려는 활동이다. 더 많은 외국인이 자국을 이해하고 호감을 느낄 때 해당 국가 소프트파워soft power가 증가하고 이는 외교 능력 상승으로 이어진다. 외교력뿐만 아니라 그 국가의 상품과 문화에 대한 수요를 높이는 다양한 효과가 있다.

오늘날 전 세계 국가들은 공공외교에 많은 투자를 한다. 중국도 마찬가지다. 문제는 중국공산당이 공공외교도 초한전 차원에서 전개한다는 데 있다. 공공외교를 통해 중국공산당의 전체주의 가치를 확산시키고 중국공산당 체제를 미화하도록 강요한다. 금전의 힘으로 상대 국가 정부, 대학을 비롯한 교육기관, 신문, 방송, 문화계, 연예계, 기업, 시민들을 위협해 중국이 원하는 바를 따르도록 강요한다. 쉽게 말해 공갈과 협박을 일삼는다. 이러한 중국의 힘의 투사를 '샤프파워sharp power'라고 부른다.

중국은 공공외교 명목으로 대학이나 공연 단체에 막대한 기부금을 제공하고 그 대가로 영향력을 행사한다. 중국공산당의 실체와 문제점 지적을 금지하고 자유민주주의 사회 기본권인 사상과 표현의 자유를 중국공산당식으로 탄압한다. 또한 영화, 드라마, 스포츠 구단에 투자하는 대신 자신이 원하는 콘텐츠를 생산하도록 강요한다. 여기에는 14억 명에 이르는 중국인들을 볼모로 잡고 협박과 보복을 일삼는 행태도 포함된다. NBA를 포함한 미국의 유명 스포츠 구단, 할리우드 영화 산업 등이 중국 시장에서 막대한 수익을 올리는 점을 악용해, 압력과 공갈·협박, 보복을 가함으로써 이들이 중국의 의도에 맞게 행동하고 자기검열을 하도록 유도한다. 이것이 중국공산당이 이른바 공공외교라는 명목으로 행하는 공작 활동이다.

중국공산당의 공공외교 수단 중 하나가 공자학원이다. 공자학원은 중국공산당 통일전선부가 공작 목적을 가지고 설립한 해외 통일전선공작 기관 중 하나다.

형식적으로 공자학원은 국무원 교육부 산하 국가한판國家漢辦 산하 조직으로 설립되었다. 주지할 점은 공자학원 초대 총책임자가 바로 1990년대 중국공산당 통일전선공작부 조직을 이끌었던 류옌둥이라는 사실이다. 또한 후진타오 시기 통일전선공작 수장이자 중국공산당 상무위원 리장춘은 공자학원이 중요한 해외 통일전선공작 선전공작 기반이라고 자평하기도 했다.290)

공자학원은 중국어 교육 제공이라는 빌미로 중국어 교육을 받는 학생들에게 중국공산당의 실체에는 눈을 감고 중국에 우호적인 내용을 교묘히 주입한다. 보상도 두둑하다. 바로 현지 중국어 연수에 거액의 지원금을 제공하는 것이다. 이를 통해 친중 인재를 육성한다. 특히 대학에 설치한 공자학원은 중국공산당의 다양한 목적을 수행하는 기관임이 드러났다. 해외 대학에 대한 통일전선공작, 과학기술 연구 성과 탈취, 현지 중국인 유학생과 중국인 출신 교수와 전문 연구자 감시 통제, 현지 동향 정보 수집, 중국인 유학생과 지역에 거주하는 중국인의 정치적 동원 등 다양한 공작을 수행하는 지역 거점 공작기관이다.291)

공자학원은 현재 많은 서방 자유주의 선진국에서 그 실체와 문제점이 드러났다. 그중 하나가 캐나다에 있는 공자학원이다. 캐나다 대학 교원들은 공자학원이 이념 선전뿐만 아니라 대학 자체의 학문과 표현의 자유마저도 제약하고 있다는 엄중한 사실을 뒤늦게 깨달았다. 결과적으로 캐나다대학교원협회CAUT는 2013년 캐나다 모든 대학에 공자학원과 계약을 파기하고 공자학원을 폐지하라고 요구했다. 이는 단순히 캐나다의 대학과 교육기관만의 문제가 아니었다.

미국 대학에서도 캐나다와 똑같은 상황이 벌어졌다. 캐나다대학교원협회의 움직임은 미국대학교수협회AAUP의 공식 지지를 끌어냈다. 나아가 미국대학교수협회 또한 미국의 대학들에 공자학원과 계약 파기와 폐쇄를 요구했다.292)

중국공산당이 외국의 대학을 장악하는 수단은 다름 아닌 돈이다. 중국의 직·간접적 기부금, 엄청나게 몰려드는 중국 유학생들이 내는 등록금이 대학 재정에서 차지하는 비중 등을 고려하지 않을 수 없게 만든다. 중국에서 제공하는 다양한 형태의 금전적 이익이 대학 재정과 운영에 중요한 부분을 차지하면서 미국과 캐나다 호주 영국 등 선진국들의 대학들은 학문의 자유를 중국공산당에 양보하는 행태를 보였다. 이른바 현실론이 지배하게 된 것이다. 대학 재정 운용, 기금확보 등이 대학 평가의 가장 큰 부분을 차지하는 현실 속에서 대학 총장과 경영진은 중국의 돈을 학문의 자유보다 중시하게 된다. 중국공산당은 서구 선진국 대학의 이러한 사정을 누구보다 잘 파악하고 있다.

한국 대학은 더욱 심각한 현실이다. 한국 대학의 열악한 재정 상황에서 정원 외 입학하는 중국인 유학생 등록금 비중은 대학 재정에 막대한 부분을 차지한다. 사정은 수도권 주요 대학뿐만 아니다. 지방대학으로 갈수록 심각해진다. 학령인구 감소로 대학 존폐마저 고민해야 하는 한국 지방대학들에 중국인 유학생은 대학 존립과 직결된 문제이기도 하다. 하지만 중국의 영향력에서 학문과 자유의 전당인 대학만은 지켜야 한다. 우리 사회의 정체성과 정신을 지키는 마지막 보루이기 때문이다.

문화침탈과 역사 왜곡

중국공산당은 자국뿐 아니라 외국 역사도 이른바 중화민족 중심으로 왜곡하는 역사 공정을 집요하게 진행해 왔다. 고구려사, 백제사를 중화민족 역사로 편입한 것이 역사 왜곡 프로젝트 중 하나인 동북공정東北工程이다.

역사 왜곡 방식은 다양하다. 그런데 다양한 역사 왜곡 수법에서 발견되는 공통점이 있다. 중국공산당과 중국 정부는 형식적으로 빠지고 뒤로 숨는다. 중국 민간 학자들이 학술연구 차원에서, 그것도 중앙이 아닌 지방정부나 대학이 자체 진행하는 형식을 띤다. 참고로 중국에는 순수한 민간이란 존재하지 않는다. 중국의 대규모 연구 인원을 동원해 연구 결과물이라는 것을 대규모로 쏟아내고 출판한다. 인구수로 밀어붙이는 '인해전술'과 양量으로 압도한다.

이후 외국에서 이의를 제기하면 일단 중국 공식 견해가 아니라고 발뺌한다. 그러면서 지속해서 대규모 연구 결과물을 도서, 학술지 형식으로 발간한다. 이렇게 수십 년을 축적한다. 시간이 지나면서 이는 중국 교육기관, 학술기관, 미디어 등을 통해 역사적 사실과 진실인 것처럼 둔갑한다.

나중에는 교과서에 수록한다. 즉, 공식화하는 것이다. 일단 이 단계에 이르면 중국의 대응 전술은 달라진다. 외국 정부와 사회단체가 항의하면 이때부터는 중국 내정에 간섭하지 말라는 식으로 대응한다.

장기간에 걸친 역사 왜곡 추진 공작 중 또 다른 하나는 중국 연구자들이 대량으로 쏟아내는 연구 결과를 각종 학술교류와 대외홍보 형식으로 국제화하는 것이다. 전 세계 도서관과 교육기관에 무료로 결과물을 대량 살포하는 작업도 진행한다. 그렇게 되면, 중국 대륙사 정보가 부족한 외국 학자들이 이 왜곡된 역사연구 결과를 인용하고 이를 기반으로 관련 도서나 논문을 출간한다. 중국이 왜곡한 역사가 외국 학술지와 도서에 실리는 것이다. 그 결과 왜곡한 역사와 역사관이 국제적 공신력을 획득한다. 그러면 중국 역사학자들은 국제적 공신력, 권위를 바탕으로 그들이 왜곡한 역사를 공식화한다. 이 단계에 이르면 중국의 역사 왜곡으로 자국사와 민족사를 침해받은 국가에 국제적 권위를 바탕으로 역공세를 가한다. 이것이 지금까지 중국공산당이 각종 공정이라는 이름으로 역사를 왜곡해 온 과정이다.

참고로 현재 한민족의 역사 중 신라사와 지리적으로 경상도를 제외한 나머지 지역의 역사는 중국이 왜곡한 '위대한 중화민족사'에 편입된 상태다. 2016년 백제사를 중화민족사로 편입하면서 고구려사와 백제사는 중화민족의 역사가 되었다.

외국에서 중국공산당이 펼치는 전형적인 역사 왜곡 수법은 역시 '돈의 힘'에 의존하는 것이다. 먼저 간접적으로 현지 중국인을 통해서 역사 학술 교육기관과 기념관 등에 기부금을 제공한다. 또는 학술교류의 형식으로 연구기관을 대규모 기금을 통해 설립한다. 형식은 순수 역사 연구다. 하지만 중국 자본이 투자된 각종 학술연구 기관을 통해 중국과 중국인의 역사연구가 본격적으로 진행된다. 살라미 전술을 동원해 역사적 사실에 조금씩 중국과 중국인 중심의 역사 왜곡 내용을 추가해 삽입한다. 하지만 현지에는 이를 전담할 인력과 기관, 자금이 없다. 중국공산당은 이러한 약점을 이용해 바로 권위를 인정받은 외국 '현지 기관'의 이름으로 왜곡된 내용이 포함된 역사 도서를 대규모로 출판해 현지 교육기관과 공공도서관에 공급한다. 또한 여기에는 국가별 특성에 맞춘 공작을 진행한다. 독서문화가 잘 정착된 국가에서는 도서 중심으로, 인터넷 포털이 활발한 곳에서는 인터넷 포털에서 유포되는 웹툰, 소설, 만화, 다큐멘터리, 영화, 드라마 등을 통해 대규모로 유포한다.

호주 사례를 살펴보자. 호주에서 활동 중인 중국인 사업가를 통해 호주 역사연구소와 기념관 등에 막대한 금액 기부로 시작했다. 대규모 기금이 모이지 않는 기념관과 연구소에 막대한 금액을 기부하면서 중국공산당과 그 대리인(요원)은 해당 기관에 막강한 영향력을 행사하게 된다. 이들 중국인이 현지 중국인 학자와 중국 본토 학자를 초빙해 호주 역사에서 중국인의 역할을 부각하는 연구 프로젝트를 추진한다. 이 과정에서 중국인의 위상과 기능을 과장하거나 허위 사실을 슬쩍 삽입하는 역사 연구 논문과 책을 출판한다.

예를 들어, 호주에 최초로 도달한 영국 함대 선원 중 중국인이 있었다는 거짓 사실史實을 만들어 끼워 넣는다. 호주에 대한 중국 지분을 왜곡하고 조작해 주장하기 위한 사전포석이다. 반면 6.25전쟁 당시 북한, 소련, 중국 등 공산군의 침략에서 한국의 자유민주주의를 수호하기 위해 유엔군의 일원으로 참전한 호주군에 관한 내용은 언급하지 않는다. 이런 식으로 왜곡한 역사서를 대규모로 호주에 유포한다.293)

이와 함께 호주에서 지난날 중국인이 무시, 차별, 착취당한 역사를 집중적으로 발굴해 강조함으로써 호주 백인의 중국인 인종차별 역사를 부각한다. 이는 호주에서 중국공산당과 중국인이 전개하는 해외 통일전선공작이 문제시되면 인종차별이라는 프레임으로 공격하기 위한 사전 작업에 해당한다. 인권과 포용의 중요성이 중요한 규범으로 정착된 호주사회에서 중국공산당의 공작실태를 폭로하거나 문제 삼으면 문제를 제기한 사람(메신저)을 인종차별, 인권 프레임으로 공격하기 위한 복선이다. 중국공산당은 이런 식으로 호주 지식인, 정부, 사회를 옥죔으로써 중국공산당과 중국에 대한 부정적 문제 제기를 차단해 왔다.

한국은 어떠할까? 상징적 예만 들겠다. 결과적으로는 지역민과 국민의 반발로 무산된 사건이다. 다름 아닌 바로 강원도 파로호破虜湖 개명 시도 사건이다. 파로호는 6.25전쟁 당시 한반도를 침략하여 오늘날 남북 분단체제를 고착하는 데 결정적 구실을 한 중국인민지원군을 국군이 대대적으로 섬멸한 역사적 장소다. 전투 승리로 국군은 중국인민지원군의 대규모 남하를 저지하고 중동부 전선을 지켜낼 수 있었다. 6.25전쟁 중 중국인민지원군 대상 대표적인 승리였다. 이를 기려 이승만 대통령이 중국군을 대거 수장水葬한 호수 이름을 '오랑캐를 물리쳤다.'는 의미를 담아 파로호破虜湖로 명명했다. 중국공산당, 오늘날 중국인으로서는 불쾌한 이름일 것이다. 지난 문재인 정부 대통령 비서실장을 역임한 노영민이 주중국 한국대사로 재임하던 시기 베이징에서 중국인이 불쾌하게 여기니 개명하자는 논의를 시작했다는 보도가 나왔다.294) 그 후 강원도, 파로호가 있는 화천군, 남북강원도협력협회 등을 비롯한 시민단체에서 파로호 이름을 일제강점기 명칭인 대붕호大鵬湖로 개명 작업을 추진했다.295) 결과적으로는 이 사실이 알려지면서 취소되기는 했다.

 이 해프닝은 현재 한국 사회에서 진행되는 수많은 일 중 하나에 불과하다. 우리의 자유, 역사, 자주독립, 독립 주권, 가치관을 '중국과의 우호 관계와 협력 증진'과 '실리(?)'를 위해 '중국인이 원하는' 방향으로 하나둘 보이지 않게 바꾸는 공작이 광범위하게 진행되고 있다. 문제는 이에 대해 별다른 문제의식이 형성되고 있지 못하다는 것이다. 파로호 개명 시도는 시민들의 반발로 무산시킬 수 있었다. 하지만 현재와 같은 시민들의 문제의식이 언제까지 지속할 수 있을까? 아무것도 아닌 것 같지만 이러한 눈에 보이지 않는 정신유산의 힘과 영향력은 막대하다. 중국은 이 점을 매우 정확하게 파악하고 있다.

 특히 중국공산당의 해외 통일전선공작과 맞물린 교육·문화전과 이념전의 힘은 보이지는 않으나 두려운 수준이다. 해외 통일전선공작에서 주로 이용하는 진보좌파 시민단체와 지식인, 종교인들은 대부분 공산주의, 전체주의에 반대한다. 이들이 내세우는 이념과 가치는 정의, 공정, 차별금지, 인권, 포용, 평화, 호혜, 협력, 공영 등 거부할 수 없는 것들이다. 따라서 중국이 통일전선을 은밀히 구축하는 진보좌파 시민단체와 지식인, 종교인들 대부분은 그들 스스로 정의롭고 올바른 가치를 대변한다는 자신만의 '셀프 공의公義·self-righteousness'와 '정치적 올바름political correctness'에 깊은 자기 확신에 찬 경향이 있다.

 자기 확신과 신념에 찬 집단이 자신도 모르게 중국공산당 해외 통일전선공작과 교육문화, 이념전과 공동전선을 형성한다. 중국공산당은 이들이 인지하지 못하는 사이, 암묵적 연대로 사회적 저항 세력을 추동해서 한 국가와 정부를 흔들어 놓음으로써 자신의 목적을 달성한다.

 바로 이것이 초한전에서 전개하는 심리전, 여론전, 문화가치전의 목적이다. 삶의 가치와 추구하는 이념에서 높은 수준의 자기 확신에 기초할 때, 다른 가치와 의견에 대한 이성적 판단과 공존의 추구는 불가능해진다. 나와 다른 이념과 의견은 불의가 되고 타도 대상일 뿐이어서다. '셀프 공의'와 '정치적 올바름'이 위험한 이유다. 그 사회는 타협할 수 없을 정도로 분열의 골이 깊어진다. 이 모든 것이 중국의 초한전 때문만은 아니다. 다만, 중국은 여론전, 심리전, 인지전, 교육·문화전, 이념전을 전개하면서 이러한 약점을 집중적으로 파고들어 조장하고, 증폭시키고, 정치적으로 이용한다. 또한, 심리 여론공작을 전개할 때, 사실과 진실에 관한 판단과 사고를 마비시켜 중국공산당에 의해 조장되거나 촉진되었다는 사실을 인지조차 하지 못하게 한다. 이러한 과정을 통해 중국공산당에 대한 위협인식 또한 마비된다.

중국공산당 창당 이후 약 100년, 더 정확히는 중국공산당이 대륙을 장악한 1949년 이후 약 70여 년간, 중국인들이 체계적으로 세뇌되어 온 과정을 오늘날에는 한국을 포함한 다른 국가의 국민이 당하고 있다.

제7장

정보통신기술ICT 초한전

제7장 정보통신기술ICT 초한전

　제7장의 주제는 정보통신기술Information and Communication Tech-nology·ICT 초한전이다.
　초한전은 마오쩌둥 군사전략의 핵심을 현대적 조건과 상황변화에 맞춰 계승하고 발전시키는 중국의 군사전략이자 신新 전쟁수행론이다. 여기서 '현대적 조건과 상황변화'의 핵심이 바로 '세계화'와 'IT 기술 혁명'이라는 점은 이미 설명한 바 있다. 중국이 과거처럼 '죽竹의 장막'을 쳐놓고 고립되어 냉전을 벌이던 상황이 아니다. 개혁·개방 이후 세계정치경제에 깊숙이 편입해 글로벌 서플라이 체인에서 '세계의 공장' 노릇을 하는 조건이다. 개방된 서구 자유주의 세계에 거리낌 없이 진출할 수 있는 '세계화'의 조건이다. 또 다른 중요한 조건 변화가 바로 1990년대에서 2000년대로 넘어오는 과정에서 본격화된 'IT 정보통신 혁명'이다.
　IT 정보통신 혁명은 정치, 경제, 사회, 문화 등 인간의 사회적 삶을 획기적으로 변화시켜왔다. 오늘날 우리의 삶은 정보통신기술과 떼려야 뗄 수 없는 관계에 있다. 이는 동시에 IT 문명사회의 취약성을 의미하기도 한다. 정보통신혁명은 인간사회에 긍정적 측면과 부정적 측면을 동시에 가져다주었다. 부정적 측면 중 하나가 정보 왜곡이다. 인터넷을 이용한 사이버 공간을 통해 정보 왜곡과 여론조작 등이 과거 그 어느 때보다도 쉽고 광범위하게 이루어질 수 있다. 건강한 사회적 담론장 형성에 악영향을 줄 뿐만 아니라 특정 집단에 의해 대중의 인지 조작, 선전과 선동의 장으로 쉽게 악용될 수 있다. 또 다른 부정적 측면은 해킹을 통한 정보와 기술의 탈취가 대규모로 이루어진다는 것이다. 여기서 탈취되는 정보에는 기술, 기업, 군사 안보, 정부, 그리고 일반인들의 생체정보 기밀까지도 포함한다. 더 나아가 정보통신 기술을 통한 감시와 통제까지도 정교해졌다.

이러한 부정적 결과는 정보통신기술ICT 혁명이 촉진될수록 더욱 심각한 수준으로 진화한다. 현재 진행되는 5G IoT(사물인터넷) 기술 고도화와 상용화는 인간의 삶을 또다시 획기적으로 변화시킬 것이다. 하지만 동시에 이 기술이 사이버 범죄와 공격으로 악용되면, 그 피해는 가공할 수준이 된다. 여기에 빅데이터와 인공지능 기술이 접목되면서 개인과 사회에 대한 국가의 통제력 또한 대폭 상승하고 있다.

초한전은 바로 이 정보통신 혁명과 그 영향력에 주목한다. 정보통신기술은 과거와 달리 비대칭 전략으로 이용할 최적의 무기가 될 수 있다. 해킹이나 사이버 공격 등 ICT 기술을 악용하면 대규모의 군사력이나 압도적인 경제력 등을 갖추지 않고도 상대국에 얼마든지 치명적인 피해를 줄 수 있다. 해킹기술을 이용해 선진국 기술을 제멋대로 훔쳐 이용할 수도 있다. 이뿐만이 아니다. 사이버 공간과 정보통신 기술을 이용하면 적은 비용과 노력으로 정보통신 기술에 의존하는 상대 국가 사회를 교란하거나 전면적으로 무력화할 수도 있다. ICT 기술을 동원한 초한전의 효과에 주목한 인민해방군이 2000년대 이래 초한전 주요 무기로 정보통신 기술을 집중적으로 발전시키고 공격에 동원하는 배경이다. 이와 관련해 먼저 중국공산당이 정보통신전(정보전, 사이버전 등)을 전개하는 사례를 살펴보자. 2020년 인도의 사례이다.

1. 2020년 인도 뭄바이 블랙아웃

2020년 10월 13일, 인도 대도시 뭄바이Mumbai에서 도시 전체가 갑

자기 정전되는 이른바 블랙아웃Blackout이 발생했다. 현대 문명 생활의 필수 조건 중 하나인 전기가 나가자 대도시 모든 기능이 정지하고 일대 혼란이 발생했다. 도시운영과 사회생활과 관련된 모든 기능이 정보통신 시스템 운영에 얼마나 무력한지 보여준 사례다.

2020년 11월 6일, 인도와 중국은 그해 5월, 양국 국경 칼완Kalwan 계곡 지대에서 발생한 양군 간 물리적 충돌 사태를 안정화할 군사회담과 외교부 장관 회담을 개최하고 사태 발생 이전으로 현상을 유지한다는 합의를 맺는다. 인도가 주장하고 있는 영토를 중국군의 침입 도발로 발생한 양국 간 긴장은 이로써 잠정적 안정을 되찾았다.

이 두 사건이 어떻게 연관되어 있을까?

2020년 5월 발생한 인도-중국 국경지대 충돌 사태, 10월 인도 대도시 뭄바이에서 발생한 블랙아웃, 11월 양국 군대 간 협상을 통한 긴장 완화 조치, 그 뒤 3개월이 지난 후 미국 《뉴욕타임스》는 충격적 기사를 발표한다. 10월 13일 뭄바이 블랙아웃이 중국의 사이버 공격으로 발생했다는 사실이었다. 블랙아웃 사태의 사이버 공격 배후를 조사한 사이버 안보 전문기관과 인도의 안보전문가들은 중국이 인도의 도시기반 시설에 대한 사이버 공격을 감행하자, 대응능력이 미비한 인도는 사태 확산을 우려했다는 것이다. 이는 인도가 중국과 군사적 긴장을 조기에 해소하는 합의를 조속히 마무리할 수밖에 없는 배경이라고 설명했다.296) 이것이 바로 중국이 전개하는 ICT 초한전의 생생한 사례이다. 이 문제를 중국의 초한전과 관련지어 조금 더 살펴보자.

인도는 중국과 경제교류와 협력을 지속해왔다. 중국은 인도의 두 번째 교역국이다. 이 중 전기·전자통신 산업 등과 관련해서는 86개 상품이 중국제품의 지배 아래에 있고, 최종제품 부품의 최대 85% 이상을 중국산에 의존한다.297) 인도가 구축한 사회경제 인프라스트럭처는 중국산에 과도하게 의존한다. 중국이 인도와 경제협력, 지원이라는 명목으로 인도의 인프라 개발·투자에 깊숙이 관여해온 결과이기도 하다.

다른 나라에서 해왔던 것처럼 중국은 평소에 초한전의 포석을 까는 전략에 따라 정보통신과 연계된 교통, 발전, 통신 등의 시설에 중국이 통제할 수 있는 부품을 심어놓았다. 물론 인도는 중국의 의도를 눈치채지 못했다. 이 중 전기발전과 송신망인 그리드Grid 시설과 시스템은 중국의 핵심 공략대상이기도 하다. 개발·투자의 명목으로 건설된 교통, 통신, 발전, 수자원 시설 등에 은밀히 자국이 통제할 수 있는 부품을 심어놓은 후, 중국이 영향력을 행사하고 싶은 순간이 오면 이를 이용해 전 사회를 마비시키고, 공포심을 확산시키면서 무력화된 상대 국가에 정치적, 외교적, 군사적 압력을 가하는 것이다.

하지만 초한전의 실체를 몸소 경험했을 때는 대응하기에 이미 너무 늦어 버렸다는 것을 의미한다. 사회기반시설은 대규모인 데다 구축 범위가 방대하다. 시설을 구축하는 데 드는 비용이 많고 장기간의 시간이 소요된다. 문제가 발생했을 때 바로 조치할 수 있는 성격이 아니다. 자, 어떻게 하겠는가? 전기 공급이나 정보통신 시스템이 마비되면 사회경제적 혼란뿐만 아니라 군대조차도 아무것도 할 수 없는 것을! 적당한 명분을 만들어 타협하는 수밖에! 바로 이것이 초한전의 힘이다.

인도 정부와 안보 기관은 이 사건에 대해 모호한 발표에 그쳤다. 사건의 진정한 배후와 원인에 관해서는 확인도 부정도 하지 않고 사건을 덮는 모습이다. 왜 그럴까? 중국은 바로 이 점 또한 너무나도 잘 계산하고 있다. 인도 정부와 관련 기관으로서는 이 사태의 원인으로 중국을 공개적으로 지목할 때 발생하는 결과에 대해서 고민하지 않을 수 없다.

첫째는 정부와 관련 기관의 책임론이다. 둘째는 이 사실을 공개했을 때 인도 국민이 중국에 대해 느낄 공포감이다. '중국의 힘'에 대한 공포와 우려가 전 사회에 퍼지면 더욱 걷잡을 수 없는 사태가 발생할 수 있다. 셋째는 중국이 사회기반시설 운영에 필요한 시스템에 심어놓은 악성 코드가 정교하고 광범위하다. 피해를 주고는 바로 빠지는 식이어서 명확한 증거를 내놓기가 어렵다. 더 나아가 인도 정부와 군대 등 안보 기관 자체가 중국에 의해 언제든지 추가로 마비될 수 있다는 점 또한 고려하지 않을 수 없다. 이러한 사정 때문에 뻔히 알면서도 중국의 압력에 굴복하고 적당히 타협할 수밖에 없다. 중국은 총 한 방 쏘지 않고, 공개적으로 군사적, 경제적 압력을 행사하지 않고서도 자신의 목적을 달성할 수 있는 것이다.

《뉴욕타임스》 분석 기사가 이러한 사정을 잘 요약해 준다.

> "[인도와 중국은 당시 국경분쟁 문제를 다루기 위한] 외교협상을 진행 중이었다. 중국은 사이버 공격을 통해 압박을 가함으로써 외교협상에 레버리지로 사용했을 가능성이 크다……. 인도의 에너지 공급 그리드 시스템에 많은 중국산 부품이 사용되고 있었기에 [중국은 사이버 공격을 가하는 것이] 더 쉬웠을 것이다……. 중국은 상대국을 사이버 공격으로 언제든지 무력화할 수 있으며, 협상에 응하지 않으면 대가가 따른다는 경고를 보내는 또 다른 형태의 군사적 압박이다.298)

물론 뭄바이 블랙아웃 사례가 중국에 대한 인도의 완전한 굴복을 의미하지는 않는다. 인도와 중국 간에 국경분쟁과 군사적 긴장은 지속하고 있다. 한 국가의 영토주권과 국가 존망의 문제가 블랙아웃의 잠재적 위협 하나로 좌우되지는 않는다.

하지만 뭄바이 블랙아웃 사태는 중국과 중대한 사안을 놓고 갈등과 긴장이 고조되는 상황에서 자국의 '신경망'이 취약하게 노출되어 있을 때 얼마나 치명적인 약점이 될 수 있는지 보여주는 생생한 사례다. 이와 관련해 드는 의문 하나: 한국의 정보통신 '중추신경 망'은 안전한가?

2. 중국 투자개발, 기업진출과 정보통신기술 초한전

　　인도 뭄바이 블랙아웃은 중국공산당의 정보통신 초한전의 일면을 보여주는 한 사례에 불과하다. 인도 외 국가들에서 지금까지 중국이 정보통신 산업과 현지 개발·투자, 원조, 순수 기업 활동 등의 명분으로 초한전의 기반을 닦아온 사례는 무수히 많다. 이들 국가에는 저발전 국가부터 미국을 포함한 선진국까지 광범위하게 포함된다. 초한전의 실체를 전혀 인지하지 못하고, 중국의 정부와 일반 기업들이 자유민주주의 국가처럼 순수한 경제활동을 한다고 착각했기 때문이다.

　　중국은 저개발 국가에는 원조와 개발·투자라는 명목으로 각종 산업기반 시설 등을 구축해 준다. 그런데 이는 전혀 순수한 목적이 아니다. 경제적 수탈, 현지 정치경제 엘리트와 이권과 부패의 고리 형성을 통한 친중 종속화, 뭄바이 사례처럼 중국이 필요할 때 언제든지 은밀하게 공격을 감행하여 전 사회적 마비와 피해를 유발할 수 있는 기반 마련, 평시에 중국의 정보전 전개 등의 목적이 필수적으로 포함되어 있다. 즉, 자신이 필요할 때 언제든지 치명적이고 재앙적인 결과를 일으킬 수 있는 기반을 마련하고, 이러한 능력을 간접적이고 은밀하게 보여줌으로써 상대가 스스로 알아서 굴종하게 만드는 것이다.

　　저개발 국가에 대한 원조와 개발·투자만이 아니다. 선진국들을 포함해 전 세계에 중국기업들이 저가 공세로 진출하고 있는 각종 인프라스트럭처가 모두 여기에 포함된다. 중국은 중국공산당의 나라이기 때문이다. 다시 말해 중국공산당이 중국의 기업과 금융 등을 포함해 전 영역을 통제하면서 자신의 전 세계 패권 제패 야욕 수단으로 동원하는 체제이기 때문이다. 중국의 경제교류는 그 어느 것 하나도 순수하지 않다. 설령 순수한 개발·투자와 교역이라 할지라도 중국공산당이 필요하면 언제든지 동원해 이용할 수 있는 것이 중국의 기업과 이른바 민간조직들이다.

중국은 이미 미국을 포함한 선진국에서 추진하는 각종 인프라스트럭처, 교통시설(지하철, 고속철, 도로 등 교통통제 시스템), 전력 그리드(발전소, 변압기, 송전선 등으로 이루어진 전력망), 발전소, 정보통신망(4G, 5G), 항만 운영시스템, 공항, 스마트시티 등에 저가 공세로 상당 부분 진출해 있다.

문제는 이러한 인프라스트럭처를 구축하면서 ICT 초한전을 전개한다는 데에 있다. 인프라 시설에 중국공산당이 조종·통제할 수 있는 부품을 은밀히 심어놓고 중국에서 언제든지 감시 통제할 수 있거나 필요할 때 비밀스러운 공격을 감행할 수 있는 기반을 마련하는 것이다.299) 더욱이 오늘날 우리는 ICT 사회에 살고 있다. 우리 삶의 기반인 각종 인프라는 정보통신 기기와 시스템으로 작동한다. 따라서 인프라를 작동시키는 ICT 시스템에 중국이 악성 코드를 은밀하게 심어놓으면 중국공산당은 상대국에 언제든지 공격을 가할 수 있다. 실질적으로 중국공산당 인민해방군의 기업으로 분석된 '화웨이華爲·Huawei'300)가 바로 대표적인 예다.

3. 화웨이와 인민해방군, 국가안전부

화웨이는 명실공히 세계적인 정보통신 기업이다. 특히 4차 산업혁명의 총아 5G 이동통신 서비스와 관련한 위상은 독보적이다.

세계 정보통신 장비 시장의 30%를 점유하고 있는 화웨이는 5G 기술 관련 특허 점유율 세계 1위 기업이기도 하다. 한국도 LG유플러스의 정보통신 장비 주력은 화웨이 제품이다. 특히 LG 출신 임원이 화웨이 임원을 역임하고 돌아와 LG의 정보통신 사업발전에 상당한 영향력을 행사하고 있다고 한다. 기술력, 가격경쟁력에서 화웨이의 상대를 찾기가 힘든 실정이다. 문제는 화웨이가 인민해방군과 국가안전부를 비롯해 중국공산당의 강력한 초한전 무기로 이용된다는 데 있다.301)

중국의 모든 기업, 즉 국·공유 기업은 말할 것도 없이 민간기업까지도 중국공산당이 필요하면 언제든지 전략적 목적과 수단으로 이용할 수 있다. 미국 의회 보고서를 보면 중국공산당은 악의적 목적을 위해 정보통신 기업들을 이용하는 수단, 기회, 동기를 모두 갖는다. 정교한 컴퓨터 네트워킹 침탈수법을 동원해 지속해서 맹공격한다는 사실을 밝혔다.302) 실제로 화웨이 장비를 운용하는 펌웨어firmware303) 소프트웨어의 약 55%에서 정보를 탈취하거나 역으로 장비를 조종할 수 있는 백도어backdoor 프로그램을 심어놓았음이 드러났다.304)

중국공산당은 미국을 포함한 외국의 사회 기간망(전력, 통신, 수도, 에너지, 금융 전산망, 공항, 항만 등)에 운용되는 정보통신망 시설에 자국의 정보통신 기업 장비를 악의적인 목적으로 심어 넣었다. 장비는 중국공산당이 언제든지 악용할 수 있으며 이는 중국공산당이 초한전을 전개하는 무서운 무기다.305) 화웨이와 ZTE中興通訊 등은 대표적 사례에 불과하다.

화웨이는 실질적으로 인민해방군의 초한전 수단이다.306) 화웨이는 인민해방군의 사이버 전단인 3부(현재는 전략지원부대)'에 연계되어있으며 국가안전부와도 연계된 기업이다.307) 형식상으로 민간기업이나 실질적으로는 중국공산당과 조직적 연계가 있다.

화웨이 창업자이자 공식 소유자 런정페이任正非는 부친이 마오쩌둥의 핵심 참모로서 중국공산당 특권계급 2세, 이른바 태자당太子黨의 일원이자 인민해방군 총참모부 4부 정보담당(전자전 특무特務) 출신이다.308) 화웨이의 국가안전부와 연계성은 1989년부터 2018년까지 화웨이에 근무하며 회장직을 맡았던 쑨야팡孫亞芳이 이미 고백했다. 쑨야팡도 국가안전부 출신이다.309) 화웨이 외에도 같은 맥락의 정보통신 주요 기업에는, 예를 들어 ZTE 등 대부분 중국기업이 포함된다.

인민해방군, 국가안전부 첩보 요원 출신들이 이처럼 거대 민간기업을 키울 수 있는 배경은 무엇일까? 중국이나 한국에서 번역 소개되는 화웨이 신화 등은 잊어버리자. 책에 쓰여 있는 내용은 '신화' 또는 '소설'과 크게 다르지 않다. 중국공산당이 정치 권력과 행정·경제 권력을 모두 장악한 중국공산당 일당독재 체제에서 기업의 성공 원인을 자유민주주의 자유시장 경제에서 성공 스토리로 설명할 수 없다. 자유민주주의 자유시장 경제체제에 사는 사람이 자신들의 상식과 기준, 경험으로 중국공산당과 중국기업들을 이해하려 들면 거대한 착각에 빠진다. 현실에는 존재하지도 않는 허상을 실제 있다고 믿는 것과 마찬가지다. 마치 자유민주주의의 문제점을 민주주의의 결핍Democratic deficit으로 지적하면서 그 대안으로 중국 현능주의賢能主義·meritocracy를 설파하는 다니엘 벨Daniel A. Bell과 같다.310) 문제는 벨이 현재 중국정치 리더십 모델이라고 강조하는 그러한 현능주의는 중국에 실존하지 않는다는 점이다. 허상을 만들어놓고 그것을 실제 존재처럼 포장하면서 대안으로 소개하는 착각이자 오류에 빠진 것이다.

주제를 다시 화웨이로 돌리면, 화웨이는 중국공산당 정부의 전폭 지원을 받는다. 지원에는 자금, 유통, 인력, 행정 지원, 최첨단 기술지원 등 필요한 모든 분야다. 여기서 정보통신 분야 최첨단 기술이나 정보 지원은 중국공산당이 전 세계 해외 선진국 최첨단 정보통신 최신기술을 막대한 규모로 탈취해 공급해 준다는 의미다. 외국에서 탈취한 최첨단 기술을 받고, 각종 행정적 지원, 막대한 재정적 지원과 보조금, 자원공급과 유통과정에서 받는 특혜, 독점적 지위, 낮은 임금을 비롯한 최저가의 생산비용 체제 지원 등으로 화웨이는 정보통신 분야 최고기업으로 성장할 수 있었다.311)

중국공산당의 목적은 무엇일까? 첫째, 여타 중국의 기업과 같이 중국공산당 특권계급의 자금축적과 지분 보유 수단이다. 둘째, 화웨이 같은 전략산업이라면 바로 중국공산당의 초한전을 실행하기 위한 전략적 목적이다. 현대는 정보통신 사회다. 5G와 AI(인공지능)로 대변되는 정보통신 사회로 가는 재편이 더욱 빨라졌다. 중국공산당이 전 세계 정보통신을 장악하면 무소불위의 힘을 발휘할 수 있다. 전 세계 정치, 경제, 군사 안보와 일반인들의 일상생활과 삶을 장악할 수 있어서다.

화웨이가 세계시장을 석권할 수 있는 배경 또한 중국공산당 특색의 전략문화(정치공작, 통일전선공작 등)와 떼려야 뗄 수 없는 관계다. 화웨이가 해외시장과 기업을 장악하기 위해 전형적으로 동원하는 수법이 특혜와 돈이다. 그 주 타깃은 국가별 정치, 기업, 학계 엘리트다. 화웨이는 인민해방군과 함께 전 세계 국가별로 정보통신 관련 업계 주요 기업 인사, 퇴직 고위관료와 정치인, 유명 학자와 전문가 등을 포섭한다. 포섭방식은 이들을 중국 또는 현지법인 이사 또는 고문이나 자문 등으로 영입한다. 이들에게 고액의 연봉을 주고 각종 특혜를 부여한다. 그러면 이들은 유용한 중국공산당 화웨이 현지 대변인이 되며 정치, 경제, 언론방송, 학계 등에 강력한 영향력을 행사한다.

지금까지 국가별로 중국이 구축한 인프라스트럭처는 물론 중국이 구축하지 않은 인프라스트럭처에도 그 운용시스템 장비에 화웨이 장비가 대거 장착되었다. 화웨이가 초저가 공세로 정보통신 장비시스템 산업을 장악해서다. 화웨이는 펄쩍 뛰지만, 화웨이 장비는 중국공산당의 각종 조직이 언제든지 통제할 수 있다. 화웨이 말고도 중국기업이 생산한 각종 시스템 운용 장비와 부품에 중국공산당은 비밀리에 통제권을 장악할 수 있는 칩이나 악성 코드를 심어놓았음이 드러났다.312)

중국에서 생산하는 외국 기업 제품도 마찬가지다. 중국 현지에서 생산할 때 외국 본사의 설계도에 없는 부품을 은밀하고 보이지 않게 몰래 삽입한 사실이 드러나기도 했다. 중국공산당의 은밀한 공작 결과다. 즉 정보통신 초한전을 전개하는 계획에 따라 실행한 일들이다. 이를 통해 중국제품이 들어간 전 세계 각 국가의 각종 인프라스트럭처에 대해서도 중국공산당은 언제든지 조작, 조종, 통제, 공격할 수 있는 기반을 닦아왔다. 바로 바둑에서 장기적 포석을 까는 전법이다.

그 결과, 어떤 측면에서는 전쟁보다 참혹한 결과를 가져올 수 있다. 한 사회 전체가 일제히 마비되고 혼란에 휘말려 들어갈 수 있게 된 것이다. 그 피해 대상은 불특정 다수 일반인이다. 한 사회가 총체적으로 마비되면 그 사회를 기반으로 하는 국가는 외부의 적에 대해 무력해질 수밖에 없다. 군대 역시 무력해진다. 더욱이 현대 군대는 정보통신 시스템으로 운영한다. 실제로 총체적인 무장 해제상태에 빠진다.

이러한 상황이 일어나면 결과는 무엇인가? 그 마비의 배후가 중국임을 인식한 국가의 정부와 군대는 중국에 무기력하게 타협할 수밖에 없다. 그래서 중국공산당을 "천장에 걸려있는 샹들리에에 똬리를 틀고 지켜보고 있는 아나콘다와 같은 존재"로 표현한다.313) 직접 위해를 가하지 않더라도 위에서 노려보고 있는 존재 자체만으로도 상대방이 그 위협을 감지하고 스스로 눈치 보고 굴종하게 만든다. 이게 바로 초한전 전법이다. 싸우지 않고도 이기는 전법이다.

인민해방군이 성공적으로 이러한 조건을 갖추면 결정적 승기를 잡게 된다. 초한전에서 주문하는 전법은 바로 승기를 잡은 이 단계에서 '전략적 총공세'를 감행하는 것이다. 정치 외교적으로 상대국을 굴복시키고, 상대국을 장악하기 위한 요구안을 강요하고, 군사력을 동원해 상대국을 위협함으로써 굴복을 끌어낸 다음, 중국의 최종적 승리를 선언한다. 이것이 초한전에서 상정하는 승전 시나리오다. 이는 중국공산당이 국공내전 당시 국민당 정권과 중화민국 체제를 전복하고 대륙 권력을 장악했던 방식이기도 하다.

4. ICT 초한전 전법의 창조적 융합

2021년 7월 19일, 미국 백악관은 중국이 전 세계를 대상으로 사이버 해킹 공격을 감행해 온 실태를 폭로했다.314) 사이버 해킹 실태 분석은 미국 국가안보국NSA, 사이버안보·기간시설안보국CISA, 연방수사국FBI이 공동 조사한 결과였다.315) 또한, 같은 날 미국 연방 법무부는 중국 국가안전부 소속 중국인 해커를 기소하면서 이들이 2011년부터 2018년까지 미국을 포함한 10여 개 국가를 대상으로 자행해 온 해킹 활동을 공개했다. 이들이 주목표로 해킹 공격을 감행한 분야는 해운, 항공, 국방, 교육, 의료 등 주요 핵심 분야를 망라했다.316)

백악관 성명서, 미국 안보 기관 보고서, 법무부 공소장 등을 통해 알 수 있는 것은 중국공산당이 정부 요원과 민간인들을 총동원해 전방위적이고 파상적인 사이버 공세를 펼친다는 사실이다. 보고서에서 분석한 해킹 수법만도 50여 가지가 넘는다.317) 중국은 중국공산당 중앙위원회 직속 중앙사이버보안·정보화위원회中共中央網絡安全和信息化領導小組(나중에 '위원회'로 격상), 인민해방군, 국가안전부 등을 중심으로 국가 차원에서 전 세계를 대상으로 사이버 해킹 공격을 감행하는 체제를 구축하였다. 당·국가 기관을 총동원해 미국과 서방국가들의 정치, 군사안보, 기업, 연구소, 교육기관, 사회 기간시설 등의 인적정보와 핵심기술 등을 집중적으로 해킹해 탈취해 왔다.

정보통신기술 초한전이 노리는 목적은 다양하다.

첫 번째는 정치경제 엘리트의 개인정보를 탈취해 통일전선공작전, 정치공작전, 정보전, 경제전 등에 광범위하게 이용한다. 정보전은 중국공산당이 전개하는 초한전의 중요한 분야 중 하나다. 정보전에는 스파이 침투, 사이버 해킹 등을 주요한 수단으로 동원한다. 특히 사이버 해킹은 중국이 전 세계에서 독보적 체제를 갖추었다. 왜냐하면, 중국은 당, 인민해방군, 정부 기관, 국유기업, 민간기업과 민간인, 해외교포와 유학생 등을 총동원할 수 있는 체제를 갖추고 있어서다.

또한, 중국공산당은 당黨 조직을 중심으로 인민해방군, 국가안전부, 통일전선공작부 등을 통해 국유기업과 자칭 '민간기업'이라고 주장하는 IT 기업을 철저히 이용하는 체제를 구축하고 있다. '민간기업'이지만 실질적으로 중국공산당의 통제하에 있는 중국의 대표적 IT 기업으로는 일반인에게도 익숙한 알리바바, 텐센트, 바이두 등이 포함된다. 이 외에도 소셜미디어와 사이버보안 등 수많은 중국의 국유 또는 자칭 '민간' 기업을 모두 중국공산당이 언제든지 정보전에 이용한다. 여기에는 중국 국내 기업뿐만 아니라 중국 국유기업, 국부펀드, 금융회사 등이 직·간접적으로 투자한 해외 선진국들의 ICT 기업들도 포함된다.

또한, 중국에는 형식적으로나마 자발적인 민간조직들과 민간인들이 수없이 많이 포진되어 있다. 그 대표적 조직이 바로 중국홍객연합中國紅客聯盟·Red Hacker Alliance과 우마오당五毛黨이다.

중국홍객연합은 중국공산당에 충성하는 중국 해커 모임이다.318) 여기에 AI(인공지능)와 빅데이터 분석기법 등의 IT 기술 혁명을 민간 사찰, 감시, 통제 등의 분야에 적용하는 기술을 최고 수준으로 발전시켜 적용하고 있다. 중국공산당은 이미 국내에서 IT 기술 혁명을 이용해 'IT 1984'319)라 할 수 있는 초 감시 디지털 전체주의 사회를 구축했다. 여기에서 축적되고 발전된 기술을 해외에 응용해 적용하고 있다.

두 번째 목적은 군사 안보 정보와 핵심기술을 탈취해 미국을 포함한 상대국의 전략·전술 정보와 허점을 파악하고 핵심 군사기술을 도용해 인민해방군 전력 증강에 이용하는 것이다. 이에 대해서는 인민해방군 사이버 전단에 대한 아래 설명 부분에서 더욱 자세히 다룬다.

세 번째는 각종 핵심기술과 지식재산권을 탈취해 중국의 국유·민영

기업에 제공한다. 이는 경제전과도 연관된다. 핵심기술과 정보를 탈취해 중국 국가 차원에서 자신들이 운영하는 국유기업 또는 실질적으로 중국공산당 엘리트 특권계급 각 계파가 지분을 나눠 가진 민영 기업에 제공하고, 이들 기업은 중국공산당이 국가적 차원에서 탈취해 온 기술을 카피해 모방 제품을 만든다. 중국의 저렴한 노동력과 생산비용을 활용해 놀랄 만큼 싼 가격으로 전 세계시장을 공략한다. 그 결과 원천기술을 개발해 제품을 생산하는 전 세계 기술기업들은 초저가 가격경쟁력으로 무장한 중국산 제품에 의해 시장에서 퇴출당한다. 그렇게 되면 중국기업은 해당 산업에서 국제적으로 독점적 지위를 찬탈할 수 있다. 중국은 중국공산당과 인민해방군이 조직적이고 체계적으로 해외기술을 탈취하거나 절취, 강탈하는 국가적 총력동원 체제를 구축했다.

특히 전략산업 분야, 예를 들면 화웨이로 상징되는 5G 산업에서는 초저가 공세를 통한 독점적 지위를 확보한 후, 이를 바탕으로 전 세계에 중국의 감시통제 장비를 수출함으로써 사회 기간시설에 대한 통제력을 장악하는 초한전을 전개하는 목적도 동시에 달성하는 것이다.

사이버 해킹을 통한 정보통신 초한전의 대상과 목적은 여기서 그치지 않는다. 초한전에서 제시한 24개 전법과 상호 융합적 결합으로 모두 연결된다. 여기에는 생물학전도 포함된다. 미국 법무부가 공소장에서 밝힌 중국 국가안전부 해커의 해킹대상에는 에볼라바이러스, 메르스, 에이즈 등 치명적인 바이러스 연구가 포함된다.320) 중국공산당이 오래전부터 준비해온 생물학전(바이러스전, 생화학전)의 핵심연구정보와 기술을 확보하기 위해서다.

정보통신기술 초한전, 인민해방군과 국가안전부

인민해방군과 국가안전부를 중심으로 한 중국 정보·군사 기관이 전 세계에 걸쳐 전개하는 정보통신 초한전의 실체가 밝혀졌다. 중국공산당이 국가 기관을 동원해 타국의 정보와 선진기업의 기술을 탈취하고 있는 주체라는 사실이 밝혀진 것은 각 국가와 기업에서 사이버 공격을 조사하는 과정에서였다. 특히 이른바 지능형 지속 공격advanced persistent threat·APT 세력을 추적 조사하는 과정에서 그 배후에 중국공산당이 있다는 사실을 알아냈다. 미국, 일본, 유럽 각국 정보부처, 사이버보안 업체 들이 추적해 밝혀낸 사실을 정리해 본다.

APT에 대해서는 〈BOX 7-1〉에 설명해 놓았다.

〈BOX 7-1〉 지능형 지속 공격(advanced persistent threat, APT)

> 지능형 지속 공격(advanced persistent threat, APT)은 잠행적이고 지속적인 컴퓨터 해킹 프로세스들의 집합으로, 특정 실체를 목표로 하는 사람이나 사람들이 자주 지휘한다. 지능형 지속 공격은 보통 개인, 단체, 국가, 혹은 사업체나 정치단체를 표적으로 삼는다. 이 공격은 오랜 시간 동안 상당한 정도의 은밀함이 긴요하다. '고급'(advanced) 프로세스는 시스템 내의 취약점을 공격하기 위해 악성 소프트웨어를 이용한 복잡한 기법을 나타내고, '지속'(persistent) 프로세스는 외부 C&C(커맨드 앤드 컨트롤) 시스템이 지속해서 특정 대상의 데이터를 감시하고 추출한다. '위협'(threat) 프로세스는 공격을 지휘할 때 인간이 동반됨을 뜻한다.

중국공산당이 국가 차원에서 해외기술과 정보를 탈취하는 거대한 조직을 운영하는 체계는 다음과 같다.

중국공산당 중앙을 중심으로 인민해방군, 국가안전부가 핵심 기관 구실을 하는데, 2015년부터는 인민해방군 사이버전단 조직이 상당 부분 국가안전부로 이관했다고 알려졌다.

국가안전부는 중국정보안전평가센터中國信息安全測評中心를 지휘한다. 센터는 중국의 모든 기관이 그렇듯이 중앙 단위기관을 중심으로 전국에 지부를 설치해 운영한다. 베이징에 본부를 두고 중국 각 지방 행정

단위로 지부를 설치해 운영하는 식이다.

중국정보안전평가센터 본부 역시 정체를 숨긴다. 외국이나 외부기관이 주목하지 않는 지방사무소를 이용한다. 알려지지 않았고 별다른 주목을 받지 않는 시市급 지부에서 은밀하게 APT 조직을 운영하고 있다.

물론 그 지휘나 명령은 국가안전부 요원이 한다. 하지만, 그 공작 실행을 지방에 있는 중국정보안전평가센터 지방지부 또는 위장기관을 통해서 한다. '평가센터'의 지방지부가 직접 실행하는 방식을 취하는 것은 아니다. 중국공산당이 공작하는 방식은 매우 은밀하게 하는 것과 중국 정부 기관의 실체를 철저히 숨기는 것이다. 여기에서도 지방 정보안전평가센터는 다시 그 지역에 거점을 둔 사이버 해킹조직을 고용형식으로 관리하는 수법을 이용한다. 물론 이것도 지방 평가센터 지부가 관리한다는 것이지 그 조직을 직접 운영하는건 아니다.

지방 평가센터가 관리하는 사이버 해킹조직은 다시 위장 민간기업을 설립해 마치 소규모 보안이나 정보통신 업체처럼 그 정체를 숨긴다. 자신들의 실체를 이중삼중으로 감추는 것이다.321) 중국공산당이 조직을 은밀하게 운영하는 방식이 여기에도 그대로 적용되고 있다. 사실 중국공산당이 하는 모든 공작방식이 다 이런 식이다. 은밀성과 상대방에 대한 기만을 생명으로 하는 공산당 공작방식이 이미 중국의 모든 기관과 요원들에게는 체질화되어 있다고 할 수 있다.

인민해방군과 국가안전부가 운영하는 APT 조직은 현재까지 약 40여 개 알려졌다. APT1에서 APT41로 명명된 조직은 외국에 그 실체가 노출되면 바로 수면 아래로 잠적하는 이른바 잠수타기에 들어간다. 하지만 잠수타기에 들어가도 실체는 그대로 있으면서 그 정체를 다른 형태로 변신해 다시 공작을 시작한다. 또한, 각 APT 조직은 실체를 숨기기 위해 중국 전역(모두 지방 단위)에 조직하여 운영한다. APT1에서 41이라는 조직 이름의 숫자는 외국 정보기관과 보안업체에 그 실체가 드러날 때마다 명명한 편의상의 명칭이다.

이들 조직은 지역 단위에서 위장 기업을 설립해 공작 활동을 전개한다. 혹은 지방이 아닌 중국 대학을 그 거점으로 삼는다. 명문 칭화대학淸華大學이 대표적인 예다. 참고로 칭화대학 미디어학부는 중국공산당 중앙선전부의 여론, 심리, 인지전 연구의 중심이기도 하다.

각 APT 조직은 그들만의 공격영역과 국가 또는 지역이 있다. 영역으로는 국방, 정보통신, 기계, 전자, 반도체, 생화학, 보건, NGOs 사회단체 등 전방위에 걸쳐있고, 국가나 지역은 유럽, 동아시아, 동남아, 서남아, 미국, 중남미 등으로 집중적인 공격지역이나 국가를 정해 놓았다.

각 APT는 공격영역, 지역별로 다시 세부 조직, 팀으로 구성된다. 이들은 악성 코드와 같은 공격무기(소프트웨어 코드 등)를 중앙에서 공급받아 공유하고는 있으나 각기 다른 형태의 위장 기업으로 다시 나뉜다. 또한, 이 위장 기업에서 실행하는 실행 요원은 인민해방군이나 국가안전부 소속이 아니다. 바로 민간업자 해킹조직에 외주를 주는 방식을 쓴다. 이러한 방식으로 이들은 중국공산당, 인민해방군, 국가안전부, 정부 기관 등을 철저하게 뒤로 숨긴다. 즉, 중국공산당과 정부 기관(중국 정부)은 책임을 모면한다. 이런 식으로 외국의 이의제기와 공격행위 중단 요구가 있을 때, 중국공산당과 정부 기관은 자신들의 연계성을 부정한다.

현재까지 실체가 드러난 APT 소식을 주요 조직을 중심으로 간략히 살펴보자. APT1은 인민해방군 3국 산하 61398부대(미국, 영국 등 서방국가 담당 부서)의 해킹조직을 의미한다. 2000년대 들어 초한전 전법에 의거 활동을 준비해 2006년부터 각종 해킹과 사이버 공격을 감행하기 시작했다.322)

이 부대가 주로 이용하는 방식은 악성 코드를 여러 소프트웨어에 사전에 장기적으로 몰래 심어놓고 관찰하다가, 필요할 때 타깃팅한 기업과 기관을 공격해 각종 기술과 기밀정보를 탈취한 다음, 인민해방군이 군사기술로 이용하거나, 중국이 주력하는 기업에 넘겨준다. 현재는 인민해방군 조직개편 이후 중국공산당 중앙군사위원회 정치공작부 산하인(인민해방군) 전략지원부대로 통합해 운영하고 있다. 또한, 2015년 인민해방군 조직개편 과정에서 정보통신 해킹조직을 대규모로 국가안전부 소속으로 이관해 운영하는 것으로 알려졌다. 현재는 국가안전부 조직을 중심으로 사이버 해킹, 정보 탈취를 진행한다고 알려졌다.323) 다만 이것이 인민해방군 조직이 사이버 해킹을 포함한 정보공작을 중단한 것을 의미하는 것은 아니다. 중국의 국가안전부나 인민해방군, 공안, 무경武警, 통일전선공작부 등의 조직은 중국공산당 중앙을 중심으로 상호 긴밀한 연계 공작을 전개하는 특징이 있다. 즉, 당 중앙을 중심으로 하부 기관의 공작 활동을 유기적으로 조정해 운영하고 있다.

다음으로 APT3이다. APT3은 보위섹Boyusec, UPS, 고딕 판다 Gothic Panda, 벅아이Buckeye 등으로 알려진 해커집단으로 국가안전부가 운영하는 조직이다. APT3 기지는 중국 광둥성 광저우廣州에 있다. 외곽 위장 기업으로 보위섹Boyusec을 설립해 운영한다. 보위섹의 공식 명칭은 광주박어정보기술유한공사廣州博禦信息技術有限公司(광저우 보위섹 Boyusec·Bo Yu Information Technology Company Limited) 324)이다. APT3 활동은 침입진실入侵眞相·Intrusion Truth이라는 사이버보안 감시조직이 그 실체를 폭로하는 보고서325)를 낸 이후에 조직과 활동이 노출되자 급히 수면 아래로 잠적하고 다른 조직 형태로 활동을 변신했다.

또 다른 조직 APT10은 국가안전부 톈진天津시 지부에서 운영하는 사이버 공격부대다. 레드 아폴로Red Apollo, 메뉴패스MenuPass, 스톤 판다 Stone Panda, 포타시움POTASSIUM 등이 알려졌다. APT10이 톈진에서 공작을 위해 설립한 위장 기업이 톈진화잉해태과기발전유한공사天津華盈海泰科技發展有限公司·Tianjin Huaying Haitai Science and Technology

Development Co. Ltd326)다. 화잉 혹은 화잉하이타이로 알려진 회사다. APT10은 2006년부터 본격적으로 활동했다고 파악되었는데, 주 공격 대상인 산업과 기업은 항공우주산업, 첨단공업기술 기업, 정보통신 기업과 정부 통신장비 등이다. 이 산업에서 선진국 기업에 대한 사이버 해킹으로 기술과 정보를 탈취해 중국기업에 넘겼다. 동시에 각 정부 기관과 요인에 대한 정보 탈취도 병행한다.327)

이들 조직은 국가안전부 공작조직으로 지방 도시에 거점을 두고 있다. 톈진이 아닌 산동성 지난齊南시 국가안전부 지부가 운영하는 조직으로 APT17이 있다. 그리고 최근에 드러난 조직이 APT41이다. APT41은 역시 국가안전부 운영조직으로 쌍룽雙龍·Double Dragon이라는 이름으로 알려졌다. 쌍룽은 윈티Winnti, 액시엄Axiom, 바륨Barium, 그룹 72Group 72, 블랙플라이Black fly, APT41, Deep Panda 등의 여러 조직으로 구성되어 활동 중이다.328)

APT41로 명명된 쌍룽은 2005년부터 조직되기 시작한 중국 해커집단을 국가안전부가 고용해 2012년부터 2021년까지 활동한 해커조직이다. 주요 방법은 악성 코드를 게임프로그램 등에 심어놓고 필요할 때 공격대상을 타깃팅해서 공격해 기술과 정보를 탈취, 절취, 강탈한다. APT41의 주 타깃 분야는 정보통신, 항공, 게임, 보건, 제약, 각종 산업기술, 소프트웨어 개발 등의 최첨단 고급기술과 정보다.

이들이 탈취한 기술과 정보를 중국 군사기술, 중국기업, 정보기관 등에 넘긴다. 특히 중국이 집중적으로 육성하는 기업에 제공했다. 중국이 그들의 5개년 계획(12·5 규획, 13·5규획, 현재는 14·5규획)에 집중하여 육성하기로 한 산업, 특히 중국제조 2025에서 집중하여 육성할 기업을 위한 선진기술과 정보를 전 세계 해당 분야 선진기업에서 탈취해 이용한다. 인민해방군 군수산업은 이를 바탕으로 최첨단 군사 장비를 모조하고, 중국기업은 이 정보로 해당 기술 분야에 독점적 지위를 장악한다. 중국기업은 중국공산당이 해외에서 탈취한 기술을 받고, 금융·행정 등 기업 활동에 전폭 지원과 저임금 구조를 활용한 최저가 가격으로 중국과 세계시장에서 독점적 지위를 누릴 수 있게 되는 구조다.

APT41의 집중 공격대상은 미국, 영국, 일본, 한국, 인도, 유럽 선진국 등 13개국에 걸쳐있는 15개 국가 기술 선진기업과 정부 기관 등이다. 현재 이 조직의 핵심 인물들은 미국 법무부가 지명수배령을 전 세계에 내려놓은 상황이다.329) 이 외에도 2021년 밝혀진 A41 APT 공격이 있는데, 이 사이버 공격은 일본 기술기업과 정보기업을 중점 타깃으로 삼아 2019년에서 2021년까지 집중적으로 공격하면서 매우 심각한 피해를 안겨주었다.330) 이 외에 중국공산당과 국가안전부가 타깃팅한 해외 인물을 감시하고 개인정보를 캐내는 소임도 있다.

중국공산당의 정보통신 초한전은 단순히 해외 선진기술 탈취와 IT 기술을 이용한 인프라스트럭처 통제권 장악에 그치지 않는다. 인터넷 기술과 시스템, IT와 인터넷의 사회적 이용 모델을 장악하는 것이다.

시진핑의 8.19담화와 중국공산당의 IT 전략과 초한전

중국공산당은 전 세계 IT 기술표준과 인터넷 사용 모델을 장악한다는 목표를 추진하고 있다. 전 세계 인터넷 서비스 모델을 중국공산당식 검열통제 모델로 전환하는 것이다. 이를 통해 전 세계 인터넷 담론과 정치경제 사회적 어젠다를 장악하는 것이 궁극적인 전략목표다. 이 목표를 달성하기 위해 정보통신 초한전을 인터넷과 인터넷 공간에서 전개하고 있다.

인터넷 시스템과 사이버 공간에서 전개하는 초한전도 방식은 마오쩌둥의 군사전략을 구사하는 것이다. 마오쩌둥의 군사전략 중, 적극 방어론을 적용하는 방식을 살펴보자. 적극 방어론의 기본은 중국공산당의 생존기반을 방어하는 것이다. 인터넷에서는 우선 중국 국내를 철저히 방어해야 한다. 이를 위해 자국의 인터넷 공간을 철저히 감시 통제하는 체제를 구축하고, 대외적으로는 정보의 자유로운 유입을 차단한다. 적극 방어론은 방어와 동시에 적에 대한 공격과 전략적 공세를 위한 준비를 과감하게 전개한다. 중국공산당은 이 전법을 적용해 자국의 인터넷 공간을 전체주의적 감시통제 체제로 구축함과 동시에 전 세계 다른 국가의 인터넷과 사이버 공간을 공격한다. 즉, 중국을 '디지털 전체주의' 사회로 만듦과 동시에 자유민주주의 국가의 개방적 인터넷 공간에 전략적 공세를 감행하는 것이다.

이를 위해 중국공산당은 전 세계 인터넷 장비와 표준을 장악하며 적국의 최신장비, 기업(미국의 선진 IT 기업)을 중국공산당의 용도와 목적에 맞게 역이용하는 전법을 구사한다. 적의 핵심(미국과 자유 서방 선진국)에 대한 공격과 함께 주변(아프리카, 중남아메리카, 아시아 저개발 친중 종속국)을 중국공산당의 영향력 내로 장악해 나간다. 전개 방식은 일단 가장 취약하고 약한 전 세계 주변부(저개발 국가)를 장악해 기반을 다지고 점차 그 범위를 확장(중진국, 자유민주주의)한다.

주변부 장악 전략은 일대일로 프로젝트 참여국을 중심으로 영향력 기반을 확보한 다음, 점차 그 주변 국가로 확대해 나가는 것이다. 그러나 이것이 전략을 전개하는 과정에서 핵심부(미국과 서방 선진국)가 공세의 대상에서 잠정적으로 제외된다는 것을 의미하지는 않는다. 핵심부 국가 역시 공작의 대상이다. 다만, 그 방식이 국가 전체에 대한 직접적이고 노골적인 영향력 확대가 아닌 매우 은밀하고 간접적이며, 장기적 포석을 두면서도 그 국가 스스로 '내파內破'되는 공작을 주로 전개한다는 차이가 있다. 이 점에 대해서는 제4장 정치공작전과 제5장 해외통일전선공작에서 설명한 바 있다. 이러한 과정을 거쳐 주변을 장악하고 핵심을 약화하면 종국에는 전체를 장악하는 결정적 순간이 온다.

초한전에서 승리하게 되면, 중국공산당은 전 세계 인터넷과 사회적 지식, 인식, 정보, 여론 등을 장악해 통제할 수 있는 중국식 인터넷 세상을 만들 수 있게 된다. 이는 중국공산당을 중심으로 한 중화민족이 전 세계 패권을 장악할 수 있게 되는 강력한 기반이기도 하다.

이와 같은 중국공산당의 전략을 어떻게 확인할까? 전 세계 인터넷 장악 전략은 시진핑이 행한 내부연설 문건을 통해 확인할 수 있다. 《에포크타임스The Epoch Times》가 입수한 이 연설내용 문건은 2017년 1월 4일 베이징에서 열린 '중앙인터넷안전·정보화위원회' 지도부 제4차 회의에서 시진핑이 전 세계 인터넷 장악과 통제전략을 설명하는 내용을 담고 있다.331) 연설내용은 중국공산당의 궁극적 목적이 중국 인터넷 통제 모델 구축에서 더 나아가 궁극적으로는 전 세계 인터넷을 중국공산당식 모델로 전환해 중국공산당의 목적에 맞는 인터넷 콘텐츠만을 퍼뜨리고 중국공산당이 반대하는 내용은 검열·통제하는 데 있음을 보여준다.

인터넷을 통해 형성되는 세계여론을 중국공산당의 정치적 목적에 맞게 검열·통제할 수 있는 체제를 구축하겠다는 것이다. 중국의 인터넷 모델은 정치적 내용은 검열·통제하고, 외국의 정보를 차단하면서, 비정치적 내용과 경제적 이용은 촉진하는 모델이다. 추가로 인터넷을 중국공산당의 사상과 이념을 세뇌하는 도구로 적극적으로 활용하고 있다.

문건 내용에 의하면, 시진핑은 전 세계 인터넷을 장악하는 전략으로 3단계 전략을 제시했다. 첫째, 중국이 글로벌 인터넷 표준을 선점하고, 둘째, 중국의 대리인을 인터넷 관련 국제기구와 조직의 주요 요직에 진출시키며, 셋째, 도메인네임시스템DNS의 루트 서버 같은 인터넷의 기반 인프라에 대한 통제권을 확보하는 것이다.332) 그리고 이를 위해 전 세계 인터넷 기술을 선도하는 미국의 기업을 집중적으로 이용하라고 지시한다. 미국의 기업을 이용하는 방식은 중국에 대한 각종 사업 특혜 등을 미끼로 구글, 트위터, 페이스북 등 미국의 대표적인 IT 서비스 기업을 매수하거나, 해외 통일전선공작을 통해 기업 주요 인사들을 친중 인사로 포섭하거나, 아니면 기술을 탈취해 중국기업에 제공하는 것 등이 포함된다.

중국은 글로벌 인터넷 표준을 선점하고 장악하기 위해서 현재 '새로운 인터넷 프로토콜New IP' 도입을 추진하고 있다. 새로운 인터넷 환경에 맞추어 새로운 프로토콜(중국 개발)을 도입함으로써 속도와 이용에 편리함이 증가한다는 이유다. 일견 타당성이 있어 보인다. 하지만 여기에는 중국공산당의 속내가 숨어 있다. 《사이버 디펜스Cyber Defence》 편집장 밀리프스키는 "(속도, 이용, 편리함) 그에 대한 대가는 자유다."라고 경고한다. 중국이 개발하고 선도하는 새로운 프로토콜을 도입하면 그 프로토콜을 사용하는 전 세계 인터넷 사용자를 완벽히 도청, 검열, 통제할 수 있다. 인터넷상 표현의 자유는 사라지고 사용자들은 실시간으로 추적, 검열, 통제당하게 된다.333)

중국공산당은 인터넷 초한전 목표를 달성하기 위해 인터넷 정보통신 국제표준과 제도 수립에 영향력을 행사하는 국제기구나 조직에 대리인을 진출시키는 전략을 추진한다. 국제정보통신 기준 마련을 담당하는 국제연합UN 국제전기통신연합ITU의 현직 사무총장은 중국인 자오허우린趙厚麟이다. 국제다자기구에 대한 전략은 중국이 그 기구를 장악해 통제하는 것이다. 중국인을 진입시키거나 아니면 대리인을 적극적으로 진출시킨다. 국제다자기구의 주요 요직을 장악하고 중국 영향력 아래에 있는 수많은 개발도상국을 표결에 동원하면 다양한 국제적 사안을 통제할 수 있다. 정보통신도 이 같은 맥락에서 중국인을 핵심 직위에 진출시킨다. 이들이 핵심 직위를 차지하면 국제다자기구 조직을 계획적으로 장악하는 공작을 전개하고 이를 통해 국제표준을 중국공산당 중심으로 재편한다는 전략이다.334)

세 번째 전략으로 인터넷 기반 인프라스트럭처 시설과 장비를 중국 기업이 공급해 통제권을 장악하려 한다. 시진핑이 전략에서 언급한 국제 도메인네임시스템DNS의 루트 서버는 인터넷 이용자들이 방문하는 사이트로 안내하는 기능을 하는 인터넷 통신의 핵심이다. 서버를 장악하면 전 세계 인터넷 콘텐츠의 흐름을 통제할 수 있다. 루트 서버에 대한 통제권을 장악하는 순간 인터넷 이용자들의 정보권을 자신의 의도에 맞게 통제할 수 있다. 즉, 중국공산당이 인터넷상의 정보 흐름을 자신의 입맛대로 조정할 수 있게 된다.335)

중국은 중국공산당식 인터넷 모델을 전 세계로 확산하는 전략의 앞 단계로 중국에 의존적인 저개발국과 독재정권을 일차적으로 공략해 자신의 모델을 수입하게 한다. 중국이 통제하는 인터넷 영역을 확장해 전 세계를 실질적으로 양분하는 것이다. 냉전 시기 정치 군사 안보적으로 동서로 나뉘었던 세계를 이제는 인터넷 사용과 콘텐츠를 기준으로 다시 양분하는 것이다.336) 전前 구글 최고경영자CEO 에릭 슈미트는 이러한 상황을 전 세계가 인터넷상에서 쪼개져 나뉜다는 의미로 스플린터넷splinternet이라고 정의했다.337)

인터넷 콘텐츠 검열, 통제와 관련해서 시진핑은 2013년 이른바 8.19 담화를 발표했다.338) 담화는 인터넷상 정보와 콘텐츠를 홍색, 흑색, 회색 등 세 종류로 분류한다. 중국공산당의 목적에 맞는 내용은 홍색, 불리한 내용은 흑색, 이도 저도 아닌 내용은 회색이다. 시진핑은 특별히 이 홍색 내용을 더욱 확고히 하고, 회색 공간을 홍색으로 물들이며, 흑색 지대를 적극적으로 공격해 가능한 한 붉게 물들이기 위해 총력을 기울여야 한다고 강조했다.

이를 위해 중국공산당은 인터넷 공간과 담론장에 대한 공작을 강화해 왔다. 각종 소셜미디어, 인터넷 포털, 인터넷 언론방송 등에 대한 가짜뉴스 살포, 사실 호도, 용어 혼란 유도, 여론조작, 인터넷 홍위병을 동원한 특정인 공격 등이 여기에 해당한다. 인터넷 공작은 중국 국내뿐만이 아니다. 바로 세계 각국에 걸쳐 광범위하게 인터넷 콘텐츠·여론 공작을 전개해 왔다. 인터넷 정보 교류장, 사이버 담론장에서 전개하는 초한전의 양상은 제6장에서 설명한 바와 같다.

초한전 전략으로 인터넷 공격을 집중적으로 전개하는 곳에는 미국의 대표적 소셜미디어 플랫폼인 페이스북, 트위터 등을 비롯해 각 국가의 대표적 인터넷 포털 사이트(한국의 네이버, 다음 등)를 망라한다.

5. 중국산 SNS 플랫폼서비스와 IT 기술을 이용한 중국공산당의 침투

2020년 당시 미국 국무부 장관 마이크 폼페이오Mike Pompeo는 "자유세계는 오랫동안 중국공산당의 위협을 깨닫지 못했다."고 토로했다. 그는 "틱톡, 위챗 등 미국에서 사업 중인 모든 중국 소프트웨어 기업들은 안면인식 정보, 주소, 전화번호, 연락처 등 정보를 중국공산당 정부, 국가안전부에 직접 제공한다."고 폭로했다. 당시 트럼프 대통령이 틱톡의 미국 내 서비스 운영을 금지하는 행정명령을 내린 배경이었다. 미국 행정부 결정은 중국산 소셜미디어 서비스가 순수한 상업적 목적이 아닌 인민해방군의 초한전 침략의 도구로 이용된다는 위기의식을 반영하고 있다.

미국 정부는 중국산 소셜미디어 서비스를 금지하면 무엇보다도 중국공산당이 미국인의 개인정보를 무작위로 수집해 빅데이터와 인공지능 기술로 이용하는 것을 막을 수 있다고 판단했다. 또 다른 이유는 제4장에서 살펴본 중국공산당의 정치공작전을 상당 부분 차단할 수 있다는 점이다. 중국공산당은 중국산 소셜미디어 서비스를 통해 미국의 여론

조작과 인지왜곡전을 대규모로 실행해왔다. 이것이 심각한 이유는 바로 자유민주주의 사회의 선거제도이다.

정치인은 선거, 유권자의 표에 민감하게 반응할 수밖에 없다.339) 정치인을 선출하는 유권자의 심리와 인지에 중국공산당이 강력한 영향력을 행사하면 다음 효과를 얻을 수 있다. 첫째, 중국공산당은 미디어전, 여론전, 인지전 등을 통해 간접적으로 그러나 무서운 힘으로 미국의 선거와 정치에 영향력을 행사할 수 있다. 둘째, 미국 정치인들이 중국의 영향력을 인지하게 되면 중국에 불리한 발언이나 정책에 주저할 수밖에 없다. 일반적으로 정치인들이란 자신의 정치 권력이나 선거를 통한 당선에 제1 순위 가치를 부여한다. 바로 이것이 무서운 영향력이다. 따라서 자국 내 여론에 막강한 힘을 행사하는 인터넷 담론장과 정보교류의 공간을 타국, 특히 악의적 목적을 가진 중국으로부터 지켜내야 한다. 자유민주주의와 성숙한 민주주의 문화를 형성하는 데 그 무엇보다도 중요하다. 인터넷을 통한 외국의 영향력 행사는 반드시 차단해야 한다. 트럼프의 재선 저지에 사활을 건 중국은 실제로 미국 대선 전에 '사활을 건' 미디어 여론전을 전개했다. 결과적으로 중국의 공작에 의한 것만은 아니지만, 트럼프 재선을 저지하는 데 성공할 수 있었다.

한국은 틱톡과 위챗 등 중국산 소셜미디어 서비스 플랫폼을 완전히 개방한 상황이다. 특히 틱톡은 한국의 젊은 층에 광범위한 인기를 얻고 있고, 그만큼 많은 사용자와 고객을 보유하고 있다. 위챗의 경우는 한국에 들어와 있는 중국인(유학생, 중국인 노동자, 조선족, 귀화 중국인, 화교 등)이 가장 많이 사용하는 커뮤니케이션 서비스다. 이들은 위챗을 통해 중국의 소식을 만나고, 중국인 커뮤니티 내에서 소통의 주수단으로 이용한다. 반면 한국의 인터넷 포털, 소셜서비스 플랫폼 등은 중국에서, 중국산 서비스 플랫폼이 한국에서 누리는 것만큼 개방적으로 접근할 기회와 권리가 보장되고 있는가? 현재 한국이 중국과의 관계에서

'상호주의' 원칙의 상당 부분을 포기한 것과 같이 이 분야도 비슷한 상황인 것이 현실이다.

중국공산당식 스마트시티 프로젝트 수출과 초한전

중국공산당은 중국 사회를 이미 조지 오웰의 소설 『1984』에 등장하는 통제사회로 만들었다. 중국공산당이 IT, AI(인공지능), 빅데이터, 안면인식 기술, CCTV 등을 종합적으로 이용해 전 사회를 디지털 감시통제 사회로 전환하는 것을 일컬어 디지털 전체주의 혹은 디지털 레닌주의로 부른다. 대표 사례 중 하나가 스마트시티智慧城市 프로젝트다.

중국의 스마트시티 프로젝트 추진 기업은 중국전자과학기술집단유한공사中國電子科技集團有限公司·CETC, 줄여서 중국전과中國電科다. 주목해야 할 점이 있다. 중국전과는 다름 아닌 중국의 대표적인 군사과학 기술 연구기관이라는 점이다.

중국전과는 스마트시티 개발 목적으로 도시 거버넌스 현대화 지원, 사이버 안전 증진, 사이버보안과 방어 능력 향상을 위해 통합 빅데이터 센터를 운영한다고 표방한다.

스마트시티는 민간과 군대가 혼합하여 사용할 수 있는 시스템이다. 따라서 일반 중국 인민들의 모든 정보를 통제할 수 있는 통합운영센터를 운영한다. 현재 중국의 수많은 거리에 촘촘히 설치되어 있는 CCTV는 모든 개인에 대한 안면인식 프로그램과 결합하여 운용되고 있다. 여기에 개인의 각종 금융정보, 의료 외 개인정보 등을 혼합해 빅데이터 분석과 인공지능 시스템을 적용한다.

중국 정부는 이를 바탕으로 중국의 모든 개인에게 이른바 사회 신용평가점수 시스템을 적용한다. 신용평가점수제는 연좌제로 엮여있다. 부모가 사회 신용평가점수가 낮으면 그 자녀들은 대학 진학 등에도 불이익을 받는다. 여기에 최근에는 '디지털 위안화'를 도입하면서 모든 중국인, 그리고 중국에 입국한 모든 외국인 또한 모든 일상생활을 감시당하게 되었다. 중국인들은 사회 신용평가점수가 낮으면 그들 개인 자산도 '디지털 위안화'에 의해 강제로 제한받을 수도 있다.

이제 모든 중국인은 디지털 전체주의 사회의 그물망에서 헤어날 수 없는 처지로 전락했다. 물론 중국 당국의 명분은 '사회 안전'과 '편리함' 또는 '효율성'이라고 홍보한다. 실제로는 모든 국민을 완벽히 감시 통제하는 '중국식 디지털 1984' 시스템 구축이다.

중국은 스마트시티 프로그램을 일대일로 프로젝트 명분으로 외국에 수출하고 있다. 물론 외국에 건설되는 스마트시티로 수집되는 정보는 백도어back door(뒷문)를 통해 중국공산당과 인민해방군의 중앙통제시스템에 전송되고 이용될 수 있다. 중국이 타국에서 스마트시티와 같은 프로그램을 성공적으로 이식할 경우, 초한전의 중대한 일보를 내딛는 성과를 거두게 된다. 왜냐하면 상대 국가와 국민의 정보를 취득함과 동시에 이를 통제까지 할 수 있기 때문이다. 초한전의 정보통신전의 목적이 상대국 국민의 일상생활과 삶에 대한 통제력을 장악하는 것이다. 이것이 성공하면 중국이 원하면 상대 국가 국민의 일상 삶에 치명적 영향을 줄 수 있는 교란과 파괴 공작이 가능해서다. 중국은 일대일로를 저개발국만이 아니라 호주, 동남아시아, 아프리카, 중앙아시아, 유럽 등에 수출하고 있다(〈그림 7-1〉 참조).

한국도 예외가 아니다. 오늘날 다수 한국 각급 지방자치단체가 각종 교류와 우호 협력, 친선과 공동 발전 등의 명분으로 중국 스마트시티智慧都市를 도입하거나, 추진하거나, 모색하고 있다. 대한민국 국민의 세금으로 중국공산당의 1984식 디지털 전체주의 프로젝트를 직·간접적으로 지원하는 셈이다.

문제는 여기에서 그치는 것만이 아니다. 우리 사회를 중국공산당식 디지털 전체주의 사회로 만들 위험이 크다. 중국공산당의 디지털 전체주의와 초한전 전법에 무지한 한국의 지자체와 관련 연구기관들이 이른바 '한중 우호, 협력, 교류'라는 명분으로 중국과 협력 체제를 구축하고 있다는 것이다.

〈그림 7-1〉 중국 스마트시티 프로젝트 해외 진출 현황과 정보통신 초한전

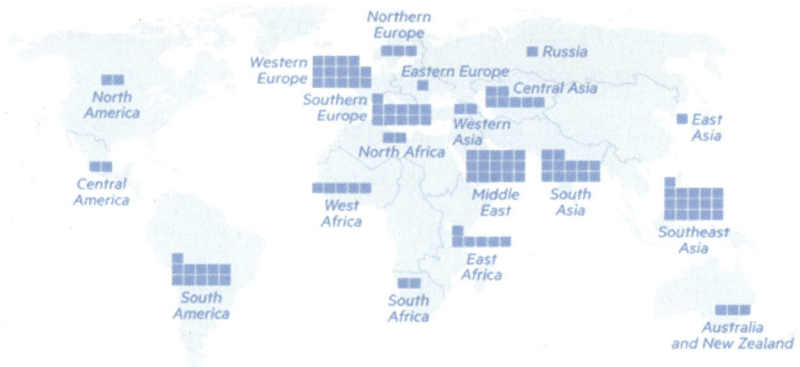

그림 출처: James Kynge and Nian Liu, "From AI to facial recognition: how China is setting the rules in new tech," THE FINAN중앙정보국(CIA)L TIMES, OCTOBER 7. 2020.

더 심각한 문제가 있다. 바로 우리의 모든 정보가 고스란히 중국공산당의 손에 넘어가고, 통제될 수도 있다는 점이다. 한국의 스마트시티 관련자들(지방자치단체장, 공무원, 관련 기업 종사자, 스마트시티 전문가, 대학교수 등)은 이를 적극적으로 부인하고 위험성을 충분히 예방할 수 있다고 주장한다. 하지만 이미 미국, 호주, 영국 정보기관은 중국공산당이 스마트시티 프로젝트로 구축한 시스템을 통해 자신들이 원하는

정보를 언제든지 수집하고 스마트시티와 연동된 각종 인프라스트럭처(버스, 철도, 통신, 전력, 에너지, 의료기관, 경찰서 등)를 통제할 수 있다고 밝혔다.

만약 한국에서 중국식 스마트시티가 보편화되면 우리의 모든 정보와 일상의 삶은 중국공산당의 통제하에 놓이고 만다. 이러한 상황은 중국공산당이 의도하면 언제든지 우리 일상의 삶에 치명적인 영향력을 행사할 수 있음을 말한다. 어느 국가도 자국의 뇌와 신경망에 해당하는 정보통신 중추계 시스템을 타국의 영향력에 취약하게 넘기는 우를 범하지는 않는다. 따라서 이와 관련한 사업 프로젝트를 외국과 추진할 때는 신중하고도 완벽한 방어 시스템을 갖추어야 한다. 이와 관련해 추가로 알아보자.

ICT 초한전 대응 방안

현대 ICT 사회에서 정보통신 네트워크는 한 생명체의 중추신경계에 해당한다. 오늘날 우리 삶의 거의 모든 영역을 지배하는 핵심 인프라스트럭처다. 유무선 전화, 인터넷, 전력망, 수도, 도로, 지하철, 철도, 항만, 공항, 댐, 보건의료 등등 모든 사회경제적 기반시설과 함께 군대와 경찰력 등 국가안보와 직결된 분야도 모두 정보통신망을 통하여 운용하고 있다.

만약 어떤 다른 국가가 영향력을 행사할 목적으로 국가 중추신경 기간망에 언제든지 조종, 감시, 통제할 수 있는 장비와 부품을 은밀하게 침투시켜 놓고 있다면? 이 중추신경계를 작동하는 시스템에 악성 스파이웨어와 같은 악성 코드를 은밀하게 숨겨 놓고 자국이 필요할 때 작동할 수 있도록 해 놓았다면?

상상하기조차 싫은 재앙이 닥칠 수 있다. 전력망, 도시 교통, 공항,

항만, 인터넷 통신, 수도, 도시 지하철, 버스 등 한 시설에 대한 공격만 으로도 우리 사회는 일대 혼란과 마비, 무서운 사회적 공포로 빠져들 수 있다. 더욱이 조만간 전면적인 상용화를 눈앞에 두고 있는 5G 네트 워크 서비스 시대에 접어들게 되면 거의 '모든' 대상에 대한 통제권을 행사할 수 있게 된다. 중국이 야심 차게 전 세계 5G 네트워크 시장을 선점해 장악하고자 했던 주된 이유다.340) 그래서 그 어떤 정상적 국가 도 자신의 중추신경계를 타국의 손아귀에 넘겨주는 그 어떤 선택도 해 서는 안 된다.

한국은 그동안 전혀 인식하지 못하는 사이에 이미 이러한 상황에 매 우 취약하게 노출되어 버렸다. 바로 중국공산당이 준비해오고 있는 ICT 정보통신 초한전이다. 그동안 한국은 중국공산당의 실체를 전혀 인식하지 못한 채, 이른바 '한중 우호와 교류 협력,' '한중 경제협력' 등의 구호를 걸고 우리의 중추신경 망에 중국 장비와 부품을 마구 심어 왔다.

한국만의 문제는 아니다. 다른 국가들도 중국 초한전의 실체를 모른 채 순수한 의미의 경제적, 기술적 교류 차원의 검토를 통해 중국 스마 트시티 프로젝트와 협력 체제를 구축하고 있다.

다만 한국과 다른 점은 주요 국가들이 중국의 정보통신 초한전의 실 체를 인식하기 시작했고, 이에 대한 대응에 본격적으로 나서고 있다는 점이다. 중국의 정보통신 초한전의 실체에 대해 뒤늦게나마 인식하기 시작한 외국의 사례를 살펴보자. 다음은 이 중 일본과 유럽국가가 대응 하는 방식에 관한 최신 기사다.

일본 정부는 중요 인프라스트럭처를 운영하는 민간기업에 해외 설비 구매 시 국가안보 문제를 고려하는 규정을 마련할 방침이다. 지난 수년간 인프라스트럭처 시설 관리와 운영에 디지털 기술 의존도가 높아지면서 네트워크 공격 가능성이 증가하는 데 따른 조치다. 《니혼게이자이신문日本經濟新聞》은 중국기업이 제조한 IT 설비를 통한 데이터 유출을 겨냥한 대책이라고 평가했다.

일본 정부는 이번 방침에 따라 2020년 말까지 금융, 철도, 정부 서비스, 의료 서비스 등 14개 중요 인프라스트럭처 분야의 설비 조달 관련법을 개정하기로 했다. 또한 해외에 둔 데이터 서버 연결, 해외 서비스 제공자와 데이터 송수신 등 네트워크를 통한 업무 장면에서 벌어지는 다양한 상황에 대한 보안지침도 마련해 발표할 예정이다. 아울러 각 기업의 법규 준수 여부를 감시하고 문제가 심각할 경우 해당 업체의 인허가를 정지하거나 취소하기로 했다.

일본 기업과 연구소는 한 해 수천 건 이상 중국발 사이버 공격을 받는 것으로 알려졌다. 이들 공격은 일본인 개인정보나 기업비밀을 훔쳐내기 위한 것으로 보인다. 지난 16일에는 일본 경시청警視廳 공안부가 우주항공연구개발기구JAXA 등 200개 자국 연구기관 사이버 공격에 연루된 중국인을 기소했다. 일본은 이번 사이버보안 강화로 네트워크 공격 위협에 대비할 수 있는 역량을 갖춘 기업만 중요 인프라스트럭처 시설 운영에 참여할 수 있도록 '필터링'할 수 있기를 기대하고 있다. 도로, 전력망, 통신 등 중요 인프라스트럭처 시설에 대한 사이버 공격은 물리적인 공격보다 더 큰 피해를 줄 수 있다. 해커들은 항공 통제 시스템이나 댐 등을 공격 목표로 삼아 비행기 충돌·추락 사고나 홍수 등의 재난을 유발할 수 있고, 원격으로 원자력 발전소의 전원을 차단해 막대한 파장을 일으킬 수도 있다.

……세계 각국은 이 같은 위협에 대처하고 있으나, 일본 정부는 이번 조치를 통해 자국민의 일상생활에 대한 보호 능력을 강화하고 민간기업과 협력을 통해 이러한 리스크를 줄이겠다는 방침이다. 일본 정부는 올해부터 정부 부처와 정부 산하단체가 촬영한 사진 등 자료 외부 유출 방지 기능과 운항기록 보존기능을 탑재한 드론만 구매할 수 있도록 의무화했다. 사실상 중국산 드론 구매금지 조치로 풀이된다. ……중국의 관련법에 따르면, 중국기업은 중국공산당과 정부의 요구에 따라 보유한 고객정보

를 포함해 모든 정보를 제공해야 할 의무가 있다. 해외로 팔려나간 드론이 촬영한 동영상과 음성, 사진이 중국으로 송·수신되면 중국공산당과 정부는 이를 입수할 수 있다.

《에포크타임스코리아》, 2021.05.22.341)

백도어를 설치해 데이터를 중국으로 빼간다는 의혹을 받는 화웨이 5G 장비에 대한 유럽 각국의 대대적인 철거 작업이 시작됐다. 블룸버그는 지난 15일, 유럽 각국에서 수천 개의 화웨이 5G 장비 타워에 대한 철거가 시작됐다고 보도했다. 영국을 비롯한 프랑스와 스웨덴 등이 화웨이 장비를 철거하는 데 주도적인 기능을 하는 것으로 알려진 가운데, 이들 국가는 화웨이 장비의 보안 문제를 거론하는 것으로 나타났다. 이들 유럽 국가는 화웨이 제품에 대한 보안 문제를 강조하면서 중국 주도의 5G 시스템에 제동을 걸고자 하는 미국의 입장을 받아들인 것으로 분석된다.

《파이낸스투데이》 2021.05.21.342)

ICT 초한전을 뒤늦게나마 인지하고 대응 조치를 취하기 시작한 국가들은 일본, 영국, 프랑스, 스웨덴, 미국 등에 그치지 않는다. 자국의 중추신경 망을 지키는 것은 돈과 비용으로 환산할 수 없을 만큼 중요함을 인식한 여타 다른 국가들도 화웨이와 ZTE 배제를 결정했거나 착수하였다. 여기에는 자국의 경제력으로 정보통신망 구축에 대규모 자금을 투자할 여력이 안 되는 인도, 말레이시아, 폴란드 등도 포함된다.

사회기간산업, 정보통신망 구축 과정에서 중국에 과도하게 의존해 왔던 호주도 화웨이와 ZTE 장비 퇴출을 2019년 결정했다.343)

특히 호주는 에너지, 전력 등 사회기간산업에 대한 중국 투자를 허용해 중국기업이 이미 상당 부분 잠식한 상태. 그러다 사회기간산업 분야 중국 투자 확대, 잠식이 얼마나 위험한지 뒤늦게나마 깨달았다. 호주가 중국의 행태를 문제 삼자 중국은 호주를 압박하기 위해 이미 잠식해 들어가 장악한 정보통신 시스템으로 호주의 전력과 통신 등을 차단하는 공격을 감행하려 했음이 폭로되기도 했다.344)

호주보안정보국ASIO은 문제가 심각함을 지속해서 보고했다.345) 호주보안정보국ASIO은 중국의 대호주 투자가 증가할수록 중국의 호주 내 정간섭 필요성이 그에 비례해 증가한다고 했다. 그리고 실제로 민간기업과 민간인 투자형식을 가장한 중국의 투자증가는 호주 사회와 정치에 중국의 영향력을 대폭 높이게 되었다. 또한, 중국이 호주 국내 정치에 대한 정치적 영향력을 확대할 필요성이 더욱 증가하면서 호주에서 사이버 해킹과 은밀한 간섭을 해야 할 이유를 동시에 증가시켰다는 것이다. 호주보안정보국ASIO은 '그런데 이는 호주의 처지에서 보면 호주의 독립성과 국익에 절대적으로 반하는 것'이라고 경고한다. 전력의 예를 보자. 중국이 마음만 먹으면 이제 호주의 전력은 일시에 중단될 수 있게 되었다. 중국의 영향력에 매우 취약해졌음을 의미하는 것이다.346)

호주 정부는 중국의 '조용한 침공'에서 호주의 주권과 자유를 지키고, 중국 영향력에서 벗어나 독립성을 지키기로 했다. 호주 정부의 대응은 2019년부터 중국의 매서운 보복을 감수해야 했다. 중국은 호주에 대한 보복 수단으로 호주에서 수입을 차단하는 조처를 내린다. 초한전 전법에서 무역전과 경제전을 발동한 것이다. 동시에 호주 사회에 대한 여론전과 심리전, 여기에 외교전과 공갈협박전 등을 동원한 총공세를 전개한다.347) 중국이 한국에 사드THAAD 공세를 전개한 방식과 같은 맥락이다.

2021년경, 중국의 대호주 초한전 공격은 일단 실패로 끝났음이 드러났다. 무역 보복을 동반한 무역전과 경제전은 중국에 후폭풍을 일으키면서 오히려 역으로 중국경제에 문제만을 일으켰다. 무엇보다도 중요한 것은 중국의 공격에서 호주의 자유와 독립을 지켜야 한다는 호주 사회와 정부의 굳건한 자세였다. 호주 사회는 경제적 피해보다 중요한 것이 자유와 독립을 지키는 길이라는 것을 잘 알고 있었다. 자유와 독립을 지키면 경제적 피해는 언제든지 복구할 수 있다. 그러나 이 근본을 잃어버리면 호주의 미래는 없다는 것을 호주인들은 너무나도 잘 알고 있었다. 바로 이것이 중국이 호주 사회에 전개한 여론전, 미디어전, 심리전, 인지전이 효과를 발휘할 수 없는 이유였다. 그리고 이러한 호주 사회와 시민들의 반응은 호주 정부가 중국의 무역전, 경제전, 외교전, 공갈협박전 등의 총공세에 결기를 갖고 대응할 수 있는 사회적 기반을 제공했다.

호주 사회의 반응은 중국이 한국에 대해 사드 보복을 전개하는 과정에서 보인 한국의 신문, 방송, 시민사회, 정치인, 전문가 등의 반응과는 사뭇 다른 모습이었다. 주한미군 사드를 배치한 성주에서는 지금도 사드 부대에 필요한 물자를 도로를 통해 자유롭게 공급하지 못한다. 그 결과는 무엇인가? 독자들은 잘 알고 있을 것이다.

한국과 중국, 중국공산당의 ICT 초한전

한국의 경우 정보통신 산업과 기간망에 대한 중국의 투자와 진출이 매우 증가했다. 특히 정보통신망은 인간의 신체에 비유하면 뇌 신경망이다. 중국과 협력사업은 외형적으로 철저히 민간투자, 민간협력, 순수한 경제협력 사업을 표방한다. 그런데 화웨이를 포함한 중국의 기업은 중국공산당이 통제하고 있다. 우리 사회의 신경망이 중국공산당의 수중에 떨어졌다는 의미다.

중국공산당은 평상시에도 그들이 원하면 언제든지 중국기업(대표적으로 화웨이)들의 장비를 통해 우리들의 개인정보를 수집할 수 있다. 참고로 중국의 국유기업에는 약 1,000만 명 이상의 중국공산당원이 근무하고 핵심적 지위를 차지하고 있다. '기업에 근무하는 이들 당원이야말로 중국공산당 통치를 위한 가장 강력하고 믿을 수 있는 기반'이라고 선언하였다.348) 물론 화웨이를 포함한 중국기업은 연관성과 가능성을 부정하고 있다.

최근 나오는 다수의 분석보고서는 중국기업과 중국공산당이 한 조직과 같다는 사실을 알려준다. 또한 이는 중국공산당 인민해방군이 마음만 먹으면 언제든지 우리 사회의 기간산업을 마비시킬 수 있는 능력을 보유하게 되었음을 의미한다.

이러한 사실을 알게 된 후에도 문제의식만 느끼는데 그쳐서는 안 된다. 우리 일상의 삶과 생존의 기반이 중국공산당과 인민해방군의 손에 넘어가는 것을 의미하기 때문이다. 바로 우리도 전 사회적으로 전면적 대응과 예방조치를 당장 취해야 한다. 그러지 않으면 눈에 보이지 않고 인식조차 하지 못하는 사이에 중국에 '종속'되는 것이다.

이성이 있는 국가라면 자신의 신경망을 중국과 같은 상대방에게 넘기는 어리석고도 우매한 결정을 하지 않는다.

정보통신 초한전에 대응하고 있는 국가들의 공통점이 있다. 바로 중국이 통제할 수 있는 부품과 장비를 제거하고 사용하지 않는 것이다. 데이터를 탈취하거나 통제할 수 있는 부품이 장착된 것으로 알려진 중국 정보통신 기업 제품과 디커플링decoupling해야 한다. 정보통신 기업의 대명사인 화웨이와 관련 기업들이 여기에 포함된다. 미국은 중국이 화웨이를 통해 정보통신 초한전의 기반을 닦고 있는 사실을 밝혀내고 가장 먼저 화웨이 장비를 제거했다.

하지만 오늘날 전 세계가 정보통신 네트워크로 연결된 상황을 고려할 때 미국의 정보통신 시스템과 긴밀히 연결된 다른 국가의 시스템 장비 또한 문제가 되었다. 특히 미국과 정보공동체를 구성하고 있는 영국, 캐나다, 호주, 뉴질랜드 등은 이미 화웨이 장비가 깊숙이 침투해 있는 상황이다. 따라서 미국은 이들 '파이브 아이즈' 국가들을 포함한 자유 서방국가들에 대해 화웨이 장비 제거와 거부를 요청했다. 미국의 요청이 있던 초기에 대부분 국가가 냉담한 반응으로 일관했다. 하지만 더욱 세부적으로 검토한 결과 정보통신 초한전의 심각성을 깨닫기 시작하면서, 결국 화웨이를 비롯한 중국 정보통신 장비를 모두 제거하는 것으로 돌아섰다. 참고로 한국은 여전히 방관하고 있는 국가에 포함된다.

제 8 장

경제전·
기술탈취전·해외투자전

제8장 경제전·기술탈취전·해외투자전

제8장의 주제는 초한전 중 경제전, 금융전, 기술정보탈취전이다. 개혁·개방 이후 서방세계와 경제교류가 활발해지기 시작하는 1990년대 이후 현재까지 약 30여 년간 중국공산당은 성공적인 기술경제 초한전을 수행해 오고 있다.

기술경제전은 미국과 서방 기술 선진국의 최첨단 기술을 절취, 탈취, 강탈, 또는 도용하여 자국 산업을 집중하여 육성함으로써 중국기업의 독점적 지위를 국제적으로 확보한다는 전략이다. 이는 선진국의 산업을 붕괴시키고 중국이 산업경제의 주도권을 장악하는 것을 의미하기도 한다. 또한, 기술경제전은 해외 통일전선공작과 정치공작전, 정보전, 정보통신전 등을 필수 동반한다.

중국은 개혁·개방 이전에는 구舊소련을 대상으로 기술경제전을 전개하고 있었다. 결과는 실패였다. 다양한 원인이 있다. 가장 중요한 원인 중 하나는 구소련이 공산당식 전략 전술의 원조이기 때문이었다. 구소련이 어떠한 존재였나? 중국공산당을 창당하고 육성하면서 고도로 발전시킨 레닌의 볼셰비키 혁명전략 전술을 중국공산당에 전수한 장본인이다. 공산당의 생리를 잘 알고 있었다는 뜻이다. 따라서 중국공산당이 아무리 기를 쓰고 현란한 공작을 전개해도 소련공산당이 여기에 쉽게 넘어가지 않았다. 쉽게 말해 싸움의 방식과 기술이 같았다.

개혁·개방과 함께 덩샤오핑은 구소련의 기술을 획득해 소련을 넘어선다는 전략에서 미국과 서방세계의 기술과 자본을 이용해 자본주의 서방선진국을 앞서겠다는 전략으로 방향을 선회했다.349) 그리고 중국공산당은 1980년대 개혁·개방 초기부터 덩샤오핑을 중심으로 이러한 전략구상을 실행에 옮기기 시작했다. 물론 이는 중국전략의 특징이기도 한 '장기적 포석'을 두는 장기전이었다.350)

기술경제 초한전은 시진핑 집권 이후 중국의 산업발전 전략인 '중국제조 2025'를 달성하는 주요 수단으로 이용된다. 이를 위해 중국은 또한 '천인계획千人計劃'을 운용하고 있다. 해외 인재를 유치해 국내 산업경쟁력을 배가하는 것을 표방하지만, 실제는 외국 대학, 연구소, 기업의 고급기술을 '천인계획'으로 절취·탈취하는 데 이용하는 전술이다.351)

본론에 들어가기에 앞서, 중국의 기술탈취와 탈취한 기술로 자국 기업(전략적으로 지원하는 기업)을 육성하고 각종 지원을 통해 해당 산업에서 국제적인 독점적 지위 달성으로 이어지는 패턴을 살펴본다.

대표적인 사례가 캐나다 노텔Nortel의 비극이다. 노텔 사례는 제7장에서 다룬 정보통신 초한전의 도구인 화웨이와 직접적인 연관이 있다. 또한, 노텔 사례는 중국이 유린한 수많은 기술 중심 기업 사례의 전형에 해당하기도 한다. 즉, 노텔은 대표적 사례일 뿐, 노텔만의 얘기가 아니라는 의미다.352)

1. 캐나다 노텔의 비극과 화웨이

중국공산당이 정보통신 분야에서 전 세계 최첨단 기술개발과 확보에 선두를 달리는 기업을 계획적이고도 조직적으로 파괴한 사례 중 하나가 캐나다 노텔Nortel이다. 노텔은 정보통신 산업에 필수적인 광섬유 장비 분야 세계 최고기업이었다.

캐나다는 자유, 개방, 인권 가치가 확고하게 수립된 국가다. 중국으로서는 너무나도 순진하고 어리석은 타깃이다. 이런 이유로 캐나다와 캐나다 기업은 집중 타깃이 되었다. 중국은 캐나다와 캐나다의 선진 기술기업을 닥치는 대로 짓밟았다. 노텔이 유린당한 방식은 다음과 같다.

인민해방군과 국가안전부는 노텔에 은밀하게 접근했다. 노텔 핵심 기술진에 요원이 잠입해 기술을 탈취하거나 중국인 직원을 매수해 기술을 빼돌리기도 하고 노텔 경영진을 매수하기도 했다. 특히 회장부터 주요 핵심 간부 이메일 계정을 알아낸 다음 이를 이용해서 지속해서 기술과 영업기밀을 빼돌렸다. 인민해방군은 노텔에서 탈취한 기술과 영업기밀 정보를 모아 자신의 기업일 뿐 아니라 인민해방군 정보통신 공작 기업으로 지목되는 화웨이를 육성하는 데 집중하여 이용했다.353)

중국공산당은 모든 수단을 동원해 막대한 혜택을 화웨이에 몰아주었다.354) 이를 바탕으로 성장한 화웨이는 중국공산당이 탈취, 강탈, 절취, 도용 등의 수법으로 빼돌린 노텔의 기술과 영업기밀로 무장하고 중국공산당이 무제한 지원해 주는 자금으로 몸집을 불린 다음 턱없이 낮은 가격으로 노텔의 주력 제품 분야 경쟁에 뛰어들어 국내 정보통신 사업과 해외 사업 입찰에 공격적으로 참여했다. 이 과정에서 노텔의 입찰 전략과 가격도 미리 정보탈취를 통해 파악하고 있었다.355)

당시 세계 최고 정보통신 기업 노텔은 중국식 경쟁을 몰랐다. 노텔은 자유시장 경제의 규칙이자 규범인 기술력과 기업 효율성이 최고의 가치라는 신념으로 무장하고 있었다. 중국 특색의 싸움 법칙에는 무지했다. 순진하게도 자유시장 경제의 규범에 따를 뿐이었다. '중국공산당 특색의 싸움 법칙'으로 무장한 화웨이와 결코 경쟁 상대가 될 수 없었다.

결과적으로 노텔은 2009년 파산을 신청했다. 세계 최고 정보통신 기업이었지만 현재는 누구도 기억하지 못하는 파산한 기업으로 전락했다. 노텔이 캐나다 내에서 창출한 고용은 10만 명 이상, 자산 가치는 4,000억 달러가 넘었다. 노텔사원들은 속절없이 직장을 잃어야 했다. 이제는 누구도 캐나다가 한때 세계 최고의 정보통신 기술력을 보유한 대표기업과 그 산업 생태계를 보유했다고 기억해주지 않는다.356) 참고로 현재 화웨이는 미국의 대표적인 정보통신 업체인 T-Mobile의 'Tappy' 기술을 절취한 혐의로 제소당했다.357)

노텔을 짓밟는 데 성공하자, 중국은 화웨이 등을 앞세워 캐나다에 공격적으로 진출하고 과감한 투자를 아끼지 않았다. 캐나다는 국가 전체가 화웨이, 즉 중국공산당에 점령당하는 처지로 주저앉았다. 5G 산업 분야 선두로 치고 올라간 화웨이가 캐나다 정보통신망과 산업을 주도했기 때문이다. 기술과 인력을 강탈당하고 이제는 강도에게 지배받는 노예 신세로 주저앉은 것이다.

하지만 캐나다는 오늘날도 자유시장, 공정, 개방, 경쟁의 중요성이라는 규범을 강조하면서 화웨이를 배제하기를 주저한다. 이것이 바로 중국공산당이 노리는 자유 세계와 자유시장 질서의 허점이다.

노텔과 다른 사례들을 종합해 보면 중국공산당은 일단 공격 목표를 정하면 그다음부터는 수단 방법을 가리지 않고 해당 목표를 짓밟는 행태를 보인다. 자유시장 경제가 수백 년간 쌓아 올린 제도 규범, 이에 익숙한 행위자들과 전혀 다른 게임을 한다. 중국공산당 특색의 약탈적 경쟁방식이다. 마오쩌둥이 이야기한 전략의 기본이 여기에도 적용된다. "너희는 너희 방식대로 싸워라. 나는 내 방식으로 싸우겠다."

2. 기술·정보·경제전과 해외 통일전선공작

중국공산당이 해외 선진국, 선진기업을 대상으로 전개해 온 기술·경제전은 정보전, 해외 통일전선공작, 정치공작전과 불가분의 조합을 구성한다. 제5장에서 설명한 바와 같이 2018년 미국 백악관 무역·제조업 정책실에서는 중국이 전개하는 행태에 대한 면밀한 조사를 거쳐 그 실태를 폭로하는 보고서를 발간했다.358) 보고서는 중국공산당이 기술을 탈취, 절취, 강탈하는 주 수법을 다음과 같이 열거하고 있다.

첫째, 중국에 투자한 외국기업에 강제적 기술이전 요구와 함께 외국기업에 공산당 지부를 설립해 영업기밀까지 유출하는 방식이다. 둘째, 사이버 해킹을 통해 기술을 탈취하는 방식이다. 셋째, 서구 선진국 각종 연구소와 연구 교류, 민간 우호 협력 명목으로 파견한 중국인이 현지 연구소 기술을 계획적으로 빼내는 방식이다. 넷째, 천인계획을 통해 해외 연구소, 기업에 있는 중국인과 외국인을 매수해 기술을 탈취하는 방식이다. 다섯째, 선진국 대학과 연구소에 근무하는 중국인 유학생과 현지 취업자를 동원하거나 중국공산당 요원을 유학생 신분으로 위장 세탁해 계획적으로 잠입시키는 방식이다.359) 〈그림 8-1〉 참조.

〈그림 8-1〉에서 볼 수 있듯이 초한전의 중심에는 인민해방군, 국가안전부, 통일전선공작부, 중앙선전부 등이 있다. 이들 기관이 각자의 목표와 타깃을 정해 조직적인 정보 탈취 공작을 지휘한다. 방식은 다양하다. 인민해방군이나 국가안전부 요원이 잠입해 정보를 탈취하는 방식, 이들이 중국 IT 기업을 정보탈취에 동원하는 방식, 해커집단과 이들의 위장회사 등을 통해 사이버 공격과 해킹하는 방식, 중국인 유학생, 현지 기업 중국인 취업자를 동원하는 방식, 현지 기업 임원이나 기술자를 매수하는 방식 등이다. 원칙은 은밀성, 그리고 중국공산당과 중국 정부 기관은 철저히 자신을 감추고 위장하고 뒤로 빠지는 것이다.

중국공산당은 지시에 따르지 않을 때 가하는 '채찍'에만 의존하지는 않는다. 제5장 해외 통일전선공작에서 설명한 바와 같이, 여기에는 반드시 달콤한 당근을 동시에 제시한다. 해외 유학생들의 경우 귀국 후 국내에서 취업, 정보 제공에 대한 금전적 사회적 보상과 지원 등이 따른다. 해외 취업자의 경우 국내에 있는 가족과 친지들에 대한 협박뿐만 아니라 중국에서 더 나은 조건의 취업이나 창업 조건을 제시한다. 그뿐

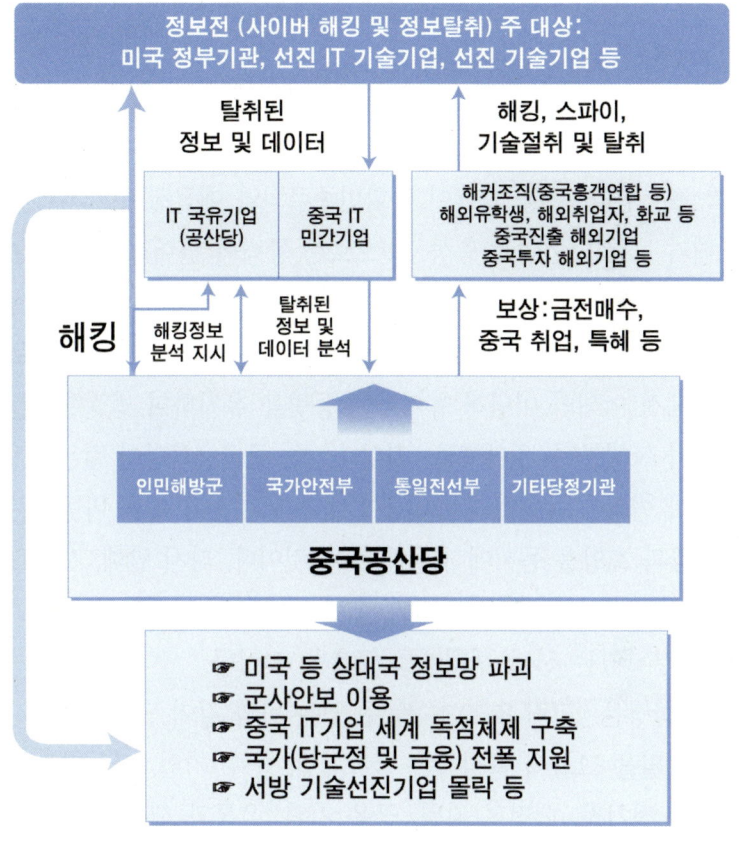

〈그림 8-1〉 경제·기술·정보전과 해외 통일전선공작

만이 아니다. 애국, 애족, 애당을 강조한다. 더욱이 중국이 경제 성장하여 중국 사회에 고양된 중화민족주의를 최대한 이용한다. 이러한 요인들이 맞물리면서 중국인들과 해외 화교들은 강제가 아닌 반# 자발적, 더 나아가 열렬한 민족주의와 중국에 대한 충성심으로 무장하고 자발적 '범죄자'의 길을 자랑스럽고도 죄의식 없이 앞장서서 걷게 된다. 이게 최근의 추세이기도 하다. 중국공산당으로서는 14억 중국인과 함께 5,000만 해외 중국인이라는 충성심으로 가득한 대규모의 민간 군대를 동원할 수 있게 된 셈이다.

중국의 해커집단이 전형적인 사례이다. 제7장에서 중국의 수천만에 이르는 젊은이들이 애국, 애당으로 뭉쳐 조직한 중국홍객연합中國紅客聯盟을 살펴보았다. 중국홍객연합은 중국공산당에 대한 충성심으로 뭉쳐 중국공산당이 영도하는 중화민족의 위대한 부흥과 굴기를 이룩한다는 구호를 표방한다. 이들과 같이 중화민족주의와 애국심으로 무장한 수많은 해커 그룹도 이념적 충성심만으로는 동력이 떨어질 수밖에 없다. 여기에는 이들이 해킹해 훔친 정보에 대한 두둑한 대가와 보상을 중국공산당에게서 받는 경제적 이해와 동기가 결부된다. 이러한 구조로 이들은 경제적 이해와 이념적 동기라는 동력을 유지하며 범죄행위를 거리낌 없이 자행할 수 있게 되는 것이다. 즉, 중국공산당이 젊은 청년들을 사이버 범죄에 동원하면서 이들에게 경제적 삶과 이를 바탕으로 한 미래의 꿈과 희망을 동시에 제공해 주는 것이다. 다시 말해, 사이버 범죄에만 몰두해도 이념적 정당성과 함께 얼마든지 경제적 삶과 보상을 이어나갈 수 있는 산업 생태계를 구축한 것이다.

중국공산당은 〈그림 8-1〉에 볼 수 있는 바와 같이 탈취한 선진기술 정보와 기밀을 그들이 육성하는 국유기업, 군수 기업, 민간기업 등에 제공한다. 정치적, 행정적 지원, 금융 지원, 유통과 생산에 관련한 지원, 각종 보조금, 국내산업 보호주의와 국내 시장 독점적 지위 제공 등 기업 활동에 제공할 수 있는 모든 지원을 아낌없이 전 국가권력을 동원해 제공하면서, 집중적으로 육성하는 것이다.

산업 전반, 특히 전략적 산업에서 중국은 초저임금, 정부의 전폭적 지원(금융, 에너지 공급, 각종 사업 규제, 보조금) 등으로 초저가에 물량을 대량 공급한다. 당연히 가격과 기술에서 경쟁력을 확보한 중국 산업 분야와 기업은 해당 산업부문에서 독점적 지위에 올라선다. 독점적 지위를 찬탈한 이후에는 가격을 올려 전형적인 독점적 지위를 누린다.

경제적으로 상대국의 주요 산업을 합법적·절차적으로 무너뜨린다.

문제는 여기서 그치지 않는다. 철강, 알루미늄부터 전자통신에 이르기까지 전 산업 분야는 한 국가의 경제뿐만 아니라 군사 장비 취득에 이르기까지 전략적 의미가 있다. 이러한 국가전략 산업 분야를 중국에 의존하게 되면 경제뿐만 아니라 안보에서도 중국에 종속적 지위로 전락함을 의미한다. 이를 초한전 전법 중 산업전이라고 부른다.

중국 국유기업과 민간기업들은 거의 모두 이러한 방식으로 성장했다. 중국공산당 엘리트는 축재蓄財와 자산관리 수단으로 민간기업을 이용한다. 이를 위해 민간 기업가를 내세우고 당·정·군과 금융 등 모든 차원의 지원을 통해 자신들만의 민간기업을 육성한다. 중국공산당 엘리트들의 이른바 바지사장 노릇을 하는 자칭 민간 기업가들을 '흰장갑 白手套'이라고 한다.

중국 국유 또는 민간 IT 기업들은 빅데이터 분석 등을 최고 수준으로 발전시켰다. 중국공산당이 미국을 포함한 서구 국가의 공무원, 군인, 민간인 등에 대해 해킹한 데이터를 민간기업에 의뢰하면 이들은 고도로 발전된 빅데이터 분석과 인공지능 기술을 활용해 중국공산당이 원하는 데이터로 가공해 제공한다. 이것이 바로 중국이 세계 최고의 정보 수집과 분석능력을 보유한 비밀 열쇠다.

예를 들어, 미국도 방대하고도 고도로 발전된 정부 부처를 가지고 전 세계 정보를 수집 분석한다. 하지만 정부 조직 차원에서 정보를 수집하고 분석하는 것과 당, 정, 군, 기업, 민간 등을 총동원해 정보를 탈취해 수집하고 이를 수많은 민간기업에서 정보분석 서비스를 하는 체제를 갖춘 중국과는 상대가 되지 않는 게임이다. 미국 정보기관은 민간을 정보수집에 동원할 수도 없을뿐더러 수집된 정보를 구글, 애플, 트위터 등과 같은 IT 기업에 고도의 기술로 분석하는 지원체제를 갖추는 것은 상상도 하지 못한다. 이것이 바로 정치체제가 다른 중국과 미국이 정보전에서 현격한 차이를 보일 수밖에 없는 구조다.360) 또한, 중국 정보전이 갖는 위협을 생생하게 보여주는 예도 된다.

기술·경제전은 사이버 해킹전, 해외 통일전선공작, 정치공작전, 경제전, 기술전, 무역전, 금융전 등을 복합적으로 조합하여 전개된다. 궁극적인 목적은 중국공산당의 정치·경제적 세계 패권 장악이다. 즉, 중국의 기업경쟁력을 높이고, 군사기술로의 유용을 통한 군사력 우위를 확보하며,361) 서구 선진국의 경제적 후퇴를 노리고, 상대 국가를 사회경제적으로 장악한다는 대전략의 복합적 목적이 있다. 특히 현재 이슈가 되고 있는 5G 정보통신 산업의 경우 단순히 정보통신산업만의 문제가 아니고 상대국 기업, 관료, 군, 정치인 등의 정보장악 및 빅데이터 분석을 통한 인적 통제력 확보와 사물인터넷IoT으로 연결된 사회경제적 인프라스트럭처에 대한 통제력 장악 등의 복합적 목적이 있다는 데에 문제의 심각성이 있다.362)

여기에는 중국이 말하는 이른바 국가발전전략의 논리만 있는 것이 아니다. 실질적으로는 중국공산당 엘리트 계급 내부의 다양한 파벌들이 다양한 산업과 기업을 서로 나눠 먹기 식으로 분할 지배하는 구조로 되어 있다. 다시 말해, 중국의 기업은 중국공산당 엘리트 집단이 실질적 지분을 보유하고 있다. 이는 이들에게 막대한 부와 정치 권력 유지를 위한 경제적 기반을 가져다준다. 이것이 이른바 '당·국가 자본주의'로 정의되는 중국 특색사회주의 시장경제 구조에서 기업과 금융을 공산당 엘리트 분파들이 서로 분할 지배하고 있는 기본 구도이기도 하다.

중국 경제교류협력과 해외 통일전선공작

중국공산당은 기술·경제전을 전개할 때 정부 이름을 걸고 전면에 내세우는 외곽기관들을 운영한다. 외형적으로는 중국 정부 기관이나 중국 공식인정 기관으로서 공신력을 가진다. 여기서는 수많은 중국 정부 기관 또는 정부 연계 기관 중에 대표적인 사례만을 소개한다.

중화인민공화국의 정부政府는 국무원國務院이다. 물론 국무원은 중국 공산당의 '통치기관'이다. 국무원 부처 중 국무원 인력자원·사회보장부가 있고 과학기술부 산하 국가외국전문가국國家外國專家局도 존재한다.

국가외국전문가국은 2018년 국무원 과학기술부 산하 조직으로 편제가 바뀌었으나 기능은 그대로다. 해당 조직이 외적으로 표방하는 목적은 외국 인재교육, 연구 교류업무다. 하지만 실상은 선진국 기술, 연구 결과, 인재 탈취를 주 임무로 한다. 시진핑 집권 이후 중국제조 2025 목표 달성을 위해 해외 중국인 인재와 해외기술 인력을 중국으로 끌어들인다는 천인계획도 이 조직의 주요 임무다.

국가외국전문가국은 다수 외곽 전위前衛조직을 운영하고 있다. 이들 조직은 외형적으로는 민간단체, 비영리단체 간판을 달고 활동한다. 대표적인 예로 중국국제인재교류협회中國國際人才交流協會, 중국교육국제교류협회中國敎育國際交流協會가 있다. 이들 단체와 조직들은 해외에서는 정체를 가능한 한 드러내지 않는다. 대신 외국 현지에 유사한 명칭의 조직을 설립해 활동한다.

예를 들어 중국교육국제교류협회는 중국 각 성省별 조직과 함께 16개 주요 도시에 지역 분회를 구축했다. 실행조직을 지방으로 분산하고 중국 지방단체 명패를 달아 정체를 가능한 한 숨긴다. 이런 방식으로 중국교육국제교류협회는 전 세계에 걸쳐 약 50여개 국가와 교류협정을 맺었다.363) 한국도 포함된다.

한국에서 활동하는 단체 중에 중국과 관련 국제교육교류우호, 한중국제교류, 한중교육교류 등이 들어간 조직은 중국교육국제교류협회와 직접 연관이 없더라도 다른 형태 중국기관의 한국지부 성격이라고 볼 수 있다. 호주에서는 호주중국국제인재교류협회로 활동한다. 미국에서는 미국미중교류협회美國美中交流協會·US China Exchange Council가 유사한 기관들의 총부總部로서 활동한다.364) 미국미중교류협회는 다시 미국 각지에서 현지 사무실 지역기관을 설립해 운영하고 있다.

인재교류와 교육교류에 관여하는 중국기관들은 중국국제인재네트워크中國國際人才網, 중국국제인재교류협회中國國際人才交流協會, 중국국제인재교류기금회中國國際人才交流基金會, 중국국제인재네트워크국제훈련中國國際人才網國際培訓, 중국국제인재네트워크국제교육中國國際人才網國際教育, 중국국제인재교류대회中國國際人才交流大會 등이다.365)

이들 기관의 배후에는 중국 국무원이 있다. 그리고 다시 그 뒤에는 중국공산당 통일전선공작부, 중앙선전부, 인민해방군 등이 있는 것이다.

외곽기관과 단체들은 현지에 진출한 중국인과 중국인 유학생들을 조직적으로 관리하면서 현지 기업과 대학, 연구소의 최첨단 고급기술을 탈취한다. 이를 바탕으로 중국공산당 기업을 지원 육성한다. 특히 인민해방군은 무기체계 현대화를 위한 기술탈취 공작에 전념해 왔다.

인민해방군이 해외 유학생과 해외 선진기업에 근무하는 중국인 출신들에 대해 전개하는 공작방식은 정교하다. 자체 요원을 신분 세탁해 유학 보내기도 하지만 중국에서 해외 유학을 가는 학생들 전체를 별도로 관리하기도 한다. 해외에 유학 가는 중국인 학생들의 전공을 자세히 수집해 파악한다. 이러한 자료를 바탕으로 이들 중 자신들에게 필요한 분야를 전공하는 중국인 해외 유학생이 생기면 이들을 공작 대상으로 선별한다. 그렇다고 강압적으로 이들에게 기술과 연구 성과를 절취하라고 강요하는 것이 아니다. 바로 현지 거점 단체(중국학인학자연합회)를 이용한다. 인민해방군 요원은 보통 현지 대학이나 연구소별로 조직되어 있는 중국학인학자연합회를 통해 은밀히 접근한다. 유학을 마치고 현지 연구소나 기업에서 근무하는 중국인 출신에게는 현지에 역시 조직되어 있는 중국인 전문가 단체를 통해 접근한다. 그리고 이들에게 정보나 지식 교류 또는 공유 등의 명목으로 자연스럽게 스파이 행위에 자신도 모르는 사이에 말려들게 한다.

여기에는 물론 '당근'을 곁들인다. 바로 예우와 특권, 귀국 후 특혜성 일자리, 연구지원 명목의 금전적 특혜, 중국 관련 사업과 교류에 독점적 특권, 중국 관련 독점적 특권을 바탕으로 자신이 속한 연구기관, 대학, 기업에서 독보적 위상 상승 등 다양한 인센티브가 제공된다.

여기에 그치지 않는다. 바로 인정과 이해관계를 동시에 엮는 공작도 병행한다. 이 방식에는 현지 중국인 학생들과 인간적 유대관계를 이용하거나, 포섭 해당 중국인의 고향 인사들과 인간적 관계를 이용하기도 하고, 그들 고향 친지와 가족들에 대한 특혜 또는 처벌 등의 위협을 적절히 혼합한다.

이러한 방식을 동원하면 거의 모든 중국인은 중국공산당, 인민해방군, 국가안전부의 충성스러운 요원이 된다. 중국공산당의 공작방식은 제4장과 제5장에서도 설명한 바 있다.

여기서 다시 설명하는 이유는 중국공산당의 스파이가 되는 중국인이 별도로 존재하는 특별한 인물이 아니라는 점을 강조하려 함이다. 중국공산당이 자신의 필요 때문에 타깃으로 삼아 위와 같은 매수 공작을 전개하면 일반 보통 중국인 누구도 벗어날 수 없다.

중국공산당의 전략적 투자진출과 보이지 않는 족쇄

중국은 해외개발·투자에 대규모 자금을 투자해 왔다. 2008년부터 2019년까지 중국이 해외에서 실행한 개발프로젝트의 규모를 중국수출입은행과 중국개발은행이 정책금융으로 지원한 사례만으로도 전 세계 93개국에 걸쳐 약 4,620억 달러에 달한다.366) 또한, 중국은 해외 선진

기술기업 인수합병에도 공격적이다. 최근 중국기업의 인수합병을 포함해 해외 투자한 금액은 2019년 약 1170억 달러, 2020년 약 1,340억 달러, 2021년 1,380억 달러로 계속 늘어났다.367)

특히 시진핑 집권 후 일대일로 프로젝트를 공세적으로 추진해 왔음은 주지하는 사실이다. 일대일로 프로젝트 발표 이후 2019년까지만 해도 관련 개발·투자 금액은 계약을 기준으로 약 7,300억 달러에 이른다.368) 프로젝트 양해각서MOU를 체결하여 참여한 국가는 2020년까지 약 138개국에 달한다. 개발·투자 사업 분야는 다양하다. 이 중 특히 에너지자원 개발, 교통통신 인프라스트럭처 구축, 전력망 구축, 스마트시티 건설 등 대규모 인프라스트럭처 건설 투자가 주를 이룬다.

중국이 추진하는 에너지, 전력자원망, 정보통신망 등 사회기반시설 산업에 대한 중국 투자는 순수한 경제적 목적의 투자가 아니다. 현재 중국은 전 세계적으로 그들의 전략적 영향력을 확장하는 데 투자와 경제력을 휘두르는 것을 숨기지도 않는다. 중국 자본은 의심할 여지 없이 전략적 도구로 이용된다.369) 중국과 관련한 투자개발에 외형상으로 중국공산당은 없다. 그러나 그 중심에는 중국공산당이 있다. 법적, 형식적, 절차적, 공식적으로 중국공산당은 관여하지 않지만, 그 이면에는 중국공산당의 관여와 전략적 공작 전술이 반드시 개입된다.

중국공산당이 타깃으로 하는 사회기반시설은 에너지자원, 정보통신에 국한되지 않는다. 항구, 도로, 공항 등 교통과 물류 인프라스트럭처도 포함된다. 교통과 물류 인프라스트럭처를 장악하면 이곳을 거쳐 왕래하는 국내외 모든 인적정보와 물류를 장악할 수 있다. 초한전 전략의 하나로 상대국의 일상생활과 삶에 관련된 산업을 장악함으로써 막강한 영향력과 위협을 행사할 수 있는 것이다. 여기에는 일일이 거론할 수 없을 정도의 수많은 사례가 있다. 그 일면을 들여다볼 수 있는 몇 가지만 소개하면, 먼저 호주다.

호주에는 중국이 협력사업으로 투자, 건설하는 시설에 약 1억 7400만 대(2017년 기준)의 CCTV가 설치되었다. 중국이 협력사업으로 진행하는 신공항, 신항만 등 인프라스트럭처 구축사업 또한 이러한 목적과 위험에 노출되어 있다.370)

중국의 개발·투자 협력이 중국공산당의 정보전에 이용된 실제 사례로 대표적인 것이 아프리카 에티오피아에 중국-아프리카 친선우호 협력의 상징으로 중국 정부가 건설한 아프리카연합African Union·AU본부 청사다. 2012년 개관한 AU본부 건물에 체계적인 도청 감시 장비를 숨겨 설치한 다음 아프리카 정상들 간의 내부 회의를 모조리 도청, 감시했음이 밝혀졌다.371) 문제는 AU본부 건물만이 아니었다. AU본부 사태에 경각심을 일으킨 아프리카 각국이 자체 조사하자 중국이 협력과 개발·투자 사업으로 건설한 건물들 대부분에서 중국공산당이 도·감청 설비, CCTV 설비를 설치했다는 사실이 드러났다. 밝혀진 사례만도 아프리카 35개국에 걸쳐 최소한 186개 민간·정부 기관 건물, 시설이 모두 망라되어 있다.372)

3. 차이나타운과 다문화정책

중국공산당의 해외 진출 전략을 보통 외국으로 적극적으로 나간다는 의미의 '저우추취走出去'라고 한다. 보통은 중국 자본 해외 진출, 해외투자 진출 등을 의미하는 것으로 해석한다. 중국공산당이 저우추취를 강조한 배경에는 더욱 전략적인 목적이 숨어 있다. 중국공산당 중앙군사위원회 부주석을 역임했고 인민해방군 전략 분야 핵심 인물이었던 츠하오톈遲浩田이 2003년경 고위간부 내부 회의에서 당 전략에 관해 설명한 연설 중 주요 부분을 먼저 읽어보자.

중국공산당 중앙군사위원회 부주석 내부담화:
전쟁은 중화민족 신세기를 여는 산파!

동지들!
　중국공산당은 미국을 중심으로 한 서방 자유 세계와 투쟁에서 승리해야 합니다. 특히 미국을 완전히 정복해야 합니다. 오늘날 중국은 인구 대비 생존공간이 부족합니다. 독일 나치당은 게르만 민족의 생존공간을 확장하기 위해 전쟁을 시도했지만 실패했습니다. 중국은 다릅니다. 독일보다 생존공간이 더욱 절실합니다. 우리는 독일과는 비교할 수 없을 만큼 많은 인구를 보유하고 있습니다. 이들을 적극적으로 해외 진출시켜 정착하도록 해야 합니다. 이것이 바로 덩샤오핑 동지가 강조한 저우추취走出去 전략의 주요 내용이기도 합니다. 많은 중국인을 해외로 내보내 정착시키면 그 공간은 바로 중국 것이 됩니다. 결국, 중국이 지배하고 실질적인 중국 소유가 되는 것입니다. 문제가 있습니다. 미국이 이를 용인하지 않을 것이란 점입니다. 우리는 더욱 미국을 무너뜨려야 합니다. 미국, 캐나다는 우리 중국인이 거주할 광활한 대지를 가지고 있습니다. 이것을 우리가 빼앗아야 합니다. 원래 아메리카 대륙은 중국인의 것이었습니다. 이제 다시 회복해야 할 때입니다. 미국, 캐나다에 사는 백인들이 이를 받아들이지 않을 것입니다. 그래서 우리는 미국과 캐나다의 백인을 생물학전을 동원해 선별적으로 백인만 말살해야 합니다. 우리 중국공산당 중앙에서는 이와 관련된 논의를 충분히 했습니다. 이를 실행하기 위한 장기계획을 실행에 옮길 것입니다. 이 방법이 너무 잔인하다는 감상에 젖을 여유가 우리에게는 없습니다. 우리는 냉정해져야 합니다.373)

　담화 내용은 중국공산당 최고 수뇌부가 초한전을 수행하기 위한 내부 전략을 어떻게 구상하고 실행하는지 여실히 보여준다. 시선을 끄는 대목은 중국공산당 수뇌부가 과거 히틀러의 나치가 제국주의 패권전쟁, 식민지 개척 필요성과 정당성으로 설파한 레벤스라움Lebensraum·생존공간 언급이다. 생존공간은 인구 대비 국토 면적 부족 문제를 식민지

개척, 이주를 통해 해결한다는 개념이다. 현대 중국은 14억 인구가 생존하기에는 부족하니 광활한 해외 식민지를 개척하여 해결해야 하며, 이를 통해 과잉인구 문제를 해소하고, 전 세계를 중화민족이 지배하는 '위대한 중화민족의 부흥'을 달성해야 한다는 논리다.

두 번째로 시선을 끄는 대목은 북아메리카(미국, 캐나다)를 반드시 멸망시켜 중국공산당이 지배해야만 하는 이유다. 세계 최강대국 미국은 자유민주주의 체제와 전 세계 자유주의 질서를 지키는, 중국공산당에는 원흉元兇이다. 미국 때문에 중국공산당은 한국, 대만, 일본, 동남아시아 제국諸國, 호주 등을 위대한 중화민족의 땅으로 만들 수가 없다. 최대 걸림돌이 바로 미국이다. 북아메리카 대륙은 원래 중화민족이 발견하고 개척한 중화민족의 땅으로서 현재 백인들에게 강탈당한 중화민족의 신성한 국토라는 황당한 논리이다. 북아메리카 대륙의 아름다운 자연환경, 풍부한 자원은 바로 중화민족이 반드시 빼앗아 중화민족의 땅으로 만들어야 할 대상이라는 것이다.

국토회복 목적을 이루려면 물리적인 정복만으로는 힘들다. 백인들이 반발할 것이고 그 반발을 진압하기 위해 지나치게 많은 자원과 노력이 들어가기 때문이다. 백인들만을 선별적으로 타격해 말살할 수 있는 생물학전이 필수적이라고 한다. 백인만 선별해 몰살하는 생물무기를 쓰면 중화민족은 아름답고, 넉넉하며, 풍부한 지하자원이 매장된 저 지역을 큰 희생 없이 장악할 수 있다는 논리다. 이것이 중국 인구과잉 문제를 해소하고 중국공산당이 지속적 지지를 받으며 중화민족의 위대한 부흥을 달성하는 방법이라고 강조한다. 이를 위해 중국공산당 중앙 수뇌부는 충분한 검토와 준비를 하고 있다고 증언하고 있는 셈이다.

중국공산당이 세계를 지배하고 위대한 중화민족의 부흥을 달성하기 위한 전략에서 일대일로 프로젝트, 위안元화 국제화, 중국인 이주, 차이나타운 확장 등의 필요성을 역설하는 또 다른 내용을 들어보자.

아래 내용은 중국인민대학中國人民大學 국제관계학원 부원장이자 중국 공산당 중앙에 전략을 조언하는 이른바 국사國師 중 한 명으로 꼽히는 디둥성翟東升 교수의 강연 내용이다. 참고로 디둥성 교수는 중국이 이미 미국의 정치경제 엘리트를 단단히 장악하고 있다는 사실을 폭로한 것으로도 유명한 인물이다.

중국인민대학 디둥성 교수의 중국전략:
일대일로 프로젝트, 위안元화 기축통화 패권, 중화민족의 세기

최근 중국인민대학 국제정치학 교수 디둥성이 강연을 통해 자세히 설명했습니다. 그는 코로나19 팬데믹 이후 일대일로 프로젝트는 더욱 업그레이드할 필요가 있다고 말했습니다. 인민폐(위안화)를 앞세워 달러를 대체하는 장기적인 플랜을 세우고 일대일로 프로젝트를 따라 중국공산당 표준의 국제 분업체제를 만들어야 한다고 그는 말했습니다. 또 현지 정부와 장기 협약을 맺어 특정 지역을 조차해 경제특구를 만든 뒤 중국인 10%를 근간으로 다른 외국인들을 섞어 공동체로 만들어야 한다고 제안했습니다. 예를 들어 인구 1000만 명의 공업 특구를 만들 때 100만 명은 중국인, 파키스탄인 300만 명, 인도인 300만 명, 이집트, 예멘 등 저개발 국가 출신 300만 명으로 구성하고 중국공산당식 법률, 문화, 공용어로서 중국어를 도입하면 이곳은 자연스레 중국공산당 것이 된다는 논리를 폈습니다. 어찌 들으면 황당하지만, 이는 중국공산당 정부가 지향하는 목표입니다. 중화민족이란 것이 중국공산당 내에서 실체가 모호하지만 빈말로 내세우는 것처럼 일대일로 프로젝트 참여국의 현지인을 경제적으로 종속시키고 문화적으로 동화시키면 이들도 큰 의미에서 신新 중화민족이 된다는 논리입니다. 이제 과거와 같은 군사력을 동원해 영토를 점령하는 방식의 식민지배는 존재하지 않습니다. 그런 의미에서 포스트 팬데믹 일대일로 프로젝트는 중국공산당 특색의 신식민주의新植民主義 방식이라 할 수 있습니다."374)

2021년 4월 박상후, '문명개화TV' 대표 요약, 원문은 미주 참조.

디둥성의 중국전략 설명에서 일대일로 프로젝트, 중화경제권 구축, 위안元화 국제화 등에 대한 중국공산당의 전략구상이 가진 허상과 문제점에 대해서는 일단 차치한다. 중국 정치경제 문제와 함께 국제 정치경제에 대한 더욱 자세한 설명이 필요해서다. 본 주제와 관련해 눈길을 끄는 대목이 바로 위에서도 설명한 중국인의 해외 진출 전략이다. 디둥성이 출간한 책과 다른 강연에서는 다문화 정책을 강조하고 있다. 자유민주주의 국가에서 중요한 규범이자 정책으로 추진하는 다민족, 다문화 정책을 중국인의 해외 진출과 장악에 이용한다는 내용이다.

현재 한국을 포함한 여러 국가에서 추진하는 다문화 정책과 외국인 이주 장려정책을 이용해 중국 인구과잉 문제를 해소하고 현지 지역을 실질적으로 중국 세력권으로 만든다는 전략이다. 디둥성은 다음과 같이 역설했다. 해외 각지를 다문화 지역을 만들어 중국인이 10%만 차지하더라도 현지를 중국화할 수 있다. 그 지역에 거주하는 사람들을 신중화민족으로 만들 수 있는 것이다. 최종적으로는 해외 각 지역, 국가를 중국이 지배할 수 있게 된다.375)

이는 디둥성의 독자 논리가 아니다. 바로 중국공산당 내부에서 논의하는 치밀한 세계지배 전략이다. 중국공산당은 위에서도 소개한 중국공산당의 전략 분야 최고수뇌부인 츠하오톈의 논리를 이미 오래전부터 구상하고 추진해 왔다. 중국공산당이 중국인의 해외 이민과 이주를 적극적으로 추진해 온 배경이기도 하다.

중국공산당이 해외 현지 지역사회, 결과적으로는 그 해당 국가를 장악하는 방식과 경로는 홍콩의 예가 전형이다. 홍콩은 중국에 주권이 이양된 사례로 다른 지역과는 다른 홍콩만의 특수성이 있다. 하지만, 중국공산당과 디둥성 같은 중국 전략가들은 중국인 이주와 중국화化 전략의 모범 사례로 홍콩을 꼽는다. 해외 지역별로 각기 다른 정치, 경제, 사회, 역사와 문화적 조건과 상황이 있으나 중국공산당이 진출하는 기본적 전략을 보여준다고 한다. 이 기본적 중국공산당 전략을 살펴보자.

중국공산당은 먼저 다른 국가, 지방자치단체 등과 순수교류와 협력의 물꼬를 튼다. 그다음 중국인 노동자, 유학생, 사업가 등을 진출시킨다. 저렴한 노동력을 제공하는 중국인 노동자는 특히 선진국에서 강한 유인책을 갖고 있기도 하다. 동시에 중국공산당 특권계급과 중국공산당 요원이 신분을 세탁하고 위장기업을 내세워 현지 투자를 과감하게 전개한다. 여기에는 중국공산당의 해외 통일전선공작과 정치공작전이 동반된다. 특히 현지 정치, 경제, 언론, 교육 등의 엘리트를 선별적으로 매수해 친중 인사로 만든다. 이와 함께 현지의 언론과 미디어, 교육 부분에 대한 삼투를 진행한다. 중국공산당의 삼투와 침투에 대한 경각심을 잠재우고 친중 여론을 형성해 현지인의 눈과 귀를 가리기 위함이다. 이 과정을 통해 중국인들이 현지 사회에 정착한다. 중국공산당은 막대한 자금력과 정치력을 동원해 현지에서 성공한 중국인 신화를 만들어낸다.

이 과정에서 바로 다문화 정책을 중점적으로 이용한다. 다민족, 다문화, 다인종이 공존하는 아름답고 번영하는 사회를 만들자는 것이다. 영주권이나 유학생들에게 참정권을 부여하고 권리와 권익을 보호해주자는 구호를 현지인(현지 정치인, 교육자, 언론인 등)의 목소리로 내세운다. 현지인이 중국공산당의 대리인으로서 이러한 주장을 하지는 않는다. 그들은 대부분 인권, 인구감소 대처, 친선과 교류 등의 순수한 목적에서다. 그러나 중국공산당은 한 사회의 다양한 의견 중에서 자신들이 이용하는데 유용한 논리를 지지하고, 더 나아가 은밀하게 간접적으로 지원한다. 자유민주주의 사회에서 중국공산당이 유용하게 이용하는 논리가 이른바 '정치적 올바름PC' 논리다.[376]

현지에 중국인이 성공적으로 정착하고, 더 나아가 참정권을 획득하면 중국공산당은 이들을 중심으로 점차 지역사회에서 정치적 영향력을 확장해 나간다. 바로 현지 외국인(중국인)들에게 참정권을 확대하도록 하고 이들 중 (실질적으로 중국공산당이 후원하는) 중국공산당 대표를 다문화 모범 사례로 지역 정치인으로 선발되도록 한다. 이들이 지역사회(지방자치단체)를 서서히 장악해 나가면, 그다음에는 다문화 정책의 명목으로 더욱더 많은 정치적 권리, 경제적 혜택을 만들어 낸다. 다문화 명목으로 다문화인을 위한 교육과 제도를 현지에 뿌리내리게 한다. 그러면 더욱 많은 외국인(주로 중국인)이 이주해 와 이 지역을 다문화 지역(실질적 중국화)으로 변화시킨다. 이것이 공고해지면 디둥성이 이야기한 바와 같이 다문화라는 이름으로 중국어, 중국문화, 중국식 가치와 제도를 공고히 구축해 나간다. 그러면 현지인과 현지 정치인, 기업인, 언론인, 교육인 등에 강력한 영향력을 행사할 수 있다. 많은 실재 사례를 살펴보면, 이 과정에서 원주민들은 주변화되고 소외되고 있음을 보여주고 있다.

현재까지 과정은 미국, 영국, 캐나다, 호주 등 서구사회에서 아프리카 저개발 국가에 이르기까지 광범위하게 진행됐다. 서구사회의 차이나타운 형성과 중국화 과정, 중국공산당의 잠식 사례에 대해서는 제5장에서 '밴쿠버 모델'과 '시드니 모델'을 통해 살펴보았다. 현지 정치세력화와 관련해서는 제4장 정치공작전에서 영국의 '화인 참정계획' 사례를 통해 설명했다.

중국공산당의 중국인 해외 진출과 차이나타운 구축을 통한 현지의 중국화 사례의 심각성은 아프리카 저개발 국가들에서 더욱 확연히 나타난다. 중국은 아프리카, 중앙아시아, 중남아메리카 등에 해외개발·투자, 일대일로 프로젝트 명목으로 대규모의 자원과 인력을 수출한다. 중국 개발·투자는 대부분 현지 국가와 국민의 돈(중국 차관 공여 방식)으로 진행하면서도 그 실행은 중국기업과 중국인 노동자가 독점한다. 중국 자본, 중국기업, 중국인이 대규모로 밀려들어 간다. 그러면서 개발 지역에 밀려드는 중국인 노동자들은 배타적인 자기들만의 차이나타운을 형성한다.377) 이들이 그 지역을 중국인의 상권으로 만들면서 현지인들은 점차 밀려나고 주변화된다. 그런데 개발·투자가 끝난 다음에도 중국인들은 중국으로 돌아가지 않고 현지에 정착한다. 현지의 중국화가 뿌리를 내리는 것이다. 결과적으로 중국은 현지 중국인 사회를 중심으로 현지 지역사회와 중앙정치에도 강력한 영향력을 행사한다. 디둥성과 츠하오톈이 역설하는 실질적인 중국 지배를 달성하는 것이다.

이와 관련해 급진 이슬람 단체의 유럽 장악 전략을 간단히 소개한다.378) 대다수 순수한 무슬림, 이슬람 단체를 의미하는 것이 아니다.

급진 이슬람 단체 내부 논의 중 유럽의 이슬람화 전략이 있다. 개요는 다음과 같다. 먼저 이들은 유럽 기독교인들이 내세우는 자유민주주의, 개방성, 인권, 자유의 가치를 최대한 악용하라고 주문한다. 다음으로 이들은 인권, 난민 보호, 이주의 자유, 외국인 노동자 보호, 다문화 등을 명목으로 수많은 중동과 아프리카의 무슬림에 조직원을 섞어서 유럽으로 이주시키고, 이를 통해 유럽 각지에 무슬림 정착촌을 형성한다. 그런 다음 유럽에 정착한 무슬림 사회의 열악한 조건을 선전하고 이들의 인권과 권리를 보장받도록 유도한다.

이 단계까지 도달에 성공하면 유럽 각 도시, 지역별로 형성된 무슬림 정착촌 내에서는 이슬람 율법 샤리아Sharia가 무슬림에게만이라도 인정되도록 만든다. 하지만 점차 무슬림이 그 지역사회의 경제만이 아니고 정치와 교육에도 힘을 갖게 되면 그 지역 전체에서 샤리아가 행사되도록 만든다. 일부 지역이지만 종교 자유, 인권, 다문화주의의 명목하에 그 지역은 이슬람 율법 치하로 떨어진다. 그 지역에 원래 거주하던 유럽인, 기독교인도 이제 그 지역 안에서는 이슬람 율법을 따라야 한다. 이런 방식으로 무슬림들은 그들의 배타적 이슬람 율법이 강제되는 지역을 점차 확대해 나간다.

무슬림 단체의 이러한 전략은 현재 유럽 각지에서 현실화하여 나타났다. 결과적으로 유럽 원주민 사회와 이슬람 이주자 집단의 갈등과 대립이 심각한 사회적 문제를 양산하고 있는 게 현실이다.

이는 다양성, 개방성, 다문화가 강조되는 세계화 시대의 어두운 현실이다. 더욱이 자유민주주의 사회의 자유, 다양성, 개방성, 인권 등에 적대적인 세력이 악의적 목적으로 자유의 가치를 악용해 자신들의 이념적, 민족적, 종교적 목적을 달성하고자 하는 전략·전술을 펼치는 현실이라는 점을 인식할 필요가 있다. 우리가 지향하는 밝고 따뜻한 사회의 이상만 주장할 게 아니라 자유와 개방을 파괴하고 지배하고자 하는 세력이 실질적인 공세를 감행해 온다는 현실을 직시해야 한다.

중국공산당의 지전략地戰略 초한전 주제로 돌아간다. 중국공산당 투자의 또 다른 측면은 치밀한 지정학적 전략에 따라 전개한다는 점이다. 인민해방군이 주목하는 주요 전략 지대와 시설 근처에는 항상 중국인 투자, 부동산 개발, 차이나타운 등이 조성된다는 사실을 아는가?

이와 관련해 아프리카연합AU본부, 아프리카 35개 국가 민감한 정부시설에 대한 중국공산당의 공작행태에 대해서는 전술한 바와 같다. 역시 또 다른 사례로 호주의 사례를 보면 호주보안정보국ASIO은 각종 보안상 이유로 새로운 건물로 이전을 단행했다. 호주보안정보국ASIO이 신청사로 이전하자 청사 근처에 중국인 부동산 개발업자가 우회적인 방식으로 부동산 투자를 시작했다. 순수한 투자 명목으로 중국인의 주변 부동산 구매가 증가하기 시작하고 중국인들이 주변에 거주하기 시작했다.379) 이 중국인들이 호주보안정보국ASIO 신청사 주변으로 이주해 들어오는 것은 그들의 말대로 순수한 것일까?

호주에서 중국공산당이 순수한 민간목적 투자개발로 전략적 거점을 장악한 또 다른 예가 바로 다윈Darwin항이다. 중국 상하이에 거점을 둔 투자 개발회사 랜드브리지그룹Land bridge Group은 2015년 호주 북부 다윈항에 대한 99년 임차권을 인수했다. 다윈항은 호주가 아시아, 남중국해로 진입하는 최전선에 놓여있는 해상 전초기지이기도 하다. 반면 중국으로서는 호주, 남태평양에 진출하는 전략적 거점이며 남중국해와 서태평양 진출을 제어할 수 있는 중요한 위치에 있다.

장기 임차 조건은 순수 민간목적이다. 하지만 군사와 비군사 영역을 적극적으로 허물어뜨리는 초한전에 해당하는 회색지대 전략을 능동적으로 구사하는 중국이 이 전략적 거점항구를 무려 99년간이나 사실상 조차租借하게 되었다는 사실은 호주와 전 세계에 충격을 주었다. 호주 자유민주주의 제도의 자유 투자법을 악용한 사례다. 현재 호주 정부는 이 결정을 뒤집지도 못하고 치명타를 당한 국가안보를 보완하기 위해 다각적이지만 힘든 노력을 하는 중이다.380)

다윈항은 미국 해병대가 주둔하고 있는 항만이기도 하다. 다윈항 계약을 성사시키는 데 앞장선 앤드루 롭Robb 전 호주 연방 통상부 장관은 랜드브리지그룹 고위자문역으로 활동한 것으로 밝혀졌다. 이 사례에서 볼 수 있듯이 중국공산당이 외국의 현지 엘리트를 매수하거나 친중 앞잡이로 내세워 타깃팅한 전략거점을 접수해 나가는 행태를 아래 〈그림 8-2〉와 같이 정리할 수 있다.

또 다른 예는 미국 텍사스주 라플린Laughlin에 대한 중국의 대규모 투자다. 라플린에는 미국 최대 공군 훈련장이 있다. 공군 최신예 기종 조종사 훈련을 이 기지에서 진행한다. 2018년 라플린 공군기지 근처에 약 16만 에이커의 대규모 풍력발전 단지 조성 계획이 발표되었다. 대규모 땅을 매입해 풍력발전 단지를 조성하는 회사는 지에이치아메리카 GH America라는 미국의 투자회사였다. 회사의 소유주는 중국인 거부였다. 중국 신장 위구르 지역 유명 에너지 기업 신장광후이에너지新疆廣

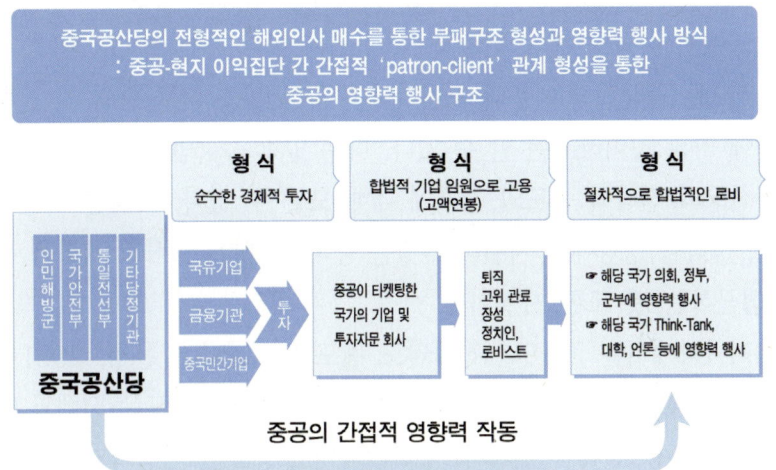

〈그림 8-2〉 중국공산당 개발·투자 초한전 전개양상도 381)

匯能源 회장 쑨광신孫廣信이다. 미국 기업인 지에이치아메리카는 신장광후이에너지의 미국 자子회사다.

쑨광신은 인민해방군 출신이다. 미국 자회사 지에이치아메리카는 인민해방군 출신들을 직원으로 채용했다. 이들이 난데없이 미국 공군 최대 기지 근처이자 멕시코 국경 근처 용지를 매입하고 풍력발전 단지를 조성하겠다고 나섰다.

과연 이들이 왜 그 지역에 투자할까? 순수 풍력발전 투자로? 인민해방군과 긴밀한 관계를 맺고 있는 회사가? 미국 투자 전문 기업을 2015년 갑자기 설립하고서? 거대 풍력발전기에 각종 정보통신 장비를 설치하면 얼마든지 그 지역을 감시할 수 있다. 더욱이 미국은 사유지에 진입 자체가 금지여서 그 광활한 지역을 배타적으로 이용할 수 있다.

또 다른 문제가 있다. 인민해방군은 범죄조직인 삼합회, 중남 아메리카 마약 범죄조직과 연계해서 미국으로 마약을 대규모로 반입한다는 분석이 있다. 멕시코 국경과 맞닿아 있는 그 배타적 지대를 통해 얼마든지 멕시코의 미국 진입 통로로 이용할 수 있다. 미국 텍사스주 주州의회는 결국 2021년 7월 이 투자를 금지하는 결정을 내렸다.382)

한국에서 중국인 진출 현황과 그 구조는 어떠할까? 〈BOX 8-1〉과 같다. 모든 중국인의 이주와 차이나타운 형성이 중국공산당의 지 전략 계획에 따른 것이라고는 할 수 없다. 다수 일반 중국인 이주자들은 중국공산당의 전략적 구도와 정책에 대해 모를 수 있다. 하지만 이들의 이주, 정착을 정상에서 지휘하고 있는 중국공산당은 전략적 계획을 갖고 접근하는 것 또한 사실이다.

우리나라에서는 2019년 전라남도 진도 차이나타운 논쟁, 2021년 강원도 차이나타운 논쟁이 격렬하게 일어난 바 있다. 진도는 서해와 남해를 아우르는 전략적 위치다. 우리나라에도 중요한 지역이지만 중국으로서는 중국 핵심부로 진입하는 '길목'에 있다. 전략적으로 중요한 가치가 있는 지역이다.

중국으로서는 이 지역을 중국화하거나 중국이 영향력을 행사할 수 있게 만들면 한국의 서해와 남해에 이어 제주도 해역에 이르기까지 이른바 '반접근' 전략을 투사할 수 있다. 그뿐만 아니다. 해군력이 서해로 진입하는 길목에 있으므로 이 지역을 저지하면 유사시 한국과 미군의 해군력이 남해를 거쳐 서해로 진입해 북한의 도발을 억지하는 것을 제약할 수 있다. 해양 팽창전략과 방어전략, 한반도 군사력 균형을 바꾸어 영향력을 행사할 수 있는 기반을 제공할 수도 있다.

현재까지는 별다른 진척이 없는 것으로 발표되었으나 중국 측은 홍콩에 근거지를 둔 투자회사, 중국 국영 대기업을 내세워 전남 진도에 차이나타운을 조성하고 중국인 이주를 적극적으로 독려한다는 계획을 발표했다.383) 중국 신문이 중국인들에게 소개하는 진도 홍보기사에는 "진도는 200여 개 도서에 인구가 3만 명에 불과하다."고 설명했다.384) 인구가 적음을 홍보하는 배경이 무엇일까?

〈BOX 8-1〉 한국의 중국인 정착지역, 진행 중인 중국인 투자

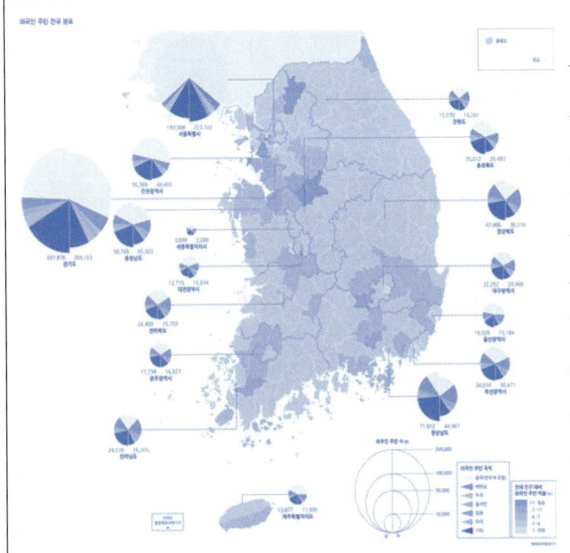

중국인이 집단거주하고 차이나타운을 형성하는 곳이 모두 전략적 가치가 있는 주요 핵심지역은 아니다. 또한, 모든 중국인과 중국교포들이 중국공산당의 공작요원은 더더욱 아니다. 하지만 군사와 안보상 전략적 중요성이 있는 지역과 기지 근처에는 흔히 중국인 집단 거주 지역(사

실상 차이나타운), 또는 투자개발 지역을 세우거나 개발하고 있다는 점에 주목해야 한다. 이것이 우연의 일치인가?

서울, 인천, 평택(해군기지, 미군기지), 군산(해군기지, 공군기지, 미군기지) 등을 포함한 서해안 지대, 전남과 전남 서남해안 전략거점지대, 대구(공군기지), 부산, 강원도 춘천과 철원(군사 전략상 핵심지대), 제주도(한국 남해와 서해 해양안보의 주요 전략거점, 해군기지) 등.

출처: 국가지도집 1권 2019, 2017년 기준자료; KBS, 슈퍼차이나.

한편 강원도 철원군, 춘천시 역시 한국이 북한과 대치하고 있는 안보 최전선이다. 이 지역 군사·안보 방어 태세가 불안정하거나 외부 세력에 의해 제약을 받으면 경기와 수도권과 충북까지 적의 침략에 그대로

뚫리게 된다. 6.25전쟁 때 중국 인민지원군이 이 지역을 집중적으로 공략했던 배경이기도 하다. 군사 안보, 전략상 중요한 지역에 안보와 체제 유지에 우리와 다른 이해가 있는 인구가 집단으로 거점을 형성한다는 것 자체가 국가안보에 치명적 결과를 가져올 수 있다.

4. 일대일로 프로젝트와 초한전 385)

시진핑은 집권 후 이른바 일대일로 프로젝트를 발표했다. 일대일로 프로젝트는 시진핑이 급조한 전략이 아니다. 중국이 1990년대 중후반부터 진행해 온 각종 국제진출 전략을 신실크로드 개념으로 포장한 내용이다.

일대일로 프로젝트는 일반 대중에게 알려진 바처럼 순수한 경제적 목적만으로 추진하는 개발·투자가 아니다. 시진핑 집권 후 이른바 중국몽을 이루기 위한 대외전략으로서 중국 경제, 정치외교, 군사적 영향력을 확장 구축한다는 지전략地戰略 계획이 응축된 전략이다.386) 이를 분석한 미국의 전략전문가 로버트 스팔딩은 일대일로 프로젝트는 전형적인 개발·투자 초한전이라고 규정했다.387)

일대일로 프로젝트는 지정학地政學·지경학地經學 전략을 포괄하는 중국공산당의 전략 프로젝트다. 중국공산당은 일대일로를 추신하면서 중국과 운명공동체, 이익공동체를 건설하자고 선전한다. 중국과 경제적 정치적 공동체를 형성하자는 것이다.

『초한전』 저자 차오량은 일대일로 프로젝트의 핵심 목적으로 대對미국 전쟁의 전략적 기반 공고화를 꼽는다. 프로젝트를 통해 중앙아시아, 동남아시아 지역과 함께 전 세계에 대한 정치·경제적 영향력을 공고히 하면 미국의 주변을 포위할 수 있고 미국의 주변부 기반을 약화함으로

써 중국의 대미전쟁 기반을 공고히 할 수 있다는 것이다.388)

실제 현실에서 중국이 중점적으로 추진해 온 일대일로 프로젝트는 군사 안보적 성격을 지닌다. 일대일로 프로젝트의 하나로 서태평양에서 인도양에 걸쳐 개발하고 있는 거점항구는 경제적 효용성보다는 군사적 중요성이 크다. 여기에는 중국이 공식적으로 군사 항으로 사용하는 아프리카 지부티항뿐만 아니라 상업적 목적이라고 발표한 파키스탄 과다르항, 스리랑카 함반토타항, 미얀마 차우크퓨항, 호주 다윈항 등이 포함된다. 만약 중국 진출이 성공적으로 성사되면 한국 서남해의 항구가 포함될 수도 있었다.

일대일로 프로젝트를 추진할 때는 투자에 따른 경제적 효과를 집중적으로 홍보한다. 하지만 중국공산당이 당·국가 주도의 전략적 구상을 바탕으로 사업을 추진하면서 경제적 효과에 대한 검증은 없는 사업이 많음이 드러났다. 그런데도 해당 국가나 해당 국가 지방자치단체가 이러한 비경제적 개발·투자를 환영하는 이면에는 해당 지역의 정치인과 일부 기업인, 언론과 전문가들의 이해관계가 얽혀있음이 보통이다. 중국공산당이 사업 추진과정에서 해당 지역의 정치경제 엘리트를 매수하기 때문이다. 또한, 해당 지역 엘리트들은 지역에 대규모 투자를 유치했다고 홍보하고, 투자로 막대한 이익을 챙길 수도 있다.

중국식 국가주의 개발·투자모델은 기본적으로 당과 정부의 거시적 계획과 구도에 맞추어 하향식top-down 집행방식으로 이루어질 수밖에 없다. 당·국가가 중심이 되어 그 경제적 수단인 국유기업이 주 수혜자가 되고, 여기에 공산당의 지원을 받는 중국 민간기업이 참가하는 구조다. 이러한 구조 아래서 추진되는 사업 프로젝트는 해당 국가와 지역경제의 지속 가능한 발전보다는 중국의 이익이 우선이다. 사업 성과는 중국 당·국가와 경제적 기반인 중국 국유기업과 금융기관이 독식하는 구조다. 이러한 사업들은 주로 저발전 국가들의 독재정권, 지방의 엘리트들과 결탁과 매수를 통해 계약을 체결하고 사업을 진행했다(〈그림 8-2〉 참조). 그리고 많은 경우 해당 국가와 지역의 부채위기와 함께 지역경제와 주민이 개발·투자의 경제적 효과에서 소외되는 것으로 귀결된다(〈그림 8-3〉 참조).

〈그림 8-3〉
저발전 국가에서 당·국가 주도의 일대일로 프로젝트 추진과정과 결과 389)

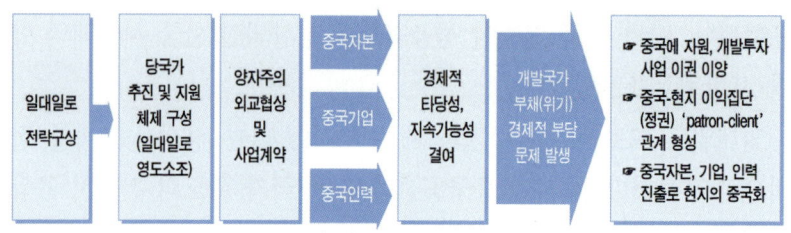

일대일로 개발·투자는 배타성과 중국화를 특징으로 한다. 중국 금융기관 대출을 이용해 중국 국유기업이 사업을 거의 독점으로 낙찰받고 실행과정에는 중국기업과 인력이 주로 동원된다. 현재까지 일대일로 프로젝트 명분으로 전 세계에서 추진된 사업에 사업자로 낙찰받은 기업 90% 이상이 중국기업이다. 390) 이 과정에서 투자를 받는 국가의 기업과 연관 산업은 사업 초기부터 배제된다. 현지 기업을 포함한 다른 국가 기업들은 관련 사업 산업 생태계에서 되출딩하고 민다. 그리고 현지 기업이 퇴출당한 빈 곳에 중국기업과 산업이 독점적 지위를 누린다. 결과적으로는 투자지역의 산업 생태계는 중국기업 중심으로 재편된다. 이러한 사례는 철도와 해운, 통신장비 사업 등 교통통신 인프라스트럭처 개발·투자 사업 전반에 걸쳐 이루어지고 있다. 이러한 사례는 아시아, 아프리카 저발전 국가에 국한하지 않는다. 유럽 선진국에서는 경쟁력 있는 중국의 통신 기업이 기반을 구축하고 있다.

유럽 정보통신 산업에 대한 중국 진출방식을 보면 우선 호환성이 없는 중국 통신장비를 중국 정부의 지원을 받아 초저가로 입찰하고 최종 낙찰받는 방식으로 진출한다. 하지만 일단 중국 통신장비가 설치되면 호환성이 없는 다른 현지 기업은 결과적으로 해당 통신장비 사업에서 배제되고, 중국 통신장비 업체가 독점적 지위를 누리게 된다. 391)

이러한 현상은 저개발 국가일수록 더욱 심하다. 해당 국가들은 유럽과 같은 기업과 기술 기반이 없다. 산업 전반에 걸쳐 경쟁력 있는 기업이 없는 관계로 현지 기업들은 일대일로 프로젝트에 참여하는 것이 더욱 어렵다. 결과적으로는 중국기업과 자본 중심의 산업 생태계가 형성되고 해당 지역이 중국기업, 자금, 인력 등으로 채워지는 '중국화' 현상이 진행된다. 이 과정에서 현지의 기업과 연관 산업, 지역 주민들은 개발의 혜택에서 소외되고 주변화된다. 또한, 그 결과 중국 영향력은 더욱 강화되고 정치·경제적 중국화가 진행된다. 이것이 디둥성이 말한 중국화, 신新중화민족의 탄생 과정이다.

일대일로와 관련하여 한국에서는 한 광역지방단체장이 '일대일로 프로젝트는 내 마음속에 있다.'는 헌사獻辭도 서슴지 않고 있는 것이 오늘날 우리의 현실이다.

또한, 인프라스트럭처 개발·투자와 관련해 한국에서 논의한 중국, 러시아, 북한을 잇는 파워 그리드 사업의 위험성을 상기할 필요가 있다. 중국과 함께 러시아는 한국의 자유민주주의와 자유 시장경제 한미동맹을 기반으로 한 자유 세계와 연대라고 하는 한국과 한국인의 정치·경제적 존재 기반과는 근본적으로 다른 이해가 있다. 여기에 동북아시아 파워 그리드 중간 연결선을 점유하는 북한은 한국에 대한 적화야욕을 한순간도 놓지 않았다. 이들 국가와 우리의 삶의 기반인 사회 기간망 사업을 연계하는 것은 되돌릴 수 없는 에너지 종속과 그에 따른 정치적 영향력에 취약하게 노출되는 기반을 구축함을 의미한다. 이 점을 면밀하고도 냉정하게 재인식할 필요가 있다. 동북아시아 파워그리드를 구상하고 지지하는 정치인과 전문가들의 의도는 순수하고 경제적 효익을 지향하는 것일 수도 있다. 하지만 저들의 의도와 그 결과는 전혀 그렇지 않다는 것을 깨달아야 한다. 즉, 순수한 경제적 효익으로만 접근해서는 안 되는 것이 바로 우리의 현실이라는 점을 인식해야 한다.

무역·경제전: 경제의 무기화

초한전 전법 중 경제, 무역을 무기화하는 것이 경제·무역전이다. 경제의 무기화는 경제교류를 무기화해서 타국이 중국 의도대로 행동하도록 영향력을 행사하는 것을 의미한다. 여기에 동원되는 수단은 무역정책, 투자, 경제제재, 원조, 금융, 에너지, 자원 등 다양하다. 보통 무역전 또는 무역보복전은 외교전과 여론전 등과 함께 전개한다.

한국은 주한미군 사드THAAD 배치 결정을 계기로 중국의 무역보복전을 경험했다. 이른바 한한령이다. 사드 배치 이전에도 중국은 이슈가 있을 때마다 무역보복전을 전개해 왔다. 과거 마늘 파동, 김치 파동 같은 사건이 그 예다. 하지만 사드 배치 보복은 과거 무역 분쟁과는 성격이 달랐다. 바로 중국공산당이 경제와 무역을 정치적 목적에 동원하는 경제의 무기화를 본격화한 것이다. 무역전 사례는 비단 한국만이 아니다. 가깝게는 일본이 이른바 희토류 사태를 겪었다. 호주도 대규모 무역보복전을 감내해야 했다. 이 외에도 중국은 필리핀, 베트남, 이 외 유럽국가들도 심기를 건드리면 여지없이 무역보복전을 동원한다.

중국이 경제를 무기화하는 전형적인 방식은 여론전, 미디어전, 인지전, 외교전, 무역보복전 등을 조합해서 전개하는 것이다. 중국이 전개하는 전법 구사의 패턴은 다음과 같이 정리할 수 있다.

첫째, 중국공산당과 중국 정부는 공식으로는 무역 보복에서 빠진다.

중국 정부가 역풍을 맞을 개연성을 사전에 차단하려 해서다. 중국 국내 여론을 조성한다. 국내 사회 저변까지 조직되어 있는 다양한 기관과 매체 등을 동원해 중국인들을 선동한다. 중국공산당의 선전기관인 방송과 신문을 통해 중국인들의 분노를 부추긴다. 그러면서 여러 사회단체, 각급 학교 등이 상대국 규탄대회와 관제 데모를 일으킨다. 일반 중국인들이 상대 국가의 제품 불매운동에 나서도록 조종한다.

둘째, 중국 정부가 공식적으로는 부정하나 실질적으로 타깃이 된 국가로 여행가는 중국인들의 비자 발급을 제한하고 그 국가 국민이 중국으로 입국하는 과정을 까다롭게 만든다. 이와 함께 상대 국가의 상품과 서비스가 중국으로 진입하는 통관 과정에 각종 행정규제 등으로 사보타지를 행한다. 이렇게 되면 중국에 경제적 이해관계가 있는 상대국 기업인과 상인들은 경제적 손실에 대한 공포에 휩싸이고 자국 정부의 방침에 반감을 갖는다. 하지만 이에 따른 경제적 손실은 상대국만 입지는 않는다. 중국인들도 같이 경제적 피해와 어려움을 겪는다. 그러나 중국은 중국공산당의 나라이기에 공산당은 국민의 생활과 자국 경제가 무역 보복에 따른 피해를 보더라도 별로 상관하지 않는다.

셋째, 무역보복전을 지능적이고 기술적으로 전개한다. 여기에 중국공산당이 발전시킨 심리전도 동원한다. 무역 보복 타깃으로 삼는 상품과 기업을 전략적으로 선별하는 것이다. 이때도 자국 산업에 필수적인 상품은 될 수 있으면 건드리지 않는다. 또는 전략적 소재와 재화의 경우 자국이 세계적인 독점력을 가진 품목을 선별한다. 일본과 갈등에서 중국이 선택한 것이 바로 희토류였다. 필리핀에 대해서는 필리핀의 대중국 주요 수출품목이자 농민들의 생계가 걸려있는 바나나와 파인애플 등이었다. 호주의 경우는 호주의 주 수출품목인 자원과 농민들을 자극할 수 있는 포도주였다. 또한, 되도록 중국에 실질적인 피해가 미미한 소비재, 유통업, 여행업 중심으로 선별하고 그 선전효과는 극대화할 상품이나 기업을 선별하여 집중적으로 타격한다. 하지만 실질적으로 중국이 취할 수 있는 경제보복의 범위와 규모는 크지 않다. 중국경제가 여전히 글로벌 가치사슬의 하위에 놓여있는 관계로 경제적 단절은 자국 산업의 운영 중단 사태를 의미하기 때문이다. 이는 일본과 호주 등의 사례에서 선명하게 드러났다. 여기에는 중국보다 산업경쟁력 우위를 아직은 지키고 있는 한국도 포함된다.

중국의 무역 보복 패턴을 한국의 예를 통해 더 구체적으로 살펴보자. 중국이 한국에 무역보복전을 전개할 때, 중국경제에 직접적 피해가 갈 수 있는 부분은 건드리지 않았다. 대신에 선전효과를 극대화하고 상대국 국민의 공포감과 공황을 유발할 수 있는 상품과 기업을 선별해 집중하여 공격했다. 롯데그룹 대상 보복, 중국 여행객 제한조치였다. 특히 롯데는 공교롭게 사드 기지가 들어설 용지를 보유한 기업이었다. 롯데는 중국에 삼성과 같은 중요성을 갖지 못했다. 롯데가 중국에 진출한 분야는 주로 소비재와 유통업이다. 소비재와 유통업은 중국도 얼마든지 롯데와 경쟁할 수 있는 업종이다. 이러한 배경하에, 중국공산당은 특히 중국에 진출한 롯데마트를 집중적으로 타격했다. 중국 국내에서와 함께 한국에도 선전효과를 극대화할 수 있는 최적의 공격 목표였다. 하지만 중국은 삼성전자, SK하이닉스반도체를 포함한 대부분의 한국기업은 건드리지 '못했다.' 자국 경제에 직접적 피해가 가기 때문이다.

이와 함께 한국을 방문하려는 중국 여행객을 제한했다. 중국 여행객 제한은 한국에도 큰 선전효과를 거둘 수 있는 부분이다. 일반 한국인들이 피부로 직접 경험할 수 있는 것이 바로 중국 여행객들이기 때문이다. 여행객들이 한국을 방문해 소비하는 면세점, 상점 들이 직접적 피해를 봄과 동시에 한국 신문, 방송에 크게 이슈화되면서 한국 사회에 공포감을 불러일으킬 수 있는 선전효과를 낼 수 있는 분야였다.

넷째, 한국 사회에 대한 여론전, 심리전, 미디어전, 인지전을 대규모로 전개한다. 여기에는 밝혀지지는 않았으나 사전에 토대를 마련한 해외 통일전선공작이 같이 동원되었다. 바로 한국 진보·좌파 시민단체를 동원하는 것이다. 우선 한국의 각종 포털사이트나 언론 등에 댓글전을 전개하고 한국 정부를 비판하고 사드와 관련된 각종 가짜뉴스와 거짓 내러티브를 유포하며, 경제적 불이익을 확대 선전하면서 공포감을 조성한다. 이와 함께 한국의 진보·좌파 시민단체들이 대대적인 사드 배치 반대와 반미운동을 일으키게 한다.

또한, 각종 한중교류 채널을 동원해 한국인과 한국의 중국 전문가들을 중국 편에 서도록 추동했다. 이른바 전문가, 교수 등 여론 주도자들을 대규모로 한국에 파견해 한국의 중국 전문가들에게 중국 처지를 호소하기도 했다. 그동안 친선우호 교류 명목으로 쌓아놓은 양국 전문가 간의 친분에 호소해 개인적이고 감정적인 호소 공작까지 전개한 것이다. 그러면 한국의 친중 중국 전문가와 교수들은 중국 관점에서 사드 사태를 해설하는 행동을 방송과 신문을 통해 전개한다. 이들은 경제적 이익과 실용적 선택을 해야 한다는 논리로 한국 정부와 국민을 호도한다. 여기에 논리 비약도 서슴지 않는다. 바로 각종 외형적인 통계수치들을 나열하면서 한국경제가 중국경제와 영원히 단절돼 큰 경제적 손실을 볼 수 있다는 논리로 막연한 공포감을 주입해댄다. 이를 실용정신, 실용외교, 경제 현실, '안미경중安美經中(안보는 미국에 경제는 중국에 의존한다)' 등 용어로 포장한다. 하지만 이들의 이러한 논리에서 중국의 보복행태, 중국이 할 수 있는 것과 없는 것에 대한 냉철한 분석, 우리의 대응전략 등은 찾아볼 수 없었다.

다섯째, 외교전이다. 외교전도 해외 통일전선공작과 병행하여 전개한다. 먼저 중국 외교부가 공식적으로 유감과 반대 견해를 밝힌다. 한국의 대중국 외교 라인에 대한 접견 거부 등의 압박을 행사한다. 이와 함께 이른바 외교 특사단을 한국에 파견한다. 이들 특사단이 집중하는 대상은 한국의 외교부가 아니었다. 노골적으로 당시 한국의 야당 인사들을 접견했다. 즉, 외교전과 함께 중국이 싫어하는 정책을 결정한 정부에 반대하는 한국의 야당과 통일전선을 구축해 정부를 압박하였다.

이상이 중국공산당이 전개하는 경제·무역전의 대략적이고도 전형적인 행위 패턴이다. 이러한 패턴은 한국의 사드 배치 사례뿐만 아니라 일본, 대만, 호주, 필리핀, 체코, 폴란드, 스웨덴 등 다른 나라에 대해 전개하는 보복전에서 공통으로 발견되는 패턴이다. 목적은 상대 국가를 경제와 무역으로 굴복시켜 중국 영향력 아래에 묶어두는 것이다. 이를 통해 다른 국가들에게도 경고한다는 선전효과까지 고려한다.

하지만 전술한 바와 같이 여전히 글로벌 가치사슬의 하단에 있는 중국경제는 무역보복전에 역으로 취약하다는 사실을 보여준다. 일본에 대한 희토류 보복은 오히려 일본의 각성을 불러일으켜 희토류 자체 생산과 중국의존도 분산 정책으로 번지면서 중국 희토류 독점이 중장기적으로 깨지는 결과를 가져왔다. 호주에 대한 무역 보복은 포도주를 제외하고는 중국 '자해행위'임이 명백히 드러났다. 오히려 호주의 석탄과 철광석 수입을 금지하거나 제한하면서 중국에 전국적인 에너지 전력대란 사태를 일으켰고, 철광석 가격 폭등이 철강생산비 상승으로 귀결되었다. 단기적으로는 호주에게 충격을 주었을는지 모르나 불과 1~2년 만에 최대 피해자가 중국과 중국경제임을 보여주었다. 호주와 일본 사례는 중국 경제무역 초한전에 한국이 어떻게 대응해야 하는지 보여준다. 참고로 이른바 한한령 이후 중국에 대한 한국의 수출은 오히려 증가했다.

무역·경제 초한전에 대한 선진국의 대응

중국 무역보복전과 경제전에 대응하는 선진국들의 움직임이 최근 활발해졌다. 특히 경제기술 분야 초한전의 위험성을 뒤늦게나마 자각한 국가들이 중국의 침탈에 맞서는 대응조치를 마련하고 있다. 중국의 기술침탈을 겨냥해 외국인투자에 대한 심사를 강화하는 사례는 캐나다, 호주, 뉴질랜드, 이탈리아, 독일, 영국, 미국 등 총 13개국이 외국인투자법을 신설하거나 재개정하였다.392) 이들 국가는 특히 중국제조 2025 계획에서 주력하는 인공지능, 로봇공학, 반도체, 5G, 바이오테크놀로지, 위성과 항공우주 분야 핵심기술과 노하우 등을 포함하는 산업과 기업 분야로 외국인투자 심사 강화와 제한을 확대했다. 또한, 확대 강화되는 외국인투자법과 심사대상에는 자국민의 개인정보나 민감한 데이터를 외국기업에 흘러가지 못하도록 통제하는 법과 규제 강화도 포함된다. 예전에 외국투자에 대한 심사는 주로 국방, 안보 관련 산업에 제한한 것과는 확연히 다른 조치를 취하고 있다.393)

독일은 2018년 독일 기업에 대한 외국기업 인수 문턱을 높이는 조처를 했다. 중국기업이 독일의 최첨단 기술기업을 인수해 기술을 합법적으로 탈취한 다음 당·국가의 전폭적 지원으로 해당 산업의 독점적 지위를 확보해 선진기술 기업의 시장진입과 기술혁신을 실질적으로 가로막는 것을 차단하기 위해서다. 독일 반도체 기업인 아익스트론 인수에 대한 중국 푸젠훙신福建宏芯투자펀드 계획을 무산시켰다. 영국 또한 2018년 국가안보와 관련된 기업과 자산을 중국과 러시아가 전략적으로 인수하는 시도를 차단했다. 역시 2018년 캐나다 정부는 중국공산당이 자신의 국유기업과 국부펀드의 막강한 자본력을 바탕으로 국가안보와 관련된 기업과 자산을 인수하는 시도를 막고 나서기 시작했다. 중국 국유기업인 중국교통건설이 캐나다 발전설비업체 에이콘을 인수·합병하려는 시도를 불허한 것이다. 이와 관련해 "캐나다 정부는 일자리를 늘리고, 국가 번영을 창출할 외국인 투자를 위한 문은 활짝 열려 있지만, 국가안보를 희생하지는 않는다."며 불허 사유를 밝혔다.394)

미국은 외국인투자위원회CFIUS의 기능을 강화했다. 2018년 트럼프 행정부 시기에 미국 의회에서 초당적 합의로 외국인투자위험심사근대화법FIRMA을 통과시켰다. 외국인투자위험심사근대화법은 우회적 방법을 통한 미국 기업과 자산 인수 후 기술 탈취를 막기 위해 투자심사를 강화하는 내용이다. 중국기업에 대한 심사 강화 배경은 중국공산당의 기술경제 초한전의 실체를 자각했기 때문이다. 중국공산당은 인수합병을 통해 선진기술을 습득하고 자국 기업이 국제경쟁에 본격적으로 뛰어들게 하는 것이 목적이 아니다. 바로 기술경제 초한전을 전개해 선진기술과 선진국 기업을 중국식으로 대체하여 독점적 지위를 확보하고 나아가 시장 지배가 목적이다. 이는 정치적 문제만이 아니라 선진 기술 기업들이 공정한 경쟁을 통해 기술혁신을 이루어내는 자유시장 경제의 기본 규칙까지도 파괴한다는 문제가 있다.

그런데 이쯤에서 반론 또는 이의가 제기될 수 있다.

왜 중국만 문제 삼는가? 기업 인수 합병을 포함한 투자는 다른 나라 기업들도 비슷한 상황이고 통계수치로 보면 미국을 포함한 선진국의 투자액도 만만치 않다는 반론이다. 그런데 이 반론은 해외투자유입을 평가할 때 중국과 미국, 일본 등의 선진국 투자를 양적인 수치만을 갖고 단순 비교하는 논리다. 수십 년간 누적된 해외투자금액을 국가별로 단순 비교할 수 있는가? 누적된 총액보다 최근의 투자 경향 액수를 보면 중국이 선진국 기술을 노리고 얼마나 공격적인 인수합병을 전개하는지 알 수 있다.

중국의 투자는 일반 서방 자유주의선진국의 투자와는 성격이 다르다. 중국 국유기업뿐만 아니라 민간기업까지도 중국공산당의 전략적 목적에 따라 진행하는 투자가 대부분이다. 중국공산당의 전략적 계획이 아닌 순수한 목적의 경제교류나 투자도 중국공산당이 언제든지 전략적 목적으로 이용할 수 있다. 여기서 중국공산당의 전략적 목적은 해당 국가 경제 잠식이다.

이러한 문제 제기에 역시 다음과 같은 반론 제기가 보통이다. 중국공산당과 연계되어있다고 중국 투자를 받지 않으면 중국과 경제교역 투자 거래를 하지 않겠다는 것인가? 중국의 163만여 민간기업에는 모두 공산당 지부가 있다. 이것은 중국정치체제의 특징이다. 중국공산당과 연계되어있다고 이들과 투자 교류를 하지 않겠다는 것은 중국과 관계를 끊자는 것이다.

이 반론 역시 중국을 다른 서방 자유주의선진국들과 동일시하는 오류다. 미국, 일본, 유럽의 민간투자는 국가전략으로 진행하지 않는다. 경제적 이익을 목적으로 진행한다. 중국의 투자는 전략적이다. 중국공산당 전체주의 일당독재체제에서 중국공산당이 정치·안보·군사적 목적으로 전략적 계산으로 진행한다. 이것을 어떻게 단순 비교하여 동일시하는가? 중국은 중국공산당이 모든 민간기업을 통제하면서 정치적, 전략적 목적 달성을 위해 동원할 수 있는 체제다. 중국공산당은 이른바 '군-민 통합' 체제를 구축하고 있다. 일대일로 프로젝트를 포함한 해외 투자는 이른바 '순수한 경제적 목적'이라는 미명으로 중국공산당이 전략적 목적을 달성하기 위해 동원하고 있는 현실이다.395) 중국공산당의 나라 중국에서 순수한 목적의 해외투자는 거의 없다고 할 수 있다.

2016년 시진핑은 "중국기업은 당의 목적을 수행하는 중요한 도구이다. 기업 이사회는 주요한 결정을 할 때 중국공산당의 지도를 따라야 한다."고 강조했다. 홍콩 경제학자이자 《신보信報》 편집인이던 리안이종 교수는 이러한 중국 경제체제 성격을 당·기업 복합체 party-corporate complex로 규정하기도 한다. 리안 교수의 지적처럼, 중국기업에 대한 조사분석 보고서는 중국기업의 약 90% 이상이 중국공산당의 직간접적 지도하에 있음을 보여준다.396)

한중 수교 이후 30여 년간 한국이 중국에 진출한 배경은 기술경쟁력 우위였다. 중국인과 중국기업이 할 수 없고 잘하지 못하는 것을 한국의 기업이 할 수 있기에 중국에 진출하고 중국의 경제적 기회를 활용할 수 있었다. 이러한 조건이 없으면 한국은 중국에 진출할 수 없었다. 중국이 원하지 않을 테니까. 국가 간 경제교류는 정치적 우호 관계와 민간인들 간의 친선과 우정으로 이루어지지는 않는다. 철저하게 이익에 기반을 둔 교류, 이것이 국제관계의 냉혹한 현실이다. 이러한 현실은 한중관계와 경제교류에도 그대로 적용된다. 그렇다면 한국이 중국과 경제적·사회적 교류를 지속하기 위해서라도 중국에 우월한 기술경쟁력을 확보하고 유지해야 하지 않을까? 이러한 기반을 위해서는 중국기업이 한국의 기술을 탈취하는 상황을 막아야 하지 않을까?

또한, 중국의 투자가 한국의 국가안보를 위협해서는 안 된다. 투자를 받되 심사를 강화해서 우리의 안보와 주권을 위협하지 못하도록 해야 한다. 중국공산당은 세계 패권을 장악한다는 대전략 아래에 한국에 대한 정치경제, 군사·안보상 영향력을 강화하고자 초한전을 전개하기 때문이다. 나아가 한국을 친중 종속국으로 만든다는 전략목표 아래 접근한다. 중국공산당이 지배하는 중국은 미국이나 일본과 같은 정상국가가 아니다. 이 점을 고려해야 한다. 한국의 정체성, 국가안보, 중국의 정치적 영향을 받지 않는 선에서 우리 역시 받을 때 받더라도 전략적 계산을 통해 받아야 한다. 이것은 한 국가가 다른 국가와 경제교류 협력을 할 때 당연히 고려해야 하는 사안이다.

제9장

초한전과 한국

제9장 초한전과 한국

    중국공산당이 초한전을 벌이는 목적은 그들의 중국몽(중국공산당의 세계제패 꿈)을 달성하기 위해서다. 중국몽 달성이 자유민주주의 국가나 중국 영향권에 드는 국가에 주는 의미는 무엇일까?
    중국공산당은 자유민주주의 체제, 자유에 기반을 둔 삶의 가치를 원하지 않는다. 명확하게 표현하면 중국공산당은 '자유의 적'이다.
    중국공산당으로서는 다른 국가 자유민주주의 체제가 반드시 붕괴할 필요는 없다. 실제 중국공산당의 제1차 목표는 자유민주주의 체제 붕괴가 아니다. 중국공산당이 타국에 이러한 목표를 직접 강행하기에는 너무나도 큰 비용과 대가를 수반하기 때문이다. 중국공산당은 이 점을 잘 알고 있다. 그래서 더욱 정교한 초한전 전략이 필요하다. 중국공산당으로서는 상대 국가가 중국에 맞설 수 없을 정도로 정치적, 경제적, 사회적 기반이 무너지면 된다. 또는 상대 국가의 삶의 기반인 사회경제적 기반시설에 대한 통제권을 은밀하게 장악하고 있으면 중국은 강력한 영향력을 발휘할 수 있다. 또는 그 국가가 사회경제적 기반과 자유민주주의 체제를 유지하더라도 중국공산당의 의도에 맞게 그들 스스로 내부적으로 친중親中 정책을 펴는 친중 국가면 된다.
    영국 노팅엄대학 중국 정책연구소 연구원 지창 루루Jichang Lulu가 개념화한 '재용도화한 자유민주주의' 국가로 변질시키면 되는 것이다. 국가의 체제는 그대로인데 그 내용은 중국공산당에 '실질적'으로 조종되거나 종속된 국가로 만드는 것이다. 이는 자유민주주의 체제가 아닌 국가들도 마찬가지로 적용된다. 중국이 한 국가의 정치, 경제, 사회 기반시설, 국민의 인식을 '실질적으로' 장악하면 된다. 즉, 중국공산당의 목표는 하나다. 이들 국가가 중국에 자유롭고 독립적인 주권국가로서 중국에 반하는 정책을 펴지 않으면 된다. 중국공산당이 꿈을 달성하려면 미국을 위시한 자유민주주의 국가들이 형식적이 아닌 실질적으로 자유롭지 못하고 중국공산당이 원하는 바를 스스로 행하는 국가로 만들어야 한다.

초한전의 핵심은 고도로 지능화되고 은밀한 삼투를 통한 침탈이다. 초한전을 펼치는 국가의 정부와 시민들이 초한전이 감행되고 있다는 사실을 인지해서는 안 된다. 중국으로서는 그들이 중국에 침탈당하고 있다는 사실을 인지하지도 못하는 사이에 돌이킬 수 없는 처지에 빠져야 한다.

초한전의 가공할 위력은 한 국가사회가 심각한 수준으로 친중 종속화되더라도 그 사회구성원 전체가 상황을 깨닫지도 못한다는 데에서 나온다. 그 원인은 그 사회에 정치·경제적 친중 이해관계 생태계가 형성되고, 이와 함께 사회적 가치체계의 혼란을 동반한 사회적 분열이 이미 상당한 수준으로 진행되어서다.

정치·경제적 이해 생태계 형성과 관련해서, 만약 한 국가사회가 중국의 초한전에 잠식되어 버리면, 중국공산당과 중국에 그들 스스로 이해관계를 깊숙이 뿌리박은 강력한 이해집단이 형성되어 있음을 의미한다. 이러한 이해집단에는 중앙정부, 중앙과 지방 정치인, 기업인, 지식인과 언론 등이 두루 포함된다.

사회적 분열과 관련해서, 초한전 전법 중 여론전, 미디어전, 심리전, 교육·문화전, 이념전, 해외 통일전선공작 등이 한 국가사회에 성공적으로 전개되면 해당 국가 사회구성원들은 심각한 수준으로 가치와 사고의 왜곡, 인지 혼란을 겪는다. 그 결과 사회적 분열과 갈등의 수준이 악화한다. 초한전이 전개되는 한 국가사회에서 일부 친중 엘리트들의 정치·경제적 이해와 그 사회구성원들 간 이념과 가치의 분열이 맞물리게 되면, 그 국가사회는 다시는 재화합의 길로 접어들기 힘든 수준으로 병들고 만다.

본 장에서는 이러한 점을 고려하면서 중국공산당의 초한전과 한국의 문제를 다룬다. 또한, 한국이 초한전에 어떻게 대응해야 하는지 제시하려 한다.

1. 한국과 중국: 한중수교 30년

지난 2022년 한국은 중국과 수교 30주년을 맞이했다. 그동안 한중관계는 사회경제적 교류가 폭발적으로 증가했을 뿐만 아니라 정치 외교적으로도 밀접한 관계를 형성했다. 한중관계 발전의 밑바탕에는 경제적 이해관계가 주요한 동력으로 작용했다. 경제적 진출과 사회적 교류가 확대되면서 한국에서는 중국 붐이 일어났다. 이 과정에서 한국과 한국인은 중요한 사실을 알면서도 망각했다. 바로 중국이라는 국가의 성격이다. 중국을 자유민주주의 국가와 차이가 없는 정상국가로 인식했다. 오늘날 중국은 사회주의 이론과 혁명노선을 고수하고 있는 중국공산당 일당독재 체제의 전체주의 국가로서 우리와 가치와 이념, 대외전략과 국제적 행위규범에서 근본적 차이가 있다.[397]

중국은 중국공산당 중심의 전체주의적이고 위계적인 질서를 바탕으로 아시아 지역과 세계 패권을 쟁취한다는 목표를 한 번도 버린 적이 없으며 급속도로 성장한 경제력을 바탕으로 이제는 그 의도조차 숨기지 않는다.

한국에서 대對중국 관계를 사고하고 분석하는데 이러한 근본적 국가성격 차이에 대한 고민은 어느 순간 실종되어 버렸다. 이러한 몰沒가치성을 바탕으로 중국을, 미국을 비롯한 자유 국가들과 똑같이 취급한다. 중국이나 미국이나 차이가 없는 '강대국'일 뿐이다. 일반인뿐만 아니라 국제 정치 전문가들도 미·중 관계를 분석하고 논의할 때, '어떠한 강대국인가?' 하는 고민은 보이지 않는다.

미국, 중국 등 강대국들이 한국의 운명에 막대한 영향을 준다는 점을 고려할 때, 그 강대국의 '성격'을 규정하는 것은 논의의 가장 기본적인 출발점이어야 한다. 한국 또한 정치경제 체제와 추구하는 가치에서 가치 중립적인 국가가 아니기 때문이다. 대한민국은 자유민주주의와 자유시장 경제, 자유주의 국제정치경제 질서에 사활을 건 이해가 있다. 이는 우리 삶의 존립 기반이기도 하다. 단순히 친미親美냐 친중親中이냐 문제가 아니다. 우리는 중국공산당이 중심이 되는 권위주의적인 국제정치경제 질서를 원하지 않는다. 그 체제와 질서의 영향권 아래 들어가거나, 편입되는 것은 대한민국 존립 기반이 무너짐을 의미한다.

또한, 단순히 대한민국의 독립 주권이나 민족적 독립성을 유지하는 문제만도 아니다. 우리의 경제적 번영과도 직결된 문제다. 오늘날 대한민국이 정치적 자유와 경제적 번영을 이룬 기반이 바로 자유민주주의, 자유시장 경제, 자유주의 국제질서, 한미동맹과 미국을 중심으로 한 서방 자유 세계와 맺은 연대다. 우리 생존의 문제인 안보 또한 한미동맹을 바탕으로 지켜지고 있다. 북한의 직접적 위협과 중국공산당의 잠재적 위협, 이들의 보이지 않는 침탈에서 우리의 생존기반을 지키는 기반이 바로 한미동맹, 더 나아가 한-미-일 안보협력 체제다. 동맹을 통해 적대세력과 힘의 균형을 이루어 우리의 존립 기반을 지키는 것은 국제정치의 기본 중 기본이다.

반면, 중국공산당의 전략적 이익은 무엇이고, 이 전략적 이해구도 속에 한국은 어디에 있는가? 한국은 중국공산당이 아시아 지역에서 영향력을 확장하고 미국에 대적하는 데 디딤돌에 해당하는 전략적 가치가 있다. 지정학적으로뿐만 아니라 동아시아 정치·경제적 측면에서도 중국공산당에 중요한 전략적 의미가 있는 나라가 바로 한국이다. 가깝게는 2035년, 더 멀리는 2049년까지 아시아 지역을 넘어 미국과 경쟁에서 승리해 세계 패권을 장악한다는 목표 달성에 전념하고 있는 중국공산당에 한국은 친중 영향권으로 포섭해야 할 1순위 목표에 해당한다. 즉, 중국공산당의 해외 통일전선공작과 초한전에서 한국은 1순위 대상 국가다.

따라서 중국공산당은 현재 미국을 포함한 서구 국가들에 벌이고 있는 초한전을 당연히 한국에서도 진행하고 있다. 한국에서 중국공산당이 벌이는 초한전의 사례는 안타깝게도 명확한 증거를 바탕으로 조사한 분석 결과로 소개할 수가 없다. 국가와 사회 수준에서 이에 대한 조사는 말할 것도 없고 문제의식조차도 없는 상태기 때문이다. 다만, 본서에서 소개한 바와 같이 해외에서 조사된 사례를 한국에서 일어나고 있는 중국 관련 사안들과 연계해 보면 다른 나라와 같은 형태로 한국에 대한 초한전이 전개되고 있음을 알 수 있다. 더 나아가 그 공작패턴까지도 추출할 수 있다. 본서에서 소개한 한국의 사례는 이와 같은 비교 적용 방식을 통해 합리적 문제를 제기한 것이다.

한국에서의 중국공산당 그리고 현실

중국은 한국을 어떻게 인식할까? 2010년대 들어 한창 중국 부상, 중국 굴기, 미국 쇠퇴 등의 수사가 중국과 한국을 포함해 일반인들에게 회자한 시기였다. 당시 필자는 중국 베이징대학北京大學에서 국제관계 분야 저명 교수 한 사람과 면담할 기회가 있었다. 연구실에서 인사를 하는데, 교수가 앉은 채로 대뜸 꺼낸 첫마디가 이랬다. "소국小國에서 대국大國에 무엇을 물어보려고 왔습니까? 어떤 게 궁금해요?" 이전 시기만 해도 회의 때마다 "중국은 세계에서 배우고자 한다. 이는 한국에도 똑같다."고 자세를 낮추던 그 사람이었다.

순간 두 가지 생각이 스치고 지나갔다. 그 첫 번째는 '이게 바로 이들의 본심이었구나.'이다. 두 번째는 '중국이 갈 길이 험난하고 멀겠구나.'였다.

중국에서 이른바 최고 지성知性으로 칭송받고 대외적으로도 대표적인 중국 국제 정치 전문가라는 학자의 인식 수준이 이 정도라면 심각한 문제이기 때문이다. 사고 수준의 천박함이야 차치하고 중국이 바라보는 한국 세계관, 국제질서는 여전히 19세기 만주족滿洲族의 청清 제국 이전에 머물러 있음을 재확인할 수 있었다.

필자가 경험한 일은 비공식적인 사적 대화라고 치부하자. 중국은 2010년대 중후반 이후 공식적으로도 그 속내를 숨기지 않는 상태가 되었다. 2017년 시진핑과 트럼프의 미·중 정상회담에서 시진핑은 "한국은 역사적으로 중국 일부였다."고 말하며 노골적으로 한국에 대한 중국 지분을 요구했다. 역사적으로 한국은 중국의 속국屬國이었고 중국 일부분이니 한국에서 미국은 손을 떼고 중국에 넘기라고 대놓고 요구한 것이다. 이게 중국, 중국공산당, 인민해방군이 가진 한국에 대한 인식이자 전략적 이해다. 한국은 중국 것이다. 원래 중국의 속국이었으니 이제 다시 중국 속국으로 되찾아오겠다고 선언한 셈이다. 과거 지위를 되찾겠다고 하는 중국몽 등 대전략 목표 속에서 한국에 대한 인식과 전략적 관점을 선명하게 보여주는 대목이다.

더 심각한 문제가 있었다. 당사자인 한국의 대응이었다. 무반응이었다. 국가 간 외교 관계에서 있을 수 없는 일이 한국에서 일어난 것이다. 오늘날 우리는 현대 국제관계 기본 원칙 중 하나인 주권 평등, 대등한 국가 관계 질서 속에 살고 있다. 주권을 가진 국가의 합법정부라면 이러한 상황에 직면했을 때, 도발로 간주하고 외교 관례상 강하게 이의를 제기하고 관련해서 조처해야 상식이다. 반면 한국 정부는 무반응, 무대응, 방관으로 일관했다.

한국 정부 반응보다 더욱더 심각하고 참담한 상황은 그 사람 다음에 벌어졌다. 바로 한국 사회와 한국인의 무반응이었다. 일부 언론과 시민들의 이의 제기를 제외하고는 너무나도 조용하게, 아무 일도 아니라는 듯이 침묵과 방관 속에 일회성 해프닝인 것처럼 지나갔다. 반일 운동을 전개하면서 '사지 않습니다. 가지 않습니다.' 운동을 대대적으로 일으킨 것과는 너무나도 대조적인 현상이었다. 반일 운동이 민족과 국가의 자존심 차원에서 전개한 것이라면 같은 맥락에서 우리의 민족적 자존을 전 세계가 지켜보는 상황에서 공개적으로 짓밟은 상대국 정상의 행태에 비슷한 맥락의 이의 제기가 있어야 하는데 전혀 다른 상반된 행태가 연출된 것이다.

한중관계 현주소: 중국 외교부장의 친중 인사 소집령

"'한국 우호 인사 100명과 점심을 먹을 것' 中, 왕이 방한 직전에야 통보 논란"

《조선일보》 2019.12.04.

"中 대사관, 정·관·재계 인사들에 급하게 참석 여부 물어 결례 논란, 일각에선 '모욕적인 줄 세우기'"
"'중국과 협력 최우선으로 해야!', 中 매체, 한국학자 기고문 게재"

"주한駐韓 중국 대사관이 최근 한국의 전·현직 국회의원과 고위 관료, 기업인, 언론인 등 자신들이 고른 '우호 인사' 100여 명에게 '5일 왕이王毅 중국 외교담당 국무위원 겸 외교부장의 오찬 행사가 있다.'며 급하게 참석을 요청한 것으로 3일 확인됐다."

"'한국 친중 인사 100명 소집하라'…… 왕이 中 외교부장의 '갑질'"
《뉴데일리》 2019.12.04.

"2016년 12월 한국을 찾은 천하이 중국 외교부 아주국 과장이 한국 대기업 총수와 고위 관료들을 만난 자리에서 '사드(THAAD)' 배치를 하지 말라며 '소국이 대국에 대항해서야 되겠느냐.'는 막말을 한 적이 있다."

이것이 어느 순간엔가 정착되어 버린 한중관계의 현주소다. 이 사례 말고도 오늘날 한국의 정치인들이 중국에 대해 행하는 행태는 본서 제4장 〈Box 4-1〉 "이 사람들 왜 떼로 중국에 새해 인사를 하죠?"에서 소개한 바 있다.

위의 사례는 명나라, 청나라 시기 중국 패권 왕조와 조선 사이 주종主從 관계에서 발생한 일이 아니다. 2010년대 이후 현재까지 대한민국에서 벌어지고 있다.

중국공산당 당내 서열상 고위직이라 할 수 없는 국무원 외교부장이 한국 최고 엘리트 집단에 대해 소집령을 내리고 소집령이 내려오면 그 명단에 오른 인사들은 자신이 중국에 인정받은 명예로운 자리에라도 초대받은 듯 떼거리로 몰려가 출석 확인을 했다. 일부 인사는 우리나라 정부, 기업, 학계 등에 자신이 중국에 인정받는 영향력 있는 인사임을 은연중에 과시하기도 했다. 어떤 이는 기회 있을 때마다 자신이 100인 명단에 올랐다는 사실을 자랑삼아 이야기하면서 자신의 권력(?)을 과시하기까지 한다.

예시로 든 기사에서 볼 수 있는 또 다른 사례는 중국 외교부 과장급 인사로서 젊다면 젊은 직원이 한국 대기업 총수, 고위 관료를 대면하는 일이 당연한 듯이 벌어지는 참담한 현실이다. 이 사례는 한국 외교부 중국 담당 과장 또는 주중국 한국대사관 참사관이나 1등 서기관 정도 외교관이 중국공산당 정치국 위원이나 중앙위원을 거리낌 없이 대면해 협박성 발언을 당당하고도 패기 있게 하는 것과 같다.

우리는 100여 년 전 청나라의 나이 어린 관료 위안스카이袁世凱가 조선 조정에서 총독이나 된 듯 권력을 휘두르며 조선 대신의 뺨을 후려갈긴 일화를 기억한다. 오늘날 우리는 그 시대 조선인과 별반 다르지 않게 중국을 대하고 있는 것은 아닌지?

다음은 한국에 들어와 활동하고 있는 중국의 조직과 기관 중 극히 일부 표면에 드러난 사례 중 하나를 간략히 소개한다. 한국에서 활동하고 있는 중국 조직, 기관 중 극히 드러난 사례 중 하나를 간략히 소개한다. 중국평화통일촉진회다. 이 단체는 중국공산당 통일전선 기관인 중국인민정치협상회의 외곽 조직 중 하나다. 한국에 조직된 중국평화통일촉진회는 중국평화통일촉진회 한국총회를 중심으로 제주화교화인중국평화통일촉진회, 한국화교중국평화통일촉진회 인천총회, 서울화교화인중국평화통일촉진회, 한화중국평화통일촉진회, 재한중국교민협회, 광주전남중국평화통일촉진회, 중국재한대구교민협회, 대구화교화인평화통일촉진회 등 한국 전역에 걸쳐 조직되어 있다.

평화통일촉진회가 밝힌 조직의 목적을 살펴보자. 2010년 장신썬張鑫森 당시 주한국 중국대사는 "평화통일촉진회는 애국 통일전선의 중요 단체이고 국내외 각계 인사들을 연계하는 중요한 유대이며 양안 관계 발전을 촉진하고 조국의 평화통일을 추진하는 중요한 역량이다."고 밝혔다.398) 이들은 중국어 교육이라는 미명으로 자체적으로 이른바 '시범학교'를 한국 각 지방에 설치해 운영하고 있다.399)

또한, 한국 중앙정부, 지방자치단체, 대학, 각종 협회 등이 중국공산당 통일전선조직인 중화전국청연(약칭 중국청연中國靑聯 또는 전국청연

全國青聯)과 광범위한 협력과 청년 교류사업을 진행한다. 중화전국청년연합회의 약칭인 중국청연 또는 전국청연全國青聯은 1949년 5월 4일 설립되었다. 중화전국청연은 자신의 조직을 "중국공산당의 영도 아래 중국 기본 인민단체 중 하나로서 중국공산주의청년단(공청단)을 핵심역량으로 하는 각 청년단체의 연합조직이며 중국 각 민족 각 계층 청년들의 광범위한 통일전선 조직이다."고 설명한다.400)

한국 정당 차원에서는 더불어민주당이 중국공산당 및 중국공산당 청년조직과 교류협력을 활성화했다. 더불어민주당은 미래 한국 정치를 이끌어갈 청년 인재들이 중국공산주의청년단원과 분기별 회합을 하도록 추진해 오고 있다.401)

중국공산당은 이와 함께 한국 미디어 분야 진출을 통한 통일전선공작도 활발하게 펼친다. 중국공산당 기관지인《인민일보》가 진출해 있고, 중국과 연계된《한중 21》신문도 발행하고 있다. 이 지점에서 제기해야만 하는 질문 하나. "그런데 한국의 자유 언론이 중국에서 활동할 수 있는가?"

한국의 중국 논의: 중국경제의 중요성과 실리, 실용의 가면

클라이브 해밀턴은 공저『보이지 않는 붉은 손』402)에서 중국공산당의 실체와 행태를 말할 때마다 항상 듣는 반응이 있다고 한다. 주로 진보적이라는 인사들이 보이는 반응이다.

바로 "다른 나라도 똑같아!", "미국도 똑같아!", "원래 모든 강대국은 그런 거야!"하는 식의 반응이다. 호주처럼 진보적이거나 리버럴 이념이 지배적인 국가의 지식인들이 보이는 일반적인 반응인 것 같다. 이러한 반응은 강대국의 성격과 그 성격이 우리의 이익과 우리가 지향하는 가치에 어떠한 영향을 주는지를 도외시한 '몰가치'의 전형적인 논리다.

호주의 이른바 리버럴 성향 지식인 사회의 논리를 들으면 한국의 지식인 사회와 유사함을 발견한다. 한국도 진보, 리버럴, 반미·반일 민족주의 정서403)가 지배적이다. 한국의 지식인들 또한 매우 비슷한 논리를 갖고 있음을 심심치 않게 발견한다. 본서가 분석한 중국공산당 '초한전'과 정치공작전, 해외 통일전선공작 등을 접할 때도 다음과 같은 비슷한 논리를 적용한다. 다음과 같은 반론이다.

"'미국은 다른가?'"

"미국 중앙정보국CIA도 유사한 해외 공작을 전개하고 있지 않나?"

초한전이 일반 비대칭전이나 하이브리드전과는 전혀 다른 차원의 새로운 전쟁론이라는 사실은 본서에서 설명했다. 그런데도 만약 그 범위를 정보공작전에 한정시켜 비교하면 미국과 같은 다른 강대국도 하고 있다고 강변할 수도 있을 것이다. 이렇게 볼 경우, 강대국이 자국의 이익이 있는 국가에 정보공작을 한다는 외형적 사실이 같을 수 있을 것이다.

그런데 무엇이 다를까?

해당 국가의 성격과, 지향하는 가치가 근본적으로 다르다! 자유, 인권의 가치를 유지하고자 하는 국가와 국민에게 너무나도 다르다!

질문 하나를 추가로 던져본다.

오늘날 우리 한국인이 지향하고 유지 발전시키고자 하는 가치와 질서는 무엇인가?

예를 하나 들어본다. 1950년 스탈린의 재가를 받은 북한의 김일성과 남로당 출신 박헌영이 인민군을 동원해 한국전쟁을 일으켰을 때, 미국을 중심으로 한 유엔군도 참전 또는 개입했고, 중국공산당군도 참전 또는 개입했다. 이에 대해 다음과 같은 반응이 나올 수 있다. '중국이나 미국이나 똑같아! 모두 개입한 것이지!' '개입' 또는 '참전'이라는 개념으로 비교했을 때 논리적으로 똑같아 보인다.

그런데 언뜻 맞는 것처럼 들릴 수도 있는 이러한 대응 논리는 너무나도 기본적인 사실을 간과하고 있다. '어떠한 개입이냐,' '누구를 위한, 무엇을 위한 개입이냐'고 하는 추가 질문이 이러한 논리에는 실종되어 있다. 이런 식의 개념과 논리를 동원한 형식논리가 우리 사회에 만연해 있는 것이 오늘날 한국사회의 현실이다.

'무엇이 같고 무엇이 다른가?' '무엇이 어떻게 다른가?' 무엇이 같은가?'

소련 스탈린의 지시를 받아 그 앞잡이로 같은 민족국가 한국을 침략해 온 북한, 약 130만 인민지원군을 동원해 지원한 중국, 이에 대항해 자유민주주의를 택한 대한민국의 체제를 수호하기 위해 지원한 미국과 유엔군, 우리 대한민국에 이 두 가지 개입이 모두 같은가? 미국이나 중국이나 모두 외세로서 개입했으니 똑같은 개입인가? 중국이나 미국이나 한국을 위한 것이 아니고 모두 자국의 전략적 이익을 위한 것이었다(?)는 식의, 언뜻 형식논리상 맞는 말처럼 들린다. 그런데 이것이 한국과 한국인에게 똑같은 의미인가? 한 번 더 생각해보고 한 발짝 더 나가 사고하는 지식인의 기본적 자세가 없는 지적 게으름의 산물이다.

오늘날 한국에는 이러한 지적知的 게으름이나 의도된 형식논리가 지배적이다. 대표적인 다른 사례 하나만 더 보자.

그 예는 다름 아닌 '평화'라고 하는 개념이다. 우리는 모두 평화를 원하지, 전쟁을 원하지 않는다. 그런데 모든 사람이 원하는 이 '평화'의 개념을 호도하고 있다. '평화'라고 했을 때, 바로 한 발짝 더 들어가야 한다. '어떤 평화인가?' '우리가 원하는 평화는 어떠한 평화를 의미하는가?' '평화는 어떻게 달성되는가?' 하는 추가적 질문이다. 우리가 원하는 평화는 단순히 전쟁이 없는 평화가 아니다. 우리의 삶의 가치, 삶의 기반, 독립과 자존이 지켜지는 평화다.

구한舊韓말 제국주의 일본의 식민지로 전락하는 과정에서 조선은 일제와 전면전을 벌이지 않았다. 일본의 국권 침탈에 맞서 국가 차원의 대항 전쟁이 없는 '평화'로운 식민지화였다. '평화'를 지키는 가운데 노예로 전락한 것이다. 이것이 우리가 원하는 평화인가? 아니다. 평화는 공짜가 아니다. 엄혹하고 냉정한 국제 정치에서 우리가 원하는 평화는 누구도 넘보지 못하는 강력한 안보태세와 준비 속에 지켜진다. 그 누구든 우리의 존재 기반에 털끝 하나라도 건드리면 당장 싸울 준비와 능력을 갖추었을 때 우리가 원하는 평화가 유지된다.

다시 호주의 사례를 들여다보자. 중국경제의 중요성에 대한 호주 지식인의 '실리 실용론'과 관련된 예이다.

호주에서 중국공산당의 침탈에 대한 경고의 목소리가 나올 때 대표적인 친중 전문가 휴 화이트Hugh White 교수의 문법과도 같은 반박이 있다.404)

"그래서 어쩌란 말인가? 실리적으로 현실을 직시하자. 대중국 경제 의존도가 높다. 호주 경제의 미래는 중국에 달렸다. 중국이 호주와 경제교류를 끊거나 투자를 줄인다면 호주 경제는 붕괴의 길로 가게 된다."

휴 회이트류類의 공식과 논리에는 공통점이 있다. 이들이 근거라고 내세우는 것은 항상 외형적으로 나타나는 통계수치다. 예를 들어 호주 대외 수출에서 중국이 몇 % 차지한다는 식이다. 이들은 그 통계수치의 내용은 해석하지 않는다. 그 몇 %의 의존율 때문에 중국이 경제보복을 하면 당장 호주 경제가 망할 듯이 '논리를 점프'하면서 거짓 논리를 편다.

실제 경제는 그렇지 않다. 통계수치 내용을 한 발짝만 더 들어가서 분석해 보면 그렇게 단순하지 않음이 바로 드러난다. 이들의 논리에 대해 역시 호주의 대표적 국제정치학자인 로리 메드캐프Rory Medcalf는 그 성격을 보여주는 간단한 통계수치를 통해 논박하기도 했다. 2019년 이래 중국공산당이 호주에 대한 대대적인 경제보복 조치를 단행한 이후 결과적으로 중국공산당의 자충수였음이 드러났다.

휴 화이트류의 논리는 한국에서 주류 논리이기도 하다. 한국의 대외수출에서 중국이 약 1/4을 차지한다. 중국과 관계가 소원해지면 경제보복을 할 텐데 그러면 한국경제에 치명타가 된다는 식의 논리다.

이러한 논리를 설파하는 한국의 이른바 전문가들도 호주의 휴 화이트와 같이 그 내용과 성격, 구조에 대해서는 말하지 않는다. 구체적 증거와 분석에 의한 전문가다운 논리라고 할 수 없다. 대표적인 사례로 북핵 방어를 위한 주한미군 사드 배치와 중국공산당의 '한한령'을 살펴보자. 이에 대해서는 이전 장에서 전술한 바 있지만, 다시 종합적으로 분석해 정리한다.

사드 배치와 중국공산당의 한한령을 통해 본 중국공산당의 공격 행태와 한국의 대응

중국공산당이 한국에 대해 안보 사안을 이유로 경제적 보복을 가할 때, 중국경제에 대한 한국경제의 의존성을 강조하면서 현실론, 실리론, 타협론이 대두된다. 대표적인 최근 사례가 바로 중국공산당의 사드 배치 보복이다.

여기서는 중국공산당의 보복행태와 한국의 대응방안을 한중교역구조와 우리의 자세를 중심으로 재구성해 소개한다. 중국공산당이 전개한 무역보복전 행태에서 가장 눈에 띄는 것 중 하나가 대대적인 여론전과 심리전이다. 중국이 보복하면 한국경제가 큰 피해를 본다는 논리다.

문제는 상황을 냉정하게 분석해야 할 한국 전문가들과 미디어가 오히려 중국공산당의 여론전과 심리전을 그대로 받아 중국보복에 따른 경제적 피해에 대한 공포심을 증폭시켰다는 점이다. 중국 경제보복은 어느 품목에 어느 정도로 가능한지 자세히 분석하고, 이러한 분석을 바탕으로 한국이 냉정하고도 차분히 대응할 필요성을 지적하는 목소리는 찾아보기 어려웠다.

그리고 여론이 조성되자 여지없이 한국의 이른바 진보·좌파 시민단체들이 대거 사드 배치 반대 시위에 나섰다. 이들이 동원한 선전과 선동은 늘 그렇듯이 가짜뉴스, 거짓 내러티브였다. '사드 전자파로 인하여 경북 성주 주민뿐만 아니라 성주산 참외까지 병든다'는 거짓 선동부터 '성주가 중국 미사일 타깃이 되고 성주 주민이 위험에 빠진다', '중국과 전쟁을 유발하는 도발'이라고 하는 전쟁과 평화론에 반미운동까지 가세했는데 여기에 빠지지 않은 논리가 경제적 피해 강조였다. 특히 이들 거짓 선동 중 경제적 피해 논리는 한국의 일반 국민에게 공감받기에 충분했다.

경제보복에 따른 피해에 대해 한 걸음만 더 들어가 냉정하게 따져보면 과장된 선동임이 금세 드러난다. 한중 경제교역 구조와 중국 경제보복 가능성의 구조를 살펴보면 다음과 같다. 현재 한국의 대외 수출에서 중국이 약 1/4을 차지한다. 높은 수치다. 그런데 이 수치를 구성하는 수출 구조를 살펴볼 필요가 있다. 한국의 대중국 수출 품목의 97%가량이 중간재, 자본재, 기술재다. 여행업과 일반 소비재 상품이 차지하는 비율은 약 3% 정도다. 이것이 무엇을 의미하는가?

첫째, 한국이 중국에 수출하는 재화는 중국 진출 한국기업이 현지에서 가공해 다시 미국, 한국 등 외국으로 수출하기 위한 품목들이 주를 이룬다. 중국이 최종 소비지가 아니라는 의미다. 오히려 한국경제는 미국을 포함한 전 세계 수출시장의 교역환경에 더 큰 영향을 받는다는 의미다.

둘째, 중국기업이 산업생산을 지속하는 데 필요한 중간 부품, 기계, 소재 등을 의미한다. 즉, 중국이 한국에 경제 보복을 하면 그 피해는 중국기업이 입는다. 다시 말해 중국이 쉽게 자충수를 둘 수 없다는 의미다. 자신이 피해를 보기 때문이다.

셋째, 한국이 중국에 대해 기술과 자본력에 있어 우위를 지속하는 한 중국이 한국에 대해 쉽사리 경제보복을 무차별적으로 할 수 없다는 것을 의미한다. 한국은 중국에 대해 기술력을 포함한 경쟁력 우위를 지속해서 지키는 것이 필수적이라는 의미이기도 하다. 여기서 그 기술경쟁력의 기반은 중국에서 나오는 것이 아니다. 바로 미국, 일본, 유럽과 같은 기술과 자본의 선진국과 교류에서 나온다. 한국이 글로벌 가치사슬 중 상단에 위치할 수 있는 조건 또한 한미동맹을 중심으로 한 자유서방 자유주의 선진국과 관계에서 형성된다.

이러한 한중 교역구조를 잘 파악하고 있는 중국공산당은 한국과 교역 품목 대부분에 대해 건드릴 수 없다. 그래서 중국공산당은 면밀한 계산을 통해 지능적인 공작과 공세를 펼친 것이다. 우선 전략적으로 공격 품목을 선정한다. 대표적인 타깃 중 하나가 여행업이다. 그리고 자국에 손실이 미미한 유통업과 최종 소비재 품목이다. 중국은 당·정이 유통업도 장악하고 있어서 이 사업 분야는 중국공산당 엘리트들과 중국 유통업자들이 일종의 '이해의 생태계'를 형성한 분야다. 외국기업이 비집고 들어갈 틈이 구조적으로 제한되어 있다. 따라서 한국뿐만 아니라 글로벌 유통업체도 중국 시장에서 거의 실패하고 철수했다. 이러한 사업 영역, 품목들은 중국도 할 수 있어서다. 반면, 여행업과 유통 체인업은 한국인에 대해 선전전의 효과를 크게 일으킬 수 있다. 이 부분에서 한국이 피해를 본 것은 사실이지만 한국경제 전체에 주는 피해는 극히 제한적일 수밖에 없다.

중국공산당은 전략적 계산으로 선전전 효과를 크게 볼 수 있는 업종을 선별하고 여론전, 심리전을 조합했다. 보복의 가시적 효과와 한국인의 공포감 조장을 극대화하기 위한 전술이다. 마치 한국과 경제 관계를 단절이나 할 듯이 공갈·협박을 일삼으면서 한국에 공포 분위기를 조성했다. 여기에 더하여 한국 내 인터넷 포털, 뉴스 댓글, 여타 중국공산당이 은밀하게 운영하는 각종 인터넷 카페나 SNS 등을 통해 여론선동과 조작에 나섰다.

문제는 사실 한국 내부에 있었다. 한국 신문과 방송 그리고 이념과 이익에 경도된 진보좌파 시민단체들이 중국공산당에 부화뇌동附和雷同했다. 확인된 바는 없지만, 그 과정에서 중국공산당의 해외 통일전선공작이 가동되었다면, 이념적으로 자신들의 정치적 이익계산으로 중국공산당과 이해를 같이하는 한국의 정치인, 정당, 각종 시민단체와 조직들이 자발적으로 중국공산당과 통일전선을 구축했을 가능성이 크다. 한중 간 사드 분쟁 시에 한국 국내에서 거세게 일어난 여러 시민단체와 동원된 학생들의 반대 운동은 중국공산당의 통일전선공작에 전형적으로 들어맞는 사례다. 이들은 겉으로는 평화와 국익을 내세우면서 학생과 시민들을 선동해 동원했지만 그들의 진정한 정치적 목적은 반미 친중에 있다고 본다.

이러한 구조를 이해한다면 중국이 전개하는 여론전과 심리전에 말려 공황에 빠지는 것이 아니라 냉정하게 우리가 지켜야 할 안보와 가치가 무엇인지 판단하고 차분하게 대응하는 자세가 필요하지 않을까? 더욱 중요하게는 미국과 서방 자유주의 선진국과 경제연대를 더욱 강화해 한국의 국제경쟁력과 대중국 경쟁력 우위를 지속하는 전략과 정책을 세워야 한다.

그런데 만약 중국공산당이 정치적 목적 달성을 위해 자국 경제에 자해에 가까운 선택을 하면서 전략적 품목을 공격할 경우는 어떻게 할 것인가? 중국공산당은 자국의 경제나 민생보다 공산당 체제와 정치적 목적을 우선하기에 이 경우도 가능하다. 중국공산당은 호주에 대해 감행했던 자해행위를 언제든지 할 수 있는 존재여서다. 바로 이 점이 중국과 교역을 순수한 경제적 이익의 관점에서 접근하지 말아야 하는 이유다.

미국, 일본, 호주, 유럽 각국 등이 2010년대 후반에 들면서 각성한 대목이 바로 이 점이기도 하다. 중국과 교역은 정치 안보 요인을 고려해야 하는 문제라는 말이다. 2020년 발생한 중국 우한발 코로나19 글로벌 팬데믹은 이 문제를 더욱 심각하게 인식하게 하는 계기였다. 서방 자유주의선진국들이 '글로벌 공급망 다변화'를 추진하기 시작한 배경이다. 이를 가장 먼저 실행한 국가는 일본이었다.

일본은 중국이 희토류 보복 카드를 꺼내면서부터 중국과 경제교류를 순수한 경제적 논리로 접근해서는 안 된다는 교훈을 얻었다. 일본의 공급망 다변화 정책을 '차이나 플러스China+' 정책이라고 한다. 향후 일본, 미국, 유럽 등 서방 자유 세계 선진국들을 중심으로 탈 중국, 글로벌 공급망 다변화 정책은 점차 확대될 것이다. 물론 단기적으로는 중국이 여전히 세계의 공장 노릇을 유지할 수 있겠지만 중장기적으로는 세계 공장으로서 중국은 끝날 것이다.

중국과 교역은 순수한 경제적 효익이라는 논리만으로 접근해서는 안 된다. 경제적 상호의존이 국가 주권과 안보에 줄 수 있는 위험 요인을 반드시 고려해야 하는 시장이 바로 중국이다. 따라서 대부분 중국 전문가가 주장하듯이, '우리의 경제생산 활동의 주요 품목과 중간재가 중국에 상당 부분 의존해 있으므로 '실용론,' '현실론'으로 접근해야 한다,' '중국과 우호적 관계를 [무조건] 중시해야 한다.'는 등의 논리를 빨리 탈피해야 한다.

중국공산당이 경제를 무기화하면 거기에 굴복할 것이 아니라 공급망 다변화를 추진하는 것으로 맞대응 체제를 구축해야 한다. 이는 한국경제의 이익과도 관련이 있다. 글로벌 가치사슬의 상부에 있는 서방 자유주의선진국들이 중국에서 점차 디커플링을 하는 글로벌 공급망 다변화는 한국경제에도 영향을 준다. 바로 다변화의 대상지가 새로운 공급지이자 시장으로 떠오른다는 것을 의미하기 때문이다. 이와 함께, 한국이 선진국의 가치사슬에서 이탈해 고립되지 않기 위해서도 선진국들의 움직임에 적극적으로 동조화 정책을 전개해야 한다.

참고로 호주는 중국공산당의 사나운 공세에 다음과 같은 결기로 대응했다.

"(중국과 같은) 강대국과 상대할 때는 자유를 향한 분명한 국가 비전이 있어야 하고 이를 위해 희생할 각오가 되어 있어야 한다."

한국 정부, 전문가, 한국인들이 귀담아들어야 할 말이다. 호주가 언급한 희생은 우리의 주권, 독립, 우리가 지향하는 삶의 가치, 자유를 지키기 위한 단기적 희생을 의미한다. 단기적 희생을 하지 않고 이른바 실용, 현실적 경제적 피해 등의 미명으로 중국공산당의 협박에 굴복하면 중국에 모두 다 잃는 것으로 귀결된다. 당장은 타협과 굴종의 결과가 별것 아닐 수 있다.

하지만 다음은 어떻게 하겠는가? 우리는 또다시 이른바 '현실'이나 '실용' 논리로 그다음 것, 더 많은 것, 더 중요한 것도 양보하고 타협하게 된다. 그리고 그 종착점은 중국의 종속국이 되는 것이다. 사드 사태와 같이 북한의 핵 위협에 대처하기 위한 차원의, 즉 다시 말해 우리의 생존과 관련된 안보 문제에 대해서도 한국의 일부 정치인, 다수의 중국 전문가, 언론방송, 시민단체 등은 '중국과의 우호 중시,' '대對중국 적대시 정책 반대' 등의 논리로 중국이 선전하는 문구인 '전쟁 반대,' '평화' 등의 구호를 내걸고 사드 배치 반대 논리나 운동에 앞장섰다. 그것은 중국과 대등한 관계를 바탕으로 한 진정한 우호 교류를 이어가기 위한 것이 아니라는 반성과 성찰이 필요하다.

2. 미국과 중국: 우리가 무엇을 선택한단 말인가?

한국의 안보, 한미동맹, 사드 배치 관련 일련의 사태와 관련해 국제 정치 맥락에서 한국과 미·중 관계에 대해 논의를 조금 더 확장해 보자. 오늘날 한국의 주류사회 일각에서는 미국, 중국, 미·중 패권 경쟁, 미·중 사이에 낀 한국 등의 문제에 관해 문법이자 공식과도 같이 나오는 논리가 있다.

미국 쇠퇴 중국 부상, 중국 시대, 이것이 역사의 흐름이다. 중국이 국내 총생산GDP에서 미국을 추월하는 시대가 임박했다. 중국의 기술혁신을 보여주는 국제특허권 출원 비율변화를 보라. 미국이 과거 영국을 추월하는 시기와 현재 중국이 미국을 추월하는 경향이 비슷하다.

한국경제의 약 1/3이 중국에 의존한다. 한중 경제 성장 공조율이 90% 이상이다. 중국경제에 한국경제의 사활이 달렸다. 한국의 대외전략도 경제의존율 수치 변화를 반영해야 하는 것 아닌가?

역사적으로 한국은 뼈저린 경험이 있다. 명明 청淸 교체기이다. 우리는 선택을 잘못하여 정묘호란丁卯胡亂, 병자호란丙子胡亂을 겪었다. 명분이 아닌 실용, 실리를 생각해야 할 때다. 미·중 간 전략적 모호성이 요구된다. 섣불리 한쪽에 편드는 것은 국가 미래전략을 실패로 이끌 수 있다. 전략적 모호성, 누구의 편도 들지 않는 절묘한 줄타기 외교의 지혜가 필요한 시점이다.

우리는 여전히 부끄러움을 모른다. 미국에 종속되어 전시戰時작전통제

권도 없는 국가를 자주 독립국이라 할 수 있는가? 한반도 안보 불안정의 원인은 누구인가? 우리가 한미동맹 때문에 이러한 안보 불안정을 지속해야 하나? 이제는 시대가 변했다. 한미동맹을 원점에서 다시 고민해 볼 시기다. 친중 좀 하면 안 되나?

아직 한미동맹 해체는 시기상조다. 하지만 시간문제다. 한국은 언제든지 우리의 동맹을 재고, 재편할 준비를 해야 한다. 중국 시대가 본격화되기 이전에 발 빠른 선택변화를 해야 한국은 전환기의 불이익을 최소화하고 편익을 극대화할 수 있다. 이것이 한국의 실리외교 전략이어야 한다.

한국도 이제 자주독립, 자주외교 좀 하면 안 되나? 언제까지 미국에 우리의 국방과 안보를 의지할 것인가? 한반도 안보 불안정은 미국의 존재 때문이다. 미국의 위협으로 북한이 핵을 만들었고, 중국과 관계에서 한국의 불안정성이 증가한다. 미국에 대한 안보 의존, 동맹에 대한 집착은 일종의 가스라이팅 된 심리적 병폐다. 이제 신사고가 필요하다.

위에 소개한 내용은 이미 2000년대 후반부터 한국 일부 국제관계 전문가, 중국 전문가들에게 들어온 전형적인 논리이자 수사 중 일부 내용이다. 미국과 동맹 종식, 자주국방, 자주독립 외교를 달성하자 등 듣기에는 그럴듯하다. 민족적 자존심이 한껏 고양되기까지 한다.

이러한 논리가 이야기하지 않는 것이 있다. 바로 현실이다 국제 정치 현실, 한국이 처한 분단과 북한의 끊임없는 적화야욕이라는 냉전의 현실이다. 더욱이 지리적으로 인접한 강대국인 중국은 이제 패권 야욕을 숨기지도 않는다. 중국공산당이 내거는 대표적인 구호가 있다. '미국 주도 질서 개혁', '아시아의 안보는 아시아 국가들에' 등의 구호다. 중국공산당을 중심으로 아시아 국제정치경제 질서를 재편하고, 더 나아가 세계 질서 또한 중국 중심의 질서로 재편한다는 중국의 꿈을 이루기 위한 구호다. 다시 말해 한국이 미국에서 자주독립(?) 혹은 중립화를 달성하면 다음은 바로 전체주의 패권을 추구하는 중국이라는 강대국에 직면해야 한다. 이것이 현실이다.

한국이 처한 이와 같은 국제 정치 현실론을 제기하면 돌아오는 답변이 있다. "그러면 뭐 어떤가? 중국과 함께 가는 것이 무엇이 문제인가?"

위의 논리와 반론은 언뜻 들어보면 그럴듯하게 들릴 수도 있다. 그런데 무언가 중요한 사실과 현실에 대한 언급이 빠져있다. 무엇이 빠져있을까? 너무나도 중요한 문제의 본질이 빠져있다. 그리고 그 "무엇이 문제인가?"에 대한 답은 바로 "문제가 매우 심각해진다."이다. 왜냐하면, 우리가 잊은, 또는 애써 외면하는 불편한 진실 때문이다. 바로 중국은 중국공산당 일당독재의 전체주의 국가이고, 중화민족주의로 무장되었으며, 패권을 장악해 국제 정치 질서를 자기중심으로 재편하고자 팽창 정책을 공격적으로 전개하고 있는 국가라는 사실이다.

"도대체 우리가 무엇을 선택한단 말인가? 중국?"

이를 좀 더 고민해보기 위해 다시 모두冒頭의 질문으로 돌아간다. 이른바 '미·중 사이에서 선택의 딜레마,' '실용과 실리외교에 대한 고민과 고뇌,' '한미동맹에 대한 고정된 관념에 대한 반성' 등등의 수사에서 말하지 않는, 실종된 고민에 대해 좀 더 생각해 볼 필요가 있다.

한국, 미국과 중국 사이에서: 경제와 안보

중국 시장은 한국경제에 중요하다. 다만 중국 시장을 잡기 위해 미국을 중심으로 한 자유주의 국제정치경제 질서에서 멀어져야 함을 의미하지는 않는다. 가능성은 제로지만 만약 중국 시장, 미국 주도의 자유주의 국제정치경제 질서를 선택해야 하는 상황에 놓인다면 당연히 중국 시장을 포기해야 한다. 이유는 명확하다.

첫째, 세계 경제는 미국을 위시한 서방 자유주의선진국들을 중심으로 운영되고 있다. 특히 미국은 기축통화국으로서 세계 금융의 중심에 있으며 핵심 고부가 가치 산업에서 원천기술과 관련해 글로벌 가치 사슬의 최상위에 있다. 경제력을 평가할 때 국민총생산GDP 총액 같은 통계 수치는 외형적 단면만을 보여줄 뿐이다. 미국이 전개하고 있는 중국 IT산업 제재 사례는 세계 경제의 진정한 힘이 어디에서 나오는지 선명하게 보여준다. 중국이 세계의 공장으로 GDP 총액 같은 외형적 측면에서 급속하게 성장했지만, 내용은 여전히 세계의 공장일 뿐이다.

세계의 공장은 대체할 수 있다. 단기간은 아니지만, 중장기적으로 다른 국가로 이전 또는 분산할 수 있다. 미국, 일본을 중심으로 시작된 차이나 디커플링이나 글로벌 공급망 다변화 정책은 단기적으로는 충격이 미미하고 체감이 안 될 수도 있다. 하지만 중장기적으로 세계의 공장이라는 중국 지위는 상당한 수준으로 하락할 수밖에 없다. 반대로 국제자본과 원천기술력은 대체가 어렵다. 중국이 선진국 기술을 수단과 방법을 가리지 않고 강탈하지만, 그 한계는 명확하다. 기술은 탄탄한 과학기술 기반과 과학기술을 시장의 혁신으로 활용하도록 촉진하는 자유시장 경제라는 제도적 기반을 필수적으로 요구하기 때문이다.

둘째, 한국은 한미동맹을 기반으로 안보를 안정화하고 평화를 지키면서 자유민주주의 체제, 자유 시장경제 제도를 바탕으로 국제자본, 기술, 시장에 진출해 오늘날 세계 10대 경제 강국으로 성장했다. 미국 등 서방 선진국과 경제협력, 경쟁을 통해 축적된 기술력과 국제경쟁력을 기반으로 지난 30년간 중국 시장에 진출할 수 있었다. 한국이 미국을 중심으로 한 자유 세계에 편입되지 않았다면 불가능한 결과다. 자유 서방세계와 협력을 통해 발전된 기술과 경쟁력이 있었기에 중국이 한국의 진출을 환영한 것이다.

이러한 사실은 한국이 중국에 정치 경제적으로 종속되면 어떠한 결과를 가져올지 명확하게 설명해 준다. 서방 자유 세계에서 이탈, 중국

정치경제로 편입은 정치적 자유와 주권 독립 박탈, 국제 금융, 국제경쟁력 후퇴로 가는 길이다. 정치는 권위주의화 혹은 나아가 중국과 같이 전체주의화와 친중 종속, 경제는 약탈적 중국 경제로 흡수되는 길로 가는 것이다. 만약 그렇게 되면 중국은 한국을 존중할까? 한국기업이 중국 시장에 접근이나 할 수 있을까? 중국 패권 왕조에 사대事大하면서 세계와 단절하고 쇄국정책으로 일관하고 내부적으로는 혹독한 신분 차별 체제를 유지했던 조선이라는 암흑기 정치경제 상황이 재현될 것이 명약관화明若觀火하다.

하지만 중국과 우호 관계는 중요하다. 중국경제가 가진 경제적 잠재력과 기회가 많아서다. 한국이 중국과 우호적 관계를 지속하고 중국 시장이 한국경제에 기회로 남아있기 위한 전제조건이 바로 한미동맹, 자유주의 국제 경제질서에 확고히 발을 디디고 있는 것이다. 한국은 여전히 중국공산당과 북한 정권의 체제 안보 위협을 끊임없이 받고 있다. 이들을 견제하고 한국의 자유민주주의 체제를 지키는 길은 한미동맹을 더욱 확고히 하는 것이다. 이러한 전제가 충족되어야 한국은 국제경제 무대에서 자유롭게 활동할 수 있다. 안보가 불안정해지면 국제자본과 기업의 한국 일탈은 급속하게 발생할 수 있다. 또한, 세계 경제와 교류 협력을 기반으로 하는 현대 한국경제의 기반이 급속히 무너질 수 있다.

한미동맹을 통해 전체주의 세력의 위협에서 자유민주주의, 자유시장 경제체제를 지키고, 서방 자유 세계와 치열한 경쟁, 협력을 통해 발전된 기술력과 국제경쟁력, 이것을 바탕으로 할 때만 한국은 중국 시장에 계속 진출할 수 있다. 이른바 중국 기회를 활용할 수 있다. 이것이 오늘날 한국경제의 근본적 기반이다. 이러한 근본과 기반을 잊고 단순한 외형적 경제통계 수치, 예를 들면, GDP(혹은 PPP) 총액, 한국 대외무역 의존도 등만의 수치로 상황을 오판하면 안 된다. 외형적 수치의 실질 내용과 의미를 더 들여다보아야 한다. 국제정치경제 구조와 내용, 국제

정치의 역동적 흐름, 한국 정치경제 성공과 발전의 국제 정치·경제적 기반 등에 대해 더욱더 많은 심층적 분석과 고민이 필요한 이유이다.

한국, 미국과 중국 사이에서: 중화권과 중국 그늘

중국공산당은 시진핑 집권 이후 전제적 통치체제를 더욱 강화했다. 중국공산당의 이러한 행태가 중국 국내만의 문제일까? 한국과는 별개의 문제일까? 그게 아니라면, 한국이 중국인의 인권과 관련해 당연히 이의를 제기해야 할 문제일까? 아니면, 한중관계 큰 틀에서 볼 때 실용적, 실리적 차원에서 그러한 문제에 대해서는 암묵적 회피를 해야 하는 문제일까?

만약 이 글을 읽고 있는 독자가 중국공산당의 전제적이고 폭압적 인권탄압, 전체주의 체제 문제에 대해 이상과 같은 질문만으로 사고의 폭을 제한하고 있다면 홍콩과 대만에 대한 중국공산당의 접근행태를 살펴보시기를 권한다.

먼저 중국공산당의 홍콩 장악 행태를 살펴보자. 중국공산당은 영국에게서 주권을 반환받을 때 거짓말과 감언이설甘言利說을 남발했다. 하지만 이제 우리는 홍콩의 자유민주주의와 자유시장 경제를 존중하겠다고 덩샤오핑이 천명한 약속이 거짓말이었음을 깨닫게 되었다. 중국공산당은 주권을 반환받아 주도권을 장악하자마자 홍콩을 서서히 장악해 나갔다. 홍콩의 체제보장이라는 거짓말을 하는 순간에도 덩샤오핑과 중국공산당은 홍콩을 서서히 잠식해 장악하는 계획을 치밀하게 세워 전개하고 있었다.

홍콩에 대한 점진적 장악 전략은 다음과 같이 간략히 정리할 수 있다. 먼저 홍콩의 자유시장 경제체제를 이용해 인민해방군, 통일전선공작부, 국가안전부 등이 홍콩에 자신들의 비밀공작 기관을 기업의 형식으로 수없이 세웠다. 자유세계에 대한 잠입과 침탈의 근거지로 이용하려는 목적에서다. 이와 함께 홍콩특별행정구 정부, 언론, 교육기관을 서서히 잠식해 나가고 중국인들을 홍콩에 대거 진입시켰다. 홍콩의 중국공산당화를 시작한 것이다. 또한, 중국공산당 엘리트들은 해외로 자산을 도피시키는 주 통로로 홍콩을 이용했을 뿐만 아니라 외국 자본의 중국 유입을 중간에 틀어쥐고 막대한 이권을 챙기는 수단으로도 홍콩을 이용한다.

중국공산당은 이와 함께 홍콩 엘리트(공무원, 경찰관, 대학교수, 언론인)에 대한 매수 공작을 전개하면서 홍콩을 유지하는 기반을 잠식하는 통일전선공작을 대대적으로 전개했다. 그리고 마침내 은밀하고도 서서히 진행한 홍콩 장악 공작이 무르익었다고 판단한 2010년대 들어 중국공산당은 그 속내를 노골적으로 보이기 시작했다. 결과적으로는 홍콩의 자유민주주의 자유시장 체제를 보장한다는 일국양제 원칙을 거리낌 없이 던져버리고 홍콩 시민의 항쟁에 대한 폭압적인 탄압과 진압에 반발해 일어난 것이 2019년에서 2020년 벌어진 홍콩 시민 민주화 항쟁이다.

중국공산당은 홍콩 장악 공작을 대만에 대해서도 같은 방식으로 전개해 오고 있다. 이른바 하나의 중국 원칙, 92공식九二共識을 내세우면서 대만의 체제를 보장해줄 것처럼 선전하면서 일국양제一國兩制를 제시했다.

그리고 대만에 화해와 경제교류 등을 내세우면서 대만 각계 인사들과 교류에 물꼬를 튼다. 관계 회복과 교류의 물꼬가 트이자, 중국인들이 대만에 진출하는 것과 함께, 중국공산당은 대만의 국민당 인사들과 정치, 경제, 학계, 군 인사들을 매수하는 통일전선공작을 치밀하고도 은밀하게 그러나 대규모로 벌였다. 또한, 홍콩에서와같이 대만의 언론 신문, 방송과 문화산업, 교육계를 친선과 교류라는 미명으로 은밀하고도 집요하게 잠식해 들어갔다. 대륙이 주는 경제적 기회와 함께 이른바 실용, 실리 논리로 대만의 지식인 사회를 장악해 나가고, 대륙에서 사업하는 대만 기업계 인사들을 내세워 경제적 이익과 현실론을 유포하는 여론전을 지속적이고 끈질기게 펼쳐나갔다.

중국공산당이 대만을 잠식해 들어가는 방식에는 초한전의 다양한 전법들이 동원되었다. 정치공작전으로는 범 국민당 계열 정치인을 포섭하여 친중 인사로 만들고 그들이 정치 권력을 장악하도록 집중적으로 지원했다. 그 과정에서 중국공산당은 대만 사회에 대한 여론전, 미디어전, 심리전, 정보전, 경제전, 이념전, 문화·교육전 등을 혼합해 공격을 감행했다. 이를 통해 중국공산당은 대 대만 초한전에서 승기를 잡을 수 있었다. 이것이 2017~18년 상황이다.

만약 2019년 홍콩에 대한 중국공산당의 침탈이 노골적으로 벌어지지 않았다면 중국공산당이 치밀하고도 정교하게 전개한 초한전으로 아마 대만인들은 부지불식간 중국공산당 체제로 흡수되는 길을 걸었을지도 모른다. 당시 대만 정보기관, 군사·안보 전문가, 소수 학자가 초한전 전략에 대해 수없이 경고했지만 대만 사회와 주류 지식인들은 무시와 무반응으로 일관했다. 대만 일반 시민들은 초한전의 실체에 대해 둔감하거나 피부로 느끼지 못했다. 그만큼 초한전 전법과 투사 방식은 고도로 정교하게 발전되어 있다.

대만의 일반 시민들이 중국공산당의 위협을 피부로 감지하기 시작한 계기가 바로 홍콩 민주화 항쟁이다. 홍콩 민주화 항쟁을 보면서 대만인들 사이에서는 '오늘의 홍콩이 내일의 대만'이라는 위기의식이 고조되었다. 위기의식이 고조되자 일반 대만인들도 중국공산당의 실체에 관해 관심을 두고, 급기야 반 중국공산당 저항으로 이어졌다. 2020년까지 대만에 대해 치밀하게 준비하여 벌인 중국공산당의 홍콩식 대만장악 전략은 결과적으로 실패했다.

홍콩, 대만의 사례를 간략히 소개한 이유는 다음 질문을 위해서다. "홍콩과 대만의 사례가 중국공산당이 주장하듯이 중국 주권 영역 내에서 발생한 중국 국내 사안에 불과할까?"

오늘날 중화인민공화국으로 편입된 소수민족 사례를 살펴보자. 신장위구르, 티베트, 네이멍구(내몽고), 둥베이東北(만주) 등은 역사적으로도 중원의 패권을 장악한 왕조의 지배 영역이 아니었다. 여진족(만주족) 왕조 청나라 시기 최대 강역疆域에 해당한다. 만주滿洲는 만주족의 원향이라 당연히 청淸왕조 영토였다. 몽골도 청나라 시기에야 병합되었다. 다만 티베트, 신장위구르는 청나라 말 제정 러시아의 남진 정책, 군국주의 일본의 대륙 진출 시도에 위기를 느껴 행정적으로 병합된 곳이다. '행정적'으로 청나라 영토가 된 시기는 약 15년 정도에 불과하다. 티베트, 신장위구르 지역은 제2차 세계대전 이후 힘의 공백 상태에서 중국공산당이 강제로 점유한 곳이다.

중국공산당은 새로이 장악한 지역 소수민족에 자치권, 공생, 공영, 각종 지원과 우대정책 등 온갖 감언이설을 남발했다. 하지만 중국공산당이 현지 지역에 대한 실질적 장악을 공고히 하면서 그 지역은 점차 한족의 땅으로 변화해 갔다. 중국공산당은 해당 지역을 완전히 장악하기 위해 전략적으로 대규모의 한족 이주 정책을 감행했다. 동시에 현지 소수민 분리통치, 차별, 탄압, 문화와 종교의 말살을 자행해 왔다.

중국공산당은 중화인민공화국 영토가 되어버린 신장위구르족, 티베트족에 대한 인종청소, 몽골족, 조선족을 포함한 소수민족 정체성 말살 정책을 강도 높게 전개해 왔다. 이들 소수민족 지역과 홍콩, 마카오와 같이 이미 중국으로 주권이 넘어간 지역에서 벌어지는 사례는 중국공산당의 영향력 내로 들어갔을 때 어떠한 결과가 발생하는지 생생하게 보여주는 사례다.

한국은 예외일까? 현재는 한국이 한미동맹을 바탕으로 힘의 균형

balance of power을 유지하기 때문에 한국의 주권, 독립 체제를 유지하면서 경제적으로 중국과 활발히 교류한다. 한국이 중국공산당에 대한 견제력과 힘의 균형을 스스로 포기하고 중국공산당의 영향권으로 들어가면 그다음에는 어떠한 일이 벌어질까? 오늘날 신장위구르족, 티베트족, 몽골족, 조선족, 홍콩, 마카오, 대만 사례는 중국 영향권에 포섭된 한국의 미래를 명확하게 보여주는 생생한 사례다.

이러한 사례가 기우杞憂라고 판단한다면 중국에 주권을 빼앗기지는 않았으나 중국 영향력 아래로 편입된 다른 사례를 보자. 오늘날 중국의 정치적 경제적 영향력 아래에 있는 국가들이 있다. 바로 라오스, 캄보디아, 파키스탄 등이다.

파키스탄은 지난날 인도가 구소련, 중국에 기울어져 있을 때 미국과 동맹을 통해 힘의 균형을 맞추는 정책을 전개했다. 1947년 영국에서 독립 이후 1990년대까지 파키스탄 경제성장률은 전 세계 평균 경제성장률보다 높았다. 기계, 발전 설비 등 일부 부문은 1960~70년대 한국에서 견학할 정도로 발전된 국가였다. 하지만 국내적으로는 이슬람 원리주의 운동과 반미노선 채택 등으로 미국과 서구경제에서 점점 멀어졌다. 미국과 동맹을 무력화하고 인도와 갈등에 대한 힘의 균형을 맞추기 위해 중국과 손을 잡았다.

그 결과 1990년대 중반 이후 파키스탄 경제는 내리막길을 걷고, 일대일로 프로젝트에 편입되면서 중국에 지게 된 과도한 부채를 못 이겨 국제통화기금IMF 구제금융에 손을 벌리는 신세로 전락했다. 악순환 고리는 결국 중국경제 의존을 더욱 심화하고 이제는 중국 원조와 개발·투자에 매달리는 지경에 이르렀다. 이러한 정치적 경제적 의존 심화는 파키스탄을 중국 영향력에 취약한 중국화 길로 내몰았다. 중국공산당이 고도로 발전시킨 지배 엘리트 매수와 포섭 공작으로 파키스탄 엘리트 집단은 중국공산당과 깊은 부패 고리를 형성했다. 후견-피후견 관계

Patron-Client relationship 공고화로 이어졌다. 정치적으로는 종교적 원리주의와 독재체제 공고화, 경제적으로는 중국경제에 종속화와 저발전의 반복 구조 형성, 대외적으로는 중국 의존국가가 되었다. 중국과 이런 관계 설정으로 파키스탄은 약탈적 중국 투자에 무방비로 노출되어 이용당하는 처지에 빠졌다.

캄보디아는 어떠한가? 과거 공산권 내에서 소련-중국 간 대립과 갈등이 고조된 상황에서 구소련은 베트남을 집중적으로 지원함으로써 중국과 미국을 견제하고 동남아시아를 영향력 아래에 넣으려고 했다. 반면 중국공산당은 이에 대응해 캄보디아와 라오스에 대한 지원과 영향력 확보에 나섰다. 이 과정에서 중국공산당은 캄보디아공산당을 지원해 체제를 전복시키고 폴 포트 공산정권 수립에 성공한다. 폴 포트가 이끄는 크메르루주 공산정권이 수립되는 데는 베트남의 지원과 서방의 용인 등 사정이 더욱 복잡하기는 하다. 그렇지만 폴 포트가 이끄는 크메르루주 공산정권의 주主 후원자는 중국공산당과 마오쩌둥이었다. 크메르루주 정권은 체제 전복과 권력 장악 성공 후 혁명과 계급투쟁이라는 미명으로 이른바 킬링필드라고 불리는 자국민 대학살을 자행했다. 이후 공산당 사회주의화 정책과 대외적 고립, 중국에 의존하는 정책으로 캄보디아의 정치경제와 사회는 무참하게 파괴되었다. 오늘날 캄보디아는 정치적, 경제적·사회적으로 중국에 종속된 채 종속, 고립, 저발전의 악순환에서 헤어나지 못하고 있는 실패국가Failed State 중 하나다. 이러한 사정은 중국공산당에 경제적, 군사적으로 의존하는 라오스 공산정권 하의 라오스도 비슷하다.

한국, 미국과 중국 사이에서: 중화 패권과 중화 질서

중국의 영향력과 국제 정치 질서로 주제를 옮겨보자. 오늘날 중국공산당은 전 세계 패권을 중국공산당 중심으로 재편한다는 대전략을 야심 차게 펼치고 있다. 중국공산당은 마오쩌둥 시기부터 개혁·개방으로 정책적 전환을 한 덩샤오핑 시기를 거쳐 현재까지 중국몽이라는 미명 아래 세계 패권을 장악한다는 대전략을 한 번도 포기한 적이 없다.405)

중국공산당은 선언적 차원에서는 전 세계를 공산화한다는 이념적 목표를 내세우고 있지만 실질 내용은 중국공산당이 영도하는 중화민족이 세계 패권을 장악한다는 대전략이다. 중국공산당은 이를 위해 전 사회적 동원 체제를 가동하고 있다.

시진핑 정권에서는 중화인민공화국 수립 100주년이 되는 시점인 2049년에 중국이 세계 초강대국으로 등극한다는 이른바 중국몽 구호를 내걸고 대전략 달성을 위한 행보를 본격화하고 있다는 것은 누차 설명한 바 있다.406)

이 지점에서 제기될 수 있는 질문이 있다. 중국이라고 해서 세계 패권을 장악하지 말라는 법이 있는가? 왜 중국만 문제로 삼는가? 미국에서 중국으로 바뀌는 것일 뿐 아닌가? 이것이 세계 역사의 변화과정이라면 선입견과 가치판단을 떠나 그 변화의 물결에 발 빠르게 올라타는 것이 실리를 챙기는 외교전략 아닐까?

이러한 질문과 관련해서 먼저 짚어야 할 점이 있다. 중국 부상, 중국 대세론이다. 이러한 논리에 근거는 있는가? 결론부터 이야기하자면 근거는 피상적이고 형식논리이며 박약하다. 근거로 내세우는 외형적 통계수치들은 현재 중국정치경제 구조의 실체와 모순 심화에 대해 말하지 않는다. 더욱이 현대 국제정치경제 구조와 작동 원리를 이해하면서 이른바 중국 부상 논리의 실제 내용을 분석해 보면 얼마나 피상적이고 잘못 이해하고 있는지 알 수 있다. 이에 대한 설명은 본 장 아래에서 다시 언급한다. 그리고 현대 중국의 정치·경제적 수준이나 가치와 문명의 수준이 미국을 대체해 세계 패권국으로 등극할 수준은 되느냐에 대한 논의는 일단 차치하기로 한다.

논의 중심을 중국이 지향하는 중국공산당과 중화민족 주도의 국제정치경제 질서로 옮겨보자. 오늘날 현대 국제정치경제 질서의 구성 원칙 중 국가 간의 관계는 베스트팔렌 원칙을 기본으로 작동한다.407) 이 원칙을 기본으로 브레턴우즈 체제라고 불리는 국제 정치경제 질서가 수립되었다. 엄밀한 의미의 브레턴우즈 체제는 1972년 붕괴했으나 기본 구조와 작동 원리는 현재까지 작동하고 있다. 브레턴우즈 체제는 제2차 세계대전 이후 미국이 주도해 만든 현대 자유주의 국제정치경제 질서다. 현재도 미국은 자유주의에 기반한 국제정치경제 질서를 유지하는데 중심적인 기능을 하고 있다.

반면 국제질서에 대한 중국 관점은 오늘날의 국제관계를 구성하는 베스트팔렌 원칙과 자유주의 국제질서의 기본 원칙과 근본적 차이가 있다. 중국이 지향하는 중국 주도의 국제질서는 자유주의 질서와 가치를 부정하는 중국공산당 중심 중국식 질서408) 재편이다. 중국식 질서란 무엇인가?409)

국제질서와 관련해 중국에서는 19세기 이전 중국의 패권을 장악한 왕조를 중심으로 편성된 위계적 질서를 21세기 형식으로 재건하는 논의가 활발하다.410) 중국을 중심으로 편성된 신천하질서론이 지배적인 국제 정치 질서 담론을 형성하고 있다.411)

예를 들어 시진핑 정권이 추진하는 일대일로 프로젝트에서는 이른바 의리관義利觀에 기반한 중국과 운명공동체, 이익공동체 건설을 주장한다.412) 의義와 이利 공동체가 의미하는 것은 전통적인 조공朝貢 질서 아래 천하체계 작동 원리를 정당화한 논리다.

논리의 근원은 고대 한漢 나라 무제武帝가 중원 통일 후 한 왕조의 패권을 정당화하기 위해 학자 동중서董仲舒의 건의를 받아들인 데 있다. 중원 패권을 장악한 한나라 무제는 복속된 왕조들을 흡수하고 왕조의 정당성을 설파하기 위해서 동중서의 논리를 채택했다.413) 논리 요지는 패권을 장악한 왕조는 강압이 아닌 의義와 이利로써 복속된 다른 왕조들을 지배한다는 것이다. 이것이 하나의 공동체적 사회를 이룬다는 논리인데 논리 핵심은 바로 위계적 주종관계를 정당화에 데에 있다.

중국은 현대의 주권 평등을 원칙으로 하는 국제관계를 노골적으로 부정할 수 없는 현실을 고려하여 과거의 중화질서론을 교묘하게 위장한 새로운 개념으로 포장했다. 그 화려하고 그럴듯한 수사修辭를 벗기고 나면 핵심에는 위계적 주종主從 관계의 복원이 있다. 이를 운명공동체, 이익공동체 등의 언어 유희言語遊戲로 포장했을 뿐이다. 그런데 한국은 지난 문재인 대통령이 '개인' 자격이 아닌 일국의 대통령 신분으로 나서서 중국의 운명공동체 개념을 거론했던 것이 현실이다.

같은 맥락에서 최근 들어 중국 학계에서 자주 거론하는 것 중 하나가 '문명권'이다. 한국에서도 중국 학계 영향을 받아 인문사학계를 중심으로 거론하고 있다. 이른바 한자 문명권, 유교 문화권, 동양적 가치 등으로 포장해 거론하고 있다. 얼핏 들으면 그럴듯하지만, 그 개념과 논리 속에 감추어진 실제 목적이 있다. 바로 현대 주권국가 개념을 희석하려는 것이다. 아시아에서 주권국가라는 개념보다는 하나의 문명이나 문화권으로 통합하자는 것이다.

그런데 여기서부터 중요하다. 본질은 지금부터 나온다. 이러한 주장과 논리에 은근슬쩍 감췄거나, 아니면 논의 끝에 살짝 거론하는 게 있다. 공동체, 문화, 문명권 내에는 질서가 있고 질서에는 위·아래上下가 있으며 대국大國과 소국小國이 있다고 한다. 전체 구성요소들은 각자 위치와 구실이 있고 각자 위치와 구실을 인정할 때 공동체의 안정과 발전이 있다는 것이다. 전형적인 유교식 국제질서관이자 전형적인 전체주의적 세계관이다. 북한 주체사상도 기본 골격은 이러한 전체주의 질서관에 기반을 두었다.

또한, 여기서 암시하는 위上나 그 대국은 당연히 중국이고 아래下 소국은 한국을 포함한 주변국이다. 이러한 차이, 위상, 각자 구실을 인정하자는 것이다. 다만 대국이라고 강압적 패도霸道를 부리는 것이 아니라 의義와 이利를 존중하는 왕도王道, 덕치德治를 추구해야 한다는 논리다.414)

이와 관련해서 중국에서 논의하고 출판하는 무수한 책과 논문들이 펼치는 장황한 학술적 개념과 현학적 이론을 양파 껍질 벗기듯이 벗겨버리고 그 핵심을 요약하면 중국공산당이 영도하는 중화민족 중심의 새로운 권위주의 국제질서라는 최종 종착지가 나온다.

이른바 신천하질서론이나 기타 중국에서 논의하는 중국 국제질서관은 자유주의로 대변되는 근현대 국제관계의 기본 구성 원칙이자 실질적으로 제2차 세계대전 이후 수립된 국제질서인 베스트팔렌 체제의 주권 평등원칙과 대척되는 관점이다. 현대 국제질서에서 독립적 주권과 자율성을 갖는 국가들이 수용하기 어려운 질서관이다. 자유주의 질서에 반하는 중국식 국제질서 담론이 지배적인 중국이 정치적, 외교적, 군사적, 경제적 영향력을 확대하고 있다. 이에 직면한 미국을 포함한 자유주의 국가들의 대중국 위협 인식이 깊어질 수밖에 없는 이유다.

한국, 미국과 중국 사이에서: 중국이 세계를 지배한다면?

중국이 주도하는 국제질서는 구체적으로 어떻게 펼쳐질까?
한 국가가 지향하는 국제질서는 그 국가 내부의 가치와 문명 수준이 외부로 표출되는 것이다. 미국은 전후 국제질서를 유지하면서 그 공과功過 중 특히 과過와 관련해 수많은 비판을 받았다. 이와 관련해 한 가지 질문을 던져보자. 만약 제2차 세계대전이 나치 독일이나 군국주의 일본의 승리로 끝났다면 그 이후 어떠한 국제질서가 전개되었을까? 구소련이 전 세계 공산화에 성공해 공산당 중심의 전체주의 국제질서가 형성되었다면? 만약 미국이 국제사회 전면에 나서지 않고 고립주의 외교정책을 고수했다면?

제2차 세계대전 이후 국제질서는 미국의 자유주의 정신을 기본으로 재편된 자유주의自由主義 국제질서다. 제2차 세계대전 이전까지 국제질서는 영국, 프랑스, 독일, 이탈리아 등 유럽 강대국을 중심으로 하는 제국주의帝國主義 질서였다. 제2차 세계대전 이후에도 제국주의 국제질서가 그대로 유지되었다면?

미국 주도로 설계하고 유지해 온 자유주의 국제질서의 공과功過는 다른 형태의 국제질서에서 전개되었을 공과와는 차원이 다른 이야기다. 미국은 건국 정신, 국가 형성과정에서 기본적으로 자유주의를 기본으로 하는 국가다. 이러한 정신문명과 지향하는 가치를 기반으로 하는 미국이 세계 패권을 장악하면서 국제질서에 반영된 것이다.

미국과 국제질서를 설명한 이유는 중국이 재편하거나 주도하겠다는 국제질서의 성격을 설명하기 위해서다. 중국공산당이 일당독재를 구축하고 정치, 경제, 사회 권력을 독점하면서 극단적인 부정, 부패, 부조리 관행이 상식이 되어버린 현대 중국 정치경제 그리고 사회적 가치, 사상, 양심, 종교, 신앙, 학문, 표현, 집회 결사 자유가 박탈된 철저한 통제·감시와 처벌의 디지털 전체주의 사회, 거짓과 왜곡으로 점철된 선전과 선동, 공산당과 중화민족주의로 뭉친 전체주의 홍색紅色 문화, 중화민족주의라고 하는 독기 서린 복수와 지배야욕의 민족주의, 중국의 패권적 행태와 전제정치, 인권유린에 이의를 제기하면 가혹한 보복과 공갈 협박을 일삼는 중국의 늑대전사 외교戰狼外交, 국제사회가 수십 년간 발전시켜온 글로벌 거버넌스 체제(국제기구, 국제법, 국제규범)에 중국식 부정부패를 이식하고 각종 국제기구를 장악해 중국 이익에 봉사하는 조직으로 타락시키는 중국 다자외교 행태, 오늘날 세계화 경제교류의 기반

중 하나인 자유주의 해양 질서를 자국의 핵심 이익이라는 미명으로 영토화하는 행태, 각국에 해외 통일전선공작으로 침투해 정치경제, 학술, 언론방송에 대한 매수 공작으로 영향력 행사 기반을 닦는 행태, 선진기술, 지식재산권과 영업기밀 등을 갖은 불법 수단과 방법으로 탈취해 해당 산업에서 독점적 지위를 확보해 세계시장을 지배하고 자유 공정경쟁과 생산력 혁신 구조를 파괴하는 약탈적 행태 등이다. 이러한 중국이 재편하고 장악할 신新국제정치경제 질서의 모습은 무엇일까?

중국이 패권을 장악한 이후의 국제정치경제 질서를 전망하기 이전에 현재 중국 영향력이 행사되면서 벌어지고 있는 모습의 한 단면을 살펴보자. 현재 전 세계는 전혀 인식하지 못하는 사이에 서서히 그러나 빠져나오기 힘들 정도로 중국공산당이라고 하는 뱀에게 휘감겨 옭아매어 있는 형국이다.

전 세계 국가, 기업, 영화예술, 문화단체, 교육기관, 언론방송, 미디어 산업 등이 중국공산당의 눈치를 본다. 자유, 인권, 양심, 지성 등 가치를 타협 없이 지켜오면서 높은 수준의 권위를 인정받아온 다양한 문화예술, 학술 단체들도 중국공산당 앞에 힘없이 무릎을 꿇는다. 중국공산당이 싫어하는 주제에 대해서는 자유가 존재하지 않으며, 우리는 자유의 가치를 스스로 던져버리고 자기검열을 당연시하고 있다고까지 말할 수 있을 지경이다.

간단한 예를 한번 들어보자. 2021년 프랑스 칸 영화제 이야기다. 세계적으로 권위를 인정받는 대표적인 영화제다. 엄격한 판단과 권위를 가지고 표현, 양심, 인권, 자유의 가치 등을 영화예술로 승화시킨 수준 높은 작품들을 발굴해 평가하는 영화제다.

2021년 칸 영화제는 2019년 촉발된 홍콩 민주화 운동을 다룬 다큐멘터리영화 '우리 시대의 혁명Revolution of Our Times'을 영화제 마지막에 상영했다. 칸 영화제 집행위원장은 영화 상영에 대해 "세계적으로 중요한 순간에 영화가 불빛을 비출 수 있다. 이러한 의미에서 이 작품을 선정한 것에 대해 자랑스럽게 생각한다."는 견해를 밝혔다. 역시 칸 영화제이다! 어떠한 외압과 압력, 예상되는 피해에도 불구하고 영화예술과 표현의 자유를 지킨다는 원칙을 고수한 것이다. 경제적, 정치적 압박에도 굴하지 않고 원칙을 고수하는 정신이 있기에 세계적인 신뢰와 권위를 인정받을 수 있는 것이다.

그런데 필자는 이 소식을 들으면서 다른 한편으로 너무나도 씁쓸했다. 2021년 칸 영화제에서 '우리 시대의 혁명'은 상영계획을 비밀스럽게 기획해 영화제 마지막에 기습적으로 상영했다. 영화제 측에서는 여러 이유를 대고 있지만, 실제로는 중국의 압력과 방해를 의식해 비밀과 기습, 마지막 상영이라는 대안의 묘책과 수를 찾아낸 것이다. 바로 이 대목에서 씁쓸함이 밀려들기 시작했다.

언제부터 우리가, 우리 자유민주주의 사회의 영화예술 단체가 특정 국가의 압력과 영향력을 이렇게까지 심각하게 신경 써야 하고 고민해야만 한단 말인가?

이 사례는 오히려 오늘날 전 세계 자유민주주의 세계가 처한 엄중한 사실을 여지없이 드러내 준다.

"만약 영화 주제가 미국의 인종차별에 대한 고발 다큐멘터리였다면 칸 영화제가 이처럼 고민하고 힘겹게 원칙을 지키는 모습을 보였을까?"

위의 질문은 『소리 없는 침공』의 저자 클라이브 해밀턴 교수의 지적이기도 하다. 해밀턴 교수는 중국의 통일전선공작의 실체를 폭로하는 책을 출간하는 과정에서, 모범적인 자유민주주의 국가 '호주'라는 곳에서, 수많은 역경을 겪어야만 했다. 중국의 다양한 압력과 보복을 두려워한 호주의 출판사들이 『소리 없는 침공』 출간을 모두 회피했다. 결국, 호주 사회를 일깨운 그 책은 호주 지방의 소규모 출판사를 통해 어렵사리 세상에 간신히 나올 수 있었다. 자유민주주의 가치를 기반으로 하는 호주의 출판사들이 이미 중국의 압력과 보복에 미리 두려움을 갖고 자신을 검열하는 그러한 사회로 호주 사회가 알게 모르게 변질해 버린 것이다.

해밀턴 교수는 이 사례를 통해 더욱더 문제의 심각성을 깨닫게 되었다고 토로했다. 그는 "만약 미국이 호주에서 행하고 있는 사실들에 대해 비판적 관점에서 쓴 책이었다면 호주 출판사들이 그토록 꺼리면서 출판을 회피했을까?"하고 질문을 던졌다. 해밀턴 교수는 이어서 "바로 이것이 미국과 중국의 차이다." "이것이 바로 미국을 중심으로 한 자유민주주의 사회와 중국이 주도할 세계정치경제 질서의 명확한 차이"라고 일침을 가한다. 미국에 대해 아무리 가혹하고, 더 나아가 매우 편향적인 책이라 하더라도 미국 정부가 출판과 표현 등의 자유에 압력을 가하거나, 또는 그렇게 할 것이라고 우려하는 사람이나 기업은 없다. 이게 자유민주주의 질서이다. 자유민주주의와 자본주의의 어두운 측면, 그리고 자유주의 질서 자체에 대해서도 그렇게 가혹한 비판을 하는 작가와 그러한 저작을 환영하며 거리낌 없이 출판하는 출판사들이, 중국이 직접적인 압력과 보복을 가하지 않았음에도, 중국에 대해 부정적인 표현이 들어있는 저작에 대해서는 스스로 검열하고 자제하거나 회피한다.

어디 출판이나 영화제뿐인가? 예술과 표현의 자유에서 높은 수준의 원칙을 고수해온 수많은 박물관, 미술관, 오케스트라 등도 중국공산당에 대해서는 이제는 어김없이 자기검열이라는 사상적 자해행위를 거리낌 없이 자행한다. 중국 관련 사안에 자기검열을 하지 않고 용기 있게 표현의 자유를 행사했더라도, 중국의 경제적 압력과 보복 앞에 힘없이 무릎을 꿇는 사례를 우리는 수없이 지켜보고 있다.

스포츠맨십을 표방하는 미국의 각종 프로스포츠 단체와 구단도 마찬가지다. 이들은 미국의 가치나 사회적 문제에 대해 가혹하게 비판하고 저항하며 항의하는 운동선수의 퍼포먼스에 대해서는 너무나도 자유롭고 관대하다. 때로는 이른바 '깨시민WOKE'으로 칭송까지 한다. 하지만 같은 이들이 중국에 부정적인 퍼포먼스를 행한 일부 소수의 운동선수에 대해서는 지나치다 싶을 정도로 굴종적인 자세로 일관한다. 표현의 자유를 스스로 포기한다. 이러한 자기검열은 퍼포먼스에 한정되지도 않는다. 스포츠 산업에 종사하는 사람들의 개인적 SNS에서도 중국에 대해 부정적인 표현을 하면 여지없이 처벌을 받거나 퇴출당하는 게 오늘의 현실이다. 영화, 예술, 문화, 스포츠, 학문, 교육 분야도 이제 예외가 아니다. 학문 분야에서도 중국공산당의 실체에 대한 학술 내용이 있으면 이른바 민감, 부적절 혹은 학문 기준 미충족 등 이유로 검열당하는 사례를 필자 역시 경험했다.

3. 한반도 신인류, 대한민국과 자유인으로서 한국인

한국은 제2차 세계대전에서 군국주의 일본이 미국에 철저히 패망함으로써 해방을 맞이할 수 있었다. 해방을 맞이한 한국인은 새롭게 건설할 한국 사회의 모습을 두고 좌와 우로 나뉘어 처절한 동족상잔의 비극을 겪었다. 한반도를 자국의 수중에 넣기 위해 스탈린은 극동군 사령부 연해주군 관구管區에 스티코프를 파견, 한국의 공산화 공작을 전개했다. 소련은 자신들이 보호하고 있던 김일성을 앞세워 한반도 북쪽을 점령하고, 소련 코민테른 한국지부라 할 수 있는 북로당과 남로당을 동원해 오늘날 한국에 자유민주주의 체제가 수립되는 것을 극렬하게 방해했다.415)

이 과정에서 대구폭동, 제주 4.3사태, 여순반란 사건 등이 이어졌으

나 1948년 8월 15일 한반도 정치사 최초로 자유민주주의 대한민국 정부가 수립될 수 있었다.416)

자유 대한민국을 무너뜨리고 공산화하기 위한 북한의 공산주의자들, 한반도로 미국의 전력을 집중시켜 유럽 방면에서 소련의 공산주의 위성국을 확대하고 사회주의 운동을 재강화하고자 했던 스탈린, 스탈린의 지시와 함께 한반도를 자국의 영향력 아래에 두고자 했던 중국공산당의 침략으로 우리는 결국 6.25전쟁이라는 3년간의 전란을 겪어야 했다. 더욱이 국군과 국제연합UN군의 반격으로 자유 통일을 앞둔 시점에 중국인민지원군이 무력 침략을 감행하고 이후 3년간 한반도를 짓밟으면서 우리는 현재까지 분단된 상태로 남아있는 것이 오늘의 현실이다.

6.25전쟁 후 한국은 한미동맹을 바탕으로 북한, 중국, 소련의 끊임없는 위협 속에서 자유민주주의 체제를 지킬 수 있었다. 이러한 안보 기반을 바탕으로 박정희 정권 수립 이후에는 미국과 일본, 서방 자유 선진국과 경제협력, 교류를 통해 전 세계 최빈국에서 오늘날 세계 10대 경제 강국의 반열에 올라섰다. 한미동맹을 통해 전체주의 공산 세력의 위협에서 벗어나 힘의 균형을 이루고, 이를 바탕으로 평화를 유지해 왔다. 이러한 안보 기반을 바탕으로 자유주의 세계 경제로 편입되면서 국제자본과 기술이 유입될 수 있었고, 한국인은 이러한 조건을 경제적 잠재력 극대화를 위해 십분 활용했다. 그 결과 한국경제는 자유 서방 선진국 경제를 중심으로 한 글로벌 가치사슬과 글로벌 생산 네트워크에 깊숙이 편입될 수 있었고, 이러한 환경에서 국제경쟁력을 키울 수 있었다.

미국과 자유 선진국 경제권과 교류와 경쟁을 기반으로 축적된 한국의 자본력과 경쟁력은 1992년 한·중 수교 이후 한국기업이 중국경제의 기회와 특수를 누리는 기반을 제공했다. 즉, 한국이 중국경제의 기회를 활용할 수 있는 기반은 바로 미국과 자유 서방 선진국과 교류와 협력, 이들 국가 기업을 중심으로 한 글로벌 가치사슬에 편입한 결과였다. 이러한 기반이 없었으면 한국의 기업이 중국경제에 진출하는 기회를 잡을 수 없었을 것이다.

한국이 미국을 중심으로 한 최고의 과학기술, 자본과 교류 협력이 없었으면 중국은 절대로 한국기업을 받아들이지 않았을 것이다. 현재도 그들에게 없는 자본과 기술력이 있기에 한국기업의 진출을 허용한다. 한국이 중국에 정치 외교 측면에서 좋은 관계 또는 굴종적 자세로 일관한다고 경제적 기회가 열리는 것이 아니라는 의미다. 중국이 필요해서, 필요한 만큼, 이용하기 위해서 받아들인다.

한국이 중국보다 우월한 기술력과 자본력이 없으면 한국은 중국경제를 이용할 수 없다. 그 우월한 기술력과 자본력은 어디에서 나오는가? 바로 미국과 서방 자유주의선진국과 지속적 협력과 이를 통한 경쟁력 강화에서 나온다. 이러한 경제교류는 바로 미국을 위시한 서방 선진국과 자유주의라고 하는 가치의 공유와 한미동맹을 통한 안보 기반에서 나온다. 이와 관련해 국제정치경제, 글로벌 가치사슬과 글로벌 생산 네트워크의 현실에 대해 간략히 살펴본다.

오늘날 국제 기축통화는 미국 달러화다. 국제 기축통화 지위가 갖는 중요성과 의미는 국내경제, 국제경제, 국제 정치 안보에 이르기까지 광범위하다. 국제 무역과 금융은 달러 기반으로 운용된다. 여기에는 상품과 서비스 수출입부터 수출입 대금의 국제 결제, 자본투자와 거래가 포함된다. 국제적으로 거래되는 재화는 기초적인 소비재부터 에너지 자원과 같은 전략 상품이 모두 포함된다. 국제교역과 경제활동의 전반에 달러의 영향력이 지배적으로 작동한다. 미국이 특정 국가에 제재를 가하면 다른 국가들도 어쩔 수 없이 따라야 한다. 미국의 제재를 따르지 않으면 자국의 기업과 은행이 미국의 제재를 받으면서 직접적인 피해를 보기 때문이다. 쉽게 말해 기축통화국인 미국은 생명줄인 돈줄을 막을 수 있는 막강한 힘을 보유하고 있다. 미국이 북한에 대해 제재를 가하면 중국도 어쩔 수 없이 따를 수밖에 없는 이유다.

현재 중국이 위안元화를 국제 기축통화의 지위에 올려놓으려 하나 불가능하다. 중국공산당의 정치 경제체제 때문이다. 기축통화는 단순히 경제 규모가 커진다거나 세계 1위의 경제 규모가 된다고 달성되지는 않는다. 경제 규모는 기축통화 조건의 하나일 뿐이다. 기축통화 지위에 올라서기 위한 조건은 많다. 대표적인 조건을 나열하면 경제 규모, 자국 금융시장 전면 개방, 전면적이고 실질적인 금융 자유화 등이다. 중국공산당은 자국 시장을 전면 개방할 수 없다. 중국공산당도 형식적으로는 금융개방과 자유화 정책을 발표하고 있으나 전면적이고 실질적인 금융개방과 자유화를 단행할 수 없다. 전면 금융개방과 자유화는 곧 중국공산당의 경제적 권력 기반인 금융 권력 포기를 의미하기 때문이다.

중국공산당 체제의 특징 중 하나는 경제 부문을 공산당이 사적으로 소유하는 것이다. 현재 중국 국부國富의 7할이 비非민영 즉 공산당 통제 하에 있다. 대규모 국유기업과 각종 공기업, 지방정부 소유 국유, 지방 기업 모두 중국공산당의 경제적 기반이다. 중국공산당의 또 다른 경제 권력 기반이 바로 금융이다. 중국 금융은 실질적으로 약 95% 이상이 국가 부문 소유다. 다시 말해 중국공산당이 금융을 장악하고 있다는 의미다. 세부적으로는 다양한 금융기관을 중국공산당 내의 다양한 파벌과 부문이 나누어 장악하고 있다. 여기에는 인민해방군이 운영하거나 실질적으로 소유한 금융기관과 국유기업이 포함된다.

중국경제는 이미 2000년대 중반 총요소 생산성 마이너스 단계로 진입했다. 중국 정부의 통계는 믿을 수 없지만 2000년대 중반 이후 중국 고성장과 성장률은 끊임없는 투입(인프라스트럭처 건설, 부동산 투자 개발)으로 발생하고 이 과정에서 부동산 거품, 국유기업 부실, 눈덩이처럼 불어나는 부채 등 구조적 모순이 이미 한계치를 넘어선 현실이다.

구조적 모순과 '부채로 쌓은 만리장성' 경제가 아직도 유지될 수 있는 것은 자유 시장경제 시스템과 다르게 국가가 금융 분야를 장악하고 과잉생산, 비효율, 눈덩이 적자와 부채를 막고 있기 때문이다. 그러나 이는 절대로 지속할 수 없다.

중국공산당은 자신들의 자산과 구조적 문제 은폐 수단인 금융 권력을 절대로 내려놓을 수 없다. 중국공산당 기반이 무너지는 것을 의미하기 때문이다. 금융 자유화와 전면 개방이 실질적으로 이루어지지 않으면 위안元화는 그 어떠한 수단을 동원하더라도 절대로 기축통화가 될 수 없다. 기축통화는 그 화폐가 국제적으로 쉽게 대규모로 자유롭게 유통될 수 있음이 필수적 전제조건이기 때문이다.

국제정치경제와 관련해 또 다른 사안이 바로 글로벌 가치사슬, 글로벌 공급망, 글로벌 생산 네트워크다. 고부가 가치산업, 차세대 신성장 산업들은 모두 미국과 서방 자유주의 선진국을 정점으로 한 피라미드 형태로 글로벌 가치사슬을 형성하고 있다. 정보통신기술 산업만 하더라도 글로벌 가치사슬의 정점(원천기술, 지식재산권, 혁신력 등)에는 미국의 기업이 포진해 있고 그다음 단계에 유럽 기술선진국과 일본 등이 놓여있으며, 그다음 단계에 한국과 대만 등의 반도체 기업이 있다. 중국은 여전히 그 피라미드 하위에 생산기지 기능과 위상을 갖는다.

이것이 무엇을 의미할까? 만약 미국이 중국에 반도체 공급을 차단하는 제재를 가한다면 중국은 무력하게 굴복할 수밖에 없다. 이는 현실로 일어나고 있다. 바로 중국 화웨이와 반도체 기업에 대한 미국의 제재다. 원천기술과 지식재산권을 가진 가치사슬 피라미드 정점에서 그 핵심기술 제공을 막고, 피라미드 하위에 놓여있는 관련 국가 기업들(예를 들면, 대만 TSMC, 한국 삼성전자, 네덜란드 ASML 등)에 중국에 대한 수출을 금지하면 중국 반도체 기업만이 아니고 이와 관련된 정보통신 기업들은 무력해질 수밖에 없다.

피라미드 하위에 놓여있는 중국이 세계의 공장 지위를 이용할 수는 있다. 하지만 가치사슬 상위의 기업들은 대체 불가능하지만, 하위에 놓여있는 하도급 생산기지는 중장기적으로 언제든지 다른 국가로 대체할 수 있다. 이것이 바로 현실이 된 디커플링 차이나Decoupling China 정책이 무서운 이유다. 이를 또 다른 용어로 글로벌 생산기지 다변화, 공급망 다변화 등으로 부른다. 중국이 최첨단 산업뿐만 아니라 소재와 기계 산업 등에서도 선진국 기술탈취와 베끼기 등으로 많이 성장해 온 것 또한 사실이다. 하지만 기술탈취와 도용으로 성장한 산업기술은 기반이 부실해 취약하다. 지속적인 기술혁신을 통해 세계를 선도할 능력이 제한적이고 촘촘하고 복잡하게 엮인 가치사슬과 서플라이 체인 구조에 제약을 받으며, 현재와 같이 뒤늦게 중국의 약탈적 공격과 실체를 인식한 서구 국가들이 그 약탈과 강탈 행위에 제재를 가하고 막으면 결과는 고립으로 회귀밖에 없다.

현재 미국, 영국, 호주, 일본 등 서방 선진국들은 중국공산당의 약탈과 강탈, 악의적 행태와 패권 야욕의 위험성을 심각하게 받아들인다. 중국공산당의 위협에 맞서, 자유 서방 선진국들은 연대를 구축했다. 중국의 약탈적 일대일로 프로젝트에 맞서 미국, 일본, 호주 등 국가들은 경제번영 네트워크EPN·Economic Prosperity Network, 블루 닷 네트워크BDN·The Blue Dot Network, 디지털 무역 협정Digital Trade Agreement, 인도·태평양 경제프레임워크IPEF 등의 형식으로 자유 진영 국가 간의 경제연대를 구축하기 위해 활발히 움직이고 있다.

중국의 위협에 대응해 자유의 가치를 중심으로 경제 기술적 연대가 진행되면 중장기적으로 글로벌 서플라이 체인의 다변화, 즉 탈 중국 추세가 확대된다. 정확히 말하면 미국과 서방 자유주의 선진국을 중심으로 글로벌 서플라이 체인을 재편하는 움직임이다. 글로벌 가치사슬과 서플라이 체인의 재편은 중국 전체주의적 패권에 대항하는 자유민주주의, 자유시장 경제 국가들을 중심으로 이루어진다는 뜻이다. 중국공산당이 현재와 같은 약탈적 패권 확장 정책을 지속한다면 탈 중국 움직임은 더욱 빨라질 것이다. 이것이 현재 진행되는 전 세계적 정치경제의 거대한 구조변화 움직임이다.

이러한 변화를 감지하지 못하고 현 단계에서 중국의 외형적 경제지표와 외형적 한중 경제 상호의존성만을 강조하면서 이른바 '선택의 딜레마' 또는 '전략적 모호성' 등을 논하는 것은 미래 한국 발전전략에서 패착과 실패로 가는 길이다.

초한전이 한국 사회에 주는 의미

한국은 여전히 냉전 중이다. 냉전에 더해 신냉전도 복합적으로 겹쳐 있다. 북한과 여전히 체제전쟁 상태이며 상호 대치 중이라는 점에서 우리는 냉전 한가운데에 있다. 그리고 개혁·개방 이후 세계 경제로 편입되어 온 중국이 어느 정도 경제력이 생기자 중국공산당이 세계 패권 장악 야욕을 본격화하면서 형성된 신냉전의 한복판에 있다. 선명한 대치와 대결 구도를 특징으로 하는 냉전 구도보다 훨씬 복잡하게 맞물려 꼬여있는 신냉전 구도의 긴장감이 한반도를 접점으로 응축되어 있다. 그리고 그 중심에 한국이 서 있다. 이게 우리의 현실이다.

현새에도 북한의 김씨 전체주의 정권은 자유 대한민국을 흡수 통일하기 위한 위협과 공작을 지속하고 있다. 한국을 자신의 핵 노예로 만들기 위해 핵무기를 개발해 위협하고, 한국 내 주체사상 동조 세력과 통일전선을 구축해 끊임없이 영향력을 행사한다. 그리고 이런 점에서 중국공산당은 북한과 정치적 이해를 공유한다. 바로 자유 대한민국과 한미동맹을 해체하는 것이다.

중국공산당과 북한은 한국과 한반도에 대해 속셈이 다르다. 북한은 한국을 김일성 전체주의 체제로 흡수 통일하면서 중국공산당의 영향력에서는 상대적 자율성을 확보하려는 반면 중국공산당은 한국과 함께 북한까지 친중 종속화를 목표로 한다.

특히 중국공산당이 한국에 갖는 목표는 친중 종속화다. 굳이 대한민국의 정치경제 체제를 사회주의로 강제 전복하는 노력을 들일 필요는 없다는 게 저들의 내심이다. 자유민주주의 체제든 자유 시장경제든 사회주의든, 김일성 주체사상이든 체제 형식 자체는 중국공산당에게 의미가 없다. 본질만을 친중 종속국으로 만들면 된다.

초한전 전법의 특징은 내부에서부터 잠식과 비인지 심리전이다. 즉, 침탈과 잠식 과정에서 형식적으로는 절차적 정당성을 확보하는 것이다. 노골적으로 박탈하면 상대가 알아차리고 그러면 저항에 부딪히기 때문이다. 형식과 절차, 절차적 정당성, 또는 합법성이라는 겉모양은 일단 유지하면서, 점진적으로 미지근한 물에 개구리 삶아 먹듯이 溫水煮靑蛙, 자유와 주권 박탈의 체감도를 낮추면서 잠식해 나간다. 어느 순간 뒤늦게 우리는 자신의 자유를 실질적으로 박탈당했음을 알게 된다. 하지만 그 지경이 되면 이미 되돌릴 수 없는 상황이다.

중국공산당이 한국에 대한 자신의 전략적 목적을 달성하기 위해서는 한국인의 자유를 박탈해야 한다. 중국공산당과 지향하는 삶의 가치가 근본적으로 다른 한국인이 어떻게 중국공산당의 종속적 지위 하에 살기를 원하겠는가? 저항이 있을 수밖에 없다. 중국공산당이 한국을 친중 종속화하기 위해서는 종국적으로 자유와 권리를 박탈할 수밖에 없는 이유다.

중국공산당과 북한이 자유 대한민국에 대해 이해의 공유점과 차이점을 모두 갖고 있으나 우리는 그들이 공유하는 목표에 주목해야 한다. 반복하지만 바로 자유 대한민국과 한미동맹 해체다. 이것이 우리가 처한 피할 수 없는 현실이다. 이들에게 우리의 자유와 자유민주주의 체제를 끊임없이 위협받는 상황에 부닥쳐 있다. 우리는 우리의 자유와 자유민주주의 체제 유지를 전제로, 이들과 평화와 교류를 원한다. 이것이 우리가 처한 양보할 수 없는 현실 조건이다. 그렇다면 우리의 자유와 체제, 삶의 기반을 확고히 지키면서 중국과 교류를 이어나가기 위해서는 어떻게 해야 하는가? 바로 초한전에 단호히 대응할 수 있는 체제를 시급히 구축해야만 한다.

초한전이 대한민국 국군과 안보 기관에 주는 시사점 417)

초한전을 살펴보면서 중국공산당의 군사전략은 자유민주주의 국가의 군사전략과 다름을 알았다. 중국공산당은 우리가 직면한 직접적 위협이다. 대한민국 국군과 안보 기관은 중국공산당의 군사전략 특징을 간파해 대응 전략을 마련해야 한다. 지금까지 우리는 중국과 인민해방군의 군사전략을 우리식대로 사고하는 게 일반적이었다. 하지만 이들은 우리의 군사전략과 전혀 다른 개념으로 접근한다. 우리식의 전략과 군사전략에 대한 상식, 전쟁과 관련한 기존 개념 내에서 사고하면 크게 오판할 수 있다.

인민해방군의 초한전 개념에서 보면, 현재 한국은 중국과 전쟁상태에 있다. 문제는 우리가 전쟁상태임을 전혀 인지하지 못한 채 무방비로 공격당한다는 사실이다. 그 이유는 인민해방군의 전쟁개념이 우리가 상식적으로 인식하는 개념과는 성격과 차원이 전혀 달라서다.

한 국가에 군대가 존재하는 이유는 안보를 사수하는 것이다. 전통적 전쟁과 군사전략 개념이 주를 이루는 현 상황에서는 안보 또한 전통적 개념에 머무를 수밖에 없는 것이 현실이다. 그러나 한국의 군대는 이러한 현실이 바뀌고 있다는 사실에 실존적 위기감을 느껴야 한다. 그리고 비전통적이고 전혀 새로운 차원의 전쟁, 군사전략, 안보 등의 개념에 대한 문제의식을 바탕으로 '안보' 개념을 재정립해야 한다. 그래야 인민해방군의 안보 위협에서 한국의 자유민주주의 정치체제와 자주 독립성을 사수할 수 있다.

한국의 군대도 비전통 전쟁의 새로운 양상에 대한 문제의식 공유, 대응 전략을 고민하고 있다. 군대에서 심리전단心理戰團을 구성하는 것이 그 예다. 하지만 현재 수준은 전장에서 분란전insurgency에 대한 대응 전략과 대북한 심리전, 사이버전 대응 수준에 머물러 있다. 하지만 군대의 존재 이유가 국가의 정체성, 한국의 독립성과 자유민주주의 체제의 사수라는 안보에 있다면 새로운 양상에 신속히 대응하는 안보 개념의 확장을 반드시 고려해야 한다.

중국공산당과 인민해방군은 아시아 패권 장악, 더 나아가 대미국 패권 경쟁에서 승리하고 전 세계 패권을 장악한다는 중국몽의 정치적 목적을 달성하기 위한 대전략에 주력한다. 중국공산당과 인민해방군이 이러한 대전략을 전개하면서 반드시 장악해야 하는 전략적 목표 중 하나가 대한민국이다. 한국의 지정학적 가치와 자유민주주의 체제에서 그 상징적 의미가 크기 때문이다.

중국공산당이 지향하는 지역 정치경제 질서는 무엇인가? 현재의 자유주의에 기초한 지역 정치경제 질서, 항행의 자유가 보장되는 자유 해양 질서가 아닌 중국 정치경제와 군사적 영향에 취약하게 반응할 수밖에 없는 중국 주도의 지역 질서다. 이들이 지향하는 지역 정치경제와 해양 질서는 한국이 지향하는 질서와 가치, 정치경제와 사회적 문명과는 근본적 차이가 있고, 상호 양립은 불가능하다.

1949년 중화인민공화국이라는 중국공산당 일당독재 체제가 대륙에 수립된 이후의 행태를 분석하면 중국은 이웃 국가, 지역(1950년 티베트와 한국, 1970년대 중후반 베트남, 1990년대 필리핀, 2000년대 이후 남중국해 일대)에 미군 철수 같은 힘의 공백이 발생했을 때 여지없이 강제적 침략과 침탈을 자행해 왔다. 이는 한미동맹 재고再考론, 중국이냐 미국이냐 하는 선택론 등이 퍼지고 있는 한국의 현실에서 그것이 현실로 되었을 때 한국이 감수해야 할 안보 재앙을 보여주는 선명한 사례에 해당한다.

이러한 상황에서 한국의 군대가 고민하고 사수해야 할 안보는 전통적 군사 영역에 한정되어서는 안 된다. 클라우제비츠가 『전쟁론』에서 언급한 군대와 지도자가 갖추어야 할 본질적 덕목은 바로 정치적 목적 달성이다. 이는 일반적인 정치적 개입 또는 군의 정치개입을 의미하는 것이 아니다. 한 국가의 정체성과 국익, 안보라고 하는 의미의 '정치적' 목적을 의미한다. 이러한 차원에서 한국의 군대 또한 안보 개념과 군대의 존재 이유, 새로운 안보 위협에 대한 전면적 재고와 대응 체제 수립을 고민해야 할 상황에 직면해 있다.

대한민국 국군과 안보 기관은 우리의 주적인 북한과 이해를 같이 하는 중국공산당의 초한전에 대응할 수 있는 대응 전략과 준비태세를 시급히 구축해야 한다. 여기에는 초한전이 펼치는 다양한 전법에서 한국 사회를 보호할 수 있는 대응 전략과 함께 군사전략에서도 회색지대전과 같은 중국 비대칭전을 이겨 낼 수 있는 대응 전력 구축을 포함한다.418)

결 론

중국공산당과 초한전 중인 한국, 무엇을 할 것인가?

결론: 중국공산당과 초한전 중인 한국, 무엇을 할 것인가?

1. 초한전 대응체제 구축

한국은 초한전에 무방비로 노출되어 있다. 자유민주주의 체제의 한국은 그 어느 때보다 개방되어 있지만 그만큼 취약하다. IT 사회로 전환되었기 때문이다. 한국의 자유와 독립에 적대적인 세력은 바로 이 허점을 집중하여 공략한다. 오늘날 한국은 우리의 자유와 독립을 무너뜨리려는 세력인 중국공산당과 북한의 공격에서 그 어느 곳도 자유롭지 못하다. 그 어느 때보다도 강력한 안보 기관과 대응체제를 갖추어야 하는 이유다.

이러한 상황에서 우리가 무엇보다도 시급하게 해야 할 일이 있다. 정부와 민간차원에서 모두 중국공산당의 해외 통일전선공작이 한국에서 어느 정도로 진행되고 있는지 실태조사를 당장 단행해야 한다. 그리고 그 실태를 한국 국민에게 알려야 한다. 초한전의 가장 큰 약점이 바로 정체가 드러나는 것이다. 공격 대상이 되는 국민들이 초한전의 실체를 인지하는 순간 초한전은 그 위력을 상당 부분 잃어버린다. 이는 한국인이 자유민주주의 국가로서 정체성과 독립성을 스스로 지키도록 하기 위한 필수조건이다.

다음으로 중국과 우호적인 교류 협력을 더욱 촉진하고 건강한 양국 교류 발전을 도모하기 위해서라도 초한전 대응방안을 전 국가 차원에서 마련해야 한다. 국가 간 건강한 관계, 우호적 관계 발전은 상호 체제, 가치, 독립성 침해가 없어야 가능하다. 이를 위해 한국은 더욱 적극적이고 능동적인 '방어적 민주주의 원칙'을 도입해야 한다. 초한전이 그 위력을 발휘하는 주요 조건 중 하나가 자유민주주의 사회의 법치와 개방성이다. 이들은 자유민주주의 체제의 최대 장점을 최대 약점으로 악용해 공략하는 전략을 취하기 때문이다. 자유를 파괴하려는 자들에게 파괴할 '자유'를 허용해서는 안 된다.

이는 단지 초한전에 대응하는 차원만이 아니다. 중국공산당과 함께 우리의 체제를 위협하는 북한의 공작을 차단하기 위한 목적이기도 하다. 한국의 자유민주주의 체제와 개방성은 이들 자유의 적들에게 무방비로 노출된 상태이기 때문이다.

공산주의의 공세에 취약한 자유민주주의 체제

한국에서는 이른바 '낮은 단계 연방제' 통일방안이 논의되고 있다. 하나의 민족, 우리민족끼리, 민족통일 숙원 달성, 통일. 평화, 번영 등 구호는 좋다. 이러한 구호가 말하지 않는 본질적 질문이 있다. '체제가 다른데 어떻게 연방제가 가능한가?'라는 질문이다.

정치 경제 사회 체제가 다르고 지향하는 삶의 가치가 다른 두 체제는 연방이 될 수 없다. 아니, 연방聯邦은 성립될 수도 있다. 하지만 이는 전혀 다른 두 체제 중 다른 하나에 점진적으로 흡수되는 것을 의미한다. 이것도 아니라면 흡수를 최종 목적으로 하면서도 그에 대한 사회적 반발을 무마하고 회피하기 위한 전형적인 인민(민중)민주주의 통일전선 기만전술이다.

만약 연방제가 현실화한다면 어떤 체제에 흡수될까? 전 사회적 선동과 동원에 강력한 힘을 발휘할 수 있는 단결된 조직과 공산화(김일성

민족화, 전 사회 주체사상 체제화)라는 목표를 강하게 고수하는 북한 김일성 체제로 가는 흡수통일이다.

한국은 법치주의와 개방성을 특징으로 하는 자유민주주의 체제다. 자유민주주의 체제는 법치, 개방성, 탄력성을 장점으로 하지만 조직적이고 체계적인 동원력과 선전·선동 전략을 갖춘 집단의 공격에 취약한 단점이 있다. 일반적으로 자유민주주의 체제에서 소수이지만 강력한 조직력과 동원능력을 갖춘 집단이 있으면 강력한 힘을 발휘한다. 자유롭고 개방적이며 조직화하지 않은 일반 시민들은 이 소수를 조직화한 집단의 공격에 취약할 수밖에 없다. 조직과 조직력, 정치적 목적과 전략·전술, 동원력이 없기 때문이다.

대신에 자유민주주의 체제는 국가와 정부가 군대, 정보기관, 경찰 등의 조직을 바탕으로 체제를 수호한다. 연방제는 군대, 정보기관 같은 체제 수호 기반을 제도적이고 절차적으로 무력화한다. 자유민주주의 체제는 조직화한 집단(공산당, 사회주의 조직, 진보·좌파 시민단체, 이들의 통일전선)에 무력하게 붕괴할 수밖에 없다.

이것이 체제가 다른 두 국가가 연방제 통일을 했을 때 최종적으로 귀결되는 종착점이다. 공산주의자와 사회주의 혁명전략·전술을 연구해 온 진보·좌파는 이 점을 정확하게 간파하고 있다. 절대로 외부에 이야기하지 않는 연방제 통일의 실체다.

이들은 자유민주주의 체제를 공산당과 자유의 적에게서 수호하는 양대 축인 군대, 정보기관의 약화나 형해화形骸化를 시도한다. 지난 문재인 정부 시기 한국 정보·방첩 기관 양대 축인 국군정보사령부와 국가정보원은 유명무실해져 버렸다는 것이 필자의 판단이다. 이들 기관이 무기력하게 무너지는 과정을 보면 공산당의 조직 장악과정과 너무나도 흡사했다. 그 과정을 보면, 먼저 정치개입 혐의 또는 그 기관의 정당성을 훼손하는 혐의를 만들어 대중매체에 집중적으로 홍보하면서 대중들을 선전·선동하고 기관 해체의 정당성을 억지로라도 확보한다. 그다음에는 조직 내부에 위원회, 고문 등 임시 조직을 신설해 파견 인사들이 실질적으로 조직을 장악해 나갔다.

위의 사례를 언급한 이유는 첫째, 자유민주주의 체제가 자유의 적들에게 얼마나 취약한지, 둘째, 자유의 적이 감행하는 삼투와 침탈에 대응하는 조직과 기관을 확대 강화해야 한다는 점, 셋째, 자유의 적들에게 자유민주주의의 법치와 개방성을 똑같이 적용해서는 안 된다는 점을 지적하고 싶어서다.

한국 사회는 초한전에 어떻게 대응해야 할까? 필자가 제시하는 초한전 대응방안은 호주, 대만, 미국 등에서 논의된 내용을 참고해 소개한다.419)

중국공산당 정체에 대한 한국사회의 각성

초한전에서 한국과 한국 사회를 지키기 위해 가장 선행해야 하는 것이 바로 중국공산당의 정체와 초한전 실체를 아는 것이다. 기만, 속임수, 거짓, 사기, 모략, 책동으로 점철된 초한전은 상대가 그 정체를 아는 순간 그 두려운 위력의 상당 부분을 잃어버린다. 그만큼 저들의 정체와 실체에 대한 인식이 중요하다.

그동안 한국 사회는 중국공산당의 성격과 실체를 망각해 왔다. 여기에는 일반 대중부터 필자를 비롯한 중국정치와 국제 정치 전문가들까지 거의 모두 포함된다. 중국에 대한 허구와 환상이 가득한 것이 오늘날 한국의 현실이다. 이는 한국만의 문제가 아니다. 전 세계가 그러했다. 하지만 중국공산당의 실체가 하나씩 드러나면서 서구를 중심으로 중국공산당의 정체를 뒤늦게나마 제대로 인식하기 시작했다. 중국공산당이 시진핑 집권 이후 그 본색을 드러내면서부터다. 이제 한국 사회도 중국공산당의 정체에 대해 각성해야 한다.

미국 CNN 중국 특파원 출신 안보 전문가 짐 쉬우토Jim Sciutto는 중국공산당의 내부전략을 파헤치면서 중국공산당의 실체를 알게 되었다. 탐사보도 결과를 2019년 책으로 대중들에게 폭로하고, 그 책은 일약 베스트셀러가 되었다. 쉬우토는 그가 알아낸 중국공산당의 전쟁을 '그림자 전쟁The Shadow War'이라고 명명했다. 초한전의 속성을 잘 드러내는 이름이다. 그는 중국공산당의 그림자 전쟁에 대처하기 위해 가장 먼저 해야 할 일로 "적의 정체를 제대로 알려라!"를 꼽는다.420) 그는 다음과 같이 경고한다. "중국공산당은 냉전을 끝낸 적이 없다.", "오히려 탈냉전이 제공한 환경을 냉전 목표를 달성하기 위해 십분 역이용해 왔다."

중국공산당은 개혁·개방을 시작하고 더 나아가 냉전이 종식된 이후에도 전 세계 자유국가를 파괴하고 공산화한다는 목표를 단 한 번도 버린 적이 없다. 이 내부 목표를 '중국몽'과 '중화민족'의 이름으로 노골화했을 뿐이다.

쉬우토가 중국공산당 내부 자료를 통해 밝혀낸 사실이다. 이는 마이클 필스버리가 미국 최고 정보기관을 통해 입수한 중국공산당 내부문서를 통해 밝힌 사실이기도 하다.421) 중국공산당은 내부적으로는 한 번도 냉전을 종식해 본 적이 없다. 외부 세계가 중국공산당과 중국을 착각했을 뿐이다. 중국도 세계 경제에 편입되고 시장경제가 성숙하면 자유가 확산하고 결국 자유국가로 변하리라는 환상에 젖어 중국공산당과 중국을 대했다. 중국공산당은 한국을 포함한 자유 서방세계의 이러한 환상을 십분 역이용해 왔다.422)

중국공산당의 초한전 실체를 아는 순간 자유 세계는 각성하고 순진하게 침탈당하는 악순환의 고리를 끊어낼 수 있다. 자유 세계가 쌓아 올린 정직과 신용, 계약과 신뢰, 투명성과 개방성, 법치와 인권 등의 규범과 가치가 통하지 않는 상대가 중국공산당임을 깨닫는다. 오히려 이러한 규범과 가치를 역이용한다는 사실을 자각한다. 즉, 우리의 가치와 규범으로 똑같이 대해서는 안 된다는 것을 깨닫고 경계하게 된다.

자유 세계가 중국공산당의 속성을 깨닫고, 각성하고, 더는 속지 않고, 대처하면 초한전은 힘을 쓸 수 없다. 은밀성과 기만이 초한전의 생명이기 때문이다. 쉽게 말해, 도둑이 도둑이라는 것을 알고, 사기꾼이 사기꾼이라는 것을 알면 쉽게 당하지 않는 것과 같다. 대부분 모르기 때문에 당한다. 그래서 중국 초한전의 정체와 실체를 한국 사회가 아는 것이 중요하다. 또, 그러기 위해서는 적극적으로 알리는 작업이 절실하다.

초한전 실체에 대한 각성과 함께 한국 사회의 전반적인 인식 전환이 필요하다. 수십 년간 중국공산당에 유린당한 호주를 일깨우는 데 중요한 소임을 한 클라이브 해밀턴 교수의 충언을 들어보자.423)

"자유민주주의 국가들이 중국을 바꾸지는 못하겠지만 자국의 가장 중요한 (자유와) 제도들을 방어할 수는 있다. (중략) 중국과 교류와 교역은 지속해나가야 하지만 (중국 침탈에 상관없는) 무절제한 교류는 끝내야 하고, 그것으로 인해서 초래할 단기적인 손해를 감수할 수 있어야 한다. ……(중국의) 떼쓰기 외교와 경제적 보복이라는 공포 조장, 개입과 침탈 활동에 대해 지적하고 문제를 제기하는 것을 꺼려서는 안 된다."

"중국공산당의 압박에 취약해지지 않기 위해 치러야 하는 비용은 장기적으로 볼 때 그만한 가치가 있다. 중국은 경제력을 막강한 무기처럼 휘두른다. (중략) 필요하다면 대중국 교역에서 손해를 보더라도 어려운 결단을 해야 한다. (특히) 교육과 관광을 비롯해 모든 산업 분야가 중국에서 비롯되는 수익에 너무 의존하면 정치적 위험을 감수해야 함을 깨달아야 한다. 단기적 수익에 급급하다 보면 장기적으로 손해에 노출된다."

"정부는 중국 시장에 지나치게 의존함으로써 위험에 노출되는 모든 기업에 그 대가를 감수해야 함을 분명히 인식시켜야 한다."

"중국공산당이 통치하는 중국은 지금도, 앞으로도 절대로 친구가 아니라는 사실을 깨달을 필요가 있다. 중국공산당은 자국이 좌지우지하는 나라가 아니면 동맹을 혐오하고 어떻게 해서든 동맹을 깨뜨리기 위해 온갖 술수를 동원한다. 전 세계 민주국가들은 하나로 뭉쳐서 보편적인 인권과 민주주의 원칙을 수호해야 한다."

이는 호주 사회에 대한 외침에만 해당하지 않는 호소다. 바로 한국의 정부와 사회구성원 모두 새겨들어야 하는 충언이다.

2. 법, 제도, 조직: 초한전 대응을 위한 국가 차원 기반 구축

초한전 실태를 국가적 차원에서 조사·대응할 입법이 시급하다. 대만에서는 초한전 실체를 인식하고 자유와 주권을 지키기 위해 뒤늦게나마 반反침투법을 제정했다. 반침투법 제정으로 대만 사회에 삼투해 침탈을 자행하는 중국공산당의 실태를 전면적으로 조사하고, 관련된 매국 행위를 처벌하는 기반을 마련했다. 우리도 대만과 유사한 법을 마련하고 이를 운영할 조직과 인원을 대폭 확충해야 한다.

'자유의 적들'에게서 한국 사회 방어: 안보정보 기관의 국내 방첩 기능 확대강화

중국공산당이 정치공작전과 해외 통일전선공작 타깃으로 삼는 정치인, 기업인, 언론인, 학자, 전문가, 진보·좌파 시민단체 등에서 중국공산당의 영향력 공작을 차단하고 더 나아가 보호하는 체제가 필요하다.

한국식 반 침투법을 제정할 때 이 부분을 특히 고려해야 한다. 이렇게 대응할 수 있게 한국의 정보·방첩 기관을 대폭 강화해야 한다. 국가정보원, 국군방첩사령부, 검찰, 경찰 등 공안 관련 기관의 인원, 조직을 증대하고 기능과 권한을 부여함으로써 우리의 안보와 자유를 지키는 데 실질적·효과적으로 대응할 수 있게 해야 한다. 더 나아가 이들 기관이 상호 유기적으로 운영할 수 있는 국가기관 수립도 고려해야 한다.

국가 정보·안보 기관 강화와 관련해 더욱 중요한 점은 초한전이 국내에서 은밀한 방식으로 포섭당한 매국노賣國奴들에 의해 효과를 발휘한다는 점이다. 하지만 지난 문재인 정부는 국가정보원의 국내 방첩 기능을 무력화하는 우愚를 범하고 말았다. 이른바 '국내정치개입'이라는 구실을 붙이고 인권의 미명을 덧칠해 우리의 자유와 생존을 지키는 보루를 허물어 버렸다. 이 결정은 전면 취소해야 한다. 국가정보원뿐만 아니라 여타 공안, 정보, 방첩 기관들의 국내 방첩 업무 또는 반 초한전 기능을 즉시 되살리고 강화해야 한다.

그리고 한국의 정보기관을 중국공산당의 영향력 공작에서 보호하기 위해 기관 간 공무집행 투명성 기구를 신설할 필요가 있다.424) 이를 통해 중국공산당이 우회적으로 우리 국가와 정부에 영향력을 행사하거나 삼투하는 공작을 차단해야 한다. 해당 기관은 북한의 대남 통일전선 공작에서 우리 정부를 보호하기 위해서도 필요하다.

더욱 적극적인 '방어적 자유민주주의' 원칙 도입

중국공산당의 해외 통일전선공작 관련해서 우리의 자유와 민주주의, 독립과 주권을 수호하기 위해 '방어적 자유민주주의' 원칙을 더욱 적극적으로 입법화하고 시행해야 한다. 한국은 북한의, 중국공산당의, 실체적인 위협에 노출되어 있고 끊임없이 공격당하고 있으며 우리도 모르는 사이에 저들의 영향력 아래 놓여있는 상황에 부닥치고 말았다. 우리의 자유와 민주주의 제도를 악용해서 우리의 자유와 민주주의, 독립과 주권을 침탈하도록 방관해서는 안 된다. 적대세력의 공작, 침탈과 관련된 사안에 대해 우리의 자유민주주의 법과 제도를 똑같이 적용해 혜택을 주고, 이러한 혜택으로 다시 우리를 역공격하도록 허용해서는 안 되지 않겠는가?

우리의 자유와 민주주의, 자주, 독립, 주권을 침해하는 어떠한 행동도 우리의 자유민주주의 제도 아래의 법치와 관용을 허락해서는 안 된다. 우리의 생존과 존립 기반의 문제라서다.

자유의 적에 대항하는 법과 제도와 관련하여 미국 사례를 보면, 권리방해보호법Conspiracy Against Rights(U.S. Code, Title 18, Section 241)이 있다. 두 사람 이상이 자유의 권리를 침해하기 위해 위협, 공갈, 협박, 상해를 가하는 모의에서 미국 시민의 자유를 보호하는 법이다. 미국 국내에서 아무도 자유의 권리를 침해하지 못하도록 조사하고 강력하게 처벌할 수 있는 법적 기반이다. 이 법은 외국 적대세력의 악의적 행위에 대한 처벌에도 적용한다.425) 국민의 자유권을 보호하는 데 필요한 사례로서 한국도 반드시 참고해 도입할 필요가 있다.

안보, 정보, 기술 불법 해외 유출 범죄에 대한 무관용 원칙 기반 저벌 강화

국가안보 관련 각종 정보, 기밀을 외국에 불법으로 유출하는 행위는 무관용 원칙에 기초해 강력한 처벌기준을 도입해야 한다. 민간 기업, 연구소 등의 기술, 연구성과, 영업기밀 등도 포함된다. 현재 이에 대한 한국의 처벌기준은 지나치게 관대하다. 국가안보와 관련된 정보와 함께 기업과 연구기관의 성과 또한 한국의 존립 기반에 해당함에도 말이다. 현재 법망을 교묘히 우회해 정보, 기밀, 기술을 중국을 포함해 해외로 유출하는 방법도 많다. 이와 관련된 조사, 감찰, 처벌의 범위를 확대해 우회할 여지를 없애야 한다.

중국(북한도 포함)이 정보, 기밀을 탈취하기 위해 한국의 정부, 군, 정보, 기업, 연구소 등의 관계자를 포섭하는 방식은 세계 최고 수준으로 발전되어 있다. 그만큼 방어하기 힘든 현실이다. 처벌을 받더라도 중국이 그 처벌의 대가를 한참 상회하는 보상을 제공할 수도 있다. 따라서 법적 처벌 수위를 대폭 높이는 조치는 중국공산당 공작의 유혹에서 우리 국민을 보호하는 조치이기도 하다.

정보와 기밀 외에도 중국과 같은 외국세력과 결탁해 한국의 안보에 손상을 끼치는 행위는 국가 반역, 매국 행위로 규정해 강력한 처벌기준을 마련해야 한다. 이러한 처벌 강화는 중국공산당이 초한전을 감행하고, 북한이 우리의 자유 체제를 파괴하고자 지속해서 공격하는 한국의 현실에 직면한 우리가, 우리의 존립 기반을 지키기 위해 불가피하다.

3. 미디어와 교육문화

초한전을 공세적으로 펼치는 영역이 미디어다. 전통 미디어부터 다양하게 발전하고 있는 뉴미디어를 모두 포함한다. 신문, 잡지, 방송, 라디오, 드라마, 영화, 인터넷 포털, 인터넷 카툰, 소설, 인터넷 커뮤니티, SNS 등 다양하다. 미디어는 국민 인식, 감정, 정서, 지식 등에 막대한 영향력을 행사한다. 저들은 바로 이 점을 노린다. 초한전이 전개하는 여론전, 심리전, 세뇌작업, 정치적 개입과 공작, 사회분열, 통일전선공작, 정보수집 등에 이들 매체를 광범위하게 이용한다. 중국공산당과 북한의 무차별적 공격에 무기력하게 노출된 공간이다.

한국 정부와 국회는 국내 사이버 여론 담론공간과 미디어에 대한 외국 적대세력의 무차별적 공격에서 우리 사회를 지키기 위한 미디어법 제정과 정비를 서둘러야 한다. 특히 중국공산당이 인해전술식으로 동원하는 여론 조작, 가짜뉴스 등을 차단하는 조치를 당장 시행해야 한다. 여기에는 약 2000만 명에 달하는 우마오당과 프로그램화한 로봇이나 트롤이 국내 사이버 공간을 침탈, 짓밟는 것에 대한 법적, 조직적 대응체제도 포함된다. 국내 거주 외국인이 여론 조작에 개입하는 것도 여기에 포함해야 한다. 외국인 노동자나 유학생 신분으로 국내에 들어와 국내 정치사회 사이버 담론장을 악의적 목적으로 이용하는 행동은 무관용 원칙을 적용해 강력히 단속해야 한다.

한국은 지금이라도 조속히 안보 관련 기관을 대폭 강화해 체계적인 대응체제를 수립해야 한다. 이들 기관을 중심으로 초한전 활동을 지속해서 모니터링하고 보고서를 작성해 정부, 기업, 한국 사회 전반에 알려야 한다. 중국공산당은 전 국가 차원에서 초한전을 전개한다. 초한전을 전개하는 수법은 은밀하게 발전하면서 고도로 지능화했다. 중국 특유의 장기전 수법으로 일회성 감시나 단속으로 끝날 성격이 아니다. 중국에 중국공산당 체제가 있는 한 초한전은 끝나지 않는다. 전담 국가기구가 이를 지속해서 알리고 대응해야 하는 이유다.

더욱 중요한 점이 있다. 한국 사회구성원 간 내부 분열이다. 오늘날 한국 사회는 그 어느 때보다도 골 깊게 분열되어 있다. 이념적 성향에 따라 진보와 보수로, 좌파와 우파로, 지역 구분에 따라 전라도와 경상도, 젊은 세대와 구세대, 가진 자와 못 가진 자, 더 나아가 남자와 여자로 구분하는 등 나눌 수 있는 거의 모든 기준으로 갈가리 찢어져 서로 미워하고 증오하며 대립하고 있다. 갈등을 넘어 화합과 상호존중이 대세인 사회로 발전해 나아가는 길은 멀고 험난하다. 이미 서로 간 갈등의 골이 너무 깊게 벌어졌다. 이제는 서로 이해하려고도 하지 않는다.

중국의 초한전과 북한 대남 통일전선공작의 가장 손쉽고 먹음직한 먹잇감이 바로 분열된 사회구성원들이다. 우리 사회의 분열과 갈등은 중국공산당과 북한이 만든 것이 아니다. 바로 우리의 책임이다. 중국공산당과 북한은 이 틈을 여지없이 집요하게 파고들어 서로 갈가리 나뉘고 쪼개져서 싸우도록 조장할 뿐이다.

문제는 우리 내부에 있다. 그래서 더욱 쉽지 않다. 한 사회에 내재해 있는 모순과 각종 문제점을 어떻게 완벽하게 해결할 수 있겠는가? 불가능하다. 갈등과 대립은 어느 사회에나 내재하고 해결은 쉽지 않다.

바로 이런 이유 때문에라도 한국 정부와 사회구성원의 노력이 그만큼 더 중요하다. 우리 사회의 분열을 가능한 한 줄이기 위한 노력을 배가해야 하는 이유다. 분열이 아닌 화합이 우리 사회의 주류 담론이 되도록 전 사회적인 노력이 필요하다. 화합이 대세를 이루는 한국 사회를 만들기 위해서는 여러 분야에서 다양한 정책적 노력을 기울여야 한다.

참고로 이탈리아에서는 미디어전, 여론전, 인지혼란전에 대응하기 위해 국가적 차원의 교육프로그램을 가동했다. 가짜뉴스, 거짓 내러티브, 선동용 루머 살포 등을 인지하고 가려내는 방법을 교육하는 프로그램이다. 정부 차원에서 교육프로그램을 가동하며 학교와 방송을 통해 실행한다.426) 한국도 조속히 도입해야 할 교육프로그램이다.

특히 오늘날 한국 미디어의 현실은 참담하다. 언론인들이 언론 본연의 사명을 망각하고 자신들 정치 행동 도구로 신문과 방송을 악용하는 게 오늘날 한국 언론의 현주소라고 생각한다. 여기에 주류 포털 사이트 서비스도 예외가 아니다. 이젠 이들에게 건전한 여론과 담론의 형성, 사회적 자기 정화를 맡길 수 없는 지경까지 이르렀다는 것이 필자의 솔직한 심정이다. 그래서 정부와 사회가 나서야 한다. 시민들이 가짜뉴스, 허위사실, 거짓 내러티브, 악의적 비방과 루머 살포 등을 가려낼 수 있도록 국민교육 서비스를 제공해야 한다.

4. 국가 기간정보통신망 보호와 '탄력성' 시스템 도입

초한전의 중대한 위협 중 하나가 바로 정보통신망이다. 현재 5G 서비스 아래에서도 우리 사회의 정보통신망뿐만 아니라 이와 연동된 각종 교통기간망(지하철, 버스, 철도, 항공, 항만, 도로 등), 정부와 군의 통신네트워크와 지휘 통제 설비, 기업 통신망 등이 심각한 위협에 노출되어 있다.

반反 초한전과 국가 기간정보통신망 보호

한국은 국가안보와 생존 차원에서라도 정보통신망에 포함된 중국 화웨이, ZTE 생산 장비를 가능한 한 빨리 제거해야 한다. 특히 군, 정보기관과 관련된 부분은 민간통신사를 포함한 어떠한 부분이라도 즉시 제거작업을 단행해야 한다.427) 미국, 유럽, 일본 등은 5G는 말할 것도 없고 이미 설치된 4G 서비스 장비에서도 화웨이와 ZTE의 전면적 제거 작업에 들어갔다.428) 그만큼 우리의 안보와 생존에 직결된 문제기 때문이다.

화웨이와 ZTE뿐만 아니다. 현재 휴전선을 포함한 군 안보 장비에 중국산 CCTV와 관련 장비를 대거 납품받아 운용 중이라고 한다. 우선 이 부분만이라도 즉각적인 교체가 필요하다. 막대한 비용과 예산이 추가로 들어가더라도 반드시 해결해야 할 문제다. 더 나아가 디지털 전체주의 중국을 완성한 중국 스마트시티 프로젝트, CCTV, 안면인식 등에 대한 무분별한 도입을 당장 재고해야 한다. 이 부분에서는 특히 주로 한국의 지방자치단체에서 중국과 교류를 진행하고 있다. 중국은 상대적으로 문제의식과 보완이 취약한 지방자치단체를 공략한다. 한국은 정부 차원에서, 각 지방자치단체 수준에서 이에 대한 조사와 원점으로 되돌리기를 재검토해야 한다. 한국 정부와 지방자치단체를 움직이기 위한 한국의 시민단체 움직임도 필요하다.

반反 초한전과 사이버 공격에 대응할 '탄력성' 시스템 도입

미국의 정보 보안 분야 전문가들이 지속적이고 강력하게 제기하는 것이 바로 '탄력성resilience'이다. 탄력성은 전체 정보통신 시스템의 전면적 차단 없이도 적의 사이버 공격을 이겨낼 수 있는 탄력적 시스템 도입을 말한다.429) 탄력성을 갖추기 위한 한 방법이 바로 인공위성 시스템 이용이다.

인공위성 시스템 활용은 2022년부터 진행 중인 러시아의 우크라이나 침략 전쟁에서 그 진가가 발휘되었다. 러시아군 대비 절대 열세인 우크라이나군이 기존 인터넷망이 아닌 머스크Musk가 운영하는 '스페이스X'의 인공위성 기반 통신, GPS 좌표 서비스를 이용해 러시아군에 능동적이고 효과적으로 대응하고 있는 상황을 우리는 봤다. 이로써 러시아군은 우크라이나 정보통신망을 교란하고 장악하는 데 실패했다.

한국은 중국공산당, 북한 등의 사이버 공격에 무방비로 노출되어 있다고 할 수 있다. 한국 사회의 정보통신과 이와 연동된 각종 사회기반시설은 이미 중국공산당의 초한전 위험에서 벗어나지 못한다. 심각한 문제를 해결하기 위해 중국산 장비와 부품을 제거해야 하지만 완벽한 해결책은 될 수 없다. 이미 설치된 장비와 소프트웨어에 대한 정화작업과 유사시와 비상시에도 안전하게 우리의 시스템을 운용할 수 있는 반 초한전, 반 사이버전 체제를 구축해야 한다.

특히 한국 사회에 적이 공격을 감행하는 비상시를 대비해 국가안보와 정보 시스템이 정상 작동할 수 있는 탄력성 시스템을 군, 정보기관,

경찰, 주요 국가기관 시설 등 필수시설에 구축해 놓아야 한다. 현대 정보화 사회의 국가안보와 국방은 이제 군사력 증강만의 문제가 아니기 때문이다. 더욱이 새로운 개념의 전쟁인 초한전 시기에는 더욱더 그러하다. 다만, 여기에는 막대한 비용이 들어간다. 그러나 우리의 안보와 생존은 비용으로 따져서는 안 되는 영역이다.

쉬우토Sciutto는 현재 미국에서 탄력성 시스템 구축을 위해 미군과 민간 기업에서 기존 위성보다 훨씬 저렴하고 더 작은 초소형 위성 micro-satellite을 개발 중이며 이를 적극적으로 활용해야 한다고 조언한다.430)

한국 정부도 국가안보 차원에서 인공위성을 활용한 탄력성 정보통신 시스템 구축을 서둘러야 한다. 프로젝트는 우리의 동맹인 미국, 우방국인 일본, 나토NATO 회원국과 협력과 연동 체제를 구축하면 더욱 효율적이고 탄력적인 시스템을 구축할 수 있다.

5. 외국인에게 '상호주의' 원칙 엄격 적용

한국은 중국을 포함한 외국에 상호주의 원칙을 엄격하게 적용해야 한다.431) 위의 미디어 여론전, 교육·문화전과 관련해서 한국은 중국에 한국 언론기관이 자유롭게 진출할 수 없다. 반면 한국 정부는 중국공산당 중앙선전부 소속 선전·선동 기관인 《인민일보》를 비롯한 기타 중국공산당 매체의 한국 진출을 허락했다. 이는 한중 친선우호 교류 차원에서라지만 재고해야 한다. 중국공산당이 한국에 《인민일보》 지사를 운영하면 한국도 중국에 한국의 자유 언론이 활동할 수 있도록 해야 하지 않는가? 이것이 진정한 교류 정신이요, 교류 활성화 아닌가? 한·중 양국의 친선우호 교류 활성화를 위해 상호주의 원칙을 복원해야 한다. 동시에 중국공산당의 여론전을 차단 조처해야 한다.

한·중 간 상호주의 원칙을 엄격히 적용하는 문제는 한국의 중국인 취업자와 유학생 등 재한在韓 중국인들에게도 해당된다. 더 확장하면 한국으로 귀화한 중국인들도 여기에 포함된다. 현재 한국에서 활동하는 중국인들에게 지방자치단체 선거권을 부여했다. 문제는 한국인이 중국에서 선거권이 없다는 데 있다. 중국은 중국공산당 일당독재체제로 자유 선거권이 없는 국가지만 말이다. 선거권 외에 재한 중국인이 받는 다양한 복지서비스, 이것을 재중 한국인이 동일하게 누리고 있는가?

한·중 간 상호주의 원칙을 엄격히 적용해야 한다. 상호주의 원칙을 위반한 정책이 있다면 국회, 중앙정부, 지방자치단체 수준에서 전면 재검토해야 한다.

6. 초한전 연구, 교육 시스템과 국제적 연대 네트워크 구축

초한전의 실체를 알리는 교육 시스템을 구축해야 한다. 초한전의 실체를 일단 제대로 인식만 하더라도 초한전 공작의 절반은 무력화된다. 특히 국가 정보, 군, 경찰보안부서 등에서는 담당 요원 확보와 요원들에 대한 교육체제를 반드시 구축해야 한다. 이들 조직을 중심으로 국가공무원, 정치인, 국가기간산업, 중국진출 기업, 학계 등에 초한전 침탈에 대해 교육해야 한다.

한국 정보기관, 군, 경찰, 검찰 등 안보를 지키는 보루를 구성하는 인재들에 대한 교육의 중요성은 말할 나위도 없다. 한국 관련 기관의 인재 수준은 우수하다. 문제는 이들 우수한 인력자원이 북한과 중국공산당의 실체, 그들의 전략·전술 관련 지식知識과 인식認識이 제한적이라는 사실이다. 그동안 우리 사회는 특히 탈냉전 시기를 거치면서 공산주의와 공산주의 전략·전술에 대한 교육과 각성을 거의 상실했다. 이러한 교육환경에서 육성된 인재들의 지식과 인식도 제한적일 수밖에 없다.

중국공산당은 전 세계를 대상으로 초한전을 전개해 왔다. 이에 대응하기 위한 국제적 연대조직과 연구기관이 필요하다. 한국은 강대국이자 중국공산당과 인민해방군을 중심으로 국가 총동원 체제를 갖추고 있는 이웃 국가 중국과 초한전 상태에 있다. 양적인 국력에서 차이가 나고, 중앙집중화된 조직력을 동원하는 중국공산당과 달리 자유민주주의의 개방성과 사회적 다양성 다원성이 특징이다. 중국공산당의 조직적이고 집중적인 공략에 절대적으로 취약하다.

이와 같은 힘의 비대칭 상태에서 체제의 생존과 독립성을 유지하기 위한 전통적인 안보수단은 '균형전략balancing'이다. 균형전략은 내적균형과 외적균형으로 구성된다. 내적균형은 상대국에 대응할 수 있는 국력과 체제를 키우는 것이다. 외적균형은 강한 상대국과 힘의 균형을 맞추기 위해 안보이해를 같이하는 강대국과 힘의 연대를 이루는 것이다. 동맹이 가장 전형적인 외적균형의 수단이다.

중국은 힘의 과시를 통한 영향력 행사에 노골적이다. 샤프 파워의 전형을 보여준다. 자국의 말을 듣지 않으면 경제적 상호의존을 동원해 정교한 보복전(여론전, 심리전, 법률전 등)을 전개한다. 중국과 양자兩者 관계만으로는 한계가 뚜렷하다. 중국 경제보복과 다양한 전술적 공략에 공동 대응할 수 있는 연대 전선을 구축해야 하는 이유다.

한국은 중국공산당의 초한전에 대응하는 내적인 대응체제, 적극적 자유 방어 입법과 대응 조직 구축과 함께 중국 초한전에 이해를 같이하는 자유주의 국가들과 강한 연대전선을 구축해야 한다. 이를 위해 미국을 중심으로 한 서방세계와 중국 초한전에 대한 정보, 실태, 대응 전략을 공유할 수 있는 체제가 필요하다.432)

초한전 대응을 위한 국제적 공조 체제 구축과 전문가센터CoE·Center

of Excellence와 같은 싱크탱크 설립도 구상해 볼 수 있다. 새로운 연구기관 설립에 비용이 많이 든다면 현존하는 외교·안보, 국방 관련 싱크탱크에 전문 연구센터를 설립할 수도 있다. 참고로 유럽은 자유 서방세계를 무력화하기 위해 구소련에서 전개했던 하이브리드전쟁에 대응하기 위해 유럽 하이브리드 위협 대응 전문가 센터European Centre of Excellence for Countering Hybrid Threats 약칭 'Hybrid CoE'를 운영한다. 거샤넥Gershaneck 교수는 중국공산당 정치공작전 대응 아시아 전문가 센터 설립Asian Political Warfare Center of Excellence·APWCE을 제안했다.433)

특히 아시아 자유민주주의 국가들 한국, 일본, 대만, 호주, 뉴질랜드, 필리핀, 태국, 말레이시아, 인도 등의 초한전 전문가 센터 설립과 이들 센터 간 네트워크를 구축해 정보를 공유하고 공동으로 대처할 수 있는 체제가 필요하다. 이러한 체제를 갖추고 있을 때 중국공산당의 초한전을 효과적으로 무력화할 수 있다. 이러한 체제는 중국을 위한 길이기도 하다. 중국이 전 세계를 대상으로 침탈하지 못하게 하고 국제사회와 함께 평화와 번영을 구가하도록 유도하기 위해서도 국제적 연대를 통한 대응이 필요하다.

에필로그

　서른 살 넘은 나이에 대학원 공부를 다시 시작한 이후 중국의 정치와 대외관계를 20년 넘게 연구해 왔다. 그동안 중국정치에 관한 수많은 연구성과를 공부하고 또 연구와 분석을 해오면서 "나는 중국정치에 대해 얼마나 이해하고 있는가?" 하는 자문自問을 지속하고 있다.
　중국정치와 대외관계 연구는 범위가 방대한 만큼 중국의 역사, 철학, 정치, 경제, 방법론 그리고 광의廣義의 인문학에 이르기까지 폭넓게 공부해야 한다. 공부하면 할수록 나의 지적 한계를 체감하는 연구 분야이기도 하다. 더 큰 문제는 중국의 정치경제와 대외관계가 중국의 변화만큼이나 빠르게 진행되어서 현안 이슈를 따라가기조차 벅찬 경우가 다반사라는 점이다. 더욱 곤혹스러운 점은 중요하고도 시급하게 다루어야만 하는 새로운 현안 이슈는 나의 전문적 지식 바깥에 놓여있는 경우가 많다는 점이다. 그래서 그 이슈와 관련된 전문지식을 시급히 새롭게 공부해야 하는 어려움에 자주 봉착한다.
　때로는 "도대체 중국정치와 대외관계에서 내가 전문적으로 특성화된 분야가 무엇인가?"라는 자조 섞인 한탄을 내뱉기도 한다. 그러면서 겉만 핥고 깊이는 얕은 연구 결과에 스스로 불만족이다.
　이러한 불만족을 그대로 남겨놓은 채, 또다시 떠오른 현안 이슈에 직면해 그 분야를 시급히 공부하면서 급하게 분석하는 미완未完의 연구를 계속해 오고 있다.
　이 책 집필도 사정이 다르지 않았다. 처음 계획할 당시만 해도 집필에 시간이 이렇게 많이 소요되리라고는 생각지 못했다. 중국정치와 국제 정치 분야 연구 기반을 바탕으로 초한전 개념과 실상을 될 수 있는 대로 빠르게 국내에 소개해야겠다는 마음만 앞섰다. 다만 막상 집필에 들어가니 예상한 것보다 훨씬 방대한 연구 작업이 필요하다는 것을 알게 되었다.

초한전超限戰은 전쟁론이자 군사전략이다. 더욱 정확한 해석과 전달을 위해서는 이 분야에 대한 더 자세한 공부가 필요했다. 이를 기반으로 중국공산당의 군사전략에서 초한전의 위상과 특징을 하나씩 알아나가는 작업을 해야 했다. 이로써 중국공산당의 군사전략은 자유민주주의 국가의 군사전략과 매우 다르다는 것을 새삼 깨달았다.

중국공산당의 군사전략인 적극방어론, 인민전쟁론, 통일전선공작과 해외 통일전선공작, 초한전 등에 대한 분절分節적이고 파편화된 지식이 연구 작업을 진행해 나가면서 마치 퍼즐 조각이 맞추어지듯이 하나로 연결되어 맞추어졌다.

여기서 그치지 않았다. 초한전은 '종합전쟁론'이다. 그 전법도 군사적 영역을 초월한 무제한 전쟁이다. 중국공산당을 중심으로 한 현대 중화인민공화국을 총체적으로 동원하는 전쟁이다. 따라서 중국공산당이 어떻게, 누구를 동원해, 어느 부분을, 어떻게 공략해 들어가는지 종합적으로 조사해야 했다. 나아가 중국의 정치, 경제, 사회, 문화, 군사안보, 외교를 포함해 각각의 영역, 즉, 기업, 해외투자, 정보통신기술, 바이오, 마약과 범죄 카르텔 등에 대한 연구조사와 공부를 추가로 진행해야 했다. 이 과정에서 주로 해외에서 분야별로 분석된 연구 자료를 광범위하게 수집해 분석해야만 했다. 이러한 애로라면 애로라고 할 요인이 애초 본서 출간계획 시점을 한참 벗어나 지금에야 내놓게 된 배경이다.

책을 마무리하는 시점에는 늘 그렇듯이 많은 아쉬움이 남는다. 특히 중국공산당이 한국에서 전개하고 있는 초한전의 실상을 구체적 탐사 분석을 통해 제시하지 못한 점이 가장 아쉬움이 남는 부분이다. 한국

사회에서 전개되는 초한전의 실체를 탐사하고 분석하는데 연구자 한 개인의 역량으로는 턱없이 부족하다는 것을 실감했다. 인터넷에서 검색되는 수많은 사례는 분절적으로 파편화되어 있지만, 초한전이 한국 사회에 깊이 뿌리내리고 있다는 것을 보여준다. 하지만 대학에 몸담은 연구자로서는 그 사례를 심층적으로 탐사하고 분석하는 데 한계가 명확했다.

초한전의 내용을 이해하는 처지에서 볼 때, 한국에는 이미 중국공산당이 깊숙이 삼투해 막강한 '영향력의 생태계'를 구축하고 있다고 확신한다. 정계, 관계, 재계, 학계, 영화·예술계, 시민단체, 지방자치단체, 신문, 방송 등 우리 사회를 이끌어가는 거대 조직과 그들의 이해관계 사슬이 이미 직·간접적으로 중국에 얽히고설켜 있다. 이들 거대 이익생태계에 일개 대학교수로서 접근하는 것도 한계가 있을 뿐만 아니라 자료를 수집할 수도 없는 처지이다. 하지만 중국공산당이 한국 사회에서 초한전을 전방위적으로 전개해 오고 있다는 것은 확신할 수 있다.

본서本書의 의미를 지나치게 크게 잡는 것보다는 한국 사회에 경종을 울리는 '휘슬 블로어Whistle Blower' 노릇에 만족하기로 했다. 추가적인 조사와 분석은 결국 국가안보 기관, 정보기관, 언론사 그리고 애국 시민단체 몫으로 남겨둔다. 이 글을 읽는 독자 중 한국 사회에서 전개되는 초한전 실상에 관해 탐사와 조사를 할 수 있는 조건을 갖춘 분들의 구체적 사례조사 분석을 기대해 본다.

책이 출간되기까지 응원과 세심한 배려를 아끼지 않은 정기태 에포크미디어코리아 대표이사님, 추봉기 에포크미디어코리아 중국전략연구소장님, 원고를 세심하게 다듬어 준 최창근 선생님께 감사 인사를 드린다. 특히 최창근 선생님의 전문적인 도움 없이 이 책의 출간은 불가능했을 것이다.

더불어 인내심을 갖고 불완전한 원고 편집을 꼼꼼하게 마감해 주신

김선식 예원출판사 대표님, 원고 교열을 맡아주신 박재현 선생님께도 깊이 감사드린다. 아울러 졸고拙稿에 추천사를 써 주신 박재완 한반도선진화재단 이사장님께도 존경과 감사의 뜻을 전한다.

  마지막으로 연구에 매진한다는 핑계로 가족과 많은 시간을 보내지 못했다. 부족한 남편이자 아빠를 항상 정답게 맞이해 주는 아내와 딸들에게 늘 미안하다. 특히 아내에게 사랑과 감사의 마음을 이 지면을 통해서나마 전하고 싶다.

2023년 2월

아름다운 아담스채플이 보이는
계명대학교 스미스관
연구실에서

이지용

주석

1) 주용중. 中, "美와 무제한 전쟁…경제·군사력 곧 따라잡는다". 조선일보, 2004.01.14.
2) Bill Gertz. Deceiving the Sky: Inside Communist China's Drive for Global Supremacy. New York: Encounter Books. 2019, p42.
3) Bill Gertz. Deceiving the Sky: Inside Communist China's Drive for Global Supremacy. New York: Encounter Books. 2019, pp. 42-43.
4) 하나의 중심 두 개의 기본점(一個中心, 兩個基本點)은 경제발전과 현대화를 목표(一個中心)로 두 개의 기본노선을 견지한다는 의미다. 두 개의 기본노선은 개혁·개방 정책 추진과 4항 기본 원칙 고수를 두 축으로 한다. 다시 말해 개혁·개방을 통해 시장화(자본주의화) 정책을 추진하면서 경제발전을 이룩하지만, 중국공산당 일당독재체제를 확고히 고수하겠다는 것이다. 4항 기본 원칙은 마르크스 레닌주의와 마오쩌둥 사상, 프롤레타리아 독재, 사회주의, 중국공산당 일당독재를 반드시 지킨다는 4개 기본 원칙으로 구성된다.
5) 중국특색 사회주의 시장경제 구조가 심화시킨 중국경제의 구조적 모순과 한계와 관련해서는 김기수. 중국경제의 추락, 세종연구소, 2018. 참조.
6) 더 자세한 내용은 김기수. 중국경제의 추락, 세종연구소, 2018. 외 최근 간행되는 관련 연구결과 책자를 참고하기 바란다.
7) 허젠(何堅), "중국 전 국민 감시 프로젝트 '황금방패 공정'의 진화", 에포크타임스코리아, 2020.07.21.
8) 中國共産黨第十九屆中央委員會, 中共中央關於黨的百年奮鬥重大成就和歷史經驗的決議, 人民日報, 2021.11.17.
9) 추가 정보는 중국공산당의 종교, 소수민족 인권탄압을 조사, 폭로한 '비터윈터' 사이트 bitterwinter.org 참조, 장기적출 관련해서는 다음 사이트 참조. www2.freedomunited.org/news/organ-harvesting-large-scale-in-china/?gclid=CjOKCQjwxdSHBhCdChina: "UN human rights experts alarmed by 'organ harvesting' allegations."
10) 이는 중국공산당이 중국몽을 본격적으로 선전하기 시작한 2013년 인민해방군 상장(上將) 뤄위안(羅援)이 중국몽의 목적과 내용을 설명하면서 한 말이다. 다음 책에서 발췌했다. Bill Gertz. Deceiving the Sky: Inside Communist China's Drive for Global Supremacy. New York: Encounter Books, 2019, pp.25-26.
11) Cai Xia. The Party That Failed. Foreign Affairs, January-February, 2021.
12) Bill Gertz와 궈원구이 인터뷰. Bill Gertz. Deceiving the Sky. New York: Encounter Books, 2019, p11.
13) 무경칠서(武經七書)는 중국의 고대 전법, 병법서로서 손자병법(孫子兵法), 오자병법(吳子兵法), 사마법(司馬法), 육도(六韜), 울요자(尉繚子), 삼략(三略), 이위공문대(李衛公問對)를 말한다.
14) 당-군 체제 관련해서는 Phillip C. Saunders and Andrew Scobell eds. PLA

Influence on China's National Security Policymaking. Stanford: Stanford University Press, 2015, pp. 33-34. 참조.
15) 인민해방군 군사전략 역사적 형성과정과 특수성에 관해서 M. Taylor Fravel. Active Defense: China's Military Strategy Since 1949. Princeton: Princeton University Press, 2019, pp. 272-275. 참조.
16) 20세기 유럽과 전 세계를 제2차 세계대전의 참화로 몰고간 나치(Nazi)는 민족국가사회주의독일노동자당의 줄임말이다. 이탈리아 국가파시스트당과 같이 민족, 국가 같은 전체 가치가 개인과 사회의 자유를 대신한다. 이러한 의미에서 이들을 정치 스펙트럼에서 극우로 분류한다. 이는 공산주의, 사회주의도 같다. 공산당과 전체의 가치 아래 개인과 사회의 자유를 압살한다. 이러한 의미에서 민족과 국가의 가치를 최우선에 두는 정치체제와 이념을 극우라는 개념으로 묶는다. 현대 중국공산당은 공산당 일당독재, 사회주의, 디지털 전체주의, 중화민족주의 등 전체의 가치를 최우선시하고 자유의 가치를 부정하는 개념은 모두 표방한다. 따라서 현대 중국공산당 체제를 초극우 정치집단으로 규정할 수 있다.
17) Kerry K. Gershaneck. Political Warfare: Strategies for Combating China's Plan to Win without Fighting, Quantico. Virginia : Marine Corps University Press, 2020, p4., Steven Mosher. Bully of Asia. Washington D.C.: Regnery Publishing, 2017, pp.177-214.
18) 캐나다에서 가장 권위 있는 연구기관 Fraser Institute는 초극우 중화 파시스트 정치집단인 중국공산당 체제 아래 중국을 '세계의 자유를 위협하는 가장 위험한 국가'로 지목했다. Fred McMahon. China-World Freedom's Greatest Threat. Fraser Institute, 10 May 2019.
19) Michael Pillsbury. The Hundred-Year Marathon. New York: St. Martin's Griffin, 2016. pp. 65-66. 본서 국내 번역본은 마이클 필스버리. 한정은 옮김. 백년의 마라톤, 서울: 영림카디널, 2016. 참조.
20) Jonathan Manthorpe, Claws of The Panda, Toronto: Cormorant Books, 2019. pp. 37-39. 본서의 국내 번역본은 조너선 맨소프. 김동규 옮김. 판다의 발톱: 캐나다에 침투한 중국공산당. 서울: 미디어워치, 2021. 참조.
21) Michael Pillsbury. The Hundred-Year Marathon. New York: St. Martin's Griffin, 2016. p38.
22) Tony Corn Peaceful Rise through Unrestricted Warfare Grand Strategy with Chinese Characteristics Small Wars Journal 2010. 06. 05. pp. 3-4.
23) 이지용, 중국 '초한전(超限戰)'의 군사전략적 의미와 한국안보에 주는 시사점 연구, 신아세아, 28(4). 2021.
24) 張小明, 中國歷代與國際間的關係及規範變遷 : 從文明標準到新文明標準, 臺北, 崧燁文化, 2019; 強世功, 超大型政治實體的內在邏輯 : 帝國'與世界秩序, 文化縱橫, 2019, 趙汀陽, 天下體系, 北京: 人民大學出版社, 2011. 등 참조.
25) 이지용, 중국 '초한전(超限戰)'의 군사전략적 의미와 한국안보에 주는 시사점 연구, 신아세아, 28(4). 2021. p95.
26) Xi Jinping, New Asian Security Concept For New Progress in Security

Cooperation.

27) 본고에서 요약하는 초한전 개념과 이론은 출간 15주년 기념판인 喬良, 王湘穗, 超限戰與反超限戰: 中國人提出的新戰爭觀美國人如何應對, 北京: 長江文藝出版社, 2016.에 기반을 둔다. 15주년 기념판은 1999년 초한전 원본과 함께 미국에서 연구된 초한전과 반 초한전 내용을 번역 소개하였으며, 초판 출간 이후 초한전의 성과에 대한 술회가 포함되어 있다. 참고로 본고를 탈고하는 시점에 국내에서도 초한전 번역본이 늦게나마 출간되는 반가운 소식이 있었다. 국내 번역본은 차오량, 왕샹수이, 이정곤 옮김, 초한전: 세계화 시대의 전쟁과 전법, 서울: 교우미디어, 2021. 참조.

28) 본 장은 기 발표한 저자의 논문의 내용 중 일부가 재편집되었음을 밝힌다. 이지용, "중국 초한전 전략과 실제: 해외 통일전선공작 전개 사례를 중심으로," 한국국가전략, 2021, 6(1), 통권 15호 pp. 177-216. 참조.

29) 喬良, 王湘穗, 『超限戰: 對全球化時代戰爭與戰法的想定』(北京: 解放軍文藝出版社, 1999).

30) 今鐘, "您可知朱成虎們的軍事思維?," 看中國. 2005.07.22. 중국공산당과 장쩌민의 초한전 수용에 대한 비판으로는 徐水良, "對軍委主席江澤民"超限戰"的批判,"『人民日報』2001.09.011. 참조.

31) 공개본은 미국과학자연맹(Federation of American Scientists, FAS)에 공개되었다. https://fas.org/nuke/guide/china/doctrine/index.html 참조.
이 외 영문 번역본 원본은 다양한 사이트에서 공개했다. 영어번역 원본은 C4I.org, www.c4i.org/unrestricted.pdf 참조.

32) The Johns Hopkins University Applied Physics Laboratory (APL), www.jhuapl.edu/Content/techdigest/pdf/V28-N03/28-03-Luman.pdf.

33) 喬良, 王湘穗, 『超限戰與反超限戰 : 中國人提出的新戰爭觀美國人如何應對』(北京: 長江文藝出版社, 2016).

34) 曲延濤, "《超限戰》作者新書發布 : 首次披露美如何反超限戰," 國防部網, 2016.07.30.

35) 喬良, 王湘穗, 2016, pp. 2-6.

36) 喬良, 王湘穗, 2016, pp. 2-6.

37) 고충석 외, 동아시아 해양분쟁과 중국 회색지대전략, 고양: 인간사랑, 2020.

38) 喬良, 王湘穗, 『超限戰與反超限戰 ; 中國人提出的新戰爭觀美國人如何應對』, pp. 5-6.

39) 고충석 외 2020, pp. 61-62. 재인용 喬良, 王湘穗, 超限戰與反超限戰 : 中國人提出的新戰爭觀美國人如何應對, pp. 5-6.

40) 고충석 외 2020, pp. 61-62. 재인용 喬良, 王湘穗, 超限戰與反超限戰 : 中國人提出的新戰爭觀美國人如何應對, pp. 5-6.

41) 喬良, 王湘穗, 2016, pp. 156-157.

42) George F. Kennan, "The Inauguration of Organized Political Warfare," Office of the Historian of the State Department, 4 May 1948, 재인용. Kerry K. Gershaneck, Political Warfare: Strategies for Combating China's Plan to "Win without Fighting" (Quantico, Virginia : Marine Corps University Press, 2020, p. 14.

43) Kerry K. Gershaneck, Political Warfare: Strategies for Combating China's Plan to "Win without Fighting" (Quantico, Virginia : Marine Corps University Press, 2020), p. 15.
44) 喬良, 王湘穗, 2016, pp. 95-96.
45) 喬良, 王湘穗, 2016, pp. 95-96.
46) 喬良, 王湘穗, 2016, pp. 95-96.
47) 喬良, 王湘穗, 2016, pp. 95-96에 서술된 내용에 대한 요약과 보충 설명임.
48) 喬良, 王湘穗, 2016, pp. 95-96에 서술된 내용에 대한 요약과 보충 설명임.
49) 喬良, 王湘穗, 2016, pp. 16-22.
50) 이러한 전략 전술 중 중국공산당 인민해방군이 공식적으로 채택한 것으로 대외적으로 알려진 것만 보더라도, 이른바 3전(三戰)으로서 여론전, 심리전, 법률전으로 구성되어 있다.
51) 喬良, 王湘穗, 2016, pp. 24-39의 내용을 바탕으로 실제 전개 양상을 설명한 것임.
52) 喬良, 王湘穗, 2016, pp. 24-39의 내용을 바탕으로 실제 전개 양상을 설명한 것임.
53) 喬良, 王湘穗, 2016, pp. 24-39.
54) 喬良, 王湘穗, 2016, pp. 84-90; 96-97.
55) 喬良, 王湘穗, 2016, pp. 97-102.
56) 喬良, 王湘穗, 2016, pp. 97-102.
57) 喬良, 王湘穗, 2016, pp. 97-102.
58) 이지용, "중국 '초한전(超限戰)'의 군사 전략적 의미와 한국안보에 주는 시사점 연구," 신아세아 28(4), 2021, p. 89.
59) 喬良, 王湘穗, 2016, pp. 95-96.
60) 喬良, 王湘穗, 2016, pp. 106-112.
61) 본 장의 내용은 저자가 기발표한 논문과 기고문에 기초하였다. 관련 내용은 이지용, "중국 '초한전(超限戰)'의 군사 전략적 의미와 한국안보에 주는 시사점 연구," 신 아세아, 28(4), 2021; 이지용, "중국 '초한전(超限戰)' 전략과 실제: 해외 통일전선공작 전개 사례를 중심으로," 한국국가전략, 6(1), 2021: 이지용, "미국의 패권에 도전하는 중국 전략 超限戰," 월간조선, 2022년 3월호 등 참고.
62) 엔도 호마레, 박상후 옮김, 모택동, 인민의 배신자, 파주: 타임라인, 2019.
63) 今鐘, "您可知朱成虎們的軍事思維?," 看中國, 2005. 07.22. 중국공산당과 장쩌민(江澤民)의 초한전 수용에 대한 비판으로는 徐水良, "對軍委主席江澤民"超限戰"的批判," 人民日報, 2001.09.11. 참조.
64) Dean Cheng, "Unrestricted Warfare: Review Essay II," Small Wars & Insurgencies, 11:1, pp. 122-123.
65) 주용중, 中, "美와 무제한 전쟁…경제·군사력 곧 따라잡는다", 조선비즈, 2004.01.14.
66) 당시 중국공산당 지도부의 숨겨진 진정한 의도를 파악한 미국의 정보, 전략 분석

가들은 중국에 대한 경계와 견제를 지속해서 제기했다. 참고로 당시 Accuracy in Media의 부소장이었던 윌슨 루컴(Wilson Lucom)은 중국은 미국에 대해 비밀리에 전쟁을 수행하고 있다고 경고했다. 다만, 미국의 대통령을 위시한 행정부와 의회가 이에 대해 무지하거나 무시한다고 비판했다.

67) 장완녠 주편, 이두형, 이정훈 옮김, 21세기 세계군사와 중국 국방, 서울: 평단문화사, 2002.

68) 장완녠 주편, 이두형·이정훈 옮김, 2002, pp. 236-260. 참조.

69) 중국국방대학, 박종원, 김종운 옮김, 중국전략론, 서울: 팔복원, 2001, pp. 73-101; pp. 205-231.

70) 해외 거주하는 중국인을 부르는 이름으로 우리나라에서는 일반적으로 화교(華僑)라고 통칭한다. 중국에서는 이들을 세 가지로 구분한다. 중화인민공화국과 대만의 국적을 보유하고 있는 외국 거주인을 화교(華僑)라 하고, 해외 국적을 취득한 중국인은 화인(華人)이라고 한다. 국적과 관계없이 해외 거주하는 중국 출신자들을 통칭하는 용어는 화예(華裔)다. 보통은 현재 중국공산당 체제하에서 출생해 외국으로 이주한 이들을 현지 국적 취득과 관계없이 화교로 분류하고, 중국공산당 체제 성립 이전에 외국에 이주해 정착한 현지 중국인을 화인이라고 구분한다. 외국 거주 중국인들에 대한 통일전선공작을 총괄 지휘하는 국무원 교무판공실은 화교와 화인을 모두 공작 관리 대상으로 한다.

71) 袁貴仁出席全國民族地區職業院校教學成果彙演活動, 教育部網站, 2012.7.19.; 雲南教育國際交流協會倪慧芳會長一行到校調研.

72) Nicholas Eftimiades, Chinese Intelligence Operation, Annapolis, Maryland: Naval Institute Press, 1994. 재인용, Jonathan Manthorpe, Claws of The Panda, Toronto: Cormorant Books, 2019, p. 36.

73) Elsa B. Kania, 2016.

74) Stokes, Mark, and Russell Hsiao. The People's Liberation Army General Political Department: Political Warfare with Chinese Characteristics. Arlington, VA: Project 2049 Institute, 2013; 클라이브 해밀턴· 머라이커 올버그 2020, p. 84.

75) Kerry K. Gershaneck, 2020, p. 24.

76) 翁衍慶, 中共情報組織與間諜活動. 臺北:新銳文創出版社, 2018.

77) John Garnaut, 'Chinese military woos big business,' The Sydney Morning Harald, 25 May 2013, 재인용 클라이브 해밀턴·머라이커 올버그, 2020,, p.85.

78) Jonathan Manthorpe, Claws of The Panda, Toronto: Cormorant Books, 2019. p. 38.

79) '中共國安部一直都是中共維護極權專制的重要工具,' Epoch Times, 2016.12.06.

80) The New York Times, 2021.08.26.

81) 內幕: 編輯部, 習總手握十三大權杖, 內幕, 30.

82) 內幕: 國安部諜報人員10萬人 : 國外4萬多國內5萬多,' 中國數字時代, 2015.6.1일

자; Roger Faligot, Chinese Spies: From Chairman Mao to Xi Jinping, London: Hurst & Company, 2019, pp. 413-431.

83) 'Bond Revoked for Ex-CIA Agent Charged With Spying for China,' Courthouse News Service, 2017.7.10일 자, www.courthousenews.com/bond-revoked-ex-cia-agent-charged-spying-china

84) Jonathan Manthorpe, Claws of The Panda, pp. 40-41.

85) 본 장의 기본 내용은 이미 발표 논문 이지용, "중국 '초한전(超限戰)'의 군사 전략적 의미와 한국안보에 주는 시사점 연구," 신아세아, 28(4), 2021. 참조.

86) M. Taylor Fravel, Active Defense: China's Military Strategy Since 1949, pp. 9-37; 장완녠 주편, 이두형, 이정훈 옮김, 21세기 세계군사와 중국국방, pp. 236-257; 중국국방대학, 박종원. 김종운 옮김, 중국전략론, pp. 94-101.

87) M. Taylor Fravel, Active Defense: China's Military Strategy Since 1949, pp. 182-194.

88) 적극방어론은 현재 인민해방군이 공식적으로 채택하고 대외적으로도 밝히는 군사전략 기본이념이다. 중국 군사전략에 대한 최근 공표내용과 적극방어 이념에 관해서는 다음 자료 참조. 中華人民共和國國務院新聞辦公室, "中國的軍事戰略," 2015.05, 中華人民共和國國防部網; 中華人民共和國國務院新聞辦公室, "新時代的中國國防," 2019.07, 中華人民共和國國防部網.

89) 中國共產黨中央政治局, "中央關於軍事戰略問題的決議(瓦窯堡會議)," 1935.12.23.

90) 中國人民解放軍軍事科學院, 中國人民解放軍軍語, 北京: 軍事科學出版社, 2011. p 52.

91) 장완녠 주편, 이두형, 이정훈 옮김, 21세기 세계군사와 중국국방, pp. 237-243.

92) 毛澤東, "'共產黨人'發刊詞," 1939.10.4; 이지용, "중국 '초한전(超限戰)' 전략과 실제: 해외 통일전선공작 전개 사례를 중심으로," pp. 192-194.

93) 클라이브 해밀턴, 머라이커 올버그, 홍지수 옮김, 보이지 않는 붉은 손, 용인: 실레북스, 2021, pp. 60-61. 원저는 Clive Hamilton and Mareike Ohlberg, Hidden Hand, Melbourne: Hardie Grant Books, 2020. 참조.

94) Clive Hamilton, p. 140.

95) Clive Hamilton, p. 140.

96) 본 내용은 필자의 기출간 논문, 이지용, "중국 '초한전(超限戰)'의 군사전략적 의미와 한국안보에 주는 시사점 연구," 신아세아, 28(4), 2021. 내용 중 일부를 재편집한 것임을 밝힌다.

97) 喬良, 王湘穗, 超限戰與反超限戰 : 中國人提出的新戰爭觀美國人如何應對, pp. 141-142.

98) 리델 하트의 대전략과 관련해서는 Basil Henry Liddell Hart, Strategy: Second Revised Edition (Meridian), New York: Plume, 1967, 1954. 참조.

99) Carl von Clausewitz, Michael Eliot Howard and Peter Paret (Translator), On War, Indexed Edition. Princeton: Princeton University Press, June 1, 1989). pp. 579-581.

100) 喬良, 王湘穗, 超限戰與反超限戰 : 中國人提出的新戰爭觀美國人如何應對, pp. 141-142.
101) 喬良, 王湘穗, 超限戰與反超限戰: 中國人提出的新戰爭觀美國人如何應對, pp. 141-142.
102) 이지용, "중국 '초한전(超限戰)'의 군사 전략적 의미와 한국안보에 주는 시사점 연구," 신아세아, 28(4), 2021, pp. 96-98.
103) 박창희, 군사전략론, 서울: 플래닛미디어, 2013, pp. 524-527.
104) Frank G. Hoffman, Conflict in the 21st Century: The Rise of Hybrid Wars, (Arlington, VA: Potomac Institute for Policy Studies, 2007); Frank G. Hoffman, "Hybrid Threats: Reconceptualizing the Evolving Character of Modern Conflict, Strategic Forum, No. 240, Washington DC: National Defense University.
105) William S. Lind, "Understanding Fourth Generation Warfare," Military Review, Vol. 12, 2004, pp. 12-13.
106) Purples Slog, "5GW Working Definition, 0.91," in THE HANDBOOK OF 5GW p. 213, (Daniel H. Abbott ed., 2010).
107) 조한승, "하이브리드 전쟁 양상과 북한 급변사태," 국방정책연구, 28(3), 2012, p. 17.
108) Tony Corn, "Peaceful Rise through Unrestricted Warfare: Grand Strategy with Chinese Characteristics." 국내 문헌으로는 권태영, 김푸름, 2019; 중국 3전과 한국의 대응 방향. 전략연구, 26(1), 261-317 참조.
109) 고충석 외, 동아시아 해양분쟁과 중국 회색지대전략, 고양: 인간사랑, 2020.
110) 고충석 외, 동아시아 해양분쟁과 중국 회색지대전략, 고양: 인간사랑, 2020. pp. 71-73.
111) Gordon Chang, The Great U.S.-China Tech War, Encounter Broadside No. 61, New York: Encounter Books, 2020, p. 6; US House Permanent Select Committee on Intelligence(October 8, 2012); Spalding, Stealth War, 2019.
112) 본 연설문은 2003년 공개되었으나 삭제된 것을 에포크타임스(Epoch Times)가 재입수한 중국공산당 내부문서임. 遲浩田, "戰爭離我們不遠, 它是中華世紀的產婆," 中國瞭望, 2021.02.10.
https://news.creaders.net/china/2021/02/10/2319822.html; 遲浩田, "戰爭離我們不遠, 它是中華世紀的產婆," 2022.02.14.
https://www.bannedbook.org/bnews/ 영문 번역본은 Chi Haotian, "The Secret Speech of General Chi Haotian" 참조.
113) 徐德忠, 李峰, 非典非自然起源和人制人新種病毒基因武器, 北京: 軍事醫學科學出版社, 2015; 中共世界末日武器 新概念 "基因武器,"; 中國科學院, '媒體揭祕三類基因武器,' 2003.01.24; 中華人民共和國國防部, "基因戰爭 你不得不防," 中國國防報, 2014.01.22.
114) 본 장의 내용 중 부분적으로는 기발표한 논문 내용이 일부 그대로 재편집되었음을 밝혀 둔다. 이지용, "중국 '초한전(超限戰)'의 군사전략적 의미와 한국안보

에 주는 시사점 연구," 신아세아, 28(4), 2021; 이지용, "중국 초한전 전략과 실제: 해외 통일전선공작 전개 사례를 중심으로," 한국국가전략, 6(1), 2021, pp. 177-216. 참조.

115) 현지 중국인은 화교, 중국공산당 체제 이전에 현지에 정착한 중국인은 화인(華人)을 의미한다. 외국 거주 중국인에 대한 용어구분은 2장에서 설명했다.

116) Kerry K. Gershaneck(2020), p. 21.

117) Lulu, Jichang. "Repurposing democracy: The European Parliament China Friendship Cluster," SINOPSIS.

118) 클라이브 해밀턴, 머라이커 올버그, 홍지수 옮김, 보이지 않는 붉은 손, 용인: 실레북스, 2021, pp. 76-77.

119) 클라이브 해밀턴, 머라이커 올버그, 홍지수 옮김, ,보이지 않는 붉은 손, 용인: 실레북스, 2021, p. 76.

120) Peter Schweizer, Red Handed, New York: Harper Collins, 2022, pp. 13-68.

121) 클라이브 해밀턴, 머라이커 올버그, 홍지수 옮김, ,보이지 않는 붉은 손, 용인: 실레북스, 2021, pp. 76-77; Peter Schweizer, Red Handed, pp. 95-102.

122) 클라이브 해밀턴, 머라이커 올버그, 2020, pp. 74-82.

123) Clive Hamilton, p. 255.

124) Clive Hamilton, p. 255-258.

125) 전 베이징 통신원 존 가넛(John Garnaut)의 증언. Clive Hamilton, p. 257 참조.

126) 中國國際友好聯絡會, www.caifc.org.cn

127) International Liaison Department[China Association for International Friendly Contacts] General Political Department, Federation of American Scientists; "Communist China's Intelligence, External Affairs Research Organs" by Tan Po CHENG MING, [Hong Kong] 1 Sep 96 No 227, pp 28-31. (PRC: Analysis of CPC Intelligence, Other Organs FBIS-CHI-96-196 1 Sep 1996); "Red Agents Infiltrate Celebrity Circles" by Chen Pei-chiung in Washington, Ho Yung-hsiung in Hong Kong, and Yu Hui-hsin in Beijing YI CHOU KAN [Hong Kong] No 255, 27 Jan 95 pp 48-50, 52, 54-55. [Article Views Intelligence Work in Hong Kong FBIS-CHI-95-046 27 Jan 1995]

128) "神祕的向心夫婦及其背後公司," 大紀元, 2019.11.27. 탐사보도; "中國"叛逃"間諜案發酵 臺灣偵訊兩名陸商," BBC 중문판, 2019.11.26.

129) "호주에 망명 신청한 中 스파이 "중국 정권의 심각한 해악 깨닫고 결심," 에포크타임스코리아, 2020.01.02.

130) 1장과 2장에서 중국정치체제구조와 중국공산당이 초한전에 전 중국을 동원하는 과정을 설명하는 부분에서 정협에 대해 설명했다. 정협은 공식명칭이 중국인민정치협상회의다. 본래 공산당이 제 사회세력과 공산당의 협의체의 형식으로 조직한 통일전선공작 기구이다.

131) Larry Diamond, Orville Schell(eds.), China's Influence and American Interests: Promoting Constructive Vigilance, Stanford CA: Hoover Institution

Press, 2019, pp. 45-46; Alex Joske, 2020, pp. 29-30.
132) 클라이브 해밀턴·머라이커 올버그, 2020, pp. 86-87.
133) Jichang Lulu, Repurposing democracy, pp. 19-23; Clive Hamilton and Mareike Ohlberg, 2020, pp. 51-75.
134) Clive Hamilton, pp. 163-165. 호주에 본격적으로 진출하기 전, 인민해방군 정치공작부가 미국 민주당에 대규모 정치자금을 대면서 영향력 확장을 꾀했던 이른바 '차이나 게이트'가 터졌는데, 그 주역이 바로 류차오잉이었다. 이와 관련해서는 Jackson, David and Sun, Lena H., "Liu's Deals With Chung: An Intercontinental Puzzle", Washington Post, May 24, 1998 참조.
135) Jackson, David and Sun, Lena H., 1998.
136) 中共中央統戰部信息中心, www.zytzb.gov.cn.
137) 클라이브 해밀턴·머라이커 올버그, 2020, p. 68.
138) James Jiann Hua To, 'Beijing's Policies for Managing Han and Ethnic Minority Chinese Communities abroad,' Journal of Current Chinese Affairs, No. 4., 2012, p. 189. 재인용 클라이브 해밀턴, 머라이커 올버그, 홍지수 옮김, 보이지 않는 붉은 손, 용인: 실레북스, 2021, pp. 66-71.
139) Anne-Marie Brady, Making the Foreign Serve China: Managing Foreigners in the People's Republic (Rowman & Littlefield Publishers, 2003), 재인용 Jonathan Manthorpe, Claws of The Panda, Toronto: Cormorant Books, 2018, pp. 44-45.
140) Anne-Marie Brady, Making the Foreign Serve China: Managing Foreigners in the People's Republic (Rowman & Littlefield Publishers, 2003), 재인용 Jonathan Manthorpe, Claws of The Panda, Toronto: Cormorant Books, 2018, pp. 44-45.
141) 국제주의전사(國際主義戰士)는 원래 전 세계 공산주의화를 위해 투쟁하는 혁명 전사를 의미한다. 구소련은 코민테른을 결성해 소련공산당 중심으로 전 세계를 공산화한다는 공산주의 혁명운동을 전개했다. 중국공산당과 그 지부 격인 조선공산당 역시 국제코민테른 공작의 일환이었다. 현재 중국에서는 중국공산당 중심으로 전 세계를 공산화하는 데 전위전사 역할을 하는 인물들을 국제주의 전사로 부른다. 이들은 중국공산당이 최고의 해외 인적자산으로 여기는 자들로서 현지 중국공산당 대리인(스피이)들로 구분할 수 있다. 이 국제주의 전사로 구분된 인사들에 대해서는 앞으로 정치공작, 해외 통일전선공작 등의 사례를 소개하면서 다시 언급할 것이다.
142) Clive Hamilton, p. 136-137.
143) Rory Medcalf, "China's Economic Leverage: Perception and Reality," Australian National University, Policy Options Paper, No. 2, March. 2017.
144) 대한무역투자진흥공사, 한국무역현황 통계자료,
www.kotra.or.kr/bigdata/visualization/korea#search/CN/ALL/2021
145) Anne-Marie Brady, Making the Foreign Serve China: Managing Foreigners in the People's Republic, Rowman & Littlefield Publishers,

2003, 재인용 Jonathan Manthorpe, Claws of The Panda, Toronto: Cormorant Books, 2018, pp. 44-45.

146) 클라이브 해밀턴·머라이커 올버그, 2020, p. 68.

147) 클라이브 해밀턴·머라이커 올버그, 2020, pp. 68-71.

148) Alex Joske, 2020, pp. 26-30.

149) 호주 정치, 경제, 사회, 문화 전반에 걸친 중국공산당의 통일전선과 초한전 전개 양상의 실체, 문제점에 대해서는 Clive Hamilton, Silent Invasion: China's Influence in Australia, Melbourne: Hardie Grant Books, 2018. 참조.

150) The Age, 2020. 9.21, www.theage.com.au/national/victoria/death-of-melbourne-based-fraudster-not-suspicious-says-coroner-20200921-p55xmd.html.

151) Damien Cave, "Australian Politician's Home Raided in Chinese Influence Inquiry," New York Times, 2020.06.26.

152) 정세분석, 호주 선거 개입하다 딱 걸린 중국, Why Times, 2022.02.12.

153) James Kynge, Lucy Hornby, and Jamil Anderlini, "Inside China's secret 'magic weapon' for worldwide influence", Financial Times, 2017.10.26.

154) Jonathan Manthorpe, Claws of The Panda, 2018, pp. 255-256.

155) Jonathan Manthorpe, Claws of The Panda, 2018, pp. 263-264.

156) Kerry K. Gershaneck (2020), p. 21.

157) 陳民峰, "臺灣軍情局退役少將處長涉嫌交付情報人員名單給中國," RFI, 2020.10.21.

158) 엔도 호마레. 박상후 옮김. 모택동, 인민의 배신자, 파주: 타임라인, 2019.

159) 林俊宏, 劉榮, "【史上最大共諜案】與共諜組織多次餐敘 前國防部副部長張哲平遭國安調查," 鏡週刊, 2021.7.28.일 자; 대만 전 국방차관도 中 스파이? 사상 최대 간첩 사건 발생, Why Times, 2021.07.28.

160) 林俊宏, 劉榮, "【史上最大共諜案】與共諜組織多次餐敘 前國防部副部長張哲平遭國安調查," 鏡週刊, 2021.07.28.

161) Kerry K. Gershaneck (2020), p. 21.

162) "3급 비밀 등 27건 유출 기무사 소령 구속기소," 노컷뉴스, 2015.07.10; "기밀 유출 기무사 소령, 中에 사드(THAAD) 관련 문건 넘긴 정황." 동아일보, 2015.7.7; "5년간 Ⅱ·Ⅲ급 군사기밀 120여 건 유출됐다," UPI 뉴스, 2020.10.14; "中에 기밀 유출한 기무사 장교 공소장으로 본 황당한 軍," 서울신문, 2015.07.20.

163) 파이낸스투데이, 2021.03.27.

164) 펜앤드마이크, 2018.02.17.

165) "정세균·이재명 등 與 인사, 앞다퉈 중국에 '새해 인사'" 한국경제, 2021.02.17.

166) "도종환 한국 국회의원 인민망 신년 인사" 인민망, 2021.02.08.

167) "중국 빈곤퇴치 사업의 국제적 의의와 언론 보도실천 포럼 개최" 인민망, 2021.03.19.
168) 파이낸스투데이, 2021.02.12.
169) Jichang Lulu, "Repurposing democracy".
170) "검찰 출석한 민경욱 'FOLLOW THE PARTY 구호가 나왔다.'," 조선비즈, 2020.05.21.
171) "민경욱 주장한 4.15 총선 조작의 증거······ 'follow the party·여백 다른 투표지'," 서울신문, 2020.05.22.
172) "'follow the party'에도 부정 선거 수사 안 하고 민경욱 휴대전화만 뺏은 검찰," 아시아타임스, 2020.05.22.
173) "韓 네티즌 '함정수사'에 걸린 中 공산당 댓글부대가 쓴 '나는 개인이오'의 뜻" 에포크타임스코리아, 2020.03.06.
174) "나 개인이오" 어색한 말투로 '화들짝'··· '차이나 게이트' 커지는 의혹, 뉴데일리, 2020년 3월 2일 자.
175) "누리꾼, 삼일절에 '차이나 게이트'·'나는 개인이오' 실검 운동하는 이유," 세계일보 2020.03.01.
176) 본 장의 내용 중 부분적으로는 기발표한 논문 내용 중 일부분을 그대로 재편집했음을 밝혀 둔다. 이지용, "중국 초한전 전략과 실제: 해외 통일전선공작 전개 사례를 중심으로," 『한국국가전략』, 2021, 6(1), pp. 177-216. 참조.
177) 이지용, "중국공산당의 해외 통일전선공작 보고서와 시사점," CSF(중국전문가포럼), 2019년 3월.
178) www.uscc.gov/Research/china%E2%80%99s-overseas-united-front-work-background-and-implications-united-states.
179) 중국 자금지원을 받은 대학과 민간 싱크탱크 연구소는 Brookings, CSIS, 존스홉킨스대학 SAIS, 카네기재단 등 미국의 대표적 연구소를 망라했다.
180) www.whitehouse.gov/wp-content/uploads/2018/06/FINAL-China-Technology-Report-6.18.18-PDF.pdf.
181) www.hoover.org/research/chinas-influence-american-interests-promoting-constructive-vigilance,
182) 趙玉濤 編著, 『外事槪說』, (上海: 上海社會科學院出版社, 1995), 166-167.
183) V.I. Lenin, Lenin Collected Works Vol. 31, Moscow: Progress Publishers, 1966, pp. 70-72.
184) Clive Hamilton and Mareike Ohlberg, Hidden Hand: Exposing How the Chinese Communist Party is Reshaping the World, London: Oneworld Book, 2020, pp. 16-27. 한국어 번역본은 클라이브 해밀턴, 머라이커 올버그, 홍지수 옮김, 보이지 않는 붉은 손, 용인: 실레북스, 2021. 참조.
185) 엔도 호마레. 박상후 옮김. 2019, 모택동, 인민의 배신자, 파주: 타임라인.
186) 판한녠과 마오쩌둥 관계에 대해서는 프랑크 디쾨터. 고기탁 옮김. 2016, 해방의 비극: 중국 혁명의 역사 1945~1957, 파주: 열린책들; 엔도 호마레. 박상

후 옮김. 2019, 모택동, 인민의 배신자, 파주: 타임라인. 참조.

187) 마오쩌둥은 중국공산당의 '3대 보배(三個法寶)'로 군, 당, 통일전선(武裝鬥爭, 黨的建設, 統一戰線)을 꼽았다. 毛澤東, "共產黨人 發刊詞," 1939.10.04.

188) Jonathan Manthorpe, Claws of The Panda, Toronto: Cormorant Books, 2018, p. 38.

189) William C. Hannas and Didi Kristen Tatlow, China's quest for foreign technology : beyond espionage, Milton Park, Abingdon, Oxon ; New York, NY: Routledge, 2021.

190) 최근 영국에서 분석 결과 1989년 천안문 항쟁 당시 인민해방군이 학살한 중국인이 약 1만 명 이상이라는 사실이 밝혀졌다.

191) 王仲莘, 對外宣傳初論, 福州: 福建人民出版社, 2000, p. 172.

192) Clive Hamilton, Silent Invasion,; Roger Faligot, Chinese Spies: From Chairman Mao to Xi Jinping, London: Hurst & Company, 2019; Jonathan Manthorpe, Claws of The Panda, Toronto: Cormorant Books, 2018,

193) RCMP-CSIS Joint Review Committee, "Chinese Intelligence Services and Triads Financial Links in Canada," June 24, 1997, www.jrnyquist.com/sidewinder.htm. 재인용 Anne-Marie Brady, "Magic Weapons: China's political influence activities under Xi Jinping," Conference paper presented at the conference on "The corrosion of democracy under China's global influence," supported by the Taiwan Foundation for Democracy, and hosted in Arlington, Virginia, USA, September 16-17, 2017.

194) 中共中央政治局, "分析研究當前經濟形勢和經濟工作 審議《中國共產黨統一戰線工作條例(試行)》, 京津冀協同發展規劃綱要," 2015.05.01.

195) 郭倫德, "習近平引領統戰工作進入新時代," 『中國西藏網』 2017.12.22; Gerry Groot, "United Front Work after the 19th Party Congress," China Brief, December 22, 2017.

196) James Kynge, Lucy Hornby, and Jamil Anderlini, "Inside China's Secret 'Magic Weapon' for Worldwide Influence," Financial Times, October 26, 2017.

197) James Kynge, Lucy Hornby, and Jamil Anderlini, 2017.

198) Bill Gertz, Deceiving the Sky, New York: Encounter Books, 2019, pp. 19-28.

199) Alex Joske, "The party speaks for you," ASPI Policy Brief No. 32 ,2020, p. 24.

200) Jonathan Manthorpe, Claws of The Panda, pp. 41-43.

201) David Zweig and Stanley Rosen, How China trained a new generation abroad.

202) Clive Hamilton, Silent Invasion, pp. 36-38.

203) James Jiann Hua To, Qiaowu: Extra-territorial policies for the overseas Chinese, Leiden: Koninklijke Brill, 2014, pp. 123-124.
204) 중국공산당 중앙선전부 요원으로 허위사실 유포, 여론 조작, 심리전에 참여했던 중국공산당 중앙선전부 요원의 고백이다. 현재 중국인은 중국공산당의 여론전과 심리전의 포화로 무엇이 진실이고 무엇이 거짓인지 분별하는 판단력 자체를 상실해 버렸다는 것이다. 이제 중국 사회는 중국공산당의 허위사실 유포, 여론 조작을 대규모, 전방위적, 파상적, 전면적으로 전개한 결과 거짓과 허위가 사실과 진실을 덮으면서 마구 혼재되어 있다는 것이다. 중국 첩보요원이었던 왕리창(王立强) 관련 기사와 인터뷰 내용 참조.
205) 中華人民共和國國家情報法(2018年修正本), 2017년 6월 28일 시행.
206) Jonathan Manthorpe, Claws of The Panda, pp. 41-43.
207) Jonathan Manthorpe, Claws of The Panda, pp. 41-42.
208) James Jiann Hua To, Qiaowu: Extra-territorial policies for the overseas Chinese, Leiden: Koninklijke Brill, 2014, p. 44.
209) James Jiann Hua To (2014), p. 280.
210) Clive Hamilton, p. 152.
211) John Fitzgerald, 'Beijing's guoqing versus Australia's way of life,' Inside Story, 27 September 2016.
212) 해밀턴 교수와 인터뷰 내용을 직역이 아닌 의역으로 중요 부분만 정리한 것임. Clive Hamilton, Silent Invasion, pp. 232-235.
213) Clive Hamilton, p. 154.
214) Clive Hamilton and Mareike Ohlberg, 2020, p. 137.
215) Didi Kirsten Tatlow, "600 U.S. Groups Linked to Chinese Communist Party Influence Effort with Ambition Beyond Election," Newsweek, 2020.10.26.
216) Clive Hamilton, Silent Invasion, pp. 255-258.
217) 중국공산당의 혁명 수출에 관해서는 다음 책 참조. 구평(九評) 편집부, 공산주의 유령은 어떻게 우리 세계를 지배하는가? (상권), 서울: 에포크미디어코리아, 2019, pp. 96-122.
218) 程映紅, 〈向世界輸出革命—文革在亞非拉的影響初探〉, 《當代中國研究》, 2006年 第3期; 구평(九評) 편집부, 공산주의 유령은 어떻게 우리 세계를 지배하는가? (상권), 서울: 에포크미디어코리아, 2019, pp. 96-122.
219) Kaori Tsukada, "THE INTERACTION BETWEEN SERVICE AND ORGANIZING: TWO HOUSING CAMPAIGNS BY THE CHINESE PROGRESSIVE ASSOCIATION," Stanford University Comparative Studies in Race and Ethnicity Undergraduate Honors Thesis May 26th, 2009.
220) Radio Free Asia, August 7, 2020.
221) Radio Free Asia, August 7, 2020; 윤건우, "틱톡, BLM, 안티파…폐쇄된 휴스턴 중국 영사관을 둘러싼 키워드," 에포크타임스코리아, 2020.08.10.

222) Kaori Tsukada, "THE INTERACTION BETWEEN SERVICE AND ORGANIZING: TWO HOUSING CAMPAIGNS BY THE CHINESE PROGRESSIVE ASSOCIATION," Stanford University Comparative Studies in Race and Ethnicity Undergraduate Honors Thesis May 26th, 2009.

223) Mike Gonzalez, "This BLM Co-Founder and Pro-Communist China Group Are Partnering Up. Here's Why.", The Heritage Foundation, Sep 15th, 2020.

224) Martin Purbrick, "PATRIOTIC CHINESE TRIADS AND SECRET SOCIETIES: FROM THE IMPERIAL DYNASTIES, TO NATIONALISM, AND COMMUNISM," Asian Affairs, Volume 50, Issue 3, 2019, pp. 305-322.

225) www.rfa.org/cantonese/news/ear/ear-consulate-07262020083525.html.

226) 윤건우, "틱톡, BLM, 안티파…폐쇄된 휴스턴 중국 영사관을 둘러싼 키워드," 에포크타임스코리아, 2020.08.10.

227) Sam Cooper, Wilful Blindness, How a network of narcos, tycoons and CCP agents Infiltrated the West (Toronto, Canada: Optimum Publishing International, 2021).

228) Sam Cooper, "How Chinese gangs are laundering drug money through Vancouver real estate," Global News, April 19, 2018; RCMP-CSIS Joint Review Committee, "Chinese Intelligence Services and Triads Financial Links in Canada," 1997.

229) Sam Cooper, 2018.

230) Aadil Brar, "Glitz, glamour and gambling: Behind China's secret societies and crime syndicates," The Print, 1 December, 2021.

231) Sam Cooper, 2021; Sam Cooper, 2018.

232) Sam Cooper, 2021.

233) RCMP-CSIS Joint Review Committee, "Chinese Intelligence Services and Triads Financial Links in Canada," 1997.

234) Sam Cooper, 2021.

235) The RCMP-CSIS Joint Review Committee, '[SECRET REPORT] Chinese Intelligence Services and Triads Financial Links in Canada.'

236) Jonathan Manthorpe, Claws of The Panda, Toronto: Cormorant Books, 2018, pp. 156-158.

237) Sam Cooper, 2021.

238) 'China to introduce dual-management on think tanks,' 신화망, 2017.05.04.

239) Clive Hamilton, Silent Invasion, pp. 139-141.

240) James Jiann Hua To, Qiaowu: Extra-territorial policies for the overseas Chinese, Leiden: Koninklijke Brill, 2014, p. 150.

241) Clive Hamilton, Silent Invasion, pp. 243-244. 중국공산당이 성경 내용을 왜곡하는 실태를 검색하면서 발견한 놀라운 사실은 성경을 이처럼 이념적으로 왜곡하는 사례를 한국의 일부 교회와 이들이 운영하는 기독교 언론의 기사 내용에서도 광범위하게 발견했다는 것이다. 실례로 마태복음 5장 37절의 내용을 왜곡해 해석하는 기독교 운영 언론사의 기사 내용은 독자들이 각자 검색해 볼 것을 권한다.

242) "'예수가 죄인을 죽였다'… 성경을 왜곡한 중국에 가톨릭계 발끈," 한국일보, 2020.09.28.

243) 본 내용은 저자가 기발표한 논문 중, 이지용, "중국 '초한전(超限戰)' 전략과 실제: 해외 통일전선공작 전개 사례를 중심으로," 한국국가전략, 6(1), 2021, pp. 203-209에 해당하는 내용임.

244) 中共中央, 2019. 문건 참조.

245) Robert Spalding, Stealth War, New York: Penguin, 2019, pp. 147-149.

246) Robert Spalding, Stealth War, 2019, pp.12-19.

247) 喬良 王湘穗, 2016, pp. 97-102.

248) Jichang Lulu, 2019, pp. 3-5.

249) 대표적인 사례 중 하나로서 2020년 실체가 폭로된 중국 유학생 위장 여성 스파이인 팡팡(方芳)은 계획적으로 미국의 지방 수준 정치인들에 접근해 포섭공작을 진행하다 발각되기도 했다. 이와 관련한 내용은 Mark Moore, "Suspected Chinese spy reportedly slept with, courted US officials to gain intel," New York Post, 2020.12.08. 참조.

250) 중국이 해외 통일전선공작으로 영향력을 확보한 지방정부와 이해관계를 중앙정부와 관계 악화시 돌파하는 우회로로 이용하는 사실은 대외로 유출된 중국의 외사공작 회의문서에서 확인할 수 있다. 2020년 1월 13일 중국 허베이(河北)성 창저우(滄州)에서 개최된 전성(全省) 외교 주임 회의 문건은 중국공산당중앙의 지시사항과 주력 외교공작을 열거하면서 미국 트럼프 행정부의 중국경제 제재를 우회하는 수단으로 미국의 지방 주, 시 등에 확보한 관계를 이용하는데 주력할 것을 주문했다. 관련 문건은 "(중앙외사공작 결정과 전성 외판주임회의 전달 개요(中央有關外事工作及全省外辦主任會議精神傳達提綱)" 참조, 문건 출처는, 龍騰雲, "外事文件曝中共高層誤判國際局勢," 大紀元, 2021.01.21.

251) Larry Diamond, Orville Schell, 2019, pp. 19-23.

252) Larry Diamond, Orville Schell, 2019, p. 31.

253) Spalding, Stealth War, 2019, pp. 12-19.

254) Bill Gertz, 2019, pp. 139-157.

255) 본 장의 내용 중 부분적으로는 기발표한 논문 내용을 일부 그대로 재편집했음을 밝혀 둔다. 이지용, "중국 '초한전(超限戰)'의 군사전략적 의미와 한국안보에 주는 시사점 연구," 신아세아, 28(4), 2021; 이지용, "중국 초한전 전략과 실제: 해외 통일전선공작 전개 사례를 중심으로," 한국국가전략, 2021, 6(1), 통권 15호 pp. 177-216. 참조.

256) Elizabeth Bachman, "Black and White and Red All Over: China's Improving

Foreign-Directed Media," Center for Naval Analysis, August 2020.
257) Kerry K. Gershaneck, Political Warfare: Strategies for Combating China's Plan to "Win without Fighting", Quantico, Virginia : Marine Corps University Press, 2020, pp. 16-17; Elsa B. Kania, "The PLA's Latest Strategic Thinking on the Three Warfares," Jamestown Foundation, China Brief 16, no.13, 22 August 2016.
258) Stefan Halper, China: The Three Warfares, Washington D. C.: Office of the Secretary of Defense, 2013, p. 11.
259) Kerry K. Gershaneck, 2020, pp. 18-20; Elsa B. Kania, "The PLA's Latest Strategic Thinking on the Three Warfares," Jamestown Foundation, China Brief 16, no. 13, 22 August 2016.
260) Stefan A. Halper, China: The Three Warfares, Washington, DC: Office of the Secretary of Defense, 2013, 11.
261) Stefan Halper, 2013, pp. 12-13.
262) 중국공산당이 해외에서 미디어 활동을 선전전에 이용하는 전략과 실체에 관한 사례와 관련해서는 다음 기사 참조. Louisa Lim and Julia Bergin, 2018.
263) James Jiann Hua To, Qiaowu: Extra-territorial policies for the overseas Chinese, Leiden: Koninklijke Brill, 2014, pp. 176-178.
264) Spalding, Stealth War, 2019, p. 50.
265) Clive Hamilton, Silent Invasion, Melbourne: Hardie Grant Books, 2018. pp. 41-43. 국내 번역본은 클라이브 해밀턴. 김희주 옮김, 중국의 조용한 침공: 대학부터 정치, 기업까지 한 국가를 송두리째 흔들다, 서울: 세종서적, 2021. 참조.
266) Larry Diamond, Orville Schell, 2019, pp. 82-83.
267) Larry Diamond, Orville Schell, 2019, pp. 90-91.
268) Didi Kirsten Tatlow, 2020.
269) Gary King, Jennifer Pan, and Margaret E. Roberts, 2017; 博聞社獨家, "中共把網絡當戰場 "五毛" 要正規化成軍, 博訊, 2016.06.28. 참조.
270) Bill Gertz,2019, pp. 119-138; Didi Kirsten Tatlow, 2020. 참고로 이와 관련 한국도 포털사이트 등을 통해서 '우마오당,' '나는 개인이오' 등 여론조작과 선동에 중국공산당의 개입이 알려지고 있으나 이에 대한 체계적인 조사가 이루어지지 않았다.
271) 국민청원인가 중국인 청원인가, 주간조선, 2020.03.09.
272) 網評員, 上級通知; China Digital Times Archive, http://chinadigitaltimes.net/2011/06/future-banned-on-sina-weibo-search/; Xiao Qiang, "Leaked Propaganda Directives and Banned 'Future'," China Digital Times, Jun 24, 2011.
273) Elsa B. Kania, 2016.
274) www.globalcapital.com/article/b1nqr87fqy82dk/39china-is-a

-paper-tiger39-says-kyle-bass-hayman-capital-management

275) 중국공산당, 5년 전 이미 1천만 댓글부대 모집. 차이나 게이트 일파만파, 파이낸스투데이, 2020.03.01.

276) Kerry K. Gershaneck, 2020, p. 20; Elsa B. Kania, "The PLA's Latest Strategic Thinking on the Three Warfares," Jamestown Foundation, China Brief 16, no.13, 22 August 2016.

277) 저우위보와 인민망 한국대표처를 둘러싼 미스터리, 에포크타임스코리아, 2021.05.07; 韓 사회 샅샅이 훑는 '수상한 그녀'…저우위보 인민망 한국 대표처 대표, 에포크타임스코리아, 2021.05.04.

278) 안토니오 그람시, 이상훈 옮김, 그람시의 옥중수고 1-정치편, 서울: 거름, 1991.

279) 중국 외교관으로 호주 등지에서 해외 통일전선공작 공작을 전개하던 천용린(陳用林)은 공자학원, 중국 유학생조직, 천인 계획 등이 중국공산당의 주요 해외 통일전선공작 기구이자 공작 통로임을 폭로했다. 천용린의 진술과 관련해서는 다음 기사 참조. Caden Pearson, "CCP Has 'Very Successfully' Infiltrated Australian Universities: Whistleblower," The Epoch Times, 2021.02.03.

280) Caden Pearson, 2021.

281) William C. Hannas and Didi Kristen Tatlow, China's Quest for Foreign Technology, New York: Routledge, 2021, pp. 277-290.

282) Clive Hamilton and Mareike Ohlberg(2020), pp. 185-204. 국내번역본은 클라이브 해밀턴·머라이커 올버그 저, 이지수 옮김, 보이지 않는 붉은 손, 파주: 실레북스, 2021. 참조.

283) '조선구마사' 박계옥 작가, 소속사 대표는 중국 인민일보 간부 '논란', 중앙일보, 2021.03.25.

284) '조선구마사', 위의 보도내용.

285) "조선구마사 역사 왜곡 배경 찾아냈습니다," 김기자의 디스이즈.

286) "조선구마사 역사 왜곡 배경 찾아냈습니다," 위의 보도내용.

287) "조선구마사 역사 왜곡 배경 찾아냈습니다," 위의 보도내용.

288) 이 부분과 관련해 인민일보 한국지사가 이와 같은 삼투 공작을 전개했다는 것을 확인하는 것은 아니다. 이것은 합리적 의혹 제기를 하는 학술분석 차원의 문제 제기다. 인민일보 한국지사와 언급된 관계자가 어떤 의도로 기사에 보도되고 의혹이 제기된 여러 사안에 관여했는지는 추가적인 조사와 확인이 필요한 사안임을 밝혀둔다.

289) 이 부분과 관련해 재차 밝혀두고자 하는 것은 인민일보 한국지사가 이와 같은 삼투 공작을 전개했다는 것을 확인하는 것은 아니다. 이것은 합리적 의혹 제기를 하는 학술분석 차원의 문제 제기다. 따라서 인민일보 한국지사와 언급된 관계자가 어떤 의도로 기사에 보도되고 의혹이 제기된 여러 사안에 관여했는지는 추가적인 조사와 확인이 필요한 사안임을 밝혀둔다.

290) Jonathan Manthorpe, Claws of The Panda, Toronto: Cormorant Books, 2018, pp. 50-52. 국내 번역본은 조너선 맨소프, 김동규 옮김, 판다의

발톱, 캐나다에 침투한 중국공산당, 서울: 미디어워치, 2021. 참조.

291) Clive Hamilton, Silent Invasion; Jonathan Manthorpe, Claws of The Panda, 2018.

292) Clive Hamilton, Silent Invasion.

293) Clive Hamilton, Silent Invasion, pp. 244-246.

294) 박종인, "굴욕적인 파로호 개명 논란," 조선일보, 2019.05.28.

295) 박종인, "굴욕적인 파로호 개명 논란," 조선일보, 2019.05.28.

296) David E. Sanger and Emily Schmall, "China Appears to Warn India: Push Too Hard and the Lights Could Go Out," New York Times, Feb. 28, 2021.

297) China still 'largest source of critical items' for India, The Hindu, January 30, 2021; Amitendu Palit, "Can India Decouple From China?" The Diplomat, November 1, 2020.

298) David E. Sanger and Emily Schmall, "China Appears to Warn India: Push Too Hard and the Lights Could Go Out," New York Times, Feb. 28, 2021.

299) Spalding, Stealth War (2019), pp. 109-114.

300) US House Permanent Select Committee on Intelligence, October 8, 2012, 'Investigative Report on the U.S. National Security Issues Posed by Chinese Telecommunications Companies Huawei and ZTE.'

301) US House Permanent Select Committee on Intelligence, October 8, 2012.

302) US House Permanent Select Committee on Intelligence ,October 8, 2012.

303) 펌웨어(firmware)란 하드웨어 장치에 포함된 소프트웨어를 말한다.

304) Gordon Chang, The Great U.S.-China Tech War, Encounter Broadside No. 61, New York: Encounter Books, 2020, p. 6.

305) US House Permanent Select Committee on Intelligence, October 8, 2012; Spalding, Stealth War, 2019, p. 113.

306) Bill Gertz, 2019, p. 160.

307) US House Permanent Select Committee on Intelligence, October 8, 2012; 'Spies feared China was hacking the NBN,' The Australian, March 28, 2012; Gordon Chang, The Great U.S.-China Tech War, Encounter Broadside No. 61, New York: Encounter Books, 2020, pp. 8-10.

308) Bill Gertz, 2019, p. 160.

309) US House Permanent Select Committee on Intelligence, October 8, 2012.

310) Daniel Bell, The China Model: Political Meritocracy and the Limits of Democracy, Princeton: Princeton University Press, 2015.

311) 'The company that spooked the world,' The Economist, 2012.08.04.

312) US House Permanent Select Committee on Intelligence, October 8, 2012.

313) Perry Link, "China: The Anaconda in the Chandelier," ChinaFile. April 11, 2002; Christopher A. Ford & Thomas D. Grant, "EXPORTING CENSORSHIP: The Chinese Communist Party Tries to Control Global Speech about China," THE NATIONAL SECURITY INSTITUTE. April 2022.

314) The White House, "The United States, Joined by Allies and Partners, Attributes Malicious Cyber Activity and Irresponsible State Behavior to the People's Republic of China," July 19, 2021.

315) NSA, CISA, & FBI, "Chinese State-Sponsored Cyber Operations: Observed TTPs," July 19, 2021, U/OO/163624-21 | PP-21-0971 | JUL 2021 Ver. 1.0.

316) Department of Justice, "Four Chinese Nationals Working with the Ministry of State Security Charged with Global Computer Intrusion Campaign Targeting Intellectual Property and Confidential Business Information, Including Infectious Disease Research," July 19, 2021.

317) 중국공산당, 인민해방군, 국가안전부가 자행하는 해킹기법이나 조직 등과 관련해서는 사이버안보와 기간시설안보국(CISA)의 별도 보고서 참조. Cybersecurity and Infrastructure Security Agency(CISA), Alert (AA21-200A): Tactics, Techniques, and Procedures of Indicted APT40 Actors Associated with China's MSS Hainan State Security Department, July 19. 참조.

318) 중국홍객연합과 관련해서 미국의 포린 팔리시(Foreign Policy)가 2020년 12월 특집기사로 낸 중국의 미국에 관한 정보전 기사와 이에 대한 에포크타임스코리아 해설 기사를 참조하라. 박민주, "중공, 중국기업과 손잡고 對美 데이터전 개시" 에포크타임스코리아, 2020.12.30.

319) 'IT 1984'라는 개념은 필자가 개념화한 것이다. 조지 오웰의 소설 1984는 빅브라더에 의해 전 사회가 감시 통제되는 전체주의 사회를 그리고 있다. 조지 오웰이 소련 사회 경험을 바탕으로 전체주의 사회의 악몽을 그린 1984의 빅브러더 전체주의 사회는 중국에서 IT 기술 혁명이 접목되면서 실현되었다. 중국만이 아니라 우리 사회 또한 부지불식간에 빠져버린 전체주의적 통제사회, 용어와 개념을 교란함으로써 개인의 자유로운 사고와 판단력을 마비시키는 사회주의자들의 선전·선동 전략 전술 등과 관련해서는 조지 오웰의 1984를 일독하기를 권유한다.

320) Department of Justice, July 19, 2021.

321) Catalin Cimpanu, "APT-doxing group exposes APT17 as Jinan bureau of China's Security Ministry," ZD NET, July 25, 2019.

322) Mcwhorter, Dan. "Mandiant Exposes APT1—One of China's Cyber Espionage Units & Releases 3,000 Indicators," Mandiant, Feb 19, 2013.

323) Intrusion Truth, "An (in)Competent Cyber Program—A brief cyber history of the 'CCP'," July 29, 2021.

324) https://intrusiontruth.wordpress.com/2017/05/09/apt3-is-boyusec-a-chinese-intelligence-contractor/

325) "APT3 is Boyusec, a Chinese Intelligence Contractor," Wordpress,

May 9, 2017.

326) Office of Public Affairs(Department of Justice, U.S.A.), "Two Chinese Hackers Associated With the Ministry of State Security Charged with Global Computer Intrusion Campaigns Targeting Intellectual Property and Confidential Business Information," December 20, 2018.

327) Department of Justice, "Two Chinese Hackers Associated With the Ministry of State Security Charged with Global Computer Intrusion Campaigns Targeting Intellectual Property and Confidential Business Information," December 20, 2018.

328) "중국 APT 단체, 지난 10월부터 홍콩의 대학교 정찰해," 보안뉴스, 2020.02.05; Scott and Spaniel, China's Esponage Dynasty, p. 18.

329) Fire eye Special Report, "DOUBLE DRAGON: APT41, A DUAL ESPIONAGE AND CYBER CRIME OPERATION,"2019; Department of Justice, "Seven International Cyber Defendants, Including "APT41" Actors, Charged In Connection With Computer Intrusion Campaigns Against More Than 100 Victims Globally," Wednesday, September 16, 2020; FBI(Federal Bureau of Investigation), "APT41 GROUP".

330) "APT: sophisticated multi-layered loader Ecipekac discovered in ADAPT campaign," Securelist Kaspersky Lab, 30 Mar 2021.

331) 'Chinese Leader Xi Jinping Lays Out Plan to Control Global Internet: Leaked Documents,' Epoch Times, 2021년 5월 2일 자. 에포크타임스코리아 기사는 '시진핑, 글로벌 인터넷 통제 계획 수립했다…내부문서,' 에포크타임스코리아, 2021.05.03. 참조

332) '시진핑, 글로벌 인터넷 통제 계획 수립했다…내부문서,' 에포크타임스코리아, 2021.05.03.

333) '시진핑, 글로벌 인터넷 통제 계획 수립했다…내부문서,' 에포크타임스코리아, 2021.05.03..

334) 위의 글.

335) 위의 글.

336) Hearing on China's Strategic Aims in Africa, The U.S.-China Economic and Security Review Commission, May 8, 2020.

337) '시진핑, 글로벌 인터넷 통제 계획 수립했다…내부문서,' 에포크타임스코리아, 2021.05.03.

338) '習近平 8.19講話全文 : 言論方面要敢抓敢管敢於亮劍,' 中國數字時代, 2013.11.04.

339) 저우샤오후이(周曉輝), "도널드 트럼프, 틱톡·위챗 공격…세 가지 효과 기대된다," 에포크타임스코리아, 2020.08.06.

340) Spalding, Stealth War (2019), pp. 112-115.

341) 장민지, "日, 인프라스트럭처 운영에 해외기술 사용 제한…사실상 中 겨냥," 에포크타임스코리아, 2021.05.22.

342) 인세영, 유럽 전역, 중국 화웨이 5G 철거 시작, 파이낸스투데이, 2021.05. 21.

343) Peter Hartcher, "Huawei? No way! Why Australia banned the world's biggest telecoms firm," The Sydney Morning Herald, May 21, 2021.

344) "China could have shut down Australia's 5G network without Huawei ban," Business Standard, May 22, 2021,

345) Jordan Robertson and Jamie Tarabay, "Chinese spies accused of using Huawei in secret Australia telecom hack," The Japan Times, Dec 21, 2021.

346) Clive Hamilton, p. 121-123.

347) Clive Hamilton, p. 121-123.

348) Wendy Wu, 'How the Communist Party controls China's state-owned industrial titans,' 17 Jun 2017, South China Morning Post, 재인용 Clive Hamilton, p. 125.

349) 이 과정과 내부 논의에 대해서는 Michael Pillsbury, 2016, pp. 65-79. 참조. 국내 번역본은 마이클 필스버리, 한정은 옮김, 백년의 마라톤, 서울: 영림카디널, 2016. 참조.

350) Michael Pillsbury, 2016, pp. 65-66.

351) Robert Spalding, Stealth War, New York: Penguin, 2019, pp. 145-161. Larry Diamond, Orville Schell, 2019, pp. 122-125; Caden Pearson, 2021.

352) Robert Spalding, Stealth War, New York: Penguin, 2019, pp. 145-161. Larry Diamond, Orville Schell, 2019, pp. 122-125; Caden Pearson, 2021.

353) White House Office of Trade and Manufacturing Policy "How China's Economic Aggression Threatens the Technologies and Intellectual Property of the United States and the World," June 2018; Bill Gertz , 2019, pp. 160-163.

354) Bill Gertz, 2019, pp. 160-163.

355) Didi Kirsten Tatlow, "600 U.S. Groups Linked to Chinese Communist Party Influence Effort with Ambition Beyond Election," Newsweek, 2020.10.26.

356) White House Office of Trade and Manufacturing Policy, 2018.

357) William Holstein, The New Art of War, New York: Brick Tower Press, 2019, pp. 57-58.

358) White House Office of Trade and Manufacturing Policy, 2018.

359) Alexander Bowe, "China's Overseas United Front Work: Background and Implications for the United States," U.S.-China Economic and Security Review Commission, August 24, 2018.

360) 중국 정보전 체제의 실상과 미국의 정보전 체제의 차이 등에 대해서는 2020년 12월 미국의 포린 팔리시(Foriegn Policy)에 장문의 탐사보도로 소개되었

다. 이에 대한 자세한 내용에 대해서는 https://foreignpolicy.com/2020/12/23/china-tech-giants-process-stolen-data-spy-agencies/ 참조.

361) Jim Sciutto, The Shadow War, New York: Harper, 2019, pp. 41-60.
362) Bill Gertz, 2019, p. 163; Larry Diamond, Orville Schell, 2019, pp. 106-107.
363) Clive Hamilton, Silent Invasion, pp. 182-184.
364) www.sf-uscec.org/
365) http://uscec.chinajob.com
366) Jo Adetunji, "China is financing infrastructure projects around the world-many could harm nature and Indigenous communities," The Conversation, September 22, 2021.
367) Evelyn Cheng, "Chinese companies boost overseas investment in consumer products, EV supply chain," Jan 26, 2022.
368) The China Global Investment Tracker (CGIT), www.aei.org/china-global-investment-tracker/.
369) Geoff Wade, "Chinese Investment in Australia needs closer scrutiny," The Australian, 9 March 2014, 재인용 Clive Hamilton, p. 113.
370) Clive Hamilton, p. 123-124.
371) Par Ghalia Kadiri, "A Addis-Abeba, le siège de l'Union africaine espionné par Pékin," Le Monde, 26 janvier 2018; Danielle Cave, "The African Union headquarters hack and Australia's 5G network," The Strategist, ASPI, 13 Jul 2018.
372) Joshua Meservey, "Government Buildings in Africa Are a Likely Vector for Chinese Spying,"The Heritage Foundation, May 20, 2020.
373) 본 연설문은 2003년 공개되었으나 삭제된 것을 Epoch Times지가 재입수한 중국공산당 내부문서임. 遲浩田, "戰爭離我們不遠, 它是中華世紀的産婆," 中國瞭望, 2021년 2월 10일 자; 遲浩田, "戰爭離我們不遠, 它是中華世紀的産婆," 2022년 2월 14일 자. 영문 번역본은 Chi Haotian, "The Secret Speech of General Chi Haotian." 참조.
374) 翟東升, "建設後疫情時代的"一帶一路", 輸出我們強政府的經驗與能力【政經啟翟】,"2021년 2월 3일; "翟東升再曝中共野心 : 收割美元霸權," 大紀元, 2021년 4월 1일. 참고로 디둥성의 중국전략과 관련한 또 다른 출처로는 www.bannedbook.org/bnews/tag/%E7%BF%9F%E4%B8%9C%E5%8D%87 참조.
375) 위의 자료 참조.
376) '정치적 올바름(PC)'이라는 개념은 이들의 주장이 정치적으로 올바른 것이어서가 아니라, 자신들만이 '정의롭다'거나 '공의롭다'고 믿는 것을 조롱하는 용어다. 즉, "저들은 자신들만이 정치적으로 정의롭고 올바르다고 주장해. 저들의 논리가 과연 올바르다고 할 수 있을까." 하고 비꼬는 용어다. 정치적 올바름에 대해서는 조던 피터슨·스티븐 프라이·마이클 에릭 다이슨·미셸 골드버그 지음, 조은경·임명묵(논평) 옮김. 정치적 올바름에 대하여, 서울: 프시케의 숲, 2019; 홍

지수 저. 도널드 트럼프를 당선시킨 PC의 정체, 서울: 북앤피플, 2017 참조.

377) 중국공산당이 전략적 목적으로 차이나타운을 조성하는 예는 미국 포린 팔리시의 다음 분석보고문 참조. Robert Barnett. "China Is Building Entire Villages in Another Country's Territory." Foreign Policy, May 7, 2021.

378) Tibi, Bassam. "Europeanizing Islam or the Islamization of Europe: political democracy vs. cultural difference." in Timothy A. Byrnes and Peter J. Katzenstein, Religion in an Expanding Europe. Cambridge: Cambridge University Press, 2009; Vidino Lorenzo. "Aims and Methods of Europe's Muslim Brotherhood." Hudson Institute, November 1, 2006; "'2020년까지 한국 무슬림化'가 목표." 미래한국, 2016.04.16.

379) Clive Hamilton, pp. 151-155.

380) Andrew Greene. " China's grip on Darwin Port looks shaky as Australia grapples with regional security changes." ABC NEWS, 4 May 2021; ABC NEWS. "Scott Morrison says the government had no authority to reject or approve the leasing of the Port of Darwin to a Chinese company. Is that correct?" 8 Mar 2022.

381) 이지용. "중국 '초한전(超限戰)' 전략과 실제: 해외 통일전선공작 전개 사례를 중심으로." 한국국가전략. 6(1), 한국국가전략연구원, 2021, p. 208.

382) John Hyatt, "Why A Secretive Chinese Billionaire Bought 140,000 Acres Of Land In Texas," Forbes, August 9, 2021; Emily Crane, "Texas reportedly blocks Chinese billionaire's wind farm amid hacking fears," New York Post, August 12, 2021; EMEL AKAN, "Chinese Investment Near Texas Military Base Draws Scrutiny," The Epoch Times, December 10, 2020.

383) 이슈 추적: 청와대 청원으로 번진 '중국 17조 투자설,' 진도투데이, 2019.01.10; 한편 진도와 관련해 중국 동포단체가 운영하는 것으로 알려진 언론에서는 진도의 가치에 관해 적극적인 홍보기사를 게재하기도 했다. 이 기사와 관련해서는 다음 참조. "탈바꿈하는 한국 진도, 중국 투자자들의 기회의 땅," 동북아시아신문, 2021.07.18.

384) "탈바꿈하는 한국 진도, 중국 투자자들의 기회의 땅," 동북아시아신문, 2021.07.18.

385) 본 주제는 중국 일대일로 프로젝트와 개발·투자 행태를 분석한 저자의 논문 중 일부를 재편집한 내용에 해당한다. 더욱 자세한 논의는 이지용, "중국 해외 개발·투자모델 특징 분석: 일대일로 프로젝트 사례를 중심으로," 국가정책연구, 34(2), 2020, pp. 33-59. 참조.

386) 杜德斌, 馬亞華, 2015. "一帶一路"中華民族複興的地緣大戰略. 地理研究, 34(6), 1005-1014.

387) 로버트 스팔딩 지음, 박성현 옮김, 중국은 괴물이다, 서울: 심볼리쿠스, 2021, pp. 257-287. 원문은 Robert Spalding, Stealth War (New York: Penguin, 2019), pp. 162-182 참조.

388) 喬良. 美國東移與中國西進—中國爲什麼搞一帶一路, 2015.

389) 이지용, "중국 해외개발·투자모델 특징 분석: 일대일로 프로젝트 사례를 중심으로," p. 51.

390) The European Union Chamber of Commerce in China, "The Road Less Travelled – European Involvement in China's Belt and Road Initiative," 2020.

391) The European Union Chamber of Commerce in China (2020), pp. 16-23.

392) The UNCTAD, World Investment Report 2018, 06 Jun 2018.

393) 에멜 아칸, "세계 각국, 국가안보 우려 속 對中투자 심사 강화…미국도 동참," 에포크타임스코리아, 2019.12.29. 원문은 Emel Akan, "US Joined by Nations Around the World in Cracking Down on Chinese Investment," December 25, 2019, The Epoch Times.

394) 에멜 아칸, 2019. 기사 자료 원문인 UNCTAD 보고서 원문은 The UNCTAD, 06, Jun 2018. 참조.

395) Greg Levesque, "China's Evolving Economic Statecraft," The Diplomat, April 12, 2017.

396) Wei YU, 2013. "Party Control in China's Listed Firms," Czech Journal of Economics and Finance (Finance a uver), Charles University Prague, Faculty of Social Sciences, vol. 63(4), pages 382-397, August.

397) Gordon Chang, The Great U.S.-China Tech War, New York: Encounter Books, 2020, pp. 32-35.

398) 장신썬 대사 서울화교화인평화통일촉진회 제3회 이사회 취임행사 참석, 2010.09.20, 중화인민공화국주대한민국대사관, http://kr.china-embassy.org/kor/sgxx/t758332.htm.

399) 주한국중국대사관 홈페이지 평화통일촉진회 활동 공개 내용 중 "Jul 15, 2016 ― 순능안 중국평화통일촉진회 비서장 대표단 일행은 14일 오후 3시 30분 광주중국어교육시범학교(이사장 마옥춘/ 이하 광주중국학교)를 방문."

400) 주한중국대사관 홈페이지 평화통일촉진회 활동 공개 내용 중.

401) 연합뉴스, "더불어민주당 전국청년위원회 민주청년위, 中 공산당 청년기구와 '청년교류 활성화'", 매일경제, 2019.05.22.

402) 클라이브 해밀턴·머라이커 올버그, 이지수 옮김, 보이지 않는 붉은 손, 파주: 실레북스, 2021.

403) 이영훈은 이를 '반일 종족주의'로 개념화한다. 이에 대해서는 이영훈·김낙년·김용삼·주익종·정안기. 반일 종족주의 대한민국 위기의 근원, 서울: 미래사, 2019; 이영훈·김낙년·차명수,·김용삼·주익종. 반일 종족주의와의 투쟁, 서울: 미래사, 2020 참조.

404) Clive Hamilton, Silent Invasion, pp. 262-265.

405) Michael Pillsbury, The Hundred-Year Marathon, New York: St. Martin's Griffin, 2016, pp. 65-66.

406) 이지용, "중국 '초한전(超限戰)'의 군사 전략적 의미와 한국안보에 주는 시사점 연구," 신아세아, 2022.

407) 현대 국제질서는 기본적으로 주권 평등, (국민 또는 민족)국가 자결, 영토주권을 기본 원칙으로 하는 베스트팔렌(Westphalia) 원칙에 기반을 두고 있으며, 2차 세계대전 이후 미국을 중심으로 형성된 자유주의 국제질서(정치, 시장경제, 해양, 국제법과 규범 등)를 기본으로 작동되고 있다.

408) 중국 전통적 국제질서관은 이른바 '천하체계(天下體系)'로서 중국의 패권을 장악한 천자(天子)를 중심으로 주변 왕조가 상·하의 지배 복종의 위계적 관계를 수립하는 것을 기본으로 한다. 현대 중국에서는 '천하체계'를 핵심 내용으로 현대 국제관계를 반영하는 '신新천하체계'론이 활발하게 논의되고 있다. 이와 관련해서는 張小明, "中國歷代與國際間的關係及規範變遷 : 從'文明標準'到'新文明標準'" 臺北: 崧燁文化, 2019); 強世功, "超大型政治實體的內在邏輯 : 帝國與世界秩序," 文化縱橫, (2019, April); 趙汀陽.『天下體系』(북경: 人民大學出版社, 2011) 등 참조.

409) 이하 논의는 저자의 논문, 이지용, "중국 '초한전超限戰'의 군사 전략적 의미와 한국 안보에 주는 시사점 연구," 신아세아, 2022 참조.

410) 趙汀陽.『天下體系』(북경: 人民大學出版社, 2011); 張小明.『中國歷代與國際間的關係及規範變遷 : 從「文明標準」到「新文明標準」』(臺北: 崧燁文化, 2019), pp. 69-72; 204-206.

411) 현대 중국사상계의 동향은 1990년대에서 2000년대까지 중국이 근대와 현대로 전환하는 문제에 주목했다. 이와 관련해서 중국 근대화의 문제를 고민한 대표적인 사상가들, 예를 들어 캉유웨이(康有爲), 량치차오(梁啓超), 쑨원(孫文) 등에 대한 재고찰이 활발했다. 특히 량치차오는 중국이 진정한 근대사회로 전환하기 위해서는 서구에서 발전한 근대성을 기본 정신으로 해야 한다는 의미에서 중체서용(中體西用)이 아니라 '서체중용(西體中用)'을 주장한 근대화 사상가이기도 하다. 량치차오가 주목한 또 다른 개념은 이른바 '중화(中華)'와 중화 문명이다. 현대 중국 (국제)정치 사상계에서 량치차오의 중화와 중화 문명의 개념에 주목하는 이유 중 하나는 베스트팔렌 원칙으로 확립된 주권국가의 개념을 희석하고, '문명' 또는 '문명권'이라는 미명으로 중국 중심으로 흡수하려는 의도를 담고 있어서다. 이러한 (국제) 정치 사상계 동향이 2000년대 중후반 이후 '운명공동체' 개념에 주목하기 시작했다.

412) 楊潔篪, "在習近平外交思想指引下奮力推進中國特色大國外交".

413) 조경란, 현대 중국 지식인지도—신유가, 자유주의, 신좌파, 서울: 글항아리, 2013.

414) 이에 대해서는 閻學通, 歷史的慣性: 未來十年的中國與世界, 북경: 中信出版社, 2013. 참조.

415) 전현수 편저, 쉬띄꼬프 일기, 국사편찬위원회 해외사료총서 10, 2004.

416) 전현수 옮김, 레베제프 일기(1947~1948년), 한국연구재단 기초학문자료센터, 2006.

417) 이하 논의는 저자가 기발표한 논문의 결론에 해당함. 이지용, "중국 '초한전(超限戰)'의 군사 전략적 의미와 한국안보에 주는 시사점 연구," 신아세아, 2022 참조.

418) 이와 관련한 같은 맥락의 대응전략은 Gertz, Deceiving the Sky, 2019, pp. 218-219. 참조.
419) Kerry K. Gershaneck, 2020, pp. 150-159. 참조.
420) Jim Sciutto, The Shadow War, New York: Harper Collins Publishers, 2019, pp. 250-253.
421) Michael Pillsbury, The Hundred-Year Marathon, New York: St. Martin's Griffin, 2016.
422) Jim Sciutto, The Shadow War, p. 252.
423) Clive Hamilton and Mareike Ohlberg, 2020, pp. 267-270. 번역본은 클라이브 해밀턴, 머라이커 올버그, 홍지수 옮김, 보이지 않는 붉은 손, 용인: 실레북스, 2021, pp. 426-431.
424) 스팔딩은 이를 'intra-agency clearance agency'라고 명명했다. Spalding, Stealth War, 2019, p. 217. 참조.
425) Kerry K. Gershaneck, 2020, pp. 158. 참조
426) Jim Sciutto, The Shadow War, pp. 261-262.
427) Spalding, Stealth War, 2019, p. 215-216.
428) Mathieu Duchâtel, "Japan's 5G: a Mirror for Europe," Institut Montaigne, 26 February 2020, www.institutmontaigne.org/en/blog/japans-5g-mirror-europe
429) Jim Sciutto, The Shadow War, pp. 262-263.
430) Jim Sciutto, The Shadow War, p. 263.
431) 이는 빌 거츠(Gertz)가 미국에서 중국인과 중국공산당에게 부여한 다양한 권리의 비형평성을 중국공산당이 집중적으로 파고들어 이용하고 있다는 문제의식에서 '상호주의' 원칙의 적용을 주문한 것과 같은 차원에서 제기하는 대안이다. Gertz, Deceiving the Sky, 2019, p. 215 참조.
432) 이와 같은 맥락의 논의는 Gertz, Deceiving the Sky, 2019, p. 216. 참조.
433) APWCE의 의미와 기능, 운영과 효과에 대해서는 Kerry K. Gershaneck, 2020, pp. 154-155 참조.

참고문헌

1. 논문, 단행본

고충석, 이서항, 이지용, 주민욱, 정대진, 김진호, 이상현, 이정우, 고경민. 『동아시아 해양분쟁과 중국의 회색지대전략』. 고양: 인간사랑, 2020.
구평(九評) 편집부. 『공산주의 유령은 어떻게 우리 세계를 지배하는가? (상권)』. 서울: 에포크미디어코리아, 2019.
권태영, 김푸름. 중국의 3전과 한국의 대응 방향. 『전략연구』, 26(1), 한국전략문제연구소, 2019.
그람씨, 안토니오. 이상훈 옮김. 『그람씨의 옥중수고 1-정치편』. 서울: 거름, 1991.
리쩌허우, 류짜이푸. 김태성 옮김. 『고별혁명』. 서울: 북로드, 2003.
맨소퍼, 조너선. 김동규 옮김. 『판다의 발톱, 캐나다에 침투한 중국 공산당』. 서울: 미디어워치, 2021.
박창희. 『군사전략론』. 서울: 플래닛미디어, 2013.
배정호. 중국 대륙을 장악한 공산당의 통일전선에 대한 재인식. 『전략연구』, 27(3), 한국전략문제연구소, 2020.
스팔딩, 로버트. 박성현 옮김. 『중국은 괴물이다』. 서울: 심볼리쿠스, 2021.
이영훈, 김낙년, 김용삼, 주익종, 정안기. 『반일 종족주의 대한민국 위기의 근원』. 서울: 미래사, 2019.
이영훈, 김낙년, 차명수, 김용삼, 주익종. 『반일 종족주의와의 투쟁』. 서울: 미래사, 2020.
이지용. 미국의 패권에 도전하는 중국의 전략 초한전(超限戰). 『월간조선』, 2020년 3월호.
이지용. 중국 '초한전(超限戰)'의 군사전략적 의미와 한국안보에 주는 시사점 연구. 『신아세아』, 28(4), 2021.
이지용. 중국공산당의 해외 통전공작 보고서와 시사점. CSF(중국전문가포럼), 2019년 3월.
이지용. 중국의 '초한전(超限戰)' 전략과 실제: 해외 통일전선공작 전개 사례를 중심으로. 『한국국가전략』, 6(1), 한국국가전략연구원, 2021.
이지용. 중국의 해외개발·투자모델 특징 분석: 일대일로 사례를 중심으로. 『국가정책연구』, 34(2), 중앙대학교 국가정책연구소, 2020.
이지훈. 현대전에서의 법률전(法律戰)과 우리 군에 대한 함의: 중국 인민해방군의 시각을 중심으로. 『국방정책연구』, 30(2), 한국국방연구원, 2014.
장완녠 주편. 이두형·이정훈 옮김. 『21세기 세계군사와 중국국방』. 서울: 평단문화사, 2002.

전현수 편. 『레베제프 일기(1947~1948년)』, 한국연구재단 기초학문자료센터, 2006.
전현수 편. 『쉬띄꼬프 일기』, 국사편찬위원회 해외사료총서 10, 2004년 12월 30일.
조경란. 『현대 중국 지식인지도—신유가, 자유주의, 신좌파』. 서울: 글항아리, 2013.
조한승. 4세대 전쟁의 이론과 실제 분란전(insurgency) 평가를 중심으로. 『국제정치논총』. 제50권 제1호, 2010.
중국국방대학. 박종원·김종운 옮김. 『중국전략론』. 서울: 팔복원, 2001.
차오량, 왕샹수이. 이정곤 옮김. 『초한전: 세계화 시대의 전쟁과 전법』. 서울: 교우미디어, 2021.
피터슨, 조던 외. 조은경 옮김. 『정치적 올바름에 대하여』. 서울: 프시케의 숲, 2019.
필스버리, 마이클. 한정은 옮김. 『백년의 마라톤』. 서울: 영림카디널, 2016.
해밀턴, 클라이브, 올버그, 마이클. 이지수 옮김. 『보이지 않는 붉은 손』. 파주: 실레북스, 2021.
해밀턴, 클라이브. 김희주 옮김. 『중국의 조용한 침공: 대학부터 정치, 기업까지 한 국가를 송두리째 흔들다』. 서울: 세종서적, 2021.
호마레, 엔도. 박상후 옮김. 『모택동, 인민의 배신자』. 파주: 타임라인, 2019.
홍지수. 『트럼프를 당선시킨 PC의 정체』. 서울: 북앤피플, 2017.

強世功. 超大型政治實體的內在邏輯：帝國與世界秩序. 『文化縱橫』, 2019.
曲延濤. 超限戰作者新書發布：首次披露美如何反超限戰." 『國防部網』2016.07.30.
喬良, KADOKAWA. 『超限戰 21世紀の「新しい戰爭」』. 東京: 角川新書, 2020.
喬良, 王湘穗. 『超限戰: 對全球化時代戰爭與戰法的想定』. 北京: 解放軍文藝出版社, 1999.
喬良, 王湘穗. 『超限戰與反超限戰：中國人提出的新戰爭觀美國人如何應對』. 北京: 長江文藝出版社, 2016.
喬良. 美國東移與中國西進——中國爲什麼搞一帶一路, 2015.
杜德斌, 馬亞華. 一帶一路：中華民族複興的地緣大戰略. 「地理研究」. 34(6), 2015.
毛澤東. 《共產黨人》發刊詞, 1939.10.04.
徐德忠, 李峰. 『非典非自然起源和人制人新種病毒基因武器』北京: 軍事醫學科學出版社, 2015.
楊潔篪. 在習近平外交思想指引下奮力推進中國特色大國外交.
閻學通. 『歷史的慣性：未來十年的中國與世界』. 北京: 中信出版社, 2013.
吳旻. 內幕：國安部諜報人員 10萬人：國外4萬多國內5萬多. 中國數字時代, 2015.06.01.
吳旻. 內幕：中共以諜立國 黨政軍競相設情報機構. The Epoch Times, 2019.07.17.
翁衍慶. 『中共情報組織與間諜活動』. 臺北: 新銳文創出版社, 2018.
日本防衛省防衛研究所 編. 『中國安全戰略報告(NIDS China Security Report)』. 東京: 日本防衛省防衛研究所, 2011.03.
日本防衛研究所 編. 『中國安全戰略報告 2021—新時代的中國軍事戰略』.
張小明. 『中國歷代與國際間的關係及規範變遷：從「文明標準」到「新文明標準」』. 臺北: 崧燁文化, 2019.
程映紅. 向世界輸出革命: 文革在亞非拉的影響初探, 《當代中國研究》, 2006年 第3期.

趙丕濤 編.『外事槪說』. 上海: 上海社會科學院出版社, 1995.

趙汀陽.『天下體系』. 北京: 人民大學出版社, 2011.

中共中央. 中共中央關於堅持和完善中國特色社會主義制度 推進國家治理體系和治理能力現代化若干重大問題的決定, 2019.10.31.

中共中央政治局. 分析研究當前經濟形勢和經濟工作 審議《中國共產黨統一戰線工作條例 (試行) 》,《京津冀協同發展規劃綱要》, 2015.05.01.

中國共產黨第十九屆中央委員會. 中共中央關於黨的百年奮鬥重大成就和歷史經驗的決議.『人民日報』, 2021.11.17.

中國共產黨中央政治局. 中央關於軍事戰略問題的決議(瓦窯堡會議). 1935.12.23.

中國科學院. 媒體揭祕三類基因武器, 2003.01.24.

中國人民解放軍軍事學院.『中國人民解放軍軍語』, 北京: 軍事科學出版社, 2011.

中華人民共和國國家情報法(2018年修正本). 2017.06.28. 시행, 網評員《上級通知》.

中華人民共和國國務院新聞辦公室. 新時代的中國國防, 2019.07. 中華人民共和國國防部網.

中華人民共和國國務院新聞辦公室. 中國的軍事戰略, 2015.05. 中華人民共和國國防部網.

中華人民共和國國防部, 基因戰爭 你不得不防, 中國國防報, 2014.01.22.

遲浩田. 戰爭離我們不遠 , 它是中華世紀的產婆, 禁聞網, 2022.02.14.

遲浩田. 戰爭離我們不遠 , 它是中華世紀的產婆, 中國瞭望, 2021.02.10.

Bachman, Elizabeth. Black and White and Red All Over: China's Improving Foreign-Directed Media, Center for Naval Analysis, August 2020.

Bell, Daniel. The China Model: Political Meritocracy and the Limits of Democracy. Princeton: Princeton University Press, 2015.

Bousquet, Antoine J. Scientific Way of Warfare: Order and Chaos on the Battlefields of Modernity. Oxford University Press; 1st edition, 2010.

Bowe, Alexander. China's Overseas United Front Work: Background and Implications for the United States, U.S.-China Economic and Security Review Commission, August 24, 2018.

Brar, Aadil. Glitz, glamour and gambling: Behind China's secret societies and crime syndicates, The Print, 1 December, 2021.

Chang, Gordon. The Great U.S.-China Tech War. New York: Encounter Books, 2020.

Cheng, Dean. Unrestricted Warfare: Review Essay II, Small Wars & Insurgencies, Vol. 11, No. 1, 2010.

Chi Haotian, The Secret Speech of General Chi Haotian.

Clausewitz, Carl von, Michael Eliot Howard and Peter Paret (Translator). On War, Indexed Edition. Princeton: Princeton University Press, June 1, 1989.

Cole, J. Michael. Taiwan and CCP political warfare: A blueprint, Sinopsis,

Institute of East Asian Studies, Charles University, Prague.

Cooper, Sam. Wilful Blindness, How a network of narcos, tycoons and CCP agents Infiltrated the West. Toronto, Canada: Optimum Publishing International, 2021.

Corn, Tony. Peaceful Rise through Unrestricted Warfare: Grand Strategy with Chinese Characteristics, Small Wars Journal 2010.6.5.

Cybersecurity and Infrastructure Security Agency (CISA). Alert (AA21-200A): Tactics, Techniques, and Procedures of Indicted APT40 Actors Associated with China's MSS Hainan State Security Department, July 19.

Department of Justice. Four Chinese Nationals Working with the Ministry of State Security Charged with Global Computer Intrusion Campaign Targeting Intellectual Property and Confidential Business Information, Including Infectious Disease Research, July 19, 2021.

Department of Justice. Seven International Cyber Defendants, Including Apt41 Actors, Charged In Connection With Computer Intrusion Campaigns Against More Than 100 Victims Globally, Wednesday, September 16, 2020.

Department of Justice. Two Chinese Hackers Associated With the Ministry of State Security Charged with Global Computer Intrusion Campaigns Targeting Intellectual Property and Confidential Business Information, December 20, 2018.

Diamond, Larry, Orville Schell (eds.). China's Influence and American Interests: Promoting Constructive Vigilance. Stanford, CA: Hoover Institution Press, 2019.

Duchâtel, Mathieu. Japan's 5G: a Mirror for Europe. Institut Montaigne, 26 February 2020.

Eftimiades, Nicholas. Chinese Intelligence Operation. Annapolis, Maryland: Naval Institute Press, 1994.

Faligot, Roger. Chinese Spies: From Chairman Mao to Xi Jinping (London: Hurst & Company, 2019).

FBI(Federal Bureau of Investigation). APT41 GROUP, www.fbi.gov/wanted/cyber/apt-41-group.

Federation of American Scientists (FAS). https://fas.org/nuke/guide/china/doctrine/index.html.

Fire eye Special Report. DOUBLE DRAGON: APT41, A DUAL ESPIONAGE AND CYBER CRIME OPERATION, 2019.

Ford, Christopher A. & Thomas D. Grant. EXPORTING CENSORSHIP: The

Chinese Communist Party Tries to Control Global Speech about China. THE NATIONAL SECURITY INSTITUTE. April 2022.

Fravel, M. Taylor. Active Defense: China's Military Strategy Since 1949, Princeton: Princeton University Press, 2019.

Garnaut, John. Chinese military woos big business, The Sydney Morning Harald, 25 May 2013,

Gertz, Bill. Deceiving the Sky: Inside Communist China's Drive for Global Supremacy. New York: Encounter Books, 2019.

Godwin, Paul H.B. China's Increasing Naval Power : Implications for Northeast Asia, 『전략연구』, 13(3), 한국전략문제연구소, 2006.

Gonzalez, Mike. This BLM Co-Founder and Pro-Communist China Group Are Partnering Up. Here's Why., The Heritage Foundation, Sep 15th, 2020.

Groot, Gerry. United Front Work after the 19th Party Congress, China Brief, December 22, 2017.

Halper, Stefan. China: The Three Warfares, Washington D. C.: Office of the Secretary of Defense, 2013.

Hamilton, Clive, and Mareike Ohlberg. Hidden Hand: Exposing How the Chinese Communist Party is Reshaping the World. London: Oneworld Book, 2020.

Hamilton, Clive. Silent Invasion: China's Influence in Australia. Melbourne: Hardie Grant Books, 2018.

Hannas, William C. and Didi Kristen Tatlow. China's Quest for Foreign Technology. New York: Routledge, 2021.

Hart, Liddell, Strategy: Second Revised Edition (Meridian). New York: Plume, 1967 (1954).

Hoffman, Frank G. Conflict in the 21st Century: The Rise of Hybrid Wars, Arlington, VA: Potomac Institute for Policy Studies, 2007.

Hoffman, Frank G. Hybrid Threats: Reconceptualizing the Evolving Character of Modern Conflict, Strategic Forum, No. 240, Washington DC: National Defense University.

Holstein, William. The New Art of War. New York: Brick Tower Press, 2019.

Intrusion Truth. An (in)Competent Cyber Program-A brief cyber history of the 'CCP', July 29, 2021.

Jackson, David and Sun, Lena H. Liu's Deals With Chung: An Intercontinental Puzzle, Washington Post, May 24, 1998.

Joske, Alex. The party speaks for you, ASPI Policy Brief No. 32(2020).

Kania, Elsa B. The PLA's Latest Strategic Thinking on the Three Warfares,

Jamestown Foundation, China Brief 16, no. 13, 22 August 2016.
Kerry K. Gershaneck. Political Warfare: Strategies for Combating China's Plan to Win without Fighting (Quantico, Virginia : Marine Corps University Press, 2020).
King, Gary, Jennifer Pan, and Margaret E. Roberts. How the Chinese Government Fabricates Social Media Posts for Strategic Distraction, not Engaged Argument, American Political Science Review, Vol. 111, No. 3 , 2017, pp. 484-501.
Lind, William S. Understanding Fourth Generation Warfare, Military Review, Vol. 12, 2004.
Lulu, Jichang. Repurposing democracy: The European Parliament China Friendship Cluster, SINOPSIS.
Manthorpe, Jonathan. Claws of The Panda. Toronto: Cormorant Books, 2019.
McMahon, Fred. China-World Freedom's Greatest Threat, Fraser Institute, 10 May 2019.
Mcwhorter, Dan. Mandiant Exposes APT1-One of China's Cyber Espionage Units & Releases 3,000 Indicators, Mandiant, Feb 19, 2013.
Medcalf, Rory. China's Economic Leverage: Perception and Reality, Australian National University, Policy Options Paper, No. 2. March 2017.
Meservey, Joshua. Government Buildings in Africa Are a Likely Vector for Chinese Spying, The Heritage Foundation, May 20, 2020.
NSA, CISA, & FBI. Chinese State-Sponsored Cyber Operations: Observed TTPs, July 19, 2021, U/OO/163624-21 | PP-21-0971 | JUL 2021 Ver. 1.0.
Office of Public Affairs(Department of Justice, U.S.A.). Two Chinese Hackers Associated With the Ministry of State Security Charged with Global Computer Intrusion Campaigns Targeting Intellectual Property and Confidential Business Information, December 20, 2018.
OFFICE of the UNITED STATES TRADE REPRESENTATIVE(USTR), Report on China's Acts, Policies, and Practices Related to Technology Transfer, Intellectual Property, and Innovation, March 22, 2018.
Palit, Amitendu. Can India Decouple From China? The Diplomat, November 1, 2020.
Parello-Plesner, Jonas and Belinda Li. The Chinese Communist Party's Foreign Interference Operations: How the U.S. and Other Democracies Should Respond (Washington, DC: Hudson Institute, 2018).
Pillsbury, Michael. The Hundred-Year Marathon. New York: St. Martin's Griffin, 2016.

Purbrick, Martin. PATRIOTIC CHINESE TRIADS AND SECRET SOCIETIES: FROM THE IMPERIAL DYNASTIES, TO NATIONALISM, AND COMMUNISM, Asian Affairs, Volume 50, Issue 3, 2019, pp. 305-322.

Radio Free Asia, August 7, 2020.

RCMP-CSIS Joint Review Committee, Chinese Intelligence Services and Triads Financial Links in Canada, 1997.

Sanger, David E. and Emily Schmall. China Appears to Warn India: Push Too Hard and the Lights Could Go Out, New York Times, Feb. 28, 2021.

Saunders, Phillip C. and Andrew Scobell eds. PLA Influence on China's National Security Policymaking, Stanford: Stanford University Press, 2015.

Schweizer, Peter. Red Handed. New York: HarperCollins, 2022.

Sciutto, Jim. The Shadow War. New York: HarperCollins, 2019.

Slog, Purples. 5GW Working Definition, 0.91, in THE HANDBOOK OF 5GW p. 213, Daniel H. Abbott ed., 2010.

Spalding, Robert. Stealth War. New York: Penguin, 2019.

Steven Mosher, Bully of Asia (Washington D.C.: Regnery Publishing, 2017).

Stokes, Mark, and Russell Hsiao. The People's Liberation Army General Political Department: Political Warfare with Chinese Characteristics. Arlington, VA: Project 2049 Institute, 2013.

Tatlow, Didi Kirsten. 600 U.S. Groups Linked to Chinese Communist Party Influence Effort with Ambition Beyond Election, Newsweek, 2020.10.26.

The Age. 2020. 9.21.

The European Union Chamber of Commerce in China. The Road Less Travelled -European Involvement in China's Belt and Road Initiative, 2020.

The Johns Hopkins University Applied Physics Laboratory (APL).

The U.S.-China Economic and Security Review Commission. Hearing on China's Strategic Aims in Africa. May 8, 2020.

The UNCTAD, World Investment Report 2018, 06 Jun 2018.

The White House. The United States, Joined by Allies and Partners, Attributes Malicious Cyber Activity and Irresponsible State Behavior to the People's Republic of China, July 19, 2021.

Tibi, Bassam. Europeanizing Islam or the Islamization of Europe: political democracy vs. cultural difference. in Timothy A. Byrnes and Peter J. Katzenstein, Religion in an Expanding Europe. Cambridge: Cambridge University Press, 2009.

To, James Jiann Hua. Qiaowu: Extra-territorial policies for the overseas

Chinese, Leiden: Koninklijke Brill, 2014.
Tsukada, Kaori. THE INTERACTION BETWEEN SERVICE AND ORGANIZING: TWO HOUSING CAMPAIGNS BY THE CHINESE PROGRESSIVE ASSOCIATION, Stanford University Comparative Studies in Race and Ethnicity Undergraduate Honors Thesis May 26th, 2009.
U.S.-China Economic AND Security Review Commission.
US House Permanent Select Committee on Intelligence. October 8, 2012, Investigative Report on the U.S. National Security Issues Posed by Chinese Telecommunications Companies Huawei and ZTE.
Vidino Lorenzo. Aims and Methods of Europe's Muslim Brotherhood. Hudson Institute, November 1, 2006.
White House Office of Trade and Manufacturing Policy. How China's Economic Aggression Threatens the Technologies and Intellectual Property of the United States and the World, June 2018.
White House. www.whitehouse.gov/wp-content/uploads/FINAL/06/ China-Technology-Report-6.18.18-PDF.pdf.
Xi Jinping. "New Asian Security Concept For New Progress in Security Cooperation," www.fmprc.gov.cn.

2. 언론 기사

2020년까지 한국 무슬림화가 목표. 미래한국, 2016.04.16.
3급 비밀 등 27건 유출 기무사 소령 구속기소. 노컷뉴스, 2015.07.10.
5년간 II·III급 군사기밀 120여 건 유출됐다. UPI뉴스, 2020.10.14.
국민청원인가 중국인 청원인가. 주간조선, 2020.03.09.
기밀 유출 기무사 소령, 中에 사드 관련 문건 넘긴 정황. 동아일보, 2015.07.07.
대만 전 국방차관도 中 스파이? 사상 최대 간첩 사건 발생. Why Times, 2021.07.28.
더불어민주당 전국청년위원회 민주청년위, 중국공산당 청년기구와 청년교류 활성화. 매일경제신문, 2019.05.22.
박민주. 중공, 중국기업과 손잡고 對美 데이터전 개시. 에포크타임스코리아, 2020.12.30. 자.
박종인. 굴욕적인 파로호 개명 논란. 조선일보, 2019.05.28.
시진핑, 글로벌 인터넷 통제 계획 수립했다…내부문서. 에포크타임스코리아, 2021.5.3. 자
에멜 아칸. "세계 각국, 국가안보 우려 속 對中투자 심사 강화…미국도 동참," 에포크타임스 코리아, 2019.12.29.
윤건우. 틱톡, BLM, 안티파…폐쇄된 휴스턴 중국 영사관을 둘러싼 키워드, 에포크타임스, 코리아, 2020.08.10.

이슈 추적: 청와대 청원으로 번진 중국 17조 투자설, 진도투데이, 2019.01.10.
인세영. 유럽 전역, 중국 화웨이 5G 철거 시작. 파이낸스투데이, 2021.05.21.
일본 항공우주산업 해킹하다 딱 걸린 중국. Why Times, 2021.05.19.
장민지. 日, 인프라 운영에 해외기술 사용 제한…사실상 中 겨냥. 에포크타임스코리아, 2021.05.22.
저우샤오후이(周曉輝). 트럼프, 틱톡·위챗 공격…3가지 효과 기대된다. 에포크타임스코리아, 2020.08.06.
조선구마사 박계옥 작가, 소속사 대표는 중국 인민일보 간부 논란. 중앙일보, 2021.03.25.
조선구마사 역사왜곡 배경 찾아냈습니다. 김기자의 디스이즈,
https://www.youtube.com/watch?v=ZSx-QnwD5aM.
주용중. 중 미와 무제한 전쟁…경제·군사력 곧 따라잡는다. 조선비즈, 2004.01.14.
중국공산당, 5년 전 이미 1천만 댓글 부대 모집…차이나 게이트 일파만파. 파이낸셜투데이, 2020.03.01.
중국의 APT 단체, 지난 10월부터 홍콩의 대학교 정찰해. 보안뉴스, 2020.02.05.
中에 기밀 유출한 기무사 장교 공소장으로 본 황당한 軍. 서울신문, 2015.07.20.
탈바꿈하는 한국 진도, 중국 투자자들의 기회의 땅. 동북아신문, 2021.07.18.
호주 선거 개입하다 딱 걸린 중국. Why Times, 2022.02.12.

郭倫德. 習近平引領統戰工作進入新時代. 中國西藏網, 2017.12.22.
今鐘. "您可知朱成虎們的軍事思維？", 看中國, 2005.07.22.
龍騰雲. 外事文件曝中共高層誤判國際局勢, 大紀元, 2021.01.21.
林俊宏·劉榮. 史上最大共諜案與共諜組織多次餐敘前國防部副部長張哲平遭安調查. 鏡週刊, 2021.07.28.
博聞社 獨家. 中共把網絡當戰場 五毛要正規化成軍. 博訊, 2016.06.28.
博聞社 獨家. 中共把網絡當戰場 五毛要正規化成軍. 博訊, 2016.06.28.
徐水良. "對軍委主席江澤民"超限戰"的批判", 人民日報, 2001.09.11.
雲南教育國際交流協會倪慧芳會長　行到校調研. 2016.06.28.
袁貴仁出席全國民族地區職業院校教學成果彙演活動, 教育部網站, 2012.07.19.
翟東升. 建設後疫情時代的一帶一路, 輸出我們強政府的經驗與能力, 政經啟翟, 2021.02.03.
翟東升再曝中共野心: 收割美元霸權. 大紀元, 2021.04.01.
陳民峰. 臺灣軍情局退役少將處長涉嫌交付情報人員名單給中國, RFI, 2020.10.21.

'Spies feared China was hacking the NBN,' The Australian, March 28, 2012.
'The company that spooked the world,' The Economist, 2012.08.04.
"APT10: sophisticated multi-layered loader Ecipekac discovered in A41APT campaign." Securelist Kaspersky Lab, 30 Mar 2021.

"APT3 is Boyusec, a Chinese Intelligence Contractor." Wordpress, May 9, 2017.
"Bond Revoked for Ex-CIA Agent Charged With Spying for China," Courthouse News Service, 2017.07.10.
"China could have shut down Australia's 5G network without Huawei ban," Business Standard, May 22, 2021.
"China still 'largest source of critical items' for India," The Hindu, January 30, 2021.
"Chinese Leader Xi Jinping Lays Out Plan to Control Global Internet: Leaked Documents." Epoch Times, 2021.5.2.
ABC NEWS. Scott Morrison says the government had no authority to reject or approve the leasing of the Port of Darwin to a Chinese company. Is that correct? 8 Mar 2022.
Adetunji, Jo. "China is financing infrastructure projects around the world – many could harm nature and Indigenous communities," The Conversation, September 22, 2021,.
AKAN, EMEL. "Chinese Investment Near Texas Military Base Draws Scrutiny." The Epoch Times, December 10, 2020.
AKAN, EMEL. "US Joined by Nations Around the World in Cracking Down on Chinese Investment," December 25, 2019, The Epoch Times.
Barnett, Robert. "China Is Building Entire Villages in Another Country's Territory." Foreign Policy, May 7, 2021.
Cave, Damien. "Australian Politician's Home Raided in Chinese Influence Inquiry," New York Times, 2020. 6. 26.
Cave, Danielle. "The African Union headquarters hack and Australia's 5G network," The Strategist, ASPI, 13 Jul 2018.
Chase, Steven. "Former Australian PM Malcolm Turnbull says Huawei 5G would leave Canada's networks vulnerable to China," The Globe and Mail, November 20, 2021.
Cheng, Evelyn. "Chinese companies boost overseas investment in consumer products, EV supply chain," Jan 26, 2022.
Cimpanu, Catalin. "APT-doxing group exposes APT17 as Jinan bureau of China's Security Ministry," ZD NET, July 25, 2019.
Cooper, Sam. "How Chinese gangs are laundering drug money through Vancouver real estate," Global News, April 19, 2018.
Crane, Emily. "Texas reportedly blocks Chinese billionaire's wind farm amid hacking fears," New York Post, August 12, 2021.

Greene, Andrew. " China's grip on Darwin Port looks shaky as Australia grapples with regional security changes." ABC NEWS, 4 May 2021.

Hartcher, Peter. "Huawei? No way! Why Australia banned the world's biggest telecoms firm," The Sydney Morning Herald, May 21, 2021.

Hyatt, John. "Why A Secretive Chinese Billionaire Bought 140,000 Acres Of Land In Texas." Forbes, August 9, 2021.

Kynge, James and Nian Liu. "From AI to facial recognition: how China is setting the rules in new tech," THE FINANCIAL TIMES, October 7, 2020.

Kynge, James, Lucy Hornby, and Jamil Anderlini. "Inside China's Secret 'Magic Weapon' for Worldwide Influence," Financial Times, October 26, 2017.

Lim, Louisa and Julia Bergin. "Inside China's audacious global propaganda campaign," The Guardian, 2018.12.07.

Link, Perry. "China: The Anaconda in the Chandelier." ChinaFile. April 11, 2002.

Moore, Mark. "Suspected Chinese spy reportedly slept with, courted US officials to gain intel," New York Post, 2020.12.08.

Par Ghalia Kadiri. "A Addis-Abeba, le siège de l'Union africaine espionné par Pékin," Le Monde, 26 janvier 2018.

Pearson, Caden. "CCP Has 'Very Successfully' Infiltrated Australian Universities: Whistleblower," The Epoch Times, 2021.02.03.

Robertson, Jordan. and Jamie Tarabay. "Chinese spies accused of using Huawei in secret Australia telecom hack," The Japan Times, Dec 21, 2021.

Sanger, David E. and Emily Schmall. "China Appears to Warn India: Push Too Hard and the Lights Could Go Out," New York Times, Feb. 28, 2021.

Xiao Qiang. "Leaked Propaganda Directives and Banned "Future"," China Digital Times, Jun 24, 2011.

Zweig, David and Stanley Rosen. "How China trained a new generation abroad."

3. 인터넷 자료

국가지도집 1권 2019, 2017년 기준자료, www.nationalatlas.ngii.go.kr
에포크타임스코리아, www.kr.theepochtimes.com
중화인민공화국주대한민국대사관, www.kr.china-embassy.org
한국국제교육우호협회, www.kofaiee.org
孔子學院總部國家漢辦, www.hanban.org
歐美同學會-中國留學人員聯誼會, www.wrsa.net

國務院僑務辦公室, www.gqb.gov.cn
禁聞網, www.bannedbook.org
大紀元時報, www.epochtimes.com
澳大利亞中國文化教育交流中心, www.acceec.com.au
中共中央統一戰線工作部, www.zytzb.gov.cn
中共中央統戰部信息中心, www.zytzb.gov.cn
中國國際交流協會, www.cafiu.org.cn
中國國際友好聯絡會, www.caifc.org.cn
中國國際人才交流協會, www.caiep.net
中國西藏網, www.tibet.cn
中國西藏雜志社, www.ctibet.org.cn
中國數字時代, www.chinadigitaltimes.net
中國信息安全測評中心, www.itsec.gov.cn
中國人民對外友好協會, www.cpaffc.org.cn
中國人民外交學會, www.cpifa.org
中國和平統一促進會, www.zhongguotongcuhui.org.cn
中央統戰部, www.zytzb.gov.cn
Australia China International Cultural Exchange Society, www.acices.org
China Digital Times Archive, www.chinadigitaltimes.net
Department of Justice. U.S.A, www.justice.gov
Hoover Institute, www.hoover.org
The Chinese Progressive Association, www.cpasf.org
The Epoch Times, www.theepochtimes.com
U.S.-China Exchange Council, www.sf-uscec.org

著者 이지용李志鎔

◇ 학력

건국대학교 정치외교학과 졸업
뉴욕주립대학교State University of New York 정치학 박사

◇ 경력

국립외교원 외교안보연구소 교수
현 계명대학교 인문국제대학 중국어중국학과 교수
현 에포크미디어코리아 중국전략연구소 부소장

◇ 주요 연구 분야

중국 정치경제, 중국 대외관계, 동아시아 국제정치경제

◇ 저서

중국학 입문(2019) 공저
동아시아 해양분쟁과 중국의 회색지대 전략(2020) 공저

◇ 주요 연구 논문

중국의 '권위주의 탄력성' 요인변화 분석(2022)
중국의 '초한전超限戰' 전략과 실제: 해외 통일전선공작 전개 사례를 중심으로(2021)
중국의 해양팽창정책에 따른 인·태지역 해양안보 동학 특징 분석(2020)
중국의 해외개발·투자모델 특징 분석: 일대일로 사례를 중심으로(2020)
시진핑의 반부패 운동과 중국의 정치권력 엘리트 권력지형도 변화: 평가와 함의(2019)